KB038998

종교심리학

전통적 이론과 현대적 전개

Andrew R. Fuller 저 | 박준성 · 안정민 공역

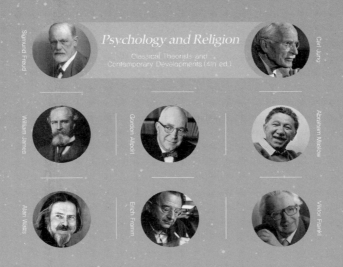

학지사

이 역서는 2019년 대한민국 교육부와 한국연구재단의 지원을 받아 수행된 연구임
(NRF-2019S1A5C2A04082405)

역자 서문

인간이 삶을 영위하면서 종교와 함께해 왔음은 유신론자나 무신론자 모두 역사·사회·문화적으로 무시할 수 없는 사실이다. 또한 종교는 인간의 삶에 질서를 부여하는 개념과 방법을 제공해 준다. 더 나아가 일반적으로 종교의 성스러움에 대한 체험은 인간의 정체성과 의미를 확고하게 하고, 이러한 가치에 대한 정체성을 규명하는 것은 삶의 활력소를 제공하며, 좀 더 진취적이고 낙관적인 자기상을 갖게 한다. 이러한 체험은 개인의 심리적 건강과 잠재력을 개발하고 충만한 삶을 영위하는 데 중요하다. 그렇기에 종교는 인류 역사와 함께 지금까지 있었고, 앞으로도 함께할 것이다.

이처럼 인간 삶의 전반에 미치는 종교의 영향력을 고려할 때, 종교에 대한 연구가 심리학 영역에서 필요함은 사실이다. 왜냐하면 종교성이 높은 사람일수록 자신의 종교에 기초해서 판단하는 경향이 강하여 그에 따른 행동을 하기 때문이다. 어떤 한 개인이 개신교를 신앙하느냐 혹은 불교를 신앙하느냐를 알면, 그 사람의 종교적 태도, 신념 그리고 행동 등의 내용을 알 수 있을 뿐만 아니라 그 사람이 미래에 어떻게 행동할지를 예측하는 데도 도움이 된다. 그렇기에 종교인의 행위를 이해하고 예측할 때 종교를 이해하지 않는 한 그들을 쉽게 이해하기 어려울 것이다.

이러한 배경에서 종교심리학에 대한 이해를 필요로 하는 독자를 위해서 이 책『종교심리학: 전통적 이론과 현대적 전개』를 번역하게 되었다. 이 책의 구성을 간략히 소개하자면 다음과 같다. 1장 윌리엄 제임스, 2장 지그문트 프로이트, 3장 칼 융, 4장 고든 올포트, 5장 에이브러햄 매슬로, 6장 앨런 왓츠, 7장 에리히 프롬, 8장 빅터 프랭클, 9장 종교심리학의 여러 접근, 10장 여성주의 종교심리학, 11장 신경과학과 종교, 12장 종교와 진화심리학으로 구성되어 있다. 개별적으로 보면 각 장에서는 여러 학자의 입장에서 소개한 종교심리학에 대한 이해와 함께 인류학·진화론적 관점에서 소개한 종교심리학 그리고 종교심리학 연구의 최신 경향을 소개하고 있다. 더 나아가 이 책에서는 종교심리학적 측면에서 인간 행위와 삶과 역사·사회·문화에 대해 소개하고 있고, 종교를 통해서 본 인간 행위의 다각적인 모습을 보여 주고 있다. 그렇기에 종교심리학의 입문서로 충분히 그 가치가 높다.

이 책의 번역 목적과 관련하여 한 가지 밝혀 둘 것이 있다. 이 책은 종교심리학에 대해 소개하는 책이므로, 특정 종교를 옹호하거나 다른 종교를 비판하려는 의도가 전혀 없다는 것을 밝히는 바이다. 번역이 완성되기까지 역자들이 많은 시간과 노력을 들였지만, 원문의 의미를 훼손하지 않는 범위에서 매끄럽게 의역하는 과정은 힘들었고, 종교심리학 용어의 적절한 번역에 대한 합의 등 해결해야 할 부분도 아직 남아 있는 것이 사실이다. 또한 번역하면서 크고 작은 오류와 어색한 표현 등을 최대한 줄이기 위해서 역자들은 최선을 다해 노력했지만, 독자의 입장에서 여전히 미흡해 보일 수 있다. 이에 대해서 지속적으로 더 좋은 책이 되도록 개선해 나갈 것을 약속한다.

이 책의 번역을 끝마치기까지 바쁜 일정에도 번역에 동참해 주신 모든 역자에게 진심으로 감사드리고, 편집 과정에 많은 도움을 준 여러 선생님께도 감사의 마음을 전한다. 또한 이 책의 출판을 승낙해 주시고 출판이 되기까지 애써 주신 학지사 김진환 사장님께 감사의 말씀을 드리고, 영업부 유명원 부장님, 원서를 한국어판으로 잘 다듬어 주신 편집부 임직원께 감사의 말씀을 드린다.

마지막으로 이 책을 낼 수 있게 지금까지 물심양면으로 희생하시며 키워 주시고 가르쳐 주신 역자의 부모님들께 진심으로 감사의 말씀을 드리고, 사랑하는 아내와 가족에게도 감사의 말씀을 전한다. 그리고 큰 가르침을 주신 여러 교수님과 선·후배, 동료에게도 감사의 말씀을 드린다. 아울러 이 책을 출판하도록 지원해 주신 중앙대학교 다문화콘텐츠연구소 이산호 소장님께도 감사의 말씀을 드린다.

이 한 권의 책이 종교심리학의 오랜 역사와 방대한 자료를 충분히 담고 있는 것은 아니지만, 아무쪼록 독자들이 종교심리학 분야의 학문을 좀 더 배우고 활용하는 데이 책이 도움이 되기를 기원한다.

2022년 5월
역자 대표 박준성

이 책은 종교심리학(psychology of religion)의 다양한 이론적 견해를 담고 있다. 각
장은 두말할 것 없는 고전학자인 윌리엄 제임스(William James), 지그문트 프로이트
(Sigmund Freud), 칼 융(Carl Jung), 고든 올포트(Gordon Allport), 에이브러햄 매슬로
(Abraham Maslow), 앨런 왓츠(Alan Watts), 에리히 프롬(Erich Fromm), 빅터 프랭클
(Viktor Frankl)을 소개하고 있다. 이러한 학자들의 이론은 서술적 기술(제임스, 올포
트)에서 명시적 현상학(프랭클), 정신역동(프로이트, 융), 인본주의(프롬, 매슬로), 동양
철학(왓츠)에 이르기까지 다양하다. 이처럼 다양한 이론적 접근을 통해 우리는 다양
한 쟁점을 접할 수 있게 되었다. 이 8인의 학자는 그 당시 주목할 만한 이론적 혁신
과 발견이 왕성했던 시대를 보냈고, 오늘날에도 여전히 중요한 사안으로 남아 있는
심리학 분야의 수많은 주요 쟁점을 선두적으로 연구했다. 종교심리학에 관심이 있는
사람이라면 누구나 이들의 이론에 관심이 있을 것이며, 어떠한 형식으로든 가치를
얻을 수 있을 것이다.

각 학자는 종교행동(religious behavior)의 다양한 영역에서 다음과 같은 중요한 주
장을 내세우며 사람들의 이목을 집중시켰다. 제임스는 종교행동을 감정의 권한이자
개인의 직접적인 우선순위, 개인의 종교경험이라 주장했으며, 프로이트는 소원성취
를 지향하는 미성숙한 특성이자 어린아이 같은 신념이라고, 또 융은 신비로운 심리
적 사실이고 보편적인 것이지만 변형의 상징(symbols of transformation) 역할을 뛰어
넘을 수 없는 것이라고 주장했다. 올포트는 성숙한 종교와 미성숙한 종교 간의 차이
이자 의식과 이전에 경험한 건강한 종교신념 간의 간극이라고 주장했고, 매슬로는
인간 본성과 초월 경험이라고 했으며, 왓츠는 상호 연결의 경험이자 자연스러운 심
리적 경험 세계에서 일어나는 모든 과정의 정당성이라 주장했다. 프롬은 종교 내 반
인본주의와 권위주의의 대안으로 도덕과 인본주의를 통해 사랑과 이성을 발달시킬
인간의 능력이라 했으며, 프랭클은 의미를 추구하는 존재로서 인간이자 모든 종류의

심리적 과정을 뛰어넘은 영역에서의 의미 추구라고 주장했다.

이 심리학자들이 주창한 이론은 가장 기본적이고 보편적인 이론으로 알려져 있다. 물론 이들의 성과와 주장이 정답은 아니다. 특히 11장은 신경과학과 종교의 접목을 다룬다. 로저 스페리(Roger Sperry)는 신경 과정과 더 나아가 경험 세계에서 의식의 역할에 대한 견해, 인지신경학과 현상학적 철학(phenomenological philosophy)의 통합을 위해 1996년 프랜시스코 바렐라(Francisco Varela)에 의해 최초로 실시된 신경현상학 훈련, 리처드 데이비슨(Richard Davidson)을 중심으로 한 감정신경과학(affective neuroscience)과 티베트 불교 명상, 제임스 오스틴(James Austin)의 선불교와 신경과학의 상호관계에 대해 다룬다. 마지막 12장에서는 종교심리학의 진화를 다룬다. 파스칼 보이어(Pascal Boyer)가 주창한 종교의 문화적 진화를 살펴보고, 이와 관련해 다니엘 데넷(Daniel Dennett)이 제시한 심리학적·문화적 요소에 대한 견해를 다룬다.

이 책에서 다루는 이론은 매우 광범위하며, 서로 충돌하기도 한다. 그러나 이를 부정적으로 볼 것은 아니다. 종교행동은 이제 막 탐험을 시작한 광활한 들판과 같다. 이 과정에서 문제와 기회가 동시에 즉시 드러난다. 어떠한 탐험가도 들판을 단번에 탐험할 수 없을 것이며, 이 때문에 더 넓은 영역을 향해 한두 개의 길을 개척해 나갈 것이다. 결국, 눈앞에 고지가 보이게 된다. 이는 곧 무언가를 발견할 수 있는 기회이다. 그러나 특정 길로 가게 되면 가야 할 길을 지나쳐 고지가 눈앞에 보이지 않을 것이다. 이는 곧 많은 것을 놓치게 되는 것이다. 하지만 대처할 수 있을 것이다. 다른 탐험가가 두 번째 길을 택하여 첫 번째 탐험가가 찾지 못한 고지를 발견하게 될 것이기 때문이다. 그리고 세 번째 탐험가는 세 번째 길을 탐험함으로써 앞서 두 탐험가가 찾지 못한 새로운 것을 발견할 수 있을 것이다.

탐험을 비유로 든 것은 다음을 명확히 하기 위해서이다. 일부 해석의 원칙은 심리학 이론, 특히 종교심리학 이론의 한계와 타당성을 정하기 위한 목표를 갖는다. 첫째, 심리학 이론은 입증할 수 없는 추정을 기반으로 한다. 이러한 추정과 가정은 감정을 지닌 인간의 신념에 기반한 결의이다. 따라서 증명이란 개인의 몫이다. 일반적인 추정은 심리학 연구와 연구의 목적에 적용되는 기본적인 접근법과 방법론에 관한 것이다. 특정한 추정의 예로는 무의식을 드러내는 것이 개인의 동기부여에 대한 중요한 사실을 보여 준다는 신념, 실제 삶의 상황에 대한 묘사가 행동에서 드러나지 않는 측면을 드러낸다는 신념, 인간의 행동을 완전히 이해하기 위해서는 인간의 잠재력을 고려하는 것이 중요하다는 신념이 있다. 둘째, 이러한 추정은 (비유적으로 인간 행동 영역을 탐구하기 위해 시작한 탐험의 길) 특정 영역의 인간 행동 조사를 위한 지평을 열어 준다. 셋째, 심리학 이론은 특정 추정들의 집합이 만들어 낸 자유로운 공간에서 한계점을 찾는다. 심리학 이론의 타당성은 정확히 그 한계점 내에 머물며 보이는 것을 볼 수 있게 해 주고, 이를 막는 것이 무엇인지 알려 주며, 원칙적으로 손에 닿을 수 없는 수많은 것을 볼 수 있게 해 준다. 넷째, 정당한 이론적 여지는 수용 가능하다. 심리학은 기본적으로 역사적이며 관점적이다. 따라서 여러 진정한 심리학 이론이 존재하는 것이다. 마지막으로, 탐구하려는 행동의 범위와 그 목표에 따라 몇몇 탐구 방식 또는 몇몇 길은 다른 것보다 우월할 것이다. 그렇게 될 경우 적절한 이론을 특정 사례에 적용하는 것이 중요하다.

이와 같은 해석과 비판 원칙에는 결과가 따른다. 우선, 어떤 심리학 이론도 원래의 방식이 아닌 다른 방식으로 행동학적 자료에 접근 가능함을 부인할 권리는 없다. 한마디로 인간 행동을 연구하는 데 있어 독점적으로 타당성을 갖는 심리학 이론은 없다. 들판 전체의 지도는 길 하나에 의존하여 만들 수 없기에 긍정, 다양성, 이론적 다원주의를 지향해야 한다. 심리학에서 다양한 이론이 발전될 때 비로소 행동을 명확히 설명할 수 있게 된다. 인간행동은 풍부하고 복잡하기 때문에 다양한 길로 발전할 수 있다. 따라서 종교심리학의 다양한 연구가 필수적이다.

이상적으로 언젠가 모든 길과 공간을 채워 종교행동 분야에 대한 전체 지도를 그릴 수 있는 날이 올지도 모른다. 그러나 포괄적인 종교심리학의 목표에 다다르는 것은 빠른 시일 내에 이루어질 수 있는 일이 아니며, 가는 길목마다 다양한 문제에 직면할 것이다. 그동안 관련된 모든 타당한 이론적 연구는 정당한 대가를 받아야 할 것이다. 이 책의 각 장에서는 종교심리학의 다양한 관점을 담고 있으며, 따라서 행동이 눈에 보일 수 있도록 다양한 측면 그 자체를 볼 수 있도록 해 준다. 각 측면이 전체 그림을 그려 종합적인 종교심리학의 발전에 기여할 것이다. 이 책에서 다루는 다양한 관점은 제한적으로 모두 옳다.

차례

Psychology and Religion

07 에리히 프롬 —

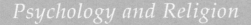

Psychology and Religion

Psychology and Religion

01

월리엄
제임스

William James

불합리하고 즉각적인 확신은 우리에게 심오한 것이다.
이치에 맞는 주장은 표면적인 전시일 뿐이다.

－윌리엄 제임스

01
윌리엄 제임스

월리엄 제임스(William James, 1892~1910)는 매우 독창적이며, 깊은 학문의 지식을 가진 미국의 철학자이자 심리학자이다. 그의 영향력은 미국을 너머 점점 커지고 있다. 제임스는 진리(truth)를 결정하는 인간 관심의 능동적 역할과 특성, 경험 세계 자체의 형태에 반대하는 당시 실증주의에 도전했다. 그는 경험 세계 자체가 아니라 과정에서의 경험 세계를 중시하였으며, 객관성과 지성뿐만 아니라 주관성과 인간의 마음 또한 중요시했다. 제임스에게 인간의 관심을 대표하는 과학은 진리에 도달하는 하나의 방법일 뿐이었다. 제임스는 과학이 진리를 온전히 말해 줄 수 없다고 생각했다. 제임스는 두 개의 수소(H)와 한 개의 산소(O)로 이루어진 물(H_2O)은 과학적인 관심을 위해서 존재할 뿐만 아니라 인간의 다른 관심을 위해서도 존재한다고 주장한다. 이러한 인간의 다른 관심은 다른 차원의 진리, 즉 지각적(perceptual), 도덕적(moral), 미적(esthetic), 종교적 진리(religious truth)를 드러낸다.

제임스는 마음속의 개인적인 신(God)과 일상의 존재에 대한 종교적 질문에 관심이 있었다. 지적 범주 안에 있는 증명 가능한 추상적인 신이나 형식화된 제도권의 신은 그의 관심의 대상이 아니었다. 신은 삶과 운명의 문제와 친밀한 존재이다. 즉, 제임스의 시각은 참으로 범신론적이었다. 인간은 신의 내적 부분이며, 잠재의식을 통해 신과 하나의 의식 영역을 형성한다. 진리는 살아온 진실이며 살기 위한 몸부림에서 일어나는 진실이다. 신에 대한 믿음이 삶에 영향을 미친다는 관점에서 진리는 신에 대한 개념으로부터 발생한다. 종교적 진리에 대한 제임스의 접근은 대담한 것으로, 종교가 과학으로 대체되었다는 실증주의적 주장과 신은 지성이 해결해야 할 문제라는 합리주의적 주장에 대한 도전이었다.

제임스는 넓은 시각과 깊은 통찰력을 갖고 인습을 타파하는 사고자였으므로, 그의 사고에서 일반적인 학제 간 벽이 자연스럽게 허물어지는 것은 당연했다. 더욱이, 제임스의 많은 글에서 종교는 중요한 위치를 차지한다. 이 장은 그의 고전 에세이인 『The Will to Believe』(1956f)의 개괄로 시작해서 그의 책 『The Varieties of Religious Experience』(1958)[1]로 끝맺는다. 제임스의 『The Varieties of Religious Experience』는 풍부하고 생생한 사례를 기술했다는 점에서 높이 평가된다. 또한 많은 종교심리학자(융, 올포트, 매슬로 등)에게 영향을 미쳤다. 이 두 개 작품 사이에서 인간의 삶에 대한 선택성과 그것이 종교심리학에서 갖는 함의에 대한 제임스의 주요 개념이 정립된 것으로 여겨진다.

믿고자 하는 의지

『The Will to Believe』는 본래 강의였고, 1896년에 처음 출판되었다. 이 에세이는 『The Varieties of Religious Experience』의 도입부에서 적절한 역할을 한다. 이 에세이의 시작부터 제임스는 최종적 증거가 부재한 상태에서 자발적으로 믿는 태도를 채택하는 개인의 권리를 옹호할 것이라고 주장한다(1956f, 1-2). 제임스는 가설을 우리의 믿음을 위해 제안된 어떤 것으로 정의하기 시작했고, 살아 있는 가설은 진리일 가능성을 갖는 가설로 정의한다. 하나의 가설이 살아 있음(liveness)은 가설에 따라 행동하는 우리의 의지에 비례하며, 살아 있음의 최고치는 돌이킬 수 없는 행동을 하려는 의지를 의미한다. 그는 돌이킬 수 없도록 행동하려는 이러한 의지가 실질적으로는 그가 말한 믿음(belief)이라고 말했다(1956f, 3).

---

1) 역자 주: 한국어 번역본의 제목은 '종교적 경험의 다양성'이다.

제임스는 믿음의 기원에 대한 연구를 진행했다. 믿음을 결정하는 데 있어 지적 능력만이 필요한가? 아니면 우리 안에서 잘 드러나지 않는 열정과 의지의 본성이 필요한가? 그는 사실의 관점에서 우리가 방법과 이유도 알지 못한 채로 믿는다고 말한다 (1956f, 9). 우리의 믿고자 하는 본성, 즉 공포, 소망, 열정, 선입견, 모방, 편들기, 선호를 포함하는 믿음의 요소가 어떤 가설이 살아 있는지(즉, 우리의 행동을 강요하는지), 어떤 가설이 죽었는지를 결정한다고 했다.

제임스는 하나의 예로 우리가 진리를 발견할 수 있을 거라는 믿음(돌이킬 수 없게 행동하려는 의지)을 제안한다. 그에 따르면, 진리에 대한 우리의 믿음은 욕망의 열정적 확언이었다(1956f, 9). 우리는 진리를 믿는다. 우리의 정당한 지적 통찰력 때문이 아니라 우리가 열정을 갖고 그것을 원하기 때문에, 또 우리의 연구가 계속적으로 우리를 진리로 향하게 한다고 믿기 때문이다. 반면, 우리는 아무 소용이 없는 것을 긍정적인 불신으로 거부한다. 예컨대, 대부분 과학자가 텔레파시를 통한 의사소통이 그들의 기본적인 가정을 위험에 빠뜨릴 것을 알고 있다. 따라서 이러한 의사소통을 할 필요가 없으니 이에 대한 최소한의 제안조차 비웃게 된다. 제임스는 열정적인 경향과 의지력은 우리의 믿음에 선행한다고 말한다(1956f, 11). 따라서 지적이지 않은 요소가 믿음의 기원에 중요한 역할을 하는 것으로 보인다.

제임스는 진리에 도달할 가능성을 부인하는 회의주의자도 아니고, 진리를 확실하게 얻을 수 있다고 주장하는 절대주의자도 아니다. 그는 진리는 성취할 수 있지만, 그 성취가 절대적인 지식은 아니라고 생각하는 경험주의자였다. 어떤 것을 아는 것과 안다는 것을 확실하게 아는 것은 다른 문제이다(1956f, 12). 경험주의자인 제임스는 우리의 판단은 재해석되고 수정될 수 있으며, 계속된 경험과 이 경험에 대한 숙고를 통해 더 진리에 가까워질 수 있다고 믿었다(1956f, 14).

실증주의자는 보이는 것만 믿기에 이들에게 결론적으로 매우 설득력 있는 객관적 증거는 절대 진리의 문을 열지 못한다(1956f, 16). 게다가 그의 관점에서 특정 증거가 정말로 객관적이라는 확신은 그저 하나 더 추가된 주관적 의견일 뿐이다(1956f, 16). 결론적으로 지성은 객관적인 확실성을 통해 대상의 진리를 판단하기 위한 절대적인 신호를 갖지 못하기 때문에, 문제는 사물의 본질에 놓여 있다고 그는 결론지었다. 그는 진실을 향한 자신의 탐구를 절대로 포기하지 않았지만, 그것이 영원히 탐험의 영역으로 남아 있어야 함을 알았다. 가설의 기원은 중요하지 않다. 회의주의자들은 가설이 계속적으로 검증된다면 사실이라고 판단하기 때문이다(1956f, 17).

제임스는 일부 학자들이 오류를 범하지 않기 위해서, 그리고 거짓을 믿는 것을 피하기 위해서 영원히 믿음을 기피할 것이라고 설명한다(1956f, 18). 그는 우리의 열정적인 삶의 표현일 뿐이며, 노예같이 복종하는 두려움일 뿐인 이러한 접근을 인정하지 않았다. 그는 실수하는 것이 최악이라고 생각하지 않는다. 그는 실수할 위험을 감수하는 것이 우리의 마음의 결정을 미루는 것보다 더 낫다고 했다.

제임스는 과학에서 행동의 필요성이 거의 강요되지 않기 때문에 믿음을 아예 갖지 않는 것보다 틀릴 가능성이 있는 믿음에 헌신하는 것이 선호된다고 지적한다(1956f, 20). 따라서 과학자는 객관적인 입증이 이루어지기 전까지 자신의 생각을 결정내려야 하는 수고를 덜 수 있다. 이는 실질적인 차이가 없기 때문이다. 과학자가 행동을 취하지 않았더라도 삶에 큰 차이를 만들지 못하기 때문에 가설들 사이의 결정은 완전하게 미뤄진다. 이렇게 오류에 대한 위험성이 제거되는 것이다.

그러나 우리는 절대적으로 확실한 증거를 기다릴 수 없다. 과학 그 자체, 그리고 과학의 기원은 이러한 방식으로 미뤄지지 않는다. 하지만 마음을 설득하고, 사실에 대한 무한한 확인과 거짓 믿음의 수정에 대한 강한 믿음을 갖는 것은 인간의 삶에 매우 좋은 것이다(1956f, 22). 예컨대, 우리가 진정으로 도덕적인 세상을 원하지 않는다면 우리의 머리가 그런 세상을 받아들이지 못할 것이다(1956f, 23). 게다가 도덕적인 사람은 자신의 행동이 자신을 바보로 만들지 않을 것이라고 확신한다. 의심의 태도를 받아들이는 회의주의자는 도덕적인 사람만큼이나 그들의 비전에 헌신한다(1956f, 23).

우리의 열성적인 본성은 사실의 문제로서뿐만 아니라 원칙의 문제로써 가설들 사이의 우리의 결정과 필연적인 관계가 있다. 제임스는 이러한 본성이 때때로 우리의 선택의 '합법적인 결정요인'이라고 말했다(1956f, 19). 다른 맥락에서 우리의 표면적 행동과 결정은 마음속 말하지 못하는 영역에 있는 성격의 깊은 곳에서부터 비롯된다는 것이다(1956b, 62).

더 나아가, 약속에 대한 믿음은 성공의 주된 결정 요인이다. 제임스의 에세이『The Sentiment of Rationality』(1956e)에서 그는 결과에 대한 믿음은 어느 정도의 주관적 에너지를 불러일으킨다고 하며, 부분적으로 결과 그 자체이자 미래의 사실은 현재의 믿음에 달려 있다고 서술했다(97). 또한 가장 이상적인 것은 열심히 노력하면 성공이 따라올 것이라는 믿음에서 비롯된 도덕적 에너지를 통해 성취될 수 있다고 설명한다. 우리가 세상을 만들기 때문에 우리는 세상이 좋다고 말해야만 한다. 그리고 우리는 세상을 좋게 만들 것이다(1956e, 102). 믿음은 그 목적의 실현에 없어서는 안 될 존재로서 스스로를 검증한다. "믿는 것은 보는 것이다(Believing is seeing)". 로버트 피어시그(Robert Pirsig)가 그의 소설 『Lila』(1991, 336)에서 쓴 구절이다. 믿음은 욕망에 기인하여 목적을 불러일으키며, 따라서 우리의 개인적 행동에 달려 있는 진실의 정당한 결정요인이라고 말할 수 있다(1956f, 25).

사실에 대한 믿음은 그 사실을 불러일으키고, 믿음은 실용적인 검증을 통해 사실의 진실을 창조하는 것으로부터 온다. 제임스는 객관적인 과학적 증거를 앞서는 믿음을 수치스럽고 가장 낮은 수준의 부도덕으로 만들어 불법화하는 논리에 영향을 미친 것으로 규정한다(1956e, 91-92; 1956f, 25). 믿음이 진리를 만들어 내는 데 일조했다면, 진리에 도달하는 하나의 방법에서 믿음을 배제하는 것은 합리적이지 않다. 제임스는 포괄적인 관점의 결론을 내리며 우리는 어느 정도의 믿음 없이는 살 수 없고, 생각할 수 없다고 설명했다(1956e, 95).

우리는 이제 중요한 질문에 도달했다. 종교적 믿음은 무엇인가? 영원한 것에 대한 믿음은 어떤 것인가? 첫째, 그는 종교는 우리 운명의 중요한 차이를 만드는 결정과 관련 있다고 지적한다. 종교는 우리가 믿거나 믿지 않는 태도로 인해 헤아릴 수 없을 정도로 많은 것을 얻거나 잃을 수 있다고 제안한다. 둘째, 그는 이와 관련해 선택을 피할 수 없다고 말한다. 회의론자처럼 행동하고, 더 많은 증거를 기다리는 것은 선택을 피하는 것이 아니다. 불가지론자가 모든 증거가 있을 때까지 결정을 미루는 것은 그 자체로 선택이며, 오류의 가능성보다 진리의 상실을 무릅쓰는 것이 더 낫다는 결정이다(1956f, 26). 즉, 진리의 손실이 긍정적인 무신론만큼 위험을 감수한다는 것이다(무신론).

대체로 제임스는 오류에 대한 열성적인 공포로 몰린 불가지론적 회의론이 종교적 가설만큼이나 능동적인 추측이라고 결론지었다. 이는 열정(유신론)에 반대하는 지성(회의론)이 아니라 자신의 독재적인 열정(두려움)을 가진 지성(회의론)이기 때문이다. 종교가 진리일지도 모르고, 만약 그렇다면 제임스는 승자의 편에 설 수 있는 한 번의 기회를 포기하고 싶어 하지 않는다. 그는 희망을 통한 사기(dupery)가 두려움을 통한 사기보다 못하다는 증거가 없다고 했다(1956f, 27). 그는 특정 종류의 진리로 나아가는 모든 가능성을 차단하는 생각들을 비합리적인 것으로 치부했다. 그는 게임에서 벗어나려는 본성을 갖는 것에 대해 인정하지 않았다(1956f, 28).

제임스는 다양한 관점에서 구체적으로 종교를 보았고, 우리의 마음과 본능과 용기를 멈추게 하는 것, 기다리게 하는 것, 그리고 종교가 완전 진실이 아닌 것처럼 행동하는 것을 거부한다고 설명한다(1956f, 29). 우리는 경험주의자인 제임스가 절대적이고 객관적인 최종 증거는 절대 승리하지 않을 것이라고 확신하는 것을 보았다. 그는 우리가 원한다면, 우리가 기다릴 것이라면 기다려도 된다고 한다. 그러나 우리는 전혀 개의치 않고 우리 마음대로 행동한다(1956f, 30). 우리가 지켜본 회의주의자는 진리의 손실을 능동적으로 감수한다. 그러나 제임스는 회의론자도 반대 견해를 추정한다고 했다. 그가 다른 곳에서 언급한 대로, 신의 존재, 도덕 규칙, 사후세계와 같은 문제에 대한 회의주의자와 계속해서 독단적으로 그것을 부인하는 사람을 구분할 수 없을 것이다. 도덕적인 문제에서 회의주의는 부도덕성의 능동적인 협력자이다. 그는 지지하지 않는 것은 반대하는 것이라고 말한다(1956e, 109). 제임스는 세상은 많은 이슈에서 중립을 허용하지 않는다고 본다.

제임스에 따르면, 우리는 우리의 의지를 충분히 유혹할 만큼 살아 있는 가설이라면 그것이 어떤 가설이라도 위험을 무릅쓰고 믿을 권리가 있다(1956f, 29). 하지만 제임스는 이러한 믿음에 대한 자유가 지성이 스스로 충분히 해결할 수 있는 영역까지 확장될 수는 없다고 주의를 준다. 그는 또한 종교적인 결정이 살아 있는 사람은 사실이 아닌 것으로 알려진 것을 결코 믿지 않으며, 비판할 줄 모르는 순진한 사람이 아니라고 지적한다. 이처럼 지식과 진리를 추구하는 지성의 역할을 감정과 의지로 상대화함으로써 제임스는 결코 지성을 무시하지 않는다.

우리는 제임스가 처음으로 그의 논문을 발표할 때보다 더 멋지게 전반적인 결론을 요약할 수 없을 것이다. 지적 근거에 의해 결정될 수 없는 진정한 선택을 해야 할 때마다 우리의 열정적 본성은 명제들 사이에서 합당한 선택을 결정할 수 있을 뿐만 아니라 해야만 한다. 그러한 상황에서 결정하지 말고 질문을 남겨 두라는 말은 그 자체가 마치 예 또는 아니요 중 하나를 결정하는 것과 마찬가지로 열정적인 선택이며, 진리를 잃는 것과 똑같은 위험을 수반한다(1956f, 11).

인간 선택성

제임스는 믿고자 하는 의지에서 진정한 선택에 마주했을 때 지성이 적절히 결정을 내리지 못하면 우리는 자발적으로 우리 내면의 깊고 넓은 자신의 열성적 마음을 믿게 된다고 주장한다. 게다가 믿음은 선택된 대상을 등장하게 하고, 이를 진실로 만드는 데 아주 중요한 역할을 한다. 열정(감정)과 믿음(의지), 대상의 존재 자체와 진리 문제, 공동으로 결정되는 현실은 모두 진리를 결정하는 데 관련이 있다. 제임스는 현실이 고정되거나 지속적이지 않고 결정된다고 보았다.

인간 선택성과 현실의 풍부함

인간의 지성은 세상의 중재자 또는 절대적으로 아는 자로서 기능할 수 없다. 제임스가 언급했듯이, 지성이 아닌 마음의 말하지 못할 영역은 사물의 본성과 소통하는 가장 깊은 의사소통 기관이다(1956b, 62). 더욱이 규정된 진실이 없기 때문에 현실은 본질적으로 다양한 면을 가진다. 삶은 혼란스럽고 또 너무 다양하다(1971b, 23). 제임스의 관점에서 현실은 너무 풍부해서 우리가 지각하거나 상상할 수 있는 모든 것들을 뛰어넘는다. 세상에는 언제나 더 많은 것들이 있기 때문에 하나의 관점으로는 세상을 포괄할 수도 소진할 수도 없다. 제임스에 따르면, 현실은 실제로 존재하며, 우리가 실제로 만질 수 있고, 알 수 있는 것이지만, 언제나 제한적이고 부분적이다. 세상의 진정한 규칙은 우리가 깰 수밖에 없다. 우리는 이것을 예술로, 역사로, 과학으로 분리시킨다. 이와 같이 분리된 일련의 순서를 만든다(1956d, 119). 따라서 세상과 우리의 만남은 내적 일관성이 있는 다양한 이야기 또는 묘사를 낳는다(1956e, 76).

제임스는 세상에 진실된 가능성이 있다는 입장을 고수한다. 우리가 세계를 결정하고 변화를 겪을 수 있는 진정한 가능성 말이다. 우리가 사물에 접근하는 방식이 그 가능성을 결정한다. 한편, 비결정론에 대한 제임스의 생각은 하나의 관점으로는 그 전체를 결코 담을 수 없는 '다원적이고 역동적인 세상'이라는 개념을 담았다(1956a, 177). 다른 한편, 제임스는 현실의 다양한 관점이 서로 모순되지 않고 모두 올바른 상태가 될 수 있다고 말한다. 제임스는 지각, 종교, 철학, 과학, 예술, 역사 등이 서로 충돌하지 않으며 다양한 관점을 갖는 것이 현실의 풍부함이라 생각했다. 대개 열정, 목표, 믿음은 진실을 결정한다고 제임스는 주장한다. 그럼에도 불구하고, 진리는 세계의 진정한 가능성의 문제이다. 우리는 현실을 창조하지 않고, 우리가 원하는 어떤 것으로도 만들 수 없다.

마음의 선택

제임스는 현실에서 인간의 마음이 수동적이고 반응 없는 하얀 종이라고 비유한 많은 동료들의 관점에 도전장을 내밀었다(1956d, 129). 제임스에게 마음(mind)은 존 로크(John Loke)가 말하는 백지상태(tabula rasa)가 아니다. 마음은 수동적인 거울이 아니라 본질적으로 능동적이고 관심을 가진다. 랄프 바튼 페리(Ralph Barton Perry)는 명확히 선택적인 인간의 마음은 제임스의 생각이 성장한 초기 개념이라고 말했다(James, 1969, ix). 풍부함, 결정, 변화를 위한 가용성을 지닌 현실과 활동성, 방향성, 선택성을 가진 인간의 마음은 완벽히 상호 연결된다.

제임스는 "인생의 전체적 게임에서 우리는 우리를 항상 위태롭게 한다."(1956e, 94)라고 말했다. 개인적인 요소, 즉 주관적이고 개인적인 관심, 우리의 요구는 모두 우리의 일이 된다. 이러한 요소를 배제하는 생각은 불가능하다. 우리를 둘러싼 세계 바깥에서 진리가 드러날 때까지 주관적 관심이 수동적인 태도를 취하기 위해 애쓰는 것은 소용없는 일이다(1956d, 130). 왜냐하면 진리는 절대 드러나지 않기 때문이다. 제임스는 상상할 수 없을 정도로 무미건조한 불모지에서 세상을 보는 것은 불가능하다고 말하며, 우리가 이 세계에 접근하는 유일한 희망은 세상에 맞추어 작동(operate)하는 것이라 말했다(1956d, 130).

전체주의의 허세

제임스는 정당하지 못한 인간의 노력, 비과학, 비철학을 인정하지 않았다. 그러나 그가 정말로 거부한 것은 과학이나 철학이 그 형성 과정에서 현실 전체를 포용한다는 주장이다. 제임스는 진리를 독점한 어떤 특정한 과학이나 철학도 도덕과 종교에 관한 다른 관점(예컨대, 정당성 결여)을 선언할 수 없다고 믿는다. 제임스는 전체주의적 허세를 어떠한 관점에서도 받아들이지 않는다. 그가 생각하기론, 어떤 관점도 인간 행동과 관심(마음의 선택)에서 나오지 않은 것처럼 굴고, 다른 관점을 묵살하며, 진실에 도달하는 원칙에서 다른 관점을 무시할 권리를 지니지 않는다.

제임스는 배타적 과학주의의 종교를 강하게 비판한다. 그에 따르면, 일부 실증주의자들은 모든 신들(gods)이 하나의 신(the god)을 위해 물러났다고 믿는다. 바로 과학적 진리의 신(the god)이다. 이 유일신(God)은 가장 엄격한 단 하나의 계명을 따르도록 한다. "유신론자가 되지 말아라."라고 말이다(1956d, 131). 유신론은 금지되었고, 유신론에 전념하는 것은 개인의 주관적 성향(subjective propensities)에 굴복하는 것이라고 보았다. 배타적 과학주의라는 종교의 관점에서 볼 때 이와 같은 행위는 지적 저주였다(1956d, 131).

제임스는 과학적 진리를 숭배하는 과학 철학자들이 객관적 분석이라는 이름으로 주관성을 비난하는 것이 단지 그들의 주관적인 성향일 뿐이라고 주장한다. 과학 철학자들은 이것이 자유 세상에 대한 그들의 관점, 그들의 열정과 선택이라는 것을 잊은 것이다. 이들은 자신이 주관적 성향에서 자유로워졌다고 생각하며 자신을 속이고 있다. 이들은 다른 선택은 모두 희생시키고, 가장 의존적이고 낮고 삭막한, 즉 아무것도 섞이지 않은 분자 세상을 만든 것이다(1956d, 131). 제임스는 분자 부대의 현실은 세상에 즉각적인 일관성을 요구를 하는 이들을 충분히 만족시킬 수 있다고 주장했다(1956d, 132).

제임스의 관점에서 과학은 순전히 객관적인 현실의 관찰이자 그 자체로 진실한 것이었다. 과학은 우리가 알듯이, 기록하는 것이 아니다. 즉, 마음은 하얀 백지상태가 아니다. 현실은 아직 끝나지 않았고, 자족적 영역이다. 인간과 마찬가지로 과학은 특정한 주관적 관심과 요구를 만족시키려는 욕망에 기인한다. 인간 마음의 지시된(관심 있는) 활동으로서 과학은 선택적이다. 과학의 세계는 부분적이며 덜 의존적이다. 제임스의 관점에서 다른 관심, 예컨대 종교, 도덕, 미적 관심들은 과학적인 것만큼 타당하다. 제임스는 다른 관심사와 요구도 마땅히 주어질 것이 주어져야 한다고 주장했다. 과학은 깨지지 않은 세상의 질서에서 필수적이라 생각되는 특정 관계만 선택하고 나머지는 무시한다. 제임스는 선택받은 관계는 진짜인 동시에 우리의 목적을 위한 것이고, 과학적 설명과 예측을 위한 것이라고 했다. 그러나 이 과정에서 소외되는 과정 또한 진짜이고 존재하는 것이며, 우리의 관심을 끌 만한 가치가 충분히 있다(1956d, 119).

마음의 선택과 종교

많은 이들에게 자연이 영적이고 영원한 무언가를 의미한다고 믿고자 하는 욕구는 과학자들의 획일적인 인과법칙에 대한 내적 욕구만큼이나 강력하고 권위적이다(1956b, 56). 과학은 하나의 정당한 인간의 관심사이고, 인간의 다른 정당한 이익을 위해 허용되어야 한다. 제임스는 과학이 있는 것을 말할 수 있을 뿐, 종교적 요구나 종교적 믿음을 금지할 권리는 없다고 주장했다. 과학은 존재하는 것에 대해서만 말할 수 있고, 그렇지 않은 것에 대해서는 말할 수 없기 때문이다(1956b, 56). 제임스는 신뢰할 만한 믿음이 없으면 믿지 말라는 불가지론을 하나의 특정한 증거에 대한 개인적 입맛의 표현이라고 생각했다(1956b, 56). 제임스의 관점에서 우리는 우리의 깊고 넓은 자기(self)[2]가 우리에게 무엇을 하도록 지시했던 그것을 믿을 권리가 있다고 했다. 마음은 과학적 진리뿐만 아니라 종교적 진리에도 관심을 갖고, 원하고 선호하며 선택할 권리가 있다. 이는 『The Will to Believe』(1956f)에서 주장하는 바이며, 마음의 선택에서 뿌리내린 개념으로 보인다(앞서 마음의 능동적이고 관심이 많은 성질에 대한 선택의 영향이 제임스의 생각의 핵심이라고 언급한 페리의 주장과 비교).

인간의 선택과 심리학과 종교는 처음에 의심했던 것보다 더 많은 관련이 있다. 종

---

2) 이 책에서는 self를 '자기'로 번역하였다.

교적 경험이 받아들여지기 위해서는 전체주의적 허세를 배제해야 한다. 또 현실은 현대과학의 편협한 한계를 넘어서는 것으로, 즉 현실은 정당한 종교적 느낌을 전부 포함할 수 있도록 확대되어야 한다. 제임스는 한편으로는 단순 공식의 한계를 보여 주었고, 다른 한편으로는 모든 사고의 관심(선택) 분야를 보여 주며 이를 과감히 그리고 현명하게 다루었다.

종교적 경험의 다양성

제임스는 1901년부터 1902년에 에든버러 국가 종교협회(National Religion in Edinburgh)에서 기퍼드 강연(Gifford Lecture)을 했고, 그때의 강연은 훗날 『The Varieties of Religious Experience』(1958)[3]로 출판되었다. 이제 종교심리학 초기 전통 분야의 주요 주제를 살펴보겠다.

종교에 대한 심리학의 관심

종교는 항상 인간 행동의 결정적인 위치에 있었다. 제임스는 연구자들이 사람의 정신구조와 관련된 최소한의 관심사에서부터 인간의 종교적 성향까지 연구해야 한다고 주장했다(1958, 22). 연구자들이 종교를 믿지 않는다고 할지라도, 이처럼 중요한 현상은 인정하지 않는다고 할 것이 아니라 연구의 주제로서 가치가 있다고 했다(1958, 98).

---

3) 역자 주: 한국어 번역본의 제목은 '종교적 경험의 다양성'이다.

종교를 판단하는 기준

제임스는 종교현상을 평가하는 기준을 제1강에서 논했다. 기준을 논할 때 그는 종교가 종교의 (아마도 성적이고 병리적인) 기원에 참조하여 설명되어야 한다는 초기의 관점을 인정하지 않았다. 제임스의 관점에서 종교적인 현상이 그들의 역사를 갖고 고유의 배경을 가지는 것은 당연하다. 그럼에도 불구하고 그는 우리 삶의 더 높은 경험은 유기체적 기질의 표현일 뿐이며 언젠가는 생리학이 다양한 내분비선의 작용으로 그것을 충분히 설명할 수 있을 것이라는 의학적 유물론(materialism)의 주장을 받아들이지 않았다(1958, 29). 환원주의 관점에서 보면, 사도 바울(St. Paul)은 그저 간질병 환자였고, 테레사 수녀(St. Theresa)는 단지 히스테리 환자였으며, 성 프랜시스(St. Francis)는 순전히 유전적인 퇴행을 보인 환자였다.

제임스는 종교가 단순히 유기체적 기질을 표현하는 것에 지나지 않는다는 주장을 쉽게 뒤엎을 수 있다고 말했다. 유기체적 기질은 종교적인 현상을 설명하는 것만큼 무신론의 현상들을 설명할 수 있다. 과학적 이론은 더욱이 종교적 감정만큼 유기적으로 조건화되어 있다(1958, 29-30). 논리와 일관성의 규칙에 따라, 유기체적 기반에서 종교적 마음 상태를 배제하는 것은 현실을 안다는 과학의 주장을 동등하게 배제하는 것과 같다.

제임스는 병리적 기원에 대한 막연한 두려움을 일축하면서, 다양성을 초월하여 종교 전반에 초점을 맞추겠다고 말했다. 종교를 평가하는 그의 기준은 흥미로워 보이는 종교의 기원이나 초기 단계가 아니라 그것의 결과, 특히 종교심이 깊은 사람들의 삶에서 일어나는 것으로 보이는 결과에 있다. 제임스는 더 완전하고 완벽하게 진화된 종교의 형태에 관심을 가진다(1958, 22). 그는 더 뛰어난 종교 생활을 한 사람들이 분명히 표현한 개인적인 글에 관심을 가졌다. 그는 습관, 모방, 전통으로 내려온 종교에 관심이 거의 없었다(1958, 24). 단순히 전달되고, 몸에 밴 습관과 같은 형태의 종교가 아니라 심한 열병과 같은 종교적 재능을 가진 종교인에 관심을 가졌다. 제임스는 그러한 종교적 재능을 가진 사람들의 독창적인 결정적 경험에 관심을 가진다.

제임스는 종교 지도자들이 어쩌면 다른 분야의 천재들보다도 더 많이 비정상적인 심리적 방문의 먹잇감으로 전락했다는 것을 인정한다(1958, 24). 그럼에도 불구하고 그는 그 원인으로 신경학적 성향(neurotic disposition)을 언급함으로써 이론의 신빙성을 떨어뜨리는 것은 과학계에서 생각할 수 없는 일이라고 지적했다. 제임스는 종교적인 신념에 대해서도 이와 똑같이 적용되어야 한다고 주장했다. 그들의 가치는 개인의 정신병리학의 관점에서 알아낼 수 있는 것이 아니라 그들과 직접적으로 연결되는 영적인 판단에 달려 있다(1958, 32). 종교적 관점을 평가하기 위해 제임스가 제안한 기준은 명백함, 철학적 합리성, 도덕적 유익함이다. 종교현상을 평가하는 제임스의 일반적인 기준을 명확하게 표현하자면, 종교현상의 뿌리를 보는 것이 아니라 열매를 보는 것이다(1958, 34).

주제의 범위

제2강에서 그는 주제를 한정하고, 모든 종교가 의지 또는 두려움의 느낌과 같은 하나의 본질이나 속성을 가진다는 일반성을 인정하지 않는다. 반대로, 그는 종교를 지극히 개인적이고 개별적인 것으로써 대안적으로 동등한 중요성을 가정하는 다양한 속성을 가진다고 본다(1958, 39). 그는 완전히 다른 종류의 종교적 경험이 존재한다는 것과 영적인 삶이 큰 다양성을 보인다는 것을 생각하면, 모든 종교적 경험의 중심에 하나의 분명하고 기초적인 종교적 감성을 가정할 근거가 없다는 것을 발견한다. 종교적인 것은 다양한 자연적인 느낌을 불러일으킨다(1958, 98).

제임스는 개인적 종교의 중심을 형성하는 개인의 내부적 성향을 발견한다(1958, 41). 개인적 종교는 사람들이 의식과 의례에 반하여 개인적인 것을 하게 한다. 개인과 그들의 신(God) 사이에 직접적이고 숨김없는 관계가 존재한다. 종교 기관, 주교, 성례와 같은 매개자는 두 번째 역할을 차지한다. 제임스는 해당 강연에서 제도적ㆍ신학적 차원보다는 가능한 한 순수하고 단순한 개인적 종교로 주제를 제한할 것이라고 했다(1958, 41). 종교를 '고독에서 느끼는 개인의 느낌, 행동, 경험이며, 개인 자신이 신성한 것으로 고려하는 무엇인가와 관계하여 입장을 갖는 것(1958, 42)'으로 이해하는 제임스에게 신성은 원시의 현실과 같은 것이다. 종교는 개인이 홀로 중요하게 응답해야 하는 진중하고 근엄한 것으로 저주나 농담에 의한 것이 아니다(1958, 47).

종교의 개인적 속성

제임스는 강연 내내 다양한 연결성에서 종교의 개인적 속성을 논의한다. 여기서 핵심 주제에 대한 제임스의 관점을 모았다. 그는 과학에 대한 실증주의적 개념은 비인간성이라는 이상(ideal)으로 인해 개인적인 관점을 포기한다고 지적했다. 이러한 이상에 근거해 개인의 삶과 성격은 비인간적이고, 기초 자연과학의 물리적·화학적 작동과 과정의 수동적 결과이며, 이 과정은 자연과학에서 익숙한 것이다(1958, 105, '전체주의의 허세' 비교). 과학적인 설명에서 객관적이고 비인격적인 요소를 선호하기 위해 경험의 주관적인 요소는 억압된다. 그러나 개인이 겪는 이러한 종교적 경험은 개인적이거나 주관적인 면을 항상 현저히 드러낸다. 따라서 실증주의적 과학철학에서 종교는 구식이고, 계몽된 인류가 현재의 (과학에 유리하게) 성장한 인간 발달의 단계를 나타내며, 종교는 시대착오적인 생존에 불과하다고 주장하게 되는 것이다(1958, 371).

종교가 더 이상 쓸모가 없다는 관점에 대한 거부

제임스는 선조들이 꿈, 환각, 엉터리 해명과 같은 것을 쉽게 혼동했다고 주장한다(1958, 374). 그러나 추측과 사실, 즉 인간적인 것과 비인간적 것의 구별에 처음으로 의구심을 갖게 되거나, 이를 생각해 보게 된 것은 최근의 일이라고 했다. 제임스는 선조들이 현대과학의 결과를 기대하지 않았을 것이라고 주장했다. 또 우리 선조들은 자연의 풍부한 물활론적 요소보다 더 유망한 자연에 대한 지식의 길을 찾을 수 없었다고 주장했다(1958, 376). 종교적인 사람은 항상 인간적인 것을 비인간적인 것보다 우선시했다. 예컨대, 태양에 대해서 종교적인 사람을 자극하는 것은 비인간적이고 물리적인 추상적 개념이 아니라, 새벽의 아름다움이나 희망과 같이 그것이 갖는 인간적인 의미인 것이다. 제임스는 오늘날의 종교적인 사람들도 마찬가지라고 주장했다. 물체들이 따르는 물리적 법칙에 매료되지 않고 현상의 두려움과 아름다움, 별의 장엄함, 천둥의 목소리 등에서 깊은 인상을 받는다(1958, 376). 오늘날에도 독실한 종교인은 고독에서 신(God)을 마주하며 신은 필요할 때를 대비해 항상 옆에 계신다고 믿는다.

생존이론은 종교현상이 순전히 시대착오라고 답한다(1958, 376). 그러나 제임스는 과학적인 태도의 비인간성을 얕은 것으로 간주하고 종교는 구식이라는 이론을 거부했다. 그는 종교가 인간적이며 삶의 풍부한 면을 강조한다는 것은 알지만, 이러한 인간적인 개인적 현상이야말로 가장 완전한 현실이라고 말한다(1958, 376-377).

제임스는 일반적이고 비인간적인 것은 현실의 상징이지 현실 그 자체는 아니라고 주장했다. 제임스의 관점에서 완전한 의미의 현실인 각 개인의 운명과 주관적 경험의 현실은 비인간적인 요소가 배타적으로 강조될 때 무시된다. 메뉴를 정하는 것은 현실에서의 상징이다. 예컨대, 서로인 스테이크(Sirloin Steak)는 스테이크는 아니지만, 스테이크로 지칭된다. 제임스는 객관성과 보편성이 유일하게 타당하다고 주장하는 것은 마치 우리가 현실 그 자체가 아니라 현실의 메뉴, 즉 현실의 상징을 통해 우리 스스로를 만족시켜야 한다고 말하는 것과 같다고 말한다. 제임스는 개인의 운명에 대한 다양한 감정을 모두 생략하고 현실을 해석하는 것은 곧 식사 메뉴를 제공하는 것과 같다고 말했다(1958, 377).

제임스는 세상에 대한 우리의 설명이 개인적 측면을 배제한다고 주장했다. 그는 우리가 개인 운명에 관한 질문을 던질 때, 심오해진다고 생각한다(1958, 378). 우리의 책임감은 우리의 사적인 운명에 달렸다. 이러한 문제를 제임스는 종교적인 것이라 보았고, 이런 종교적 관점은 삶에서 아주 중요하고 대체 불가능한 역할을 한다고 주장했다.

개인적 종교의 우선시함

이 강의에서 제임스의 관심사는 개인적 종교였다. 여기에는 진정한 종교 경험과 종교에 대한 개인의 직접적인 경험이 있다. 제임스는 종교를 개별적이고 개인적인 것과 기관, 공동 또는 종족적인 것으로 구분했다(1958, 261). 그는 종교라는 단어가 개인적 경험을 지칭할 수도 있고, 제도적 종교를 지칭할 수도 있다고 지적한다. 많은 이들은 종교란 단어를 제도적 관점에서 바라본다. 위헌, 미신, 빈약함, 독재 등의 생각과 함께, 종교라는 단어는 어떤 특정한 교회나 단체의 이미지를 떠올리는 역할을 한다(1958, 262). 종교가 꼭 교회를 지칭하지는 않는다는 사실을 일반적으로 모르는 경우가 많기에 많은 이들은 종교현상을 비난한다. 중요한 것은 이 강의에서 제임스가 항상 종교를 제도적 관점이 아닌 개인적인 관점에서 바라본다는 것이다.

제임스는 교회의 역사적 발달에 대해 다음과 같이 정의했다. 종교개척자에게 힘을 주는 것은 신성한 존재와의 개인적인 연결이다. 직접적이고 개인적인 종교경험이 가장 중요하다. 종교지도자는 자발적으로 추종자를 이끈다(1958, 261). 그 후 조직화와 형식화 과정을 거쳐 자연스럽게 발전하고 제도적 종교가 탄생한다. 그러나 이후 정치와 독단적 통치에 대한 욕망이 등장하고 본래의 순수함을 오염시킬 수 있다(1958, 262).

시간이 흐르면서 발생하는 새로운 독창적인 종교 체험은 기성 교회와 다른 모습으로 나타나는데, 제임스에 따르면, 이 경험은 단지 그런 체험에서 비롯된다. 새로운 경험에 대한 가르침이 퍼지면 이단으로 여겨지고 비난받는다. 하지만 승리할 경우, 새 종교가 종교단체로 발전한다. 하지만 곧 이를 압도할 또 다른 종교단체가 생겨날 것이다. 자기성찰 시대는 끝났다. 샘이 말라 버렸다. 새로운 교회는 새로운 종교적 경험의 징후가 나타나면 다시 그들을 억압할 것이다(1958, 263). 이러한 과정은 반복될 것이다. 제임스는 종교에 대한 책임은 올바른 종교(개인 경험에 의한 종교)가 아니라 종교의 실질적 파트너, 공동의 정신이라고 말했다(1958, 263).

당시 종교의 발달에서 신성한 것에 대한 개인적인 경험은 일차적인 것으로, 조직화된 종교는 부차적인 것으로 간주된다(1958, 42). 신학적인 교리는 종교의 깊은 곳에서 나온 것으로 여겨지고, 종교적인 생각은 종교적인 경험을 뒷받침한다(1958, 329). 제임스는 인간의 자발적인 지성은 항상 그것이 느끼는 신성한 것을 일시적인 지적 편견과 조화를 이루는 방식으로 정의한다고 했다(1958, 346). 제임스는 개인적인 종교 탐구를 통해 본인과 비슷한 열린 생각을 가진 다른 연구자들이 수용할 수 있는 다수의 일반 법칙들을 만들고자 했다. 제임스는 '종교의 과학'의 창제에 기여하고자 했다(1958, 331). 그가 탐구하고 싶어 하는 일반적 사실이란 간접적으로 만들어진 신화, 미신, 교리, 다양한 종교적 교파의 이론으로부터 오는 것이 아니라 직접적으로 경험한 개인 종교경험의 풍부함에서 오는 것이다.

종교의 일반적인 속성과 기능

제임스는 제3강 보이지 않는 것의 현실에서 종교적 태도란 보이지 않는 질서가 존재한다는 믿음이며, 우리의 최고 선(highest good)은 이 질서와의 조화를 이루는 데 있다고 정리했다(1958, 58). 종교적 관점에서 보이는 세상은 보이지 않는 질서에 의존한 관계를 대신한다. 제임스는 그 당시 심리학이 오감에 의해서만 현실의 참지식을 얻을 수 있다고 가정한다고 말했다. 하지만 그는 인간의 의식에서 감각적 경험보다 더 깊고 일반적인 경험인 보이지 않는 차원의 경험, 즉 현실감, 객관적인 존재감, 거기 어딘가에 있는 대상에 대한 인식을 발견한다(1958, 61). 더욱이 제임스는 보이지 않는 현실의 연결, 즉 종교가 개인의 삶에 영향을 미친다고 주장했다. 영적 에너지가 점점 강해지고 영적 작업이 완수된다(1958, 361). 종교는 개인을 흥미롭게 한다. 삶에 새로운 묘미를 더해 주고, 성격을 확장시키면서 삶의 활력을 회복시켜 주고, 삶에 관한 모든 것을 영광으로 여기게 한다(1958, 381). 사랑은 대인관계를 지배한다.

보이지 않는 객관적인 존재에 항복하는 것은 즐거운 태도를 갖게 한다(1956, 73). 제임스는 종교가 수세기 동안 두려움보다는 즐거움과 더 깊은 연관성이 있었다고 주장했다. 그렇다고 해서 종교가 계속 반복되는 두려움과 슬픔의 역할 그리고 움츠러드는 성격과 아무런 관련이 없다고 주장하는 것은 아니었다(1958, 73-74). 진정한 종교인이라면 고차원적인 현실을 짐으로 여기지 않는다(1958, 49). 예컨대, 그리스도교의 성인(St.)들은 세계를 능동적으로 받아들였다. 단순한 금욕주의적 주장이 아니라 그리스도교인은 현실을 적극적으로 수용했다. 제임스는 이것이 종교인과 그렇지 않은 사람의 큰 차이점이라고 보았다. 종교는 다른 어떤 것도 가져다줄 수 없는 황홀감을 준다. 이 다른 차원의 감정, 이 열성적 지지가 종교의 긍정적 의미를 나타낸다(1958, 54). 종교는 특정 감정의 징후라기보다는 감정의 기쁨 그 자체이자 필수적인 긍정의 기쁨이며, 제임스는 이를 종교의 순기능이라고 했다.

제임스는 종교적인 행복이 탈출을 의미하는 것이 아니라고 했다(1958, 55). 종교적 태도는 희생적인 것이다. 제임스는 마지막 분석에서 세상에 대한 우리의 의존도는 절대적인 것이라고 주장했다. 인간은 어떤 형태로든 간에 희생하고 포기할 수밖에 없다. 종교적 삶에서 나타나는 희생과 포기의 긍정적 측면은 어떤 경우에도 인간을 편안하고 기쁘게 해 준다는 것이다(1958, 56). 종교는 슬픔과 체념을 불러오기보다는 행복을 불러온다. 따라서 제임스는 종교가 인간 삶에서 매우 중요한 역할을 한다고 보며 종교만이 이 역할을 할 수 있다고 보았다. 만약 우리가 종교의 이론적 측면을 무시하고 종교를 순수하게 개인적이고 주관적인 경험이라고 여긴다면, 종교는 긴 시간 동안 남다른 영향력을 가졌을 것이다.

제임스는 이러한 이유로 종교가 인류의 가장 중요한 생물학적 기능의 하나로 작동한다고 믿었다. 종교는 삶을 풍요롭게 하기에 종교적 충동은 삶에 대한 사랑 그 자체가 된다. 반대로 신념과 종교의 완전한 부재는 파멸을 불러온다(1958, 381).

건강한 마음의 종교 vs. 병적인 마음의 종교

제4강에서 제7강까지 제임스는 건강한 마음의 종교(제4강과 제5강)와 병든 마음(제6강과 제7강)을 비교하며 설명했다. 이는 곧 제8강의 나누어진 자기와 그에 대한 통합과정과 제9강과 제10강의 회심(conversion)으로 이어진다. 제임스는 건강한 마음이란 모든 것을 좋게 보려는 경향이라고 정의 내렸다(1958, 83). 제임스는 고차원적 종교적 기쁨의 상태란 급속도로 퍼지는 도덕적 상태와 열정적 열광이며, 몇몇 사람이 악을 경험하지 못하도록 해 준다고 말했다. 선악의 일반적 차이점은 전능한 행복이 악을 삼키는(1958, 84) 형태로 삶에 깊이 녹아들어 있다는 것이다. 모든 수축성 요소를 자신의 글에서 제외시키고, 오로지 확장적 질서에 대한 감정만 주장한 월트 휘트먼(Walt Whitman)은 건강한 마음이 악을 장악하지 못한다는 측면에서 자주 언급되었다(1958, 80-81).

건강한 마음이 악을 누른다는 주장의 정확한 반대는 병적인 마음이 악을 키운다는 것이다. 제임스는 병적인 마음의 본질이 삶의 악한 측면임을 발견하고, 이러한 측면을 충분히 이해할 때 세상이 가장 잘 이해된다고 주장했다(1958, 114). 병적인 마음은 죄와 악함이 가득한 상태로, 죄책감, 슬픔, 절망, 두려움이 지배적이다. 병적인 마음은 현실에서 모든 곳이 실패로 가득하다고 평가한다. 병적인 마음을 가진 이는 자신의 실수와 잘못에 얽매여 살며, 직업적으로 무능력하며 가능성을 잃고 살아간다. 제임스는 "모든 살덩어리가 피로 흠뻑 젖었다."(1958, 119)라고 기술했다. 이를 경험하면 곧 인간 본성이 실패에 사로잡혀 있다는 것을 알게 될 것이며, 더 나아가 나이 듦과 병약함으로 인해 우리가 마지막에 이르렀고 마지막 말을 남기게 된다는 것, 우리 모두가 무자비하게 잊혀진다는 고통스러운 사실을 알게 될 것이다. 이와 관련해 제임스가 언급한 사례들은 언젠가는 반드시 죽는 것들의 자만심, 죄의식, 세상에 대한 두려움을 번갈아서 보여 준다(1958, 136).

하나의 이야기를 갖는 건강한 마음을 가진 사람들의 세상은 한 번 태어나면 되지만, 아픈 영혼은 평안을 얻기 위해서는 다시 태어나야 한다. 제임스는 두 번 태어나야(twice-bornness) 하는 사람들의 삶을 두 이야기의 미스터리라고 말했다(1958, 140). 본래의 선함에는 많은 적이 있고, 내면 깊이 병적인 생각을 가진 사람들은 영적인 삶에 동참하기 위해 자신의 본래 삶을 잃어야 한다고 생각한다. 자세히 말하자면, 몇몇 사람들은 내적으로 조화로운 체질을 타고났지만, 두 번 태어나는 이들은 심리학적으로 증명된 불완전하게 분리된 내적 체질을 타고났다는 것이다(1958, 141).

종교적 성향을 가진 사람은 양심에 사로잡혀 있고, 높은 종교적 성향과 낮은 성향 간의 경쟁으로 인해 혼란에 둘러싸여 하나로 통합된 성격에 도달하기 어려운 기간 동안, 내적인 죄의식으로 생긴 불행감, 가치 없음, 죄책감, 창조주와 거짓 관계에 놓여 있는 것을 겪게 된다(1958, 143). 한편, 통합은 한번 성취되면 원대한 행복감과 평안함을 갖는 것으로 보인다. 특히 종교적으로 통합되었을 때 더욱 그렇다. 제임스는 통합이 주체할 수 없는 불행을 깊고 오래가는 행복으로 쉽게, 성공적으로 변화시킨다고 했다(1958, 146). 믿음, 행복, 긍정적으로 살려는 의지를 다시 불어넣는 힘(1958, 155)은 안에서 샘솟고, 슬픔의 한 부분을 나아지게 한다.

건강한 마음은 병적인 마음을 병에 걸렸다고 보는 반면, 병적인 마음은 건강한 마음의 낙관성을 매우 가볍고 근시안적이라고 생각한다. 제임스는 전반적인 평가를 내리면서 병적인 마음이 인간 경험 전 범위에 가깝다고 보았다. 악에서 돌아서서 건강한 마음을 가진 사람들은 행복한 시기에는 더 만족지만 힘든 시련의 시기에는 실패할지도 모른다(1958, 137). 제임스는 악함이 현실의 깊은 진실 일부에 접촉하는 하나의 방법일지도 모른다고 덧붙였다(1958, 138). 악한 사건들은 좋은 사건만큼이나 현실적이다. 이러한 관점에서 가장 완성된 종교는 회의적인 요소가 잘 발달되어 있는 종교이다(1958, 139). 불교와 그리스도교가 가장 좋은 예이다. 두 종교 모두 죽음을 통한 구원과 부활을 강조한다.

회심

제임스는 갑자기 또는 점진적으로 진행되는 통합의 과정을 '회심하다'라고 불렀다. 다른 말로 '은총을 받다', '종교를 경험하다'라고도 쓰인다. 누군가 회심했다고 한다면 주변부에 있던 종교가 중심으로 옮겨 자리 잡게 됨을 의미한다. 주변의 모든 것이 결정체를 이루고, 종교적 목표가 회심을 겪는 사람의 개인적 에너지의 습관적 중심을 형성한다(1958, 162). 이러한 인간적 균형의 변화는 강력하게 개인적인 것으로 보인다.

제임스는 갑작스러운 회심의 사건을 겪는 것이 두 번 태어남을 보장하지는 않는다고 한다. 그는 진정으로 인내하고 이기심 없는 신의 자녀는 절대 이러한 사건을 겪지 않을 것이라고 말한다(1958, 192). 그의 관점에서 진정한 신의 자녀는 즉각적인 회심이 아닌 성인(St.)이다.

제임스는 갑작스러운 회심의 경험이 삶의 열매이며 진정으로 두드러지거나 크게 중요하지 않을 수 있고, 영구적이거나 일시적일 수 있지만, 회심을 경험하는 개인에게는 매우 중대한 것이라고 말했다. 회심 경험은 한편으로는 인간적으로 힘없음과 파산의 느낌으로, 다른 한편에서는 평온함과 조화, 존재하려는 의지의 느낌을 동반한 높은 힘, 즉 은총에 의해 통제되는 느낌으로 채워진다. 걱정은 모든 것이 잘 될 거라는 느낌으로 대체된다. 의지, 묵인, 존경의 열정, 깨끗하고 아름다운 새로운 느낌, 절정의 행복감은 모두 회심 경험의 특징이다(1958, 199, 203).

제임스는 잠재의식의 발견은 심리과학에 가장 중요한 하나의 사건이었다고 생각했다(1958, 188). 잠재의식은 적어도 일부 사람들에게 의식의 존재뿐만 아니라 의식 밖의 생각, 느낌, 기억 집합의 존재를 의미한다. 다른 말로 우리의 마음 안에 우리가 알고 있는 것보다 더 많은 삶이 있다는 것이다(1958, 386). 다른 맥락에서 나의 의식의 현재 영역은 잠재의식 속에 가려진 술(실을 꼬아 만든 장식)에 둘러싸인 중심이다. 우리의 매순간 모든 부분은 더 넓은 우리 자신의 부분이며 일부일 뿐이다(1971a, 259).

제임스에 따르면, 어떤 내용은 잠재의식에서 정교화되고, 나중에 의식으로 들어가게 된다. 이러한 의식으로의 급습의 원천은 절대로 쉽게 추정할 수 없지만, 그 형태는 다양하다고 가정하는데, 행동하려는 충동, 행동의 억제, 망상, 강박적 생각과 환각이 여기에 포함된다(1958, 189). 잠재적인 정신 활동은 어떤 종류로든 의식적 활동으로 여겨져야 한다. 즉, 잠재적인 마음은 잠재의식이다.

제임스는 회심 경험의 증거에서 개인 에너지 중심의 급격한 변화를 이끄는 것이 잠재의식이라고 믿는다. 개인 에너지의 새로운 중심은 재결집하는 모든 것을 장악하고 함께함으로써 잠재의식적으로 품고, 전체적으로 봤을 때 부화하는 결과를 가져온다(1958, 172, 186). 높고 낮은 정서의 공모가 종종 일어난다. 행복하고 즐거운 마음의 잠재의식 성숙과 동시에 절망적이고 불안한 마음의 탈진이 일어난다. 제임스는 급작스러운 회심의 특성은 적어도 신의 기적이 선사하는 은혜가 아니라 더 넓은 영역의 심리학적 특성으로, 잠재의식의 정신 작업이 일어날 수 있으며 갑작스러운 침입을 통해 일차적 의식의 균형을 깨뜨릴 수 있다고 주장했다(1958, 191).

심리학과 종교는 이 점에 대해서 완전히 동의한다. 둘 다 삶에 구원을 가져다주는 의식 밖의 힘을 인정한다(1958, 173). 심리학은 이러한 힘을 잠재의식(subconscious)으로 정의하며, 예컨대 배양(incubation)과 같은 작동 과정에 대해 말한다(1958, 173). 심리학은 이러한 힘들이 개인의 삶을 초월한다는 것을 가정하지도 필요로 하지도 않는다. 반면, 그리스도교 신학에서는 이러한 힘이 개인의 삶을 초월한다는 것을 가정하고 필요로 한다. 제임스는 종교과학의 과제 중 하나는 과학과 종교 사이를 중재할 용어를 찾아서, 즉각적인 회심 경험과 같은 것이 전달하는 외부적 영향의 느낌을 설명해 줄 수 있어야 한다고 주장했다. 제임스는 이러한 용어가 잠재의식적 자기(self)에 대한 심리학 개념에서 이용될 수 있다고 주장한다(1958, 385-386). 한편으로, 이 개념은 과학이 일차적인 종교현상을 이해할 수 있는 중요한 수단이 되었다. 다른 한편으로 보면, 개인은 자기 자신 이외의 것, 즉 의식 밖의 무언가에 의해 영향을 받는다는 여러 제도적 종교의 주장을 뒷받침한다(1958, 195).

제임스는 잠재의식이라는 생각이 더 높은 차원의 침투의 개념을 꼭 배제하지 않는다고 했다(1958, 195). 그러나 신(God)의 은혜, 즉 기적적인 행위가 있다면 제임스는 이러한 은혜는 잠재적인 문을 이용한다고 본다(1958, 215). 잠재의식에 대한 제임스의 생각은 다음의 내용('낮은 차원의 신비주의', '종교적 경험과 지식', '결론')을 더 참조하라.

성스러움의 특성과 가치

제11강, 제12강, 제13강은 성스러움을 주제로 한다. 제임스는 성인(St.)이 갖는 특성의 공통 핵심은 이들이 상대적으로 영구적인 영적 즐거움을 누리는 은혜의 수혜자라는 것, 또는 늘 '예'라고 말하면서 '아니요'라고 말하는 겁 많고, 인색하고, 게으른 이들을 넘어선다는 것이라고 했다(1958, 212). 개인 에너지의 종교적 중심으로 사는 성인은 영적 열정에 의해 동기부여된 것으로 기술된다. 제임스는 이들이 다른 종의 인간이라고 말한다. 성스러움의 복합적 모습은 모든 종교에서 같고 다음의 특성을 갖는다. (1) 일반적인 세상보다 더 넓은 세상에 산다는 느낌, 더 높은 힘의 즉각적인 경험, (2) 이 힘에 대한 자발적이고 열정적인 자기 포기, (3) 큰 기쁨과 자유를 수반한 자기의 축소, (4) '아니요'를 벗어나 '예'로, 사랑과 조화로운 느낌으로 이동한다(1958, 216-218).

이러한 내적 조건의 결과로 성인은 자신에 대한 금욕적인 엄격함, 강한 영혼, 순수함, 관용을 보인다. 그들은 도량이 넓고, 겸손하고, 평안함을 갖고 있다. 성인은 행함 또는 존재함에 맞춰져 있어, 그들의 소유물을 자주 없앤다. 제임스는 성인의 이러한 삶이 소유의 삶보다 더 자유롭다고 했다. 그는 지켜야 할 돈이 많으면 나태와 비겁함이 스며든다고 했다(1958, 250). 성인이 경험하는 종교적 황홀감은 마음의 통합적인 상태, 즉 자기 자신의 모래와 작은 돌들이 사라지고 다정함이 지배하는 상태이다(1985, 221). 성인이 표현하는 즐거움은 확장적인 감정이다. 이 즐거움은 자기를 잊고, 다정하며, 친절함과 관련이 있다. 성인의 삶에서 구현되는 사랑은 통합적이어서 모든 일반적인 장벽들을 없앤다.

두 번 태어남의 철학적 핵심은 성인의 금욕주의에서 두드러지게 발견된다. 제임스는 금욕주의가 현 상태의 세상에는 진실로 잘못된 무언가가 있다는 확신의 표현이며, 잘못된 것에 대해 행해야 하는 무언가를 자기 자신부터 시작해야 한다는 확신의 표현이라 말했다(1958, 280-281). 제임스는 성인의 특성은 심리학적 자원으로, 이는 신성함에서 흘러오는 것처럼 보인다고 설명했다(1958, 285). 이러한 특성은 명백히 종교적 중요성을 지닌다.

제임스는 성스러움의 가치에 대해 제14강에서 제15강까지 논의한다. 제임스는 그의 주요 관심이 개인적 종교 경험이지 제도적 종교의 형태가 아니라고 강조했다 (1958, 262). 종교 분야의 지식에 대한 자신의 최종적이자 절대적 입장을 명확히 하길 꺼리고 오히려 합리적인 가능성만을 주장하던 제임스는 개인 종교에 대한 그의 평가를 성인의 삶에 녹아 있는 결실로 전했다(1958, 260-261). 그의 결론을 요약하면, 종교적 경험으로써 나온 최고의 결과는 인간 역사가 가장 기억해야 하는 것이다(1958, 207). 제임스는 종교적 이상에 자선, 신뢰, 인내, 용기, 헌신이 포함되어 있음을 역사적 기록을 통해서 언급했다. 제임스는 일반적으로 그리고 전반적으로 종교가 성인의 삶의 결과를 기준으로 판단될 때 역사에서 대단히 중요한 자리를 차지할 가치가 있다고 주장했다. 그는 성인의 특성적 집합은 세상의 안녕에 없어서는 안 되는 것이라고 주장한다(1958, 290).

성인은 있는 그대로의 모습으로 인식된다고 여겨진다. 그들의 강인함, 위대함, 선함, 신비함은 그들이 행하는 모든 것에 명백히 드러나 있다. 그들은 삶 그 자체보다 더 큰 존재이다. 제임스는 세상의 강한 인간은 비교적 메마르고, 단단하고, 잔혹하다고 했다. 그는 성인이 세상의 선함을 증가시킨다고 했다. 성인은 모든 인간 삶의 신성불가침을 믿으면서 그 길을 이끄는 선구자이다. 어찌 됐건, 성인은 잠들어 있는 다른 이들의 잠재적 선함에 불을 붙여 삶에 온기를 불어넣는다. 제임스는 성인에 의해 나타난 인간 삶의 가치에 신뢰가 없다면 남은 우리는 영적 침체기에 빠질 것이라고 기술했다(1958, 277). 이처럼 성인은 진실로 창조적인 사회적 힘을 구성한다. 제임스는 종교적 또는 성스러운 경험이란, 예컨대 두려움과 같이 매우 자연적이며, 모두에게 잠재적으로 가능한 것이라 주장했다.

의식의 신비로운 상태

제임스는 제16강에서 제17강까지 신비로움(mysticism)에 대해 논의했다. 그는 신비로운 의식상태에서 개인적 종교 경험이 뿌리와 중심을 갖는다고 제안했다(1958, 292). 개인적 종교에 대한 제임스의 집착을 생각해 봤을 때, 신비로운 상태는 그의 종교심리학 영역에서 중요한 역할을 한다. 신비로운 경험은 진실하고 다른 무엇보다도 중요한 것으로 기술된다. 의식의 신비로운 상태는 순기능을 활성화한다. 신비로운 의식상태는 그 상태의 중요함이 주는 심오함을 잠시 미뤄 두고 그 상태가 나타난 지 한참 뒤에야 내적 삶을 변화시킨다. 신비로운 의식상태는 많은 특징을 가진다. (1) 형언할 수 없다. 사람들은 자신의 가치를 진정으로 알고 감사하기 위해 이러한 상태를 직접 경험해야 한다. (2) 일시적이다. 30분 정도 지속되며, 두 시간을 넘지 않는다. (3) 수동적이다. 의식은 일시적으로 중지되고, 더 높은 차원의 힘에 붙잡힌다. (4) 높은 질의 순수이성이다. 이것이 없으면 얻을 수 없는 진리의 깊이에 대한 통찰이 일어난다(1958, 292-293).

신비로운 경험의 마지막 특성인 순수이성에 대한 신비로운 경험은 지식 상태로 놓인다. 신비로운 경험은 새로운 차원의 진실을 드러내 깊은 감명을 준다고 알려져 있다. 제임스는 신(God)에 대한 신비로운 지식은 논리적 판단보다 즉각적인 느낌에서 더 정형화되며 신비로운 진실에 대한 통찰력은 개념적이기보다 지각적이라 할 수 있다고 설명했다. 하지만 신비로운 지식은 특별한 종류의 지각이다. 그러나 신비주의적 지식은 특별한 종류의 인식일 수 있는데, 이는 신비주의자들이 성취된 독특한 진리에 대해 감각들이 적지 않은 역할을 한다고 주장하기 때문이다. 신비로운 지식은 그 자체의 특정한 개념적 또는 합리적인 내용을 갖고 있지 않으며, 따라서 지적 지식도 감각적 지식도 아니라고 여겨진다. 신비로운 상태는 자기표현을 명확히 하는 것을 거부한다. 그럼에도 불구하고 신비로운 상태는 꽤 뚜렷한 이론적 변화를 주장한다(1958, 319). 대부분의 신비로운 경험이 낙관론과 일원론의 철학적 위치를 뒷받침해 준다. 제임스는 지리적 위치와 신학적 믿음에서의 차이와는 상관없이 수 세기 동안 한목소리를 내는 신비로운 전통을 발견한다.

순수하고 단순한 종교적 신비주의는 신(God)의 즉각적인 존재를 깨닫게 해 준다. 제한된 개인은 이러한 깨달음에 따라 자신의 무한함에 몰두하고, 무한한 신에 빠져드는 것을 느낀다(1958, 305). 우파니샤드(Upanishads)에 쓰였듯이, 보이지 않고 흐릿한 본질은 전 우주의 정신이다. 그것이 현실이자 진실이다. 제임스는 개인과 절대적 존재 사이의 일반적인 벽이 무너지는 것은 대단하고 신비로운 성취(1958, 321)라고 말했다. 우주는 살아 있는 존재로서 경험되고, 신은 여기에 있다고 여겨진다(1958, 307). 영원함은 현재를 통해 경험된다. 제임스는 신비한 경험의 모든 추진력은 두 번 태어남과 깊은 관련이 있으며, 그 추진력은 분명히 반자연주의적이라고 말했다.

제임스는 의식의 평범한 상태에서 신비로운 상태로의 전환을 적음에서 많음으로, 작은 것에서 큰 것으로, 불안함에서 편안함으로 움직이는 것과 같다고 설명했다(1958, 319). 그는 이 경험에 대해 다른 곳에서도 기술했다. 우리의 의지를 포기하고, 더 높은 차원의 것이 우리를 위해 행동하도록 하는 데 기반하여 우리의 숨을 멎게 하고, 또 다른 행복과 힘을 가질 가능성이 우리 안에 있다. 그리고 이는 물리학자나 철학적 도덕이 상상할 수 없는 더 넓은 세상을 보여 주는 것 같다. 여기에 모든 것이 잘 되어 가는 세상이 있다(1971a, 266).

이처럼 신비로운 상태는 사람들의 일상생활과는 거리가 멀다. 그렇다면, 제임스가 신비로운 상태와 공통적인 특징을 갖고 있다고 인용하는 좀 더 친숙한 경험을 살펴보자(1958, 294-296). 평범한 신비로운 경험 중에는 전에 경험했던 느낌(데자뷔 경험), 음악이 만들어 내는 깊은 감정, 삶의 모든 것이 의미 있다는 감각 등이 있다. 게다가 자연은 신비로운 감정을 깨우는 데 특별한 힘이 있는 것으로 알려져 있다. 예컨대, 장엄한 것 앞에서 경외감을 느끼는 것이다(1958, 302-303). 신비로운 경험으로 가는 또 다른 단계는 취하게 만드는 것과 마취제, 특히 술을 통해 만들어진 의식이다. 제임스는 술이 인류에게 힘을 행사하는데 그것은 정확히 술이 우리의 신비로운 기능을 자극할 수 있는 능력을 지녔기 때문이라고 주장했다. 맨정신은 우리를 감소시키고, 차별하고, '아니요'라고 말한다. 만취는 우리를 확장시키고 통합시키며, '예'라고 말한다. 술에 취한 의식은 신비로운 의식의 한 부분이다(1958, 297). 만취는 순기능의 큰 촉진제이며, 때때로 우리를 진실과 통합시킨다. 그럼에도 불구하고 제임스는 전반적으로 술은 중독이라고 말했다.

제임스는 아산화질소를 신비로운 의식의 강력한 자극제라고 지적한다. 제임스는 아산화질소와 관련된 경험은 우리의 일반적 의식상태가 하나의 특별한 종류의 의식이 아니라는 것을 보여 주며, 완전히 다른 또 다른 형태의 의식이 존재한다는 것을 보여 준다고 주장했다. 비록 우리는 이런 다른 형태의 의식에 대해서 완전히 알고 있지는 않지만, 제임스는 이를 무시하는 우주에 대한 어떤 설명도 최종적인 것이 아님을 증명해야 한다고 주장한다(1958, 298). 제임스는 그가 스스로 이산화질소를 사용한 후 통찰력을 가지게 되었다고 말하며, 그것을 형이상학적으로 중대한 사안으로 돌린다. 그가 묘사한 이 통찰의 본질은 세상 어디에서나 골칫거리인 대립 간의 화해 경험으로, 더 고귀하고 더 나은 것이 열등한 것을 추월하고, 선이 악을 일원론적으로 흡수하는 것이다.

낮은 차원의 신비주의

제임스는 종교적 신비주의의 적절성은 신비주의 전체에서 절반 정도의 이야기에 지나지 않는다고 말했다. 그는 정신이상에 대한 책에서 다룬 것을 제외하고는 다른 절반은 축적된 전통이 없다고 이야기했다(1958, 326). 따라서 제임스는 정신병의 일부 형태로 나타나는 낮은 또는 극악무도한 신비주의에 대해서도 언급한다. 신비주의는 높은 차원이든 낮은 차원이든 잠재의식에서 일어난다고 알려져 있다. 제임스는 낮은 차원의 신비주의도 한 개인 외부의 힘에 통제되는 것과 같은 감각, 높은 차원과 똑같은 목소리, 시각, 계시감과 중요성을 가진다고 한다. 하지만 비관주의, 포기, 우울함이 장악하고 있으며, 이러한 힘은 삶에 악영향을 끼친다. 낮은 차원의 신비주의는 전통적(classical) 또는 높은 차원의 신비주의를 거꾸로 뒤집는다.

제임스는 잠재의식이 모든 것, 즉 뱀과 천사를 모두 수용한다고 말한다. 시작은 가치 있는 증명이 되지 못한다. 제임스는 우리가 잠재의식에서 표출되는 모든 것들을 시험하고 직면해야 하며, 동시에 감각을 통해 무엇이 표출되는지를 알아야 할 것이라고 했다. 그래서 비평적인 지성이 중요하다.

종교적 경험과 지식

제임스는 종교를 믿는 사람은 그들 인생의 어떤 지점에서 진리를 얻는 개인적인 사건을 경험할 것이라고 생각했다(1958, 67). 이러한 경험은 확신을 가져오고 강력한 영향력을 가진다. 이는 감각 경험보다 훨씬 설득력이 있고 주로 논리적인 주장보다도 훨씬 더 설득력을 가진다(1958, 71-72). 합리주의는 지적인 명확성과 분명함을 선호하며, 이러한 모호한 경험을 거부한다. 그러나 제임스는 이성적인 주장은 보조적이며 비이성적인 본능, 열성적인 본성, 믿는 의지가 우리 마음 깊은 곳에 있다고 생각한다(1956f). 그는 본능이 이끌고, 지성이 따라온다고 기술했다(1958, 73).

제임스는 각각의 개인들이 어떠한 생각 체계로 보느냐에 따라 해석되며, 매번 특징적 이익을 만들어 낸다고 말했다(1958, 107). 과학은 이성에 기반하고 종교는 신비로운 현상에 기반한다. 그는 과학과 종교가 서로 다르지만 모두 풍부한 세상에 접하는 진정한 길을 제시한다고 믿었다(1958, 107).

진리에 대한 통찰과 정말로 중요한 조명으로서 경험되는 신비로운 상태는 신비롭지 않은 의식의 권위에 직접적으로 도전하며, 심지어는 그 권위를 무너뜨리는 정도까지 이를 수 있다. 제임스는 신비주의 상태는 감각과 지성에 근거한 합리주의적 의식을 보여주며, 단지 의식의 한 형태일 뿐이라고 했다. 신비로운 상태는 세속적인 사물에 대한 인식과 마찬가지로 사실에 대한 직접적인 지각을 통해 경험된다. 제임스는 신비주의 경험이 더 위대하고 포괄적인 세계를 열어 줄 수 있으며, 따라서 우리의 일상적인 경험보다 더 우월한 현실에 대한 관점을 형성할 수 있다고 말한다(1958, 327).

따라서 신비주의는 진실의 다른 질서의 가능성을 제기한다(1958, 324). 제임스는 초자연주의(알려지지 않은 세상에 대한 믿음과 그것이 우리 삶의 미치는 중요성을 강조)와 신비주의적 경험을 통해 전달되는 낙관론이 이 삶의 의미에 가장 진실된 통찰(1958, 328)일 수 있다고 주장했다. 신비주의적 의식상태로 얻은 우리의 마지막 판단이 무엇이든지 간에 제임스는 신비주의적 의식상태가 최소한 우리에게 가설을 제공한다고 말했다. 신비주의적 경험에서 언뜻 보게 되는 더 넓은 세상은 천국일 수도 있지만 지옥일 수도 있는 것이다.

제임스는 객관적 진리가 위대한 성인들이 경험한 신성한 존재에 대한 감각에 기인할 수 있는지를 탐구하고자 했다(1958, 329). 그의 결론은 신비주의 상태는 종교를 완전히 확증하는 것이지만, 보편적 타당성을 주장할 만한 발언이 되기에는 지나치게 사적인 것이었다(1958, 329). 개인적인 신비주의적 계시는 그러한 경험이 있는 사람들에게는 절대적 권위이지만, 경험이 없는 사람들에게는 권위가 없다. 신비주의자에게 너무나 설득력 있는 종교적 계시는 일반인에게 설득력 있는 진술을 제공할 수 없다. 따라서 제임스는 종교의 진리를 다룰 때 객관적 지식과 같은 확실성이 아니라 아마도라고 생각하게 된다.

종교적 철학의 진실과 과업

제임스는 18강에서 종교적 철학에 대해 몇 가지 질문을 던진다. 그는 종교적인 문제에서 지성을 뛰어넘는 감정의 우위를 다시 한번 주장한다. 예컨대, 신(God)의 존재에 대한 증거를 미루어 볼 때 그는 신을 이미 믿는 사람들은 이러한 주장을 확신하는 반면, 믿지 않는 사람은 그렇지 않다고 말한다(1958, 334).

제임스는 지성(철학)은 종교현상에 대한 객관적 진실과 거짓을 우리에게 확신시켜 줄 능력이 없다고 말하며 이 강의를 마친다. 그는 개념이 현실의 궁극적인 열쇠라는 믿음을 전통적인 지성주의(intellectualism)와 공유하지 않는다. 결국 그는 철학이 종교의 비판적 과학으로서 종교현상에 대한 합의를 이끌어 내는 조정의 임무를 맡는다는 결론에 도달한다. 이 임무는 이 강의에서 다룬 노력을 확장함으로써, 즉 종교의 공통적이고 본질적인 요소들과 개별적이고 우발적인 요소를 분리함으로써 성취될 수 있다.

제임스는 이 강의들에서 모든 것을 아우르는 신비주의도 개념을 주고받는 철학도 종교 영역에서 객관적인 확실성을 제공할 수 없다는 결론에 도달했다. 그는 그런 명료함이 영원히 우리 손에 닿지 않을 것이라고 말한다. 하지만 제임스는 절대적 명료함을 쫓지 않는다. 처음부터 끝까지 그의 관심은 개인적 경험이지, 끝내 확실한 비인간적 법칙이나 일반적인 주장이 아니다. 그의 관심은 개인 운명의 구체성이지 단순한 의미의 현실 속 추상성이 아니다. 우리는 이 시점에서 제임스가 자신의 결실 기준을 성인의 개인 종교에 두었다는 긍정적인 평가를 상기한다. 우리는 신비주의와 철학을 여행한 후에 결국 우리가 있던 곳으로 되돌아간다. 종교의 용도, 종교를 가진 사람들이 갖는 종교의 용도, 세상에 대한 개인의 쓰임은 진리가 존재하는 최고의 논쟁이라고 썼다(1958, 348). 그는 그의 경험적(empirical) 철학으로 돌아가는 데 꽤 만족한다. 진리(truth)는 전체적으로 잘 작동한다. 그는 마침내 그가 삶과 감정의 진리와 함께 시작한 곳에서 끝을 맺었다.

종교적 경험과 잠재의식

제임스는 19강에서 종교적 경험의 다른 특성들을 이야기한다. 많은 특성 중에는 미적 측면, 기도, 잠재의식이 포함되어 있다. 종교심리학에 대한 주제의 중요성을 고려하여, 이 절에서는 잠재의식에 대한 제임스의 추가적인 성찰을 검토한다.

잠재의식은 마음을 더 넓게 차지하고 있는 영역이다. 의식으로의 침입은 거기서 준비된 것으로 알려져 있다. 우리는 우리를 위협하는 이러한 침입을 감춰진 형태로 경험하지 않는다. 직감, 가설, 환각, 망상, 고정관념, 히스테리컬한 사건, 텔레파시 인식 등 모든 것이 잠재의식에서 비롯된다. 잠재의식은 꿈의 원천이다. 그리고 종교를 풍요롭게 해주는 주요 자원이기도 하다(1958, 366). 종교적(신비주의적) 경험은 잠재의식에서 나온다. 잠재의식으로부터의 급습은 회심과 기도에서부터 일어난다. 제임스는 잠재의식에 대한 개방, 즉 문은 종교적인 개인들에게 특히 넓어야 한다고 생각한다. 대체로 잠재의식의 발산은 종교적 역사에 강력한 영향을 미쳤다.

제임스는 환상, 환청, 황홀감, 그리고 지각하는 여러 장면 등과 같은 정신자동증(automatism)을 경험하지 않은 종교적인 지도자를 찾는 것은 불가능하다고 언급한다(1958, 362). 종교에 관련된 지도자는 잠재의식으로부터의 이러한 침입에 특별히 민감한 것으로 알려졌다. 하늘로부터의 목소리와 환상은 강력한 인상을 만들고 믿음에 대한 확신과 확증을 증가시킨다(1958, 362). 제임스는 높은 차원의 힘이 사용하는 존재감을 영감(inspiration)이라 불렀다.

결론

제임스는 20강에서 결론을 지었다. 다시 한번 말하면, 종교의 본질은 감정이며, 이는 우리의 생명력을 새롭게 하는 쾌활하고 광대한 질서에 대한 흥분 속에, 삶에 대한 사랑 속에 있다(1958, 381-382). 지적인 내용이 종교적인 감정과 함께 결합할 때 진리가 나타나는데, 이는 다양한 신조(creed)의 가장 작은 세부사항까지 종교인의 열정적 헌신을 설명해 준다(1958, 382).

제임스는 세상에 존재하는 종교 신조에 공통적 핵심이 있다고 결론 내린다(1958, 383). 이 공통적인 핵심은 제임스가 말하는 두 번 태어남, 즉 나 자신의 잘못에 대한 느낌으로부터의 구원이다. 구원 경험은 신비로운 색채를 가정한다. 개인의 종교적 경험들은 더 적은 것에서 많은 것으로의 전환을 경험한다. 구원, 즉 사람들은 잠재의식에서 일어나는 자신의 더 높고 더 나은 부분을 가진 자신의 진짜 존재를 알게 된다.

제임스는 구원을 낮은 존재의 항복으로, 구원의 경험을 외부에서 돕는 힘이 주는 선물이자 그 힘과의 즉각적인 연합으로 표현한다. 대체로 그 경험은 화해와 통합 중 하나이다. 이론에 부분적으로 기인하여 볼 때 구체적인 차이는 다양한 기관의 신조이다. 모든 신학이 질적으로 개인적인 것이 더 많은 것 또는 더 좋은 것이라는 데에 동의하지 않는다고 제임스는 말한다. 하지만 모든 신학이 더 많은 것 또는 더 나은 것이 존재하고, 그것이 정말로 무언가를 행하며, 개인이 그것에 굴복할 때 더 나아진다는 것에 동의한다.

제임스는 더 많은 것 또는 더 나은 것(즉, 종교적 경험에 닿은 더 넓고 고차원적인 자아)의 저 멀리에 무엇이 있든 간에 이쪽 측면은 우리의 의식적 삶에 대한 잠재의식의 연속이라고 가정한다(1958, 386). 따라서 제임스는 종교적 경험에서 작동하는 것은 잠재의식의 더 높은 능력이라고 주장한다. 이것은 의식적인 인간에 대한 신념보다는 더 높은 힘에 대한 널리 퍼진 신념에 동의한다. 제임스는 잠재의식의 개념을 가진 심리학과 초자연적인 것의 믿음인 종교는 구원의 경험이 의식 밖의 힘을 통해 성취된다는 점에 동의한다고 주장한다.

제임스의 개인적 신조는 우리의 감각과 지성에 의해 나오는 것과 다른 존재의 차원이 실존한다는 것이다. 잠재의식은 이러한 다른 차원에 빠져든다고 알려져 있다. 이 보이지 않는 또는 신비스러운 차원은 첫째로 우리 안에서 그리고 우리를 통해 우리 주변의 일상 세계에서 효과를 만들어 낸다. 높은 에너지는 신비로운 의식상태에서 우리 삶으로 흘러들어 오고 우리의 성격을 변화시킨다(1958, 389). 더 나은 것을 위한 내면의 변화는 외부 세계의 변화된 행동과 그에 상응하는 세계의 변화로 이어진다. 제임스에 따르면, 다른 현실에서 효과를 발휘하는 것은 그 자체로 현실이라 할 수 있다. 따라서 신비로운 세상은 하나의 현실이다. 신비로운 경험은 평범한 의식만큼이나 하나의 현실이며 중요하다고 할 수 있다.

제임스는 최상의 현실을 다루기 위해 일반적으로 통용되는 이름인 신(God)을 사용했다. 그는 우리 인간과 신은 서로 관계를 맺고 있으며, 신이 우리 삶에 요구하는 바를 충족시키거나 충족시키지 못하는 정도에 따라 우리는 좋아지거나 나빠진다고 믿는다. 우리가 신에게 열려 있다면 우리의 운명은 더 나은 방향으로 향할 것이고, 우리는 충만할 것이다. 제임스는 자신의 실용적인 기준을 적용하여, 신이 만들어 내는 실제 효과의 관점에서 볼 때 신은 실재한다고 주장한다(1958, 389). 신의 실제 효과는 우리 개인적 에너지의 중심에 영향을 미칠 뿐 아니라 개인적 에너지 중심을 통해 외부 세계에도 영향을 미친다. 신비스러운 계시는 사적인 것이겠지만, 삶에 대한 신비스러운 계시의 결과는 사적이지 않다. 신은 보이지 않지만, 신이 세상에 행사하는 영향은 그렇지 않다.

따라서 종교적 진리의 '아마도'는 객관적 기반이 아닌 실용적 관점에서, 제임스가 말하는 '예'로 바뀐다. 즉, 신성한 사실은 존재한다는 것이다(1958, 391). 그는 현재 우리의 의식세계는 존재하는 많은 의식세계 중 하나일 뿐이라고 말한다. 우리의 평범한 의식적 삶은 더 넓은 의식 전체 안에 제한된 형태로 속해 있다. 제임스는 우리의 애완견이 우리와 관계를 맺듯이 우리도 우주와 관계를 맺는다고 비유한다. 우리의 개와 고양이는 그들의 이해를 초월하는 중요한 사건과 관련된다. 우리 역시 더 넓은 삶에 대한 이해 없이 그것과 관련된다. 제임스는 인간의 경험이 우주에서 현존하는 가장 높은 형태의 경험이라는 점을 확고하게 불신한다고 다른 곳에 기록한 바 있다(1963b, 131).

지성의 범주를 초월하는 제임스의 '예'는 믿음의 문제이다. 종교적 진실은 개념적이지 않고, 개인적인 특성을 가진다. 그는 인간 경험에 대한 모든 표현이 우리가 삶의 종교적 차원을 확인할 수 있도록 해 준다고 말한다(1962b, 131-132).

제임스의 관점에서 현실은 여전히 결정되는 과정에 있다. 그리고 우리 인간은 현실을 결정하는 데 부분적인 역할을 지닌다. 우리는 아직 도래하지 않은 것의 윤곽을 결정하는 신(God)의 파트너이다. 믿음을 가진 인간의 활동은 미완성된 우주의 미래 행로를 함께 결정하는 현실의 창조적인 힘이다. 제임스는 "다른 곳에서 최고의 올바른 대응으로 (신)의 창조에 협력하는 것은 (신)이 우리에게 원하는 모든 것인 듯하다. 그의 목적에 맞는 이러한 협력 속에…… 우리 운명의 진정한 의미가 놓여 있음이 틀림없다."(1956b, 141)라고 썼다.

평가와 결론

『The Will to Belive』는 실존주의적인 입장을 가진다. "선택하는 것과 선택하지 않는 것은 선택이다."(Maurice Merleau-Ponty) 그리고 사람의 전체적인 존재(느낌)에서 나오는 믿음은 정당한 결정이다. 제임스는 전문가의 진리를 넘어서는 사람들의 권리를 칭송한다. 그는 개인적이고 인간적인 것을 강조하였고, 믿음의 특성을 느끼는 것뿐만 아니라 본질적으로 능동적인 것, 마음의 특성에 대한 결정을 강조하였으며, 이는 모두 다양성과 다원론에 대한 현대의 해석적 선호와 밀접한 관련이 있다. 따라서 세상이 가진 다양한 가능성, 일치성, 합법성에 대한 제임스의 관심에도 불구하고, 모든 인간의 일에서 주관성의 역할을 강조한 그가 진리에 대해 경험주의적 신념을 가졌다는 것은 의심할 여지가 없다. 제임스는 스스로 회의주의자가 아니라 말한다. 진실의 결정은 인간적이고, 실용적일 것이다. 진실은 그 자체로 먼저 존재하지 않지만, 진실은 존재한다.

단순한 개념의 탁월성에 대한 제임스의 거부는 중요한 것이다. 메마르지도 추상적이지도 않은 진리는 인간이 열정적으로 관여하는 과정이다. 영원히 끝나지 않지만, 진리는 언젠가 결정될 것이다. 따라서 삶과 종교의 우선순위는 감정과 존재에 양보된다. 제임스는 지성과 선입견을 느낌과 믿음에 종속시킴으로써 종교심리학 연구에서 경험적 접근을 위한 중요한 길을 열었다.

제임스는 실증주의의 해체에는 실질적인 결과가 따른다고 보았다. 실증주의가 사실이라면 세상에 나쁜 결과를 가져오는 신성에 대한 믿음은 불가능할 것이다. 더욱이 객관적 사실에 대한 실증주의자들의 배타적인 헌신은 종교에 대한 환원주의적 심리학을 필요로 한다. 제임스는 선택된 선입견이 종교적인 것이든 아니든, 바로 경험한 사실을 눈앞에서 사라지게 만드는 모든 사고 체계를 거부한다. 마지막으로, 제임스는 실증주의자들이 그들 스스로 입증할 수 있는 사실을 수동적으로 기록하는 자들이 아니라, 신념을 갖고 적극적으로 결과를 형성하는 자들이라고 주장한다.

제임스는 『The Varieties of Religious Experience』에서 제도적 종교와 개인적 종교를 구분지었다. 그러나 진정한 종교가 꼭 신비적이며 개인적인 특성을 가진다고 보장할 수는 없다고 결론짓는다. 신비로움보다 더 일반적이고 타당한 종교가 존재하지 않을까? 제도적 종교의 일원이 신비로움의 요소를 빼고 좁은 의미에서 자신의 종교를 특징지은 적은 없을까? 진정한 종교에는 다양한 형태가 있는 것으로 보이며, 다른 영역과 마찬가지로 다원성이 선호되어야 한다.

게다가 범문화적인 종교적(신비적) 경험에 대한 제임스의 개념은 의문의 여지가 있다. 언어에 스며든 모든 인간 경험은 문화에 영향을 받는다. 따라서 해석되지 않은 경험이 없다면 전통적인 신학적 공식은 신성한 경험에 부수적인 것이 아니라 필수적인 것이다. 이때, 신학적 공식은 신성한 경험에서 비롯될 뿐 아니라 그것을 형성하기도 한다. 종교 지도자와 개혁가들은 그들이 속한 공동체의 언어를 통해 그들의 신(God)을 만난다. 예수의 경험은 붓다와 다르다. 천국은 극락이 아니다. 그리스도교인의 사랑은 붓다의 자비와 다르다. 종교를 사회문화적 차원으로 축소하는 것은 종교의 올바른 의미를 정의내리지 못하게 하는 한편, 그럼에도 불구하고 종교는 항상 문화 역사적인 연관성을 가져야 한다.

제임스는 존재의 모호함과 신비스러움을 인정하면서, 종교심리학자에게 숨 쉴 여지를 주었다. 그는 과학적 독단주의든 종교적 독단주의든 독단주의를 비난한다. 그는 삶의 핵심에서 이상적 진실과 의미를 추구할 인간의 권리를 옹호한다. 그는 말을 하지 못하는 심장의 어느 부분이 사물의 본질과 소통하는 가장 깊은 기관이라고 언급했다. 마음(느낌)은 권리를 가질 뿐만 아니라 빛이 있다고 제임스는 말한다. 자신만의 목소리를 가진 제임스는 놀랄 만큼 현대적이다.

참고문헌

James, W. *The Principles of Psychology*, 2 vols. New York: Dover, 1950.

James, W. "The Dilemma of Determinism." In *The Will to Believe and Other Essays in Popular Psychology*, 145-83. New York: Dover, 1956a.

James, W. "Is Life Worth Living?" In *The Will to Believe and Other Essays in Popular Psychology*, 32-62. New York: Dover, 1956b.

James, W. "The Moral Philosopher and the Moral Life." In *The Will to Believe and Other Essays in Popular Psychology*, 184-215. New York: Dover, 1956c.

James, W. "Reflex Action and Theism." In *The Will to Believe and Other Essays in Popular Psychology*, 111-44. New York: Dover, 1956d.

James, W. "The Sentiment of Rationality." In *The Will to Believe and Other Essays in Popular Psychology*, 63-110. New York: Dover, 1956e.

James, W. "The Will to Believe." In *The Will to Believe and Other Essays in Popular Psychology*, 1-31. New York: Dover, 1956f.

James, W. *The Varieties of Religious Experience*. New York: New American Library, 1958.

James, W. "The Meaning of Truth." In *Pragmatism and Other Essays,* 133-184. New York: Washington Square Press, 1963a.

James, W. "Pragmatism." In *Pragmatism and Other Essays*, 1-132. New York: Washington Square Press, 1963b.

James, W. "Introduction." In *Collected Essays and Reviews*, ed. R. B. Perry, vi-xxv. New York: Russell and Russell, 1969.

James, W. "A Pluralistic Universe." In *Essays in Radical Empiricism and a Pluralistic Universe*, ed. R. B. Perry, 121-284. New York: Dutton, 1971a.

James, W. "Essays in Radical Empiricism." In *Essays in Radical Empiricism and a Pluralistic Universe*, ed. R. B. Perry, 3-120. New York: Dutton, 1971b.

Mascaro, J. (trans.). *The Upanishads*. New York: Penguin, 1965.

Pirsig, R. M. *Lila: An Inquiry into Morals*. New York: Bantam, 1991.

02

지그문트
프로이트

Sigmund Freud

종교란 자아, 원초아, 초자아 사이에서의 역동적인 갈등을 반영한 것일 뿐이다.

—지그문트 프로이트

02
지그문트 프로이트

자칭 신앙심 없는 유대교인인 지그문트 프로이트(Sigmund Freud, 1856~1939)는 대중이 무턱대고 종교를 따르는 것을 싫어했으며, 종교의 물질적 진실과 그것의 초자연적인 간섭을 강력하게 거부했다[1963(1919), 271]. 그럼에도 불구하고 프로이트는 여러 저술을 통해 종교를 상세히 다루었고, 그가 죽기 직전 마지막으로 집필한 저서 『Moses and Monotheism』[1967(1939)][1)]에서도 계속해서 종교를 다루었다. 프로이트는 종교에 대해 진지한 학자였으며, 종교에 대한 심리적·역사적 고찰을 논리적으로 정교화하고 발전시켰다. 이 점에서 그의 개인적인 솔직함과 용기는 널리 인정받았다.

프로이트는 실증주의 시대의 상징이었다. 초창기 시절 그는 물리적·화학적 관점에서 모든 심리적 과정을 객관적으로 설명하고자 하는 견해를 옹호했다. 인간은 더 이상 특별한 범주로 분류되지 않으며, 인간의 심리적 과정도 다른 자연적 과정과 다를 것이 없다고 그는 생각했다. 코페르니쿠스는 지구를 중심으로 태양이 돈다는 주장을 부정하였고, 다윈은 인간이 신의 창조물이라는 주장을 거부하였으며, 프로이트는 인간이 자신의 운명을 스스로 통제한다는 주장을 부정했다. 왜냐하면 인간의 행

---

1) 역자 주: 한국어 번역본의 제목은 '모세와 유일신교'(부북스, 2016), 그 사람 모세와 일신론적 종교'(그린비, 2020)이다.

동은 무의식적 힘에 의해 기계적으로 움직인다는 점에서 자유롭지 못하기 때문이다.

프로이트는 과거의 인과적 요인을 통해 인간 행동을 설명했다. 한 사건이 결정요인에서 시간적으로 멀리 떨어져 있으면 있을수록 그것의 영향력은 더 크다고 말할 수 있다. 어릴 적 사건은 지난주에 일어난 사건보다 인간행동과 더 큰 관련이 있다. 어린 시절 일어났던 사건은 오늘날의 사건을 결정한다. 지구상에 생명의 첫 출현은 최초의 본능이자 가장 근본적인 본능인 죽음을 발생시켰다. 삶의 목적은 죽음이다. 현재까지 압도적인 이러한 믿음 뒤에는 자연이 가능한 한 최저 수준의 에너지를 얻기 위해 영원히 고군분투한다는 프로이트의 믿음이 있다. 심리학적으로 이러한 고군분투는 긴장 감소를 위한 탐색이며, 쾌락욕구 원칙과 죽음 본능의 기저를 이룬다. 삶은 자연과 마찬가지로 퇴보하는 방향으로 (죽음을 향해) 흐른다.

과거에 대한 이러한 이론적 속박에도 불구하고, 프로이트는 사람들에게 억압으로부터의 해방이라는 치료적 희망과 함께 정신적 총체성 척도를 제공했다. 그는 인류 전체에게 유사한 희망을 주었다. 그러나 종교는 포기해야만 하는 것으로 보았다. 프로이트의 관점에서 종교란 유년 시절 아버지와의 관계를 성인이 되어서도 끈기 있게 지속한 결과라고 보았기 때문이다. 프로이트에 따르면, 미래는 사유의 영역이지 신앙의 영역이 아니다. 신을 인간 본성 속 가치의 모든 것에 대한 투사(projection)라고 보았던 루드비히 포이어바흐(Ludwig Feuerbach, 1804-1872)는 초창기 프로이트에게 영향을 미친 학자였다.

프로이트의 연구에 대한 최종 판단이 어떻든지 간에 그의 유산은 거대하다. 오늘날 우리는 우리가 생각하고 이야기하는 방식의 많은 부분을 그에게 빚지고 있다. 무의식이 흔한 문화적 습득이라는 견해는 프로이트 덕분이다. 게다가 포스트모더니즘 해체주의 이전에 프로이트 학파의 의심의 해석학이 있었다(Ricoeur, 1970, 32). 물론 오늘날 많은 사람이 꽤 오랫동안 프로이트에 이의를 제기하고 있다. 그러나 이의 제기들은 바로 정확히 그에 대한 반응이다. 프로이트는 여전히 처음 상태로 남아 있다. 말했듯이, 만약 그가 존재하지 않았더라면 우리는 그를 발명해 내야만 했을 것이다.

이미 제시한 대로 프로이트는 아동과 아버지 사이의 계속된 유대관계를 통해 종교 현상을 설명한다. 프로이트는 종교에 대한 몇 가지 해석을 우리에게 제시하는데, 어린 시절 자아(ego)[2] 경험의 연속으로서의 종교, 소망 충족으로서의 종교, 충동(강요)으로서의 종교, 역사적으로 동기화된 환상으로서의 종교, 신성한 에로스와 로고스를 제공하는 역할로서의 종교를 다룰 것이다. 처음의 네 가지 관점은 프로이트가 명시적으로 제시한 것이며, 다섯 번째는 지구상의 모든 곳에서 작동하고 있다고 여겨지는 파괴적이고 건설적인 에너지에 대한 프로이트의 발달 이론에 근거한 해석이다.

종교와 대망감

프로이트는 대망감(oceanic feeling)을 우주 전체와 서로 떨어질 수 없다는 주관적인 느낌, 또는 일체감, 무한성에 대한 느낌, 영원하다는 감각이라고 설명한다[1962(1930), 12]. 대망감 경험은 신비적 경험(William James), 자기에 대한 경험(Carl Jung), 최고의 정체성에 대한 깨달음(Alan Watts), 우주 의식(Richard Bucke), 절정경험(Abraham Maslow)이라고도 불린다.

아동과 아버지 사이의 관계 속에 종교의 근원이 있다는 데에 한 번도 의심을 품은 적이 없는 프로이트는 대망감에서 종교현상이 비롯되었다고 주장하는 수많은 학자의 입장에 대해 고민했다[1962(1930), 12-13]. 프로이트는 스스로 대망감 같은 느낌을 단 한 번도 경험할 수 없었다고 주장했다. 또 과학이 대망감과 같은 무형의 것을 다룰 방법을 찾는 것도 쉽지 않다고 주장한다. 그는 이러한 느낌이 사실은 사고, 즉 우주와 불가분의 일체라는 생각에 종속되어 있다고 추정한다. 대망감은 이러한 사고와 동반되며, 이러한 사고에 적절한 것이다[1962(1930), 12].

그러므로 우주와 일체라는 사고가 근본적이고 근원적인 것이며, 일체된 느낌은 부차적인 것이다. 따라서 이성주의자인 프로이트는 직접적인 경험보다는 관념적인 내용을, 느낌보다는 사고를 더 선호했다. 실제로, 즉각적인 느낌이 개인에게 우주와의 연결이라는 암시를 주고, 이러한 암시가 바로 그 느낌의 목적이라는 생각 자체가 프

---

2) 이 책에서는 ego를 '자아'로 번역하였다.

로이트에게는 매우 이상하게 느껴졌다. 따라서 그는 대망감에 대한 유전학적 설명을 위한 작업에 착수했다. 즉, 대망감의 발생(기원)을 설명하고자 한 것이다.

프로이트는 정도의 차이는 있지만, 일반적으로 자아와 자아를 둘러싼 세계 사이에 분명하고 선명한 경계선이 있음을 지적한다. 어찌 됐든 성인의 경우에 이는 사실이다. 그러나 유아는 아직 이 둘 사이의 구분이 명확하지 않다. 프로이트에 따르면, 자아와 세계는 유아의 경험에서 직접적으로 연결된다. 자아는 시간이 지나고 나서야 자아와 외부 세상의 분리를 달성한다. 성인, 즉 구분지어진 자아의 자아감은 아동의 자아감보다 훨씬 더 제한적이며, 훨씬 더 포괄적인 느낌이 쪼그라든 잔유물이다[1962(1930), 15].

프로이트는 대망감의 존재를 인정하는 데 어려움을 느끼지는 않는다. 이는 일부 개인 내면에서 일어나는 초기 단계 자아감(ego feeling)의 지속, 분명하고 선명한 경계선을 가진 성인 자아와 동시에 아동 자아의 더 포괄적이고 모든 것을 아우르는 느낌의 연속일 것이다. 따라서 프로이트는 자아의 초기 단계로 돌아가기를 고수하는 일부 성인이 경험하는 무한성과 영원성의 대망감을 추적한다. 그는 이러한 종류의 지속이 정신적 영역에서는 드물지 않다고 주장한다. 원형적인 것은 그 안에서 발생한 변형된 환영과 함께 보존된다[1962(1930), 15]. 그는 그러한 초기 단계 자아감의 지속에 적합한 생각들이 바로 무한한 것과 우주와의 즉각적인 유대라고 여긴다[1962(1930), 15].

프로이트가 어려워했던 것은 대망감의 존재가 아니라 그에 대한 해석이다. 그는 이 느낌을 종교현상의 원천으로 받아들이지 못했다. 프로이트의 관점에서 자아감은 에너지의 원천이 되는 강한 욕구의 표현이다. 아버지의 보호에 대한 아동의 욕구가 그런 강한 욕구(에너지의 원천)이다. 실제로 프로이트는 아버지와 같은 보호보다 더 강한 아동의 욕구는 없다고 주장한다[1962(1930), 19]. 종교적 욕구는 어린애 같은 약함과 무력함에서, 그리고 이러한 약함과 무력함이 만들어 낸 아버지에 대한 갈망으로부터 비롯된다. 종교적 욕구와 성인의 느낌은 모두 아버지를 중점으로 두고 있으며 아버지를 겨냥하고 있다고 여겨진다.

프로이트는 일체감을 느끼는 대망감과 종교현상이 원래는 연결되어 있지 않으며, 시간이 지나면서 연결된다고 의심했다. 반면, 우리가 우주와 하나라는 사고와 대망감의 관념적 내용은 그에게는 종교적 위로를 위한 시도, 즉 우주의 위협적인 위험을 무력화하려는 시도인 것처럼 보였다[1962(1930), 19]. 요약하면, 대망감과 종교에 대한 프로이트의 주요 주장은 다음과 같다. 대망감은 종교에 대한 욕구의 원천이 아니라 발달 초기 자아감의 지속성(분리되지 않은)과 발달 과정에서 분리되기 전의 자아와 세계 사이의 밀접한 관계이다. 일부 성인들이 지속적으로 경험하는 환경과의 직접적 유대감은 사실은 종교적인 의미가 전혀 없지만, 이후 그러한 유대에 관한 생각 또는 사고의 조정을 통해 종교적 특성으로 여겨지게 된다.

대망감의 기본은 어린 시절의 모든 것을 포괄하는 느낌이 아니라 그것이 이후에 관념적 내용과 연합되어 문자 그대로 전체 우주와의 일체감, 무한과 영원에 대한 실제적 몰입, 즉 대망감으로 (잘못) 규정되었다는 점이다. 실제 세계와의 일체감이라는 생각은 무신경한 세계가 직면한 여러 위험에 대한 종교적 위로를 위한 시도이다. 어린 시절부터 지속되는 환경과의 일체감은 문자 그대로 세계와 연결되어 있다는 사고에 부차적이지만 적합한 것이다. 감정과 사고의 결합으로 인해 사고 그 자체가 재강화될 뿐만 아니라 지속되는 감정에 대한 종교적인 해석을 부여함으로써 위로의 능력을 재강화한다. 만약 내가 세계의 일부라면, 심지어 세계와 일체감마저 느낀다면 어떻게 세계가 그렇게 위험하기만 할 수 있겠는가? 논리적인 순서는 다음과 같다. 위협적인 세계에 대한 성인의 취약성과 무기력함 → 종교적 욕구 → 개인과 세계가 위안적 관계라는 사고 → 지속되는 미분화된 자아감과 세계와의 일체라는 위안을 주는 사고 사이의 연합 순서를 따른다.

환상으로서의 종교

제임스는 개인적 또는 신비주의적 종교 체험을 장황하게 조사했으나, 프로이트는 대망감과 신비주의가 본래의 종교적 의미를 지니지 않는다고 생각하여 단 몇 페이지로 처리했다. 제임스는 종교적 특성을 조사한 반면, 프로이트는 일반인, 대중 종교에 의지했다. 제임스가 인간의 생활에서 종교의 거대한 긍정적 의미를 찾을 때, 프로이트는 그것들을 모두 없애면 우리 삶이 더 나아질 것이라 생각했다. 제임스는 보편타당성에 대한 과학의 주장을 거부하였고, 따라서 과학(이성)이 종교를 대체하게 될 운명이라는 프로이트의 실증주의적 관점에 퇴짜를 놓았다. 제임스는 종교에 대한 희망적인 관점을 갖고, 특정 범위의 현상을 시야로 끌어내 줄 기억의 해석학(Paul Ricoeur)을 실천했다. 반면, 프로이트는 종교를 회의적으로 바라보았고, 다른 특정 현상으로 접근하기 위해 의심의 해석학을 실천했다. 우리는 이제 소원 성취로서의 보통의 일상적 종교, 즉 인간의 욕구를 충족시키기 위해 현실을 개조하는 상상적 활동으로서의 종교에 대한 프로이트의 관점을 살펴볼 것이다. 이 설명에서 아버지는 중심적인 위치를 차지한다. 하지만 종교에서의 아버지의 역할은 이 장의 마지막 부분에서야 명확해질 것이다.

환상으로서의 종교 교리 본성

프로이트는 종교를 환상이라고 보았다. 그는 또한 종교를 정신병적 망상(delusion)이자 신경증적 충동이라고 특징지었다. 프로이트는 환상이 본질적으로 사실과 반대되는 것은 아니라고 지적했다. 망상은 현실을 부정한다. 환상은 그럴 수도 있고 아닐 수도 있다. 그리고 환상은 깨달음을 가능하게 할 수도 있고 아닐 수도 있다. 프로이트의 정의에 따르면, 환상의 특징은 그것이 소원으로부터 유래되었다는 점이다. 소원 성취가 동기의 중요한 요소일 때 신념은 환상이다[1964(1972), 47-48]. 소원 빌기 또는 소원 성취는 긴장을 완화해 주는 적절한 대상을 상상하는 활동이다. 따라서 환상은 이 상상 활동으로부터 발생하는 것으로 보인다. 프로이트는 개인이 무언가를 필요로 할 때 소원을 빌며 현재 문제가 되는 욕구를 과거에 충족시켜 주었던 대상을 상상하며 소원을 빈다고 밝혔다. 즉, 이전에 만족을 주었던 대상을 기억하는 것이다. 이는 소원 성취는 또한 일차적 처리 사고라는 이름으로도 소개된다. 반면, 이차적 처리 사고는 자아(ego)의 현실 지향적인 환경과의 관계를 일컫는다. 물 마시기를 꿈꾸는 것은 일차적 처리 사고 또는 소원 빌기의 한 예시이며, 실제 한 잔의 물을 얻는 것은 이차적 처리 사고의 예시이다.

프로이트가 환상을 정의할 때 현실과 관계된 환상에 대한 질문을 의도적으로 한 범주로 묶었다는 것은 이미 제안되어 왔다. 한 잔의 물을 마시고 싶은 우리의 꿈처럼 우리가 바라고 꿈꾸는 것과 부합되는 대상이 현실 속에 때로는 있기도 하며, 지구상의 파라다이스처럼 때로는 존재하지 않는다. 게다가 소원 빌기는 기억작업이다. 이것은 우리 삶에서 긴장을 완화하는 역할을 해 준 적이 있는 대상을 회상하는 것과 같다. 윤색이든 왜곡이든 우리 상상력의 조형 활동은 이전의 경험을 현재 경험하게 만든다. 우리가 물 마시기를 꿈꿀 때 우리는 물을 회상한다. 파라다이스를 꿈꿀 때 우리는 행복했던 날을 떠올린다. 파라다이스에 대한 후자의 몽상은 이전의 경험에 상당한 수정을 동반한다. 한밤중에 물을 마시고 싶어 하는 전자의 소원은 이 수정이 비교적 적다.

프로이트는 일차적 차원 사고(소원 빌기)의 개념을 종교에 적용하여 종교적 발상이 인류의 가장 오래되고, 가장 강력하며, 가장 긴급한 소원에 대한 성취라고 했다 [1964(1927), 47]. 종교 교리는 사람들이 말하는 문제에 대한 경험으로부터 발생한 것도 아니고, 그러한 문제에 대한 진지한 사고로부터 발생한 것도 아니다. 종교 교리는 환상이다. 환상의 힘은 사람들의 욕구를 충족시켜 줌으로써 긴장을 완화해 주는 능력에 있는 것으로 보인다. 프로이트의 관점에서 모든 종교적 발상은 환상이며, 긴장으로부터의 막대한 안도를 가져다주는 상상력의 산물이자 증명도 반박도 할 수 없는 긴급한 욕구에 대한 충족이다[1964(1927), 49-50].

충족을 위한 욕구 압박

프로이트는 종교라는 환상(교리)이 충족시키는 욕구를 다음과 같이 묘사했다 [1964(1927), 20-22]. 삶은 고되다. 문명은 우리에게 기본적 욕구 충족을 포기하기를 강요한다. 다른 사람들은 우리를 해친다. 자연은 길들일 수 없는 힘으로 우리를 위협한다. 죽음과 무덤 속 어둠이 우리를 기다리고 있다. 악이 충분한 보상을 거둬 갈 때조차 선은 세상에 알려지지 않는다. 우리가 어디에 의지하든 삶과 세계에 대한 공포에서 우리는 눈을 떼지 못한다. 우리의 손상된 자존감은 회복을 요구한다. 우리의 호기심은 답을 원한다.

따라서 성인은 취약성과 무기력으로부터 고통받고 있다고 말할 수 있다. 그러나 프로이트는 우리가 과거에 취약하고 무기력했다고 말한다. 아동기, 즉 어렸을 때 우리는 아버지를 두려워하면서도 당연히 아버지의 보호와 돌봄에 의지한다. 아버지에 대한 이러한 모순이 프로이트 종교심리학의 핵심이 된다. 아버지의 보호에 대한 아동의 욕구는 끔찍한 무기력으로 인해 발생하며, 아동기의 가장 강력한 욕구라고 말할 수 있다. 취약성과 무기력에 대한 아동과 성인의 상황은 근본적으로는 관련되어 있어 보인다. 성인기의 무기력한 상황은 단순히 아동기의 무기력한 상황인 유아기적 원형의 지속이다[1964(1927), 23]. 프로이트 관점에서 아동기 무기력은 평생 우리를 괴롭힐 운명이다.

소망의 본성

프로이트는 우리가 영향을 미치려고 하는 사람들과 개인적 관계를 맺는 것을 어린 시절에 배운다고 했다[1964(1927), 31]. 성인이 되어 자연의 위협적인 힘을 의인화할 때 어린 시절의 삶의 교훈을 상기하는 것으로 보인다. 하지만 이 힘의 엄청난 우월성을 고려해 볼 때, 이 힘이 인간과 적어도 똑같아지지 않는다면 정의는 실현되지 않을 것이다. 따라서 프로이트는 우리가 자연의 힘에 어린 시절 완전한 신이었던 사람, 즉 아버지의 특성을 부여한다고 말한다[1964(1927), 24]. 프로이트에 따르면, 아버지에 대한 모델을 따라 우리는 자연의 힘을 신으로 변화시킨다. 자연의 우월한 힘과 신적인 아버지는 따라서 서로 완전히 동화된다. 이 관점에서 아버지는 최초의 본질적인 신이며, 이후 이어지는 종교의 모든 신에 대한 모델이다. 이와 같이 만들어지는 신은 정말로 신과 같은 특징을 가진다. 그들은 원래의 신에 대한 이미지 속에 있으며, 인간 아버지와 닮아 있다. 따라서 성서 창세기에서 기술한 바대로 신의 형상이 인간을 만들어 낸 것이 아니라 그 반대인 것이다. 종교에서의 신은 아버지의 형상 속에 있다. 프로이트의 관점에서 모든 신은 아버지와 닮아 있으나 모든 아버지가 신과 같은 것은 아니다.

이는 어린 시절 무력감이라는 유아기적 원형에 대해 프로이트가 언급했던 것과 일치한다. 어린 시절의 무력감 및 그와 관련된 공포는 아버지의 사랑을 통한 보호 욕구를 불러일으킨다[1964(1927), 47]. 무력한 아이들이 그러한 것처럼, 우리는 안전과 사랑을 위해 언제나 아버지를 믿고 의지할 수 있다. 아버지는 신적인 인물이고 우리보다 훨씬 더 크고 강한 존재이며 우리 모두의 두려움과 불안을 잠재워 줄 수 있다. 이 우월한 존재가 하지 못할 것은 없다. 아버지는 실로 가장 만족을 주는 존재이고 우리의 내재적인 무력감을 치료해 주며 위로해 주고 기분 좋게 해 준다. 자연의 힘에 직면했을 때 성인은 보호에 대한 절박한 욕구(필요성)에서 무력함과 비슷한 상황에 놓이게 된다. 보호에 대한 이러한 욕구는 이미 언급하였듯 자연의 힘이 아버지의 형상을 따라 신으로 전환되는 모티브가 된다. 프로이트는 우리가 실제 어릴 적 만족과 보호에 대한 신적 형상 뒤에 아버지를 남겨 둔 것은 절대 아니라고 했다.

여전히 무력하고 궁핍한 상태에서 성인은 여전히 아버지에 매달리며 아버지의 사랑을 통한 보호를 갈망한다. 무력감과 아버지의 기억에 대한 집착으로 인해 우리는 아버지의 존재와 위협적인 위험으로부터 우리를 지켜 주는 아버지의 보호를 언제 어디서나 상상하게 되었다. 인간은 소망한다. 우리는 여전히 아버지를 신만큼이나 크고 강하다고 마음속으로 그린다. 우리는 우리가 어렸을 때 그러했던 것처럼 아버지를 강력하다고 기억하고 있으며, 지금도 여전히 전능할 정도로 강력하다고 믿는다. 소원 빌기와 환상을 통해서, 우리의 욕구는 줄어들고 긴장도 완화된다. 좋은 것은 삶과 자연에 대한 두려움 앞에서 느끼는 우리의 무력함을 상쇄시켜 주고, 우리를 행복하게 만들어 주는 어떠한 것이 우리 스스로의 상상 활동을 통해 사실이 된다. 기억 속의 아버지와 현재의 자연의 힘이 서로 하나라고 믿게 된다. 이제 우리는 굴종하는 (부차적인) 종교적 수행을 통해 자연의 힘을 인간—신(the gods)—과 연결시킬 수 있게 되었으며, 자연을 정복하고 자연에 영향을 줄 수 있게 되었다.

아버지에 의존함으로써 무력함을 다루는 아이의 특성이 무력함에 대한 성인의 반응에도 역시 나타난다. 프로이트는 이러한 반응이 어린 시절의 소원 빌기와 같은 것으로 무력함에서 나타나는 성인의 행동(소원 빌기와 같은)이 종교의 형성이라고 말한다. 아버지는 인류의 신 전체의 모델이다. 이에 더해 프로이트는 아버지를 향한 갈망으로부터 탄생한 신이 어린아이 같은 원형뿐만 아니라 계통 발생적 원형(phylogenetic prototype)도 갖고 있음을 보여 주는 예시를 제시한다[1964(1927), 24]. 아버지는 오늘날 어린아이에게 아버지가 그러한 것과 마찬가지로 본디 전능한 자,

선사시대 초기 인류의 보호자, 원래의 신(god)이었다. 이 선사시대의 아버지는 이후 몇 세기를 거친 종교적 발달 과정에서 서서히 그의 귀환을 만들어 냈으며, 신(God) 또는 천국과 땅(heaven and earth)의 주인(Lord)이라는 타이틀을 얻게 되었다.

따라서 프로이트는 어린 시절 무력함과 아버지에 대한 의존이 성인기 무력함과 아버지에 대한 갈망으로 지속되고, 이로부터 종교가 출현했다고 본다. 성장했지 만 여전히 무력한 인간은 과거로 되돌아가 기억 속 아버지 이미지에 다시 의존한다 [1965(1933), 163]. 성인기에도 지속되는 나약함과 보호에 대한 욕구, 어린 시절 중요한 욕구의 만족과 관련이 있는 아버지 이미지의 효과적인 힘이 신에 대한 인간의 믿음을 지탱하게 한다. 대체로 어린 시절의 무력함이 우리 전체 삶에서 계속 지속될 운명이라는 인식으로 인해 이제 우리는 이전보다 더 강력하고 고차원적인 자연의 힘에 투영된 아버지에게 집착하게 된다. 따라서 우리는 발달 과정에서 우리 스스로를 위하여 우리의 신들을 창조해 내고, 이렇게 탄생한 신들을 매우 두려워하면서 극복하고자 하며, 우리의 편으로 끌어들이고자 노력하면서 신들이 우리를 보호해 주기를 바란다[1964(1972), 35]. 이제 자애로운 섭리와 보호에 대한 갈망이 투영된 보호적인 아버지가 우리를 보살핀다.

앞서 기술한 부분에서 아버지에 대한 자녀의 긍정적인 기분이 두드러진다. 그것은 바로 정확히 인간의 무력함으로부터 유발된 사랑을 통해 아버지의 보호를 갈망하는 느낌이다. 프로이트는 남자아이와 성인이 아버지에 대해 매우 모순되는 감정을 가진다는 것을 발견했다. 사랑하지만 동시에 두려워하고 심지어 증오하는데, 프로이트는 이러한 양가감정의 병존을 같은 대상에 대한 사랑과 증오의 동시 발생이라고 정의했다[1946(1913), 202]. 개인은 아버지의 전능함으로 인해 그를 높이 존경하지만, 동시에 이 전능함으로 인해 아버지를 경계하고 불신하게 된다[1946(1913), 68]. 따라서 프로이트가 말한 대로 아버지에 대한 갈망에서 발생한 신은 존경받고 사랑받는 꼭 그만큼 두려움의 대상이 될 것이다. 즉, 신에 대한 인간의 두려움이자 신을 우리 편으로 만들고자 하는 욕구인 것이다. 프로이트는 신성함에 대한 양가감정의 병존이 모든 종교에서 발견된다고 주장한다.

종교의 발전

프로이트는 과학의 발생과 함께 자연이 개인적 특성을 잃고 그 자체로서의 영역이 되었음을 목격했다. 예컨대, 자연은 더 이상 감정과 목적을 가진 것으로 인식되지 않는다. 그러나 인간은 여전히 무력한 존재로 남아 있으며, 여전히 아버지를 갈망하고 따라서 신을 원한다[1964(1927), 24]. 또한 신은 아주 오래된 기능을 가진다. 인간을 운명의 잔인함, 특히 죽음과 화해시키고 문명이 요구하는 희생, 특히 공격적인 본능의 희생을 보상하며 자연에 대한 두려움을 줄여 준다. 게다가 충분한 시간이 지나면 신은 점점 더 도덕성, 감독(예컨대, 문명의 규칙을 실행하는 것)과 관련이 생기며, 이는 아마도 신들 스스로부터 유래하는 것 같다.

프로이트는 다신교(gods)가 결국 유일신(God) 종교로 요약된다고 보았다. 이러한 발달은 신이라는 아이디어에 대한 역사의 출발점으로 되돌아가는 것으로 보이며, 아버지가 모든 신성한 대상 속에 언제나 숨어 있는 핵이라는 것을 분명하게 만들어 준다[1964(1927), 27; 아버지를 중심으로 한 선사시대적 사건에서 종교의 역사적 기원에 대한 주제는 '역사적 사실로서의 종교'에서 논의]. 이제 사람들은 아이들이 자신의 아버지에게 하는 것처럼 신을 친밀하고 강렬한 것으로 여기게 될 것이다. 프로이트는 심지어 오늘날까지도 평범한 사람은 매우 숭고한 아버지 형상에서 관련된 섭리를 상상할 수밖에 없다고 말한다. 그러한 신은 욕구를 이해하고 기도를 들어주신다. 프로이트는 대부분 사람이 현실에 대한 이 유치한 관점에서 절대 벗어나지 못할 것임을 깨닫고 고통스러워했다[1962(1930), 21].

종교 교리

프로이트는 문명이 일련의 종교 사상을 창조해 왔다고 주장한다. 나약함과 무력함을 동반하는 불행을 줄이고자 하는 성인의 욕구에서 탄생한 이러한 교리는 나약하고 무력했던 어린 시절로 거슬러 올라간 기억과 아버지 이미지에 대한 성인의 기억으로부터 일차적 처리 사고를 통해 구성된다[1964(1927), 25].

구성원의 문명화를 가능하게 하고, 이미 만들어져 있기에 특별한 노력이 필요 없는 종교적 환상이라는 시스템(종교 교리)에는 자애롭고 우월한 지능, 사후의 삶, 우주를 지배하는 도덕적 법률, 선에 대한 보상과 악에 대한 처벌(도덕적 세계의 지배자에 대한 사고)과 같은 신념이 포함된 것으로 보인다. 프로이트는 위안을 주는 사고가 인간의 무력함 및 무력함과 관련된 고통을 상쇄시켜 준다고 주장한다. 우월한 지능은 우리의 궁극적인 만족을 목적으로 여기 아래(down here)에서 일어나는 일들을 정하는 것으로 믿어진다. 우리는 이곳, 지구상에서 놓친 기회가 무엇이든 천국에서 그 천배의 보상을 받을 것이라고 확신한다. 풀기 어려운 문제에 대한 답은 악마의 문제라거나 존재의 의미라고 제공된다. 죽음은 일어나게 되어 있으나, 새롭고 더 영광스러운 삶으로의 전환이다. 월등한 지혜, 무한한 선, 신성한 정의, 우리를 창조한 신(God) 또는 신들(gods)의 은총이 우주 속 어디에서나 작동하고 있는 것으로 여겨진다. 이러한 신념은 삶의 공포, 고난, 고통을 잠식시키며 엄청난 안심을 가져다준다[1964(1927), 27]. 사도 바울(St. Paul)은 "오 죽음이여, 그대의 독침은 어디 있는가?"라고 주장했다. 프로이트는 종교라는 환상이 없다면 수많은 사람이 삶의 위안을 잃고 살아갈 수 없을 것이라고 주장한다[1964(1927), 57].

종교의 실패

프로이트는 성서에서 "살인하지 말라!"와 같은 명령을 통해 종교가 문명화에 크게 이바지했다고 말한다[1964(1927), 60]. 그러나 종교는 충분하지 않은 것으로 보인다. 프로이트의 견해에 따르면, 인간의 삶을 수천 년 동안 지배해 오는 동안 종교는 스스로를 입증할 수 있는 엄청난 기회가 있었음에도 불구하고, 종교가 행복을 만들어 내고 사람들을 위로하며 사람들을 문명화하는 데에 성공하지 못했다는 점을 발견했다. 그는 이에 대한 증거로 그와 동시대를 사는 수많은 사람이 문명화에 만족하지 못하고 있다는 것을 발견했다. 또한 프로이트는 종교가 인간의 삶을 최고조로 지배했을 때 인간이 더 행복했다는 것을 지지할 증거도 없다고 했다. 종교인이 더 도덕적이지 않았다는 것도 확실하다[1964(1927), 61]. 게다가 그는 종교가 인간 역사의 과정에서 도덕적인 것만큼이나 비도덕적인 일을 지지해 왔다고 지적한다[1964(1927), 62]. 따라서 그는 전체적으로 종교가 실패했다고 생각한다.

종교적 환상의 대가

프로이트는 종교적 환상 속에 사는 것이 인간의 힘을 불구로 만든다고 생각한다. 그는 건강한 아이의 빛나는 지능과 일반 성인의 낮은 지능을 비교한다[1964(1927), 77-78]. 그는 이 상대적 위축이 종교적 교육의 결과라고 본다. 그에게는 불합리와 모순을 가진 종교 교리를 무비판적으로 수용한 사람의 지능 약화가 놀랍지 않다[1964(1927), 78]. 그는 종교를 포기하는 것이 아니라 종교를 갖는 것이 훨씬 더 위험하다고 보았다[1964(1927), 57].

성인 태도의 발달

프로이트는 종교적 신념에서 두드러지는 이 유아증(infantilism)이 극복될 것이라고 확신했다. 우리는 어린아이로 영원히 남아 있을 수 없다[1964(1927), 81]. 그는 사람들이 현상이 그러할 것이라고 막연히 상상하는 것을 멈추고 위험을 무릅쓰고 적대적인 삶으로 나아가 현상을 있는 그대로 직면할 수 있을 것이라고 생각했다. 사람들은 현실에 운명을 내맡기고 자기가 가진 자원에 의지하는 법을 배울 것이다. 이것이 가능할 때, 즉 사람들이 환상의 다른 세계에서 벗어나 현재 자신 앞에 놓여 있는 세상에 의지할 때 모든 사람이 충분히 괜찮은 삶을 살 수 있는 충분한 에너지가 발산(해방)될 것이라 믿었다.

프로이트는 인간의 지성이 삶을 통치하기를 희망했다. 비록 이러한 최고 권위로서의 지적 능력이 먼 미래의 이야기일지 모르지만, 프로이트는 그럼에도 불구하고 이는 달성 가능하다고 생각했다. 그는 지성이 현재 신에게 기대되고 있는 것들, 즉 인류애와 고통 감소를 성취하기 위해 노력할 것이라고 주장한다.

프로이트는 미래 지성의 통치로 가는 과정에서 종교적 신념이 무효화될 것이라고 했다. 그는 장기적 관점에서 이성과 경험이 종교와 종교의 명백한 모순을 누르고 이길 것이라고 했다[1964(1927), 89]. 지성(과학)은 상상(환상)을 정복할 것이다. 더 많은 지식을 얻을수록 종교적 신념은 삶을 덜 지배하게 될 것이라는 점을 역사가 보여줄 것이다. 프로이트 관점에서 오직 과학만이 외부의 현실에 대한 지식을 제공해 줄 수 있고, 오직 이성만이(Logos) 우리를 안내할 수 있다. 프로이트는 이성을 넘어서는 호소를 허용하지 않았다[1964(1927), 43].

역사적 사실로서의 종교

프로이트는 『The Future of an Illusion』[1964(1927)]에서 종교의 가장 깊은 원천보다는 일반적으로 사람들이 종교를 통해 이해하는 바가 무엇인지에 관심을 보였으며, 일반적으로 사람들의 종교행동에 잠재된 동기보다는 분명하게 드러난 동기에 관심을 가진다[1962(1930), 21]. 그는 이 작업에 몰두하였고, 더 나아가서는 이미 체계화되어 문화적으로 소통되는 종교 교리의 실체, 군중에게 수용받기 위해 이미 만들어져 있는 완성된 생산물로서의 교리에 관심을 가진다. 한편, 프로이트는 그의 초기 저작인 『Totem and Taboo』[1946(1913)][3]가 더 숨겨진 부분, 즉 더 분명하게 드러난 동기보다는 더 깊은 동기의 관점에서 종교의 기원을 다루고 있음을 밝힌다.

종교의 역사적 사실

프로이트는 자신이 『The Future of an Illusion』에서 종교에 대해 근본적으로 부정적인 평가를 내린 반면, 『Totem and Taboo』에서는 진실에서 종교가 갖는 힘의 위치

---

3) 역자 주: 한국어 번역본의 제목은 '토템과 터부'이다.

를 정확히 찾아냈다고 평가한다[1963(1925), 138]. 종교 교리는 역사적 사실을 말해 주는 것으로 여겨진다[1964(1927), 69]. 이러한 역사적 사실은 결코 자연을 넘어서는 영역에 실재하는 존재나 사건에 대한 물질적(material) 사실이 아니다. 종교 교리는 있는 그대로 받아들여지지 않는다. 우리는 이제 종교의 깊은 부분에 대한 프로이트의 숙고와 어떠한 방식을 통해 종교가 역사적 사실을 품고 있다고 여겨지게 되었는지를 살펴볼 것이다.

토테미즘

프로이트는 토테미즘(totemism)이 모든 문화가 겪는 원시적인 과정이라고 주장한다[1946(1913), 140]. 토테미즘에서 신성시되는 것은 언제나 동물이다[1963(1925), 127]. 특정 부족은 자신이 신성시하는 동물의 후예라고 주장한다. 그 동물은 그 부족의 토템이다[1946(1913), 5]. 프로이트에게 가장 눈에 띈 것은 바로 토테미즘의 금기(토템 동물을 죽이지 말 것, 자신이 속한 집단의 여성과 성적 관계를 맺지 말 것)와 남자아이가 갖는 두 가지의 오이디푸스 콤플렉스적 욕구(아버지를 죽이고자 하는 욕구, 어머니와 성적 관계를 맺고자 하는 욕구) 사이의 유사성이다. 이러한 유사성으로 인해 프로이트는 금기를 가진 토테미즘적 시스템이 오이디푸스 콤플렉스와 구조적으로 동일한 상황에서 유래했다고 결론 내린다.

자신들이 토템 동물의 후예라고 여기는 부족은 그 동물을 자신들의 아버지처럼 존경한다. 프로이트는 토테미즘의 진짜 핵심(그것의 잠재 내용)과 종교 형성의 시작점이 실제 인간 존재에 대한 역사적 살해라고 믿었다[1963(1925), 128]. 살해된 것으로 추정되는 인간은 원래 선사시대의 아버지였다. 프로이트는 1913년 초와 1939년 말에 출판한 저작을 통해 이러한 주장에 대해 여러 차례 소개했다. 그의 이론은 상세하고 조심스럽게 구성되어 오이디푸스 콤플렉스 중심에 있는 중요한 지점과 연결된다.

프로이트는 인류의 선사시대에 대해 다음과 같이 추측했다. 문명이 발생하기 이전 인류는 비교적 작은 집단에서 살았다. 각 원시 부족을 관장하는 것은 모든 여성을 보유한 폭력적이고 전제적 통치자인 원시 아버지(primal father)이다[1946(1913), 162]. 프로이트는 다윈(Darwin)으로부터 원시 부족 개념을 차용했다. 원시 아버지의 아들들은 우리가 예측할 수 있듯 행복하지 않고, 현존 질서에서 아버지의 위험한 라이벌이다. 만약 아들들이 아버지에게 질투를 느낀다면 아버지는 그들을 죽이거나 거세하거나 추방할 것이라고 프로이트는 말한다[1967(1939), 102]. 따라서 아버지는 분명 두려워하며 아들을 계속 지켜보고 있었을 것이다. 하지만 아들들이 순종적인 아들로 남아 있기만 한다면 아버지의 호의와 보호에 의지할 수 있었을 것이다. 그러나 어느 날 아들들은 함께 뭉쳐 아버지를 압도하고 죽인 후 그의 육신을 먹는다[1963(1925), 129]. 그리고 이 과정에서 쫓겨난 형제들은 방랑 생활에 끝을 내고 아버지 부족으로 돌아온다[1946(1913), 183].

아들들은 자신의 아버지에 대해 언제나 양가적인 감정을 가진다. 프로이트의 종교심리학에서 양가감정 병존의 중요성은 이미 언급했다. 한편으로, 아들들은 자신들의 성적 요구와 권력 추구를 좌절시키는 남자를 두려워하고 증오한다[1946(1913), 184]. 다른 한편으로, 그들은 그를 사랑하고 애정을 느끼며 갈망하고(아버지에 대한 갈망) 존경한다. 양가감정의 병존, 즉 같은 대상에 대해 동시에 존재하는 사랑과 증오, 부드러움과 적개심의 감정은 아버지와 아들과의 관계에서 필수적인 것으로 보인다[1967(1939), 172]. 원시적 아버지에 대한 아들들의 두려움과 증오, 그들의 분개심은 아들들이 아버지를 죽이도록 이끈다. 그들의 사랑과 애정은 문자 그대로 그의 육체와 아들들의 육체를 결합하도록 한다. 그렇게 함으로써 그들이 그렇게도 경애하는 아버지와 자신을 동일시하며, 그의 힘 일부를 획득한다[1946(1913), 183].

프로이트의 내러티브를 계속 이어 가 보자. 그러나 이제 형제들은 폭력적인 아버지, 즉 형제들이 부러워하고 두려워하는 모델을 본떠서 자신의 폭력적인 아버지를 거울삼아 서로를 방해하고 싸우기 시작한다[1946(1913), 183]. 그뿐 아니라 사라진 아버지에 대한 연민의 감정과 살인 당시 억압됐던 감정이 형제들 사이에서 솟구치기 시작한다. 프로이트는 아버지 암살로 최고조에 달한 아들들의 증오와 두려움, 그들의 억압된 미숙한 충동, 즉 양가감정의 다른 측면이 그들 자신을 주장하게 만든다고 했다[1946(1913), 185]. 그러한 미숙한 감정이 회한에서 자신의 목소리를 내고 형제들은 자신의 행동이 과했다고 느끼기 시작한다. 아들들은 그들의 악행에 대해 공통된 죄책감을 공유하게 된다.

한편으로, 아들들은 서로에 대한 경쟁 실패로 인해 몹시 압박을 받았다. 아버지를 본보기 삼아 자신이 모든 여성을 얻으려 했지만, 아버지가 가진 힘을 가지지 못하기 때문에 모두가 이에 실패한 것이다[1946(1913), 186]. 다른 한편으로, 회한과 죄책감을 통해 아들들은 그 문제를 확실히 해결했다. 이 해결책은 토테미즘의 형성과 일치한다고 프로이트는 말한다. 형제들이 한 부족으로 뭉칠 때, 아들들은 명예의 자리에 앉기 전에 토템 동물을 내세웠다. 그 토템 동물은 부족의 조상이자 안내자, 보호자이며, 병을 고쳐 주고 부족에게 앞날에 대한 예측과 경고를 준다[1946(1913), 5, 136]. 짧게 말하면, 토템 동물은 아버지 대용물이며 재현된 아버지다.

프로이트는 아들들이 토템 동물을 통해 자신의 죄책감에 대한 문제를 풀었으며, 토템 동물(아버지 대용물)을 죽이지 말라는 금기를 통하여 실제로 살해하지 않았다고 주장한다. 아들들은 동시에 자기 부족의 여성을 성적 파트너로 고르지 않는다는 금기를 도입하였고, 따라서 아버지와 같은 완전한 지배라는 하나뿐이고 전부였던 이상을 포기했다[1967(1939), 104]. 토테미즘의 이러한 두 금기의 도움으로 서로 경쟁하던 아들들은 형제들의 사회로 변한다[1963(1925), 129]. 이미 지적했던 두 가지의 금기는 오이디푸스 콤플렉스에서 두 가지의 억눌린 소망들과 일치한다.

프로이트는 아버지 살해에 대해 후회하는 아들들의 반응이 사회 조직, 도덕, 종교의 시작점이라고 믿는다. 사회는 공동 범죄 속의 공모를 기반으로 하며, 종교는 죄책감과 그 결과로 일어나는 회한에 기초하고, 도덕은 사회의 필요와 죄책감이 요구하는 속죄를 기반으로 한다고 여겨진다[1946(1913), 188-189].

선사시대에 대한 프로이트의 설명에서 인류의 원죄(original sin)는 죄책감을 수반하는 아들들의 원시 아버지 살해이다. 토테미즘적 종교는 이 죄책감을 완화시키고, 결과적인 종속을 통해 아버지와 화해하고자 하는 아들들의 시도로부터 발생했다. 이후 모든 종교는 이와 똑같은 문제를 해결하고자 노력한다. 모든 종교는 모든 문화의 기원이자 인간성을 만들어 낸 단 하나의 같은 사건에 대한 반응이다. 프로이트에게 인간의 죄책감, 즉 존속살인으로 인해 추적할 수 있는 원죄란 문명의 발달에서 가장 중요한 문제이다[1962(1930), 81].

프로이트는 토테미즘이 일종의 타협에 대한 성취를 의미한다고 주장한다. 아버지 대용물은 아들들을 보살필 것이다. 모든 아들이 해야만 했던 것은 아버지의 삶을 존경하는 것이었다[1946(1913), 186]. 아들들이 맹세한 아버지 대용물은 원래 아버지와 같은 방식으로 죽지 않을 것이다. 프로이트는 그럼에도 불구하고 토테미즘의 엄숙한 의식의 중요한 부분이 토템 동물을 죽이고 이를 먹는 것임을 우리에게 상기시킨다[1946(1913), 137]. 이러한 의식은 사실 아버지에 대한 아들들의 승리를 축하하는 승리의 축제이다[1967(1939), 104-105]. 어떤 형제도 감히 혼자서 희생된 동물을 차지하지 못한다. 오직 부족 전체만이 적절한 상황에서만 금지된 행동을 할 수 있다. 프로이트는 부족이 스스로를 자신들의 신이 된 토템 동물과 하나의 피, 하나의 실체로 여긴다고 주장한다. 이러한 현실에서의 피의 유대감은 이따금 갱신된다. 따라서 희생이 따르는 식사, 즉 토템 동물을 죽이고 이를 먹는 의례가 필요하다. 그 동물을 먹음으로써 부족 구성원은 그들 간 그리고 신과의 물질적 정체성을 유지한다.

따라서 주기적으로 토템을 죽이고 먹는 것은 토테미즘에서 핵심적이고 중요하다. 그러나 이것이 전부가 아니다. 토템을 죽이는 의식은 통제할 수 없는 애통함을 가져오며, 이는 응징에 대한 두려움의 원천이 된다. 그러나 프로이트는 이러한 의식의 목표가 원시 아버지를 죽임으로써 발생한 죄책감의 제거라고 말한다[1946(1913), 181]. 애도 기간이 지나면, 어떠한 인간의 충동도 거부되지 않는 축제가 열린다. 이 기간에는 평상시에 금기된 행동이 허락된다. 프로이트가 보기에 토템이 아버지 대용물이었다는 사실은 강렬한 애도와 축제라는 모순된 기분을 불러일으키는 희생적 죽음을 설명한다. 아버지와 아들 간 관계에서 나타나는 양가적인 특성, 그를 제거함으로써 생기는 기쁨(증오)과 그를 죽인 것에 대한 후회(사랑)는 아버지 대용물에까지 이어진다. 토템 축제는 기념되고 아버지 살해에 대한 사건을 반복한다. 이와 함께 사회 조직, 도덕적 제약, 종교가 시작된다[1946(1913), 183].

『Totem and Taboo』의 마지막 문구인 "시작은 행동이었다."는 괴테(Goethe)에게서 빌려왔다[1946(1913), 207]. 프로이트는 종교의 기원에 대한 자신의 설명이 가설적이라는 점을 인정한다. 예컨대, 그는 우리의 가설에 대한 불확실성과 우리의 결론에 대한 납득의 어려움에 대해 이야기한다[1946(1913), 203]. 프로이트는 그럼에도 불구하고 30년이 넘는 시간 동안 이 문제를 정교화함으로써 종교의 기원을 오이디푸스 콤플렉스의 중심 부분으로 끌어들여 올 수 있게 되었다. 그에 따르면, 토테미즘은 오이디푸스 콤플렉스의 기저를 이루는 상황들의 결과이다[1946(1913), 171]. 오늘날 남자아이의 오이디푸스 콤플렉스는 선사시대 인류의 사건의 재현인 것이다.

따라서 오늘날 모든 남자아이는 과거의 아들들이 겪었던 하나의 같은 사건을 겪는 것으로 여겨진다. 프로이트는 작동하는 요인(아버지를 향한 사랑과 증오)은 세월이 흘러도 전혀 변하지 않았다고 주장한다. 원시 아버지 살해 이론에서 프로이트에게 가장 매력적으로 보였던 것은 오이디푸스 콤플렉스의 역사적 기원을 설명할 수 있다는 점이었고, 종교의 다층적 현상을 설명하는 것이었다. 따라서 이전에는 숨겨져 있던 선사시대적 인간, 오이디푸스 콤플렉스, 종교의 기원 사이의 연결성을 프로이트는 밝혀냈다.

사랑과 초자아의 기원

이제까지 우리는 사회적 조직, 도덕적 제한, 종교가 모두 아버지 살해와 아들들의 죄책감에서 기인했다는 프로이트의 주장을 다루었다[1946(1913), 183]. 인간은 어떤 도덕적 제한을 넘어설 때 죄책감을 느낀다. 프로이트는 이것이 초자아(superego)의 심리적 대리자(agency), 즉 양심(conscience) 때문이라고 말한다. 하지만 원시 아버지는 도덕적 제한도 죄책감도 알지 못하며, 이는 그의 아들들도 마찬가지다(적어도 그들의 끔찍한 행동 전까지는). 도덕적 제한은 아들들이 아버지를 죽인 다음에야 비로소 처음으로 나타났다. 도덕적 제한과 아들들의 위반(살해 행동)에 따르는 죄책감 뒤에 있는 권위자(authority), 즉 초자아가 정확히 살해 행동에 대한 반응으로 아들들의 마음속에 처음으로 떠오른다.

따라서 프로이트는 역사적으로 아들들이 함께 뭉쳐서 아버지를 죽인 후에야 오이디푸스적 상황으로부터 후손들과 공유된 내부적 죄책감(초자아)이 처음으로 획득되었다고 추정한다[1962(1930), 78]. 그러나 만약 아들들이 초자아를 이미 갖고 있지 않았다면, 만약 죄책감을 주는 초자아가 정확히 이 악행에 대한 반응으로 인해 처음으로 떠오르지 않았다면, 어떻게 아들들이 처음으로 악행에 대해 죄책감을 느낄 수 있었겠는가? 프로이트의 대답은 다음과 같다. 최초의 죄책감은 실제로 회한의 특별한 사례로서 원시 아버지에 대한 살해로 거슬러 올라간다[1962(1930), 79]. 아버지를 죽임으로써 아들들이 자신의 증오를 충족한 이후, 그들의 사랑과 연민의 감정은 악행으로 인한 죄책감이나 회한보다 앞서게 되며, 아버지와의 동일시를 통해 초자아가 수립된다[1962(1930), 79]. 즉, 인간의 역사에서 도덕적 제한이 처음으로 나타난 것이다.

대체로 아들들의 죄책감을 나타나게 하는 것은 도덕적 제한이 아니라 아들들이 갖는 연민의 감정이다. 살해(파괴 또는 증오)와 반대되는 것인(살인적인 것과 함께) 사랑은 첫 번째 죄책감을 일으키며(회한의 특별한 사례로서), 초자아 및 초자아의 도덕적 제한을 발생시킨다. 최초의 죄책감은 초자아 때문에 발생하는 것이 아니라, 아버지에 대한 아들의 양가감정과 이 양가감정이 불러일으킬 수밖에 없는 죄책감으로 인한 초자아 때문이다.

초자아는 아버지의 내면화와 이전에 아버지에 의해 행사되었던 외부적 강압으로써 발생한다. 아들들은 사랑으로 인해 발생한 죄책감을 느끼며 자신의 불경한 행동에 반응하기 때문에 이제 아버지의 소망을 존중하며, 아버지를 죽이거나 자기 부족 내의 여성들과 성적 관계를 맺는 것을 삼간다[1964(1927), 69]. 이러한 초자아의 도덕적 제약 후에 살인과 근친상간 금지로 문명사회에서 일반화되는 토테미즘의 금기[1964(1927), 33]는 원래는 아버지의 자기충족적이고 잔인하게 강제된 규칙이었다. 따라서 초자아라는 특별한 정신적 대리인은 아버지의 뜻을 이어간다.

역사, 억압, 그리고 종교

살해된 원시 아버지는 그 이후 모든 세대에서 신의 형상으로 자신의 이미지를 이어간다[1964(1927), 69]. 프로이트의 관점에서 신은 언제 어디에나 있고, 세속적인 아버지의 모델을 구성한다. 신은 이상화된 아버지이며 숭고한 아버지이다[1946(1913), 190]. 프로이트는 다양한 점에서 종교현상이 선사시대의 아버지 살해를 중심으로 일어난 중요한 역사적 발생으로의 회귀라고 본다. 고통(죄책감)이 수반되기 때문에 아들들은 형제 일족이 되는 과정에서 일어난 일들을 억압했다고 한다. 이것은 프로이트에게 중요한 발견이다. 개인의 신경증과 마찬가지로 종교현상은 억압된 것으로의 회귀이며 거부된 과거의 내용을 기억하는 형식을 구성한다.

프로이트는 신경증의 경우 최초의 트라우마적 사건과 이후 발병 사이에 잠복기가 있는 것이 흔하다고 말한다[1967(1939), 97]. 그는 신경증이 트라우마의 지연된 영향이라고 말한다. 또한 그는 이후 병증은 트라우마가 수반하는 정신적 분열을 치유하고자 하는 시도이자 분열된 자아를 화해시키려는 시도로 이해할 수 있다고 말한다. 따라서 이후 병증은 자아(ego)를 통합하고 강화하며 자아를 둘러싸고 있는 세상을 다루는 데 효과적인 주체로 만들고자 하는 시도인 것이다[1967(1939), 97].

아버지를 제거하고 어머니와의 친밀성을 시도하려는 도전(오이디푸스 콤플렉스) 때문에 남자아이에게 발생하는 (아버지에 의한) 거세 위협은 최초의 트라우마적 사건이다. 거세 위협과 그것이 만들어 내는 거세 불안(castration anxiety)에 대한 아이의 방어로 본능의 포기를 포함하는 이러한 사건들의 억압이 나타난다. 하지만 억압된 내용은 그 자리에 순종적으로 있는 것이 아니라 그 힘을 유지하고 있으며 계속해서 의식적인 표현을 요구한다. 억압된 것이 다시 돌아가고자 노력하는 것이다. 억압된 것의 회귀라 할 수 있는 신경증은 이후의 어긋남 또는 병증으로 나타난다[1967(1939), 164]. 프로이트는 이후 신경증의 발달 과정인 트라우마 → 억압 → 잠복기 → 신경증의 발생 → 억압된 것으로의 회귀 과정을 제안한다[1967(1939), 101].

보편적인 강박 신경증으로서의 종교

프로이트는 신경증, 종교, 사회, 예술, 도덕은 모두 오이디푸스 콤플렉스에서 발생했다고 주장한다[1946(1913), 202]. 프로이트의 주장은 오이디푸스 콤플렉스에서 작동하는 바로 그 요인에서 자라난 종교가 신경증이며, 종교현상은 신경증에 대한 비유를 통해 이해될 수 있다는 것이다. 트라우마, 방어, 잠복기, 발병, 억압된 것으로의 회귀, 이 모든 것은 일반적인 의미에서 신경증뿐만 아니라 특히 종교의 신경증이 갖는 특징으로 여겨진다. 프로이트는 종교에 대한 신경증을 통제할 수 없는 신경증으로 구체화한다. 종교는 인간성에 대한 대규모의 통제할 수 없는 신경증이라는 지위를 가지며, 그 거대한 힘은 프로이트의 강박증 환자에게서 작동하는 바로 그 요인으로 인해 존재한다[1967(1939), 68]. 여기서는 프로이트가 했던 강박적 신경증과 종교 사이의 비유를 살펴본다.

프로이트는 인류의 초기 발달 단계에서 전체로서의 인류가 신경증과 유사한 상태에 빠지며, 같은 이유로 개인이 신경증에 걸릴 수 있다고 말한다. 프로이트의 관점에서, 지성이 발달하지 않은 아동들은 공동체적 존재에 필요한 본능의 제한을 성취하기 위해서 정서적 수단(고통)이 필요하다[1964(1927), 70]. 문명화되기 위해서 아이들은 신경증의 기간을 반드시 겪어야만 한다. 어린 시절의 고통(거세 불안)은 각 개인이 억압을 하도록 만든다. 그리고 고통(한편으로는 아들들의 불경함으로 인한 죄책감, 다른 한편으로는 그들의 사랑)이 선사시대의 인간에게 억압과 같은 것을 하도록 이끈다. 억압은 그것의 형성물(formation)을 만든다(증상 = 억압된 것으로의 회귀). 선사시대적인 억압으로 인한 형성물은 문명사회에서 나타나는, 즉 특징적인 강박을 갖는 다양한 종교현상이 된다. 그래서 프로이트는 종교란 보편적인 인간성의 강박적 신경증이라고 썼다[1964(1927), 70-71]. 어린 시절의 강박적 신경증과 같은 인류의 대중적인 신경증은 오이디푸스 콤플렉스, 즉 아버지와의 관계로부터 발생한다.

프로이트는 비교적 초기에 쓴 에세이인 『Obsessive Acts and Religious Practices』[1963(1907)]에서 신경증의 강박적 행동과 경건한 종교의식 사이의 구체적인 유사성을 지적했다. 프로이트는 강박이 보호적 장치로 기능한다고 주장한다. 어떤 특정한 의식은 반드시 수행되어야 하며, 그렇지 않으면 반드시 재앙이 따른다. 무의식적 동기를 표현함으로써 강박적 행동은 만족의 수단을 제공하며, 실제로 이러한 행동은 만족을 막는 역할도 한다. 만족은 확실히 본래의 형태를 취할 수 없으며, 실제로 심리 전문가만이 증상으로 가장한 상태인 만족의 본래 형태를 이해할 수 있다. 증상은 추구되던 만족과 그 방지 사이의 필연적인 타협을 나타낸다. 프로이트는 강박 행동을 타협이라고 말한다. 프로이트는 요구되는 의식(ceremony)이 생략되었을 때 뒤따르는 양심의 고통에 대한 두려움과 수행되어야 할 세부사항에 대한 성실성에서 강박 행동과 종교적 수행 사이의 원시적인 유사점을 보았다[1963(1907), 19].

종교는 강박적 신경증과 마찬가지로 본능을 포기하는 데에 기반하고 있는 것으로 보인다. 종교는 본능적 충동의 억제를 성취하는 데에 완전히 성공적이지 않기 때문에 이를 행동으로 옮기고자 하는 유혹이 계속되어 신경증으로 남게 된다. 종교와 신경증 속에는 불행(종교의 경우, 신에 의한 처벌)에 대한 불안한 기대가 있다. 경건한 자들의 마음에 있는 가증스러운 죄인이라는 지식은 강박적 신경증 환자의 죄책감과 일치한다[1963(1907), 23].

게다가 강박적 행동과 비슷한 종교적 의식은 보호의 기능을 하는 것으로 보인다. 프로이트에게 경건한 종교적 의식이나 기도, 예컨대 신자가 하루 활동의 시작으로 하는 기도는 방어적이고 보호적인 수단이다[1963(1907), 23]. 강박적 신경증에서 사소한 문제가 최고로 중요한 것이 되어 가는 것과 똑같은 과정을 거치면서 종교적 수행에서 사소한 의식은 필수적인 것이 되어 간다. 보호적 수단으로서의 종교적 의식은 의미가 있다. 하지만 증상을 보이는 타협과 마찬가지로, 그들의 진짜 의미는 신자에게 숨겨진 것으로 남아 있다. 프로이트는 종교인이 신성함의 이름으로 성스러운 모든 것에 관여할 때나 그들이 매도하는 폭력에 관여할 때 강박적 행동의 근본적인 특징인 타협이 종교적 강박에 분명하게 드러난다고 주장한다.

따라서 프로이트는 종교와 강박적 신경증 사이의 유사점이 꽤 잘 작동하고 있으며, 신경증에 주목함으로써 종교 발달 역사에서 찾을 수 있는 특이점과 우여곡절의 많은 부분을 이해할 수 있을 것이라고 했다[1964(1927), 72]. 결국 프로이트는 종교가 보편적인 강박적 신경증(universal compulsive neurosis)이라고 결론을 내리게 되었다 [1963(1907), 25]. 그는 이 공식을 반대로 강박적인 신경증이 종교의 형성, 사적인 종교 시스템에 병리적으로 대응되는 것이라고 말한다[1963(1907), 25]. 그는 다른 글에서 쓴 것처럼, 강박적 신경증에서 나타나는 의례와 금지된 것들은 신경증이 자신만의 사적인 종교를 창조했다고 추측하도록 만든다고 했다[1963(1919), 225]. 프로이트는 그의 신경증 환자가 바로 이 욕구를 다루고자 하며, 대중이 종교 기관을 통해 해결하려고 하는 바로 그 갈등을 해결하려고 한다는 점을 지적한다. 이는 종교적인 개인이 보편적인 해결책, 즉 보편적인 강박적 신경증을 받아들일 때 개인적인 해결책을 피할 수 있다는 프로이트의 주장과 잘 맞아떨어진다. 따라서 프로이트는 강박적 신경증을 종교로 묘사한다. 그러나 프로이트에게 종교란 하찮은 것일 뿐이며, 더 나아가서 강박적 신경증은 사적 종교에 대한 희비극적 모조품, 찌그러진 종교, 종교에 대한 캐리커처라고 했다[1946(1913), 96; 1963(1907), 19]. 프로이트는 강박적 신경증이 사적이라는 점, 분명한 무의식 상태라는 점, 개인에 따라 가변적이라는 점에서 종교와 다르다고 했다[1963(1907), 19].

종교와 노이로제에 대한 추가적 사유

프로이트는 『Obsessive Acts and Religious Practices』[1963(1907)] 출판 6년 후에, 그의 다른 저작인 『Totem and Taboo』[1946(1913)]에서 종교와 강박적 신경증 사이의 비유에 대한 고찰을 갱신한다. 『Totem and Taboo』에서 프로이트는 강박적 신경증과 토테미즘의 특정 종교를 비교한다. 프로이트는 토테미즘이 최초의 종교이자 문화의 발전에서 보편적인 단계라고 주장한다.

우리가 살펴본 대로, 강박 행동은 포기된 본능을 현재 실행하는 것과 도덕적 제한의 내재화된 대리인, 즉 초자아(superego)의 형태로 아버지가 현재의 본능을 금지하는 것 사이의 절충안이다. 프로이트에 따르면, 토테미즘 종교의 금기는 아버지가 금기시했던 바로 그 만족을 아들들도 여전히 포기하는 데서 유래했다. 이러한 포기 행동은 아버지를 죽이고 부족의 여성을 소유하고 싶은 아들들의 근본적이고 본능적인 열망을 억압하는 것이다. 이 욕망은 거부되었음에도 불구하고, 여전히 그 힘을 보유하고 있으며 초자아 속 내재화된 아버지의 의지 정반대 편에서 계속해서 표현될 수 있는 방법을 모색한다. 토테미즘 현상은 아들들의 욕망을 표출할 수 있는 기회를 제공하고, 다른 한편으로는 이 욕망을 계속 견제할 수 있도록 하는 타협점이다. 금기의 이면에는 무의식에서 열정적으로 욕망되는 금지된 행동이 있다[1946(1913), 44]. 충동에 대한 모든 통제에서 벗어나 아버지 대용물을 죽이고 먹는 토템 축제라는 증거를 통해 이제는 부족의 형제가 된 아들들이 계속해서 자신의 본능적 욕망의 만족을 추구한다는 것을 알 수 있다.

요약하면, 종교현상의 강박적 특징은 한편으로는 인간의 강렬한 욕망이 그 본능적 힘을 잃지 않고 유지하면서 표출을 원한다는 사실에서, 다른 한편으로는 이 욕망이 사회적으로 금기시된 위치에 있다는 사실에서 발생한다. 이러한 욕망은 그 자체로 충족을 추구하는 힘을 갖고 있지만, 직접적인 충족은 거부된다. 따라서 종교에서 발견되는 역동성, 즉 강박성과 토테미즘과 종교 전반에서 두드러지는 타협은 신경증에서 발견되는 역동성과 일치한다.

게다가 토테미즘의 금기나 신경증적 금지와 마찬가지로, 모든 종류의 자명한 도덕적 처방은 한편으로는 양심의 명령으로서의 아버지의 뜻으로부터 비롯되며, 또 다른 한편으로는 그 뜻을 위반하려는 지속적인 충동으로부터 발생한다. 이 세 가지는 모두 타협의 대형을 이룬다. 하지만 프로이트는 억압된 본능이 다시 회귀하려 할 때 도덕적 처방의 진짜 근원은 일반적으로 이해되지 못하고 있다고 지적한다. 신의 입으로 직접 말해진 것이든 신이 인간의 영혼 속에 자연법칙으로 간접적으로 새겨 놓은 것이든 도덕은 신으로부터 나왔다고 여겨진다. 프로이트는 이러한 도덕적 법칙의 신성한 필요성이 그것의 강박적인 또는 강제적인 특성을 증명한다고 보았고, 도덕의 근원과 역동성이 억압된 본능 속에 있다는 자신의 믿음을 더욱 강화했다. 프로이트는 도덕적 수칙의 불가사의하고 거창하며 신비롭게 자명한 모든 것이 원시 아버지의 뜻에서 기인한 결과라고 주장한다[1967(1939), 156]. 따라서 토테미즘의 금기들, 신경증적 금지사항, 도덕적 처방(윤리, 도덕)은 모두 억압된 본능으로부터 발생했다고 말할 수 있다. 종교적 증상과 일반적인 신경증적 충동, 그리고 이 셋 모두 타협과 강박이라는 그들의 지위를 이 사실에 빚지고 있다.

프로이트는 토테미즘의 금기가 결국 유전된 심리적 재산의 한 부분으로 조직화되었다고 말한다[1946(1913), 43]. 이 금기는 프로이트가 낡은 유산이라고 불렀던 것의 한 부분이며 인간 경험의 심리적 추적은 세대를 넘어 이어진다. 유전적 메커니즘을 통해 세대에서 세대로 전승되기 때문에 이러한 금기사항은 이후의 모든 인간에게 연결된다. 따라서 프로이트의 토테미즘이 오늘날 아이의 발달적 역사에서 재현된다고 주장할 수 있다[1946(1913), 43]. 오늘날 모든 아이는 선사시대의 인간 역사를 기억하고 재연해야 할 운명을 갖는다. 그러나 인류는 종교현상에서도 집단적으로 운명 지어져 있다. 개인의 신경증적 결과와 집단적인 종교적 결과는 공통된 선사시대적 근원에서 나온 똑같은 역동성을 따른다.

신경증적 강박과 종교 사이의 유사성을 그린 프로이트의 작업에는 1907년부터 시작된 『Obsessive Acts and Religious Practices』와 1913년부터 시작된 『Totem and Taboo』가 있다. 혹자는 프로이트가 이후 자신의 관점을 수정하게 되었는지 궁금할 것이다. 1939년 출판된 그의 후기 저작 『Moses and Monotheism』에서 알 수 있듯이, 그는 자신의 의견을 수정하지 않았다. 그는 오히려 『Totem and Taboo』 이후 자신의 신념이 더 강해졌다고 주장한다. 그는 그 작업 이후 신경증적 증상에 대한 모델을 통해 선사시대 인간의 억압된 것으로의 회귀로서, 그리고 역사적 사실이 포함된 이유로 강박적으로 행동을 통제하는 것으로서 종교를 이해할 수 있음을 의심한 적이 없다고 말한다[1967(1939), 71].

토테미즘 이후 종교의 발달

시간적 관점을 변화시킨 결과, 토테미즘 사례 속 선사시대의 억압된 사건들은 현재 발달 사례에서 신경증 환자의 강박증의 형태로, 그리고 종교의 강박적 현상의 형태로 돌아왔다. 억압된 기억은 세계 종교로 돌아왔다. 한편, 근원적인 억압과 이후 종교적 증상의 발생(종교현상) 사이에, 즉 잠복기 동안 앞선 사건에 대한 기억은 앞서 언급했던 낡은 유산의 일부를 형성했다고 한다. 프로이트의 입장에서 낡은 유산은 선사시대의 억압 이후 수년이 지난 후에 대중 종교현상이 발생하는 것을 가능하게 만든다. 사람들은 자신에게 언젠가 원시 아버지가 있었으며 자신이 아버지를 죽였음을 언제나 알고 있었다고 프로이트는 주장한다[1967(1939), 129].

요약하면, 프로이트는 초기 발달 시기에 전체로서 인간은 신경증을 닮은 조건을 발달시켰고[1964(1927), 71], 특정한 주요 사건이 인류 초기에 억압되었으며, 오늘날의 다양성을 모두 포함한 종교현상이 이 억압된 선사시대로의 점진적 회귀를 의미한다고 추정한다. 억압은 종교 의례, 종교 교리, 도덕적 처방에서 명확히 나타나는 강박적 특성을 설명한다고 여겨진다. 프로이트는 형제의 아버지 살해가 인간 역사에 끊어 낼 수 없는 자취를 남겼으며, 이것은 대리적 대형(substitute formations)에서 자신을 더 드러내고, 의식의 기억에서 사라져 간다고 주장한다[1946(1913), 200].

토테미즘과 유일신교 사이에서의 다신교

프로이트는 모든 종교가 같은 문제를 풀고자 하는 시도라고 이야기한다. 즉, 원시 아버지 살해로 인한 죄책감 감소와 이후의 순종을 통한 아버지와의 화해를 말한다[1946(1913), 187]. 토테미즘과 이후 모든 종교는 아들들의 원시적 죄악에 대한 자취를 은폐하고, 아버지와 아들들 사이의 투쟁에 대한 다른 해결책을 제공함으로써 그 죄악에 대해 속죄하는 하나의 같은 내용을 공유한다[1963(1919), 226]. 프로이트는 아버지에 대한 갈망이 모든 종교적 진전의 뿌리라고 주장한다[1946(1913), 191]. 모든 경우에 신들은 아버지를 본떠서 만들어졌다. 신들과 우리의 개인적 관계는 우리의 인간 아버지와 우리 사이의 관계에 따라 달라진다[1946(1913), 190].

최초 아버지로의 회귀는 아버지에 대한 아들들의 갈망에 의해 동기화되어 토템 동물(아버지 대용물)의 형태로 이루어진다. 프로이트는 토테미즘에서 동물을 신성화하는 인간화는 다신교의 형태로 만들어진다고 말한다. 신성한 대상이 신들(gods)로서 인간의 모습을 되찾는다[1967(1939), 105]. 따라서 다신교는 원래의 신, 즉 원시 아버지를 더 적절하게 표상하는 단계로 나아가기 위한 주요한 단계로서 인용된다[1967(1939), 105]. 다신교에서 권위를 공유하고 가끔 더 높은 신들에 복종하는 다수의 남성적 신들은 족장 시대에 존재했던 상황을 반영하는 것으로 여겨진다[1967(1939), 106].

프로이트는 토테미즘의 아버지 대용물로부터 다신교의 인간 형상을 한 신들로 변모하는 종교적 발달을 다음과 같은 과정을 따라 설명한다[1946(1913), 191-192]. 아들들은 아버지처럼 되고자 하여 그를 죽였으나, 아무도 아버지의 완벽한 권력을 얻는 데 성공하지 못했다. 시간이 지남에 따라 아버지에 대한 나쁜 감정은 사라지고 그에 대한 갈망이 걷잡을 수 없이 커져 간다. 이러한 아버지에 대한 갈망의 증가와 함께 살해된 아버지의 충만한 권력과 제한으로부터 자유로움에 대한 이상(ideal)이 떠오른다[1946(1913), 191-192]. 형제는 그들 사이에서 나머지 사람과 구분되는 신을 만들면서 옛날의 아버지 이상을 소생시킨다.

프로이트는 인간이 신이 된다는 생각이 고대에는 별로 낯선 것이 아니라고 주장한다. 프로이트는 형제들이 살해당한 아버지를 신들의 형태로 숭상하는 것이 이전에 토템 동물과 맺은 약속보다 훨씬 더 진지한 속죄 시도라고 생각한다[1946(1913), 192]. 게다가 사람들은 인간과 같은 존재, 하지만 그 어떤 인간보다도 모든 면에서 우월하다는 점에서 이상화된 슈퍼맨 또는 슈퍼 아버지 같은 존재에 의해 세상이 창조되었다는 것을 믿게 되었다[1965(1933), 162]. 프로이트는 많은 신이 있음에도 불구하고, 오직 하나의 창조주만이 있으며 이 창조주가 이상화된 인간이라는 점을 흥미로워했다. 프로이트는 이러한 창조주(god-creator)가 공공연히 불리는 아버지라고 했다[1965(1933), 163].

모세와 유일신교

프로이트의 주장은 토테미즘과 다신교는 모두 억압된 것들의 표명이라는 것이다. 둘은 모두 역사적 사실의 일부를 대동하기 때문에 신경증적 증상이다. 토테미즘은 살해되어서는 안 되는 동물의 형태로 살해된 아버지를 기억하게 한다. 다신교는 인간의 형태로 신(아버지)에게로 회귀한다. 결국, 토테미즘과 다신교 이후에 단 하나의 전능한 아버지 즉, 신(God)에 대한 믿음이 발달한다. 아버지로서의 완전한 초상을 신에게로 복원시키는 유일신교는 오랫동안 숨겨진 역사적 진실로 돌아가는 것이라고 말할 수 있다. 프로이트는 원초적 아버지에 의한 이 회복이 인류에게 중대한 진보였다고 판단한다[1967(1939), 109].

프로이트는 『Moses and Monotheism』[1967(1939)]의 억압된 것으로의 복귀에서 이러한 다음의 중요한 단계를 상세하게 기술했다. 그는 이 후기 저작에서 모세라는 인물의 삶과 업적에 대한 수많은 눈에 띄는 가설들을 주장했다. 문헌과 역사적 산물의 입증을 시도하였던 프로이트의 숙고 중심에는 역사적 인물인 모세가 사실은 유대인에게 이집트 종교인인 파라오 이크나톤을 강요했던 이집트 귀족이라는 생각이 있다.

문제가 되고 있던 종교는 신비로움과 사후세계에 대한 유혹적인 신념을 거부하는 엄격한 유일신교였다. 모세는 이집트로부터 유대인을 자유롭게 해 주고, 그들에게 새로운 종교(내세에 높은 가치를 두는 현재의 이집트인은 무시하는 종교)를 전해 줌으로써 새로운 제국을 세우기 희망했다. 프로이트에 따르면, 유대인에게 몸을 굽힘으로써 모세는 그들을 자기 사람으로 만들었다. 그들은 모세에게 선택된 사람이었다[1967(1939), 55]. 유대인은 모반을 통해 모세의 진심 어린 노력에 보답해야 한다고 여겼다. 프로이트는 유대인이 그들의 계몽된 폭군을 살해했다고 말한다. 모세가 새로 선택한 사람은 매우 영적이라고 여겨졌던 이크나톤의 종교가 실은 18번째 이집트 왕조일 뿐이라는 것을 발견했다. 프로이트는 이크나톤의 종교가 그들의 욕구를 충족시킬 수 없었다고 주장한다. 그 종교는 유대인이 숭배한 우상인 금송아지에 대한 성서 이야기와 비교해 보면 너무나 과도한 책무를 이야기하고 있었으므로 유대인들은 그 짐을 벗어 던져 버렸다.

프로이트는 유대인이 모세의 영적인 종교를 거부하고, 심지어 모세가 죽은 뒤, 그들의 새로운 신인 여호와(Jehovah)를 숭배하기 시작했다는 가설을 세웠다. 프로이트는 빛을 피해 밤에만 걸어 다니는 묘한, 피에 굶주린 악마, 불의 신(volcano God)인 여호와가 당시 사람과 그 근처 부족이 숭배했던 다른 신들과 매우 비슷하다고 말한다[1967(1939), 39].

하지만 이후 암흑과 어둠 속에 숨어 있던 시대가 지나고 모세가 가르쳤던 유일신교가 강력한 힘을 갖고 재림한다. 이러한 강력한 힘은 모세의 신적 아버지 형상을 따르는 유일신인 모두를 위한 하나의 진정한 신(God)이 신경증의 기저가 되는 억압과 유사한 어떤 것에 복속된다는 사실에서 비롯된다. 프로이트는 유대인의 흥미로운 신인 여호와가 돌아온 이크나톤의 신과 모세의 결합이라고 주장한다. 옛(old) 모세의 신과 닮은 여호와는 따라서 더 완전해졌다. 모든 유대인은 여호와를 세상에 하나뿐인 신으로 인식하기 시작했다. 여호와는 모든 사람의 관심의 중심이 되었다. 모세의 유일신 도입과 이후 신의 재림 사이의 몇 세기에 걸쳐 전해져 내려온 것은 바로 모든 세상을 가능하게 한 유일신, 전지전능하고 모두를 사랑하는 신, 마술과 의식을 거부하는 신, 인간의 가장 높은 이상인 진실되고 정의로운 삶을 구축한 신, 더 오래되고 뭔가 다른 더 영적인 신이라는 개념이었다고 프로이트는 주장한다[1967(1939), 61-62].

모세의 가르침이 과거에 거부되었다는 것은 이제 상관이 없다. 이집트인 모세가 인류 중 한 집단에 전했던 더 영적인 개념의 신이라는 전통이 계속 전승되었고, 이 전통의 영향은 마침내 모세가 처음 가졌던 목적을 달성했다[1967(1939), 61-62]. 이윽고, 여호와의 자리를 차지한 신, 즉 잊혀졌던 모세의 신은 여호와의 힘을 능가했다고 한다[1967(1939), 62]. 프로이트가 말하길, 어둠에서 자란 위대하고 강력한 전통에 의해 탄생된 그 예언자는 의식과 희생을 거부하고, 진실하고 정의로운 삶에 대한 신념을 요구했던 모세의 오래된 교리를 설파했다[1967(1939), 63]. 이제는 여호와 종교의 불변하는 내용이 된 이 오래된 신념을 재건하고자 했던 그 예언자의 노력은 성공한 것으로 보인다[1967(1939), 63].

예상대로, 프로이트는 하나뿐인 진실한 신(God)에 대한 초기의 교리가 뒤늦게 가져온 영향을 설명할 때, 오랫동안 잊혀졌던 사건이 잠복기를 거쳐 다시 돌아오는 특징을 가진 신경증에 비유하여 설명한다. 프로이트는 후기 유일신이 많은 사람에게 엄청난 영향력을 행사한 것은 잠복기와 복귀에 선행하는 명백한 억압이라고 생각했다. 프로이트는 처음 사건이 일어났던 시기의 유대인이 그들의 지도자와 입법자의 죽음을 억압했다고 여겼다[1067(1939), 85]. 그리고 오랫동안 유일신 종교에 대한 어떠한 흔적도 발견되지 않았다. 프로이트에 따르면, 유대인의 유일신교와 트라우마적인 신경증은 잠복기의 특성과 일치한다[1967(1939), 84-85].

유일신교의 흔적이 어디에도 없었던 때, 두 세대를 연결한 것은 고대 유물이었다. 모세의 종교는 지구상에서 완전히 소멸하지 않았던 것이다. 오히려 모세의 종교는 모호하고 왜곡된 기억 속에 살아남아 있었다고 프로이트는 말한다. 이 위대한 과거 속의 전통은 배후에서 그 효과를 계속 발휘했다[1967(1939), 159-160]. 이 전통은 효력을 가지게 될 때까지 점점 커졌고, 마침내 여호와가 모세의 신이 되었고, 오랫동안 버려져 있던 유일신 종교가 다시 효력을 갖게 되었다[1967(1939), 159-160]. 따라서 오랜 잠복기가 지난 후에, 원시 아버지에 대한 종교인 유일신교의 이상(ideal)은 유대인을 사로잡았고, 이내 그들에게 가장 소중한 이념이 되었다[1967(1939), 108].

프로이트의 관점에서 원시 아버지의 피살, 모세의 유일신교와 모세의 피살은 후자가 전자의 의미와 권력으로부터 파생되었다는 점에서 바로 이 고대 유물과 직접적으로 관련되어 있다. 유일신교의 오직 하나뿐인 진실한 신(God)은 바로 살해당한 아버지의 재림이며, 모세는 아버지의 걸출한 대리인이었다고 프로이트는 주장한다[1967(1939), 113]. 유대인 안에서 잠자던 고대 유물 속의 원시 아버지에 대한 기억을 깨운 것은 최근에 실제 일어난 그 사건의 반복, 즉 모세의 피살(murder)이었다[1967(1939), 129-130]. 프로이트는 만약 이 살해가 없었다면, 유일신교는 절대로 기반을 잡지 못했을 것이라 추측했다. 유대인에게 강력한 인상을 남겼던 것과 마찬가지로, 유일신교는 아버지의 걸출한 대리인인 모세를 죽임으로써, 즉 위대한 원시적 범죄를 반복함으로써 후대에도 커다란 인상을 남길 수 있게 되었다[1967(1939), 113]. 모세의 살해를 통해서 원시적 살해가 다시 나타난 것이다. 이 살해는 원시적 아버지 살해 사건과 이 아버지가 유일신교의 하나뿐인 진정한 신(God)으로 재등장하는 것 사이를 연결하는 중요한 고리를 형성한다[1967(1939), 114]. 프로이트의 주장대로, 유대인은 유일신교를 받아들일 때 모세를 둘러싸고 있었던 이전의 사건들을 거부했다[1967(1939), 85].

신경증과 마찬가지로, 유일신교에서 아버지의 귀환은 부정확하게 기억된 것과의 타협이다. 아버지는 유대인의 유일신교를 통해 다시 돌아왔지만, 원시적인 인간으로서의 아버지로 정확히 확인되지는 않았다. 신경증과 마찬가지로 이 종교적인 사례 속에도 특징적인 강박이 존재한다. 현실이나 논리와는 상관이 없는 위대하고 초자연적인 강렬함이 바로 그것이다[1967(1939), 96].

그리스도교

유일신교와 아버지 신의 재림에 대해 종교의 역사에서 이룩한 수많은 진전에도 불구하고, 선사시대적 비극에 대한 측면은 여전히 묻혀 있다고 프로이트는 지적한다. 프로이트는 억압된 것의 귀환은 느리다고 주장한다. 억압된 것은 일반적으로 상승운동의 성질을 갖고 있기 때문에, 여전히 묻혀 있는 이러한 측면들은 계속해서 인식으로 떠오르기를 요구한다. 프로이트는 점점 커지는 유대인들의 죄책감에서 억압된 선사시대의 아버지 선구자가 의식 속으로 침투했음을 발견한다. 프로이트에 따르면, 사도 바울은 바로 이 죄책감을 포착하였고, 그 근원을 추적했다[1967(1939), 109-111]. 바울은 이를 원죄(original sin)라고 칭하고, 원죄는 죽음으로써만 속죄할 수 있는 신(God)에 대한 죄악이라고 보았다. 프로이트는 어느 정도까지는 바울이 옳았지만, 그가 그 범죄를 원시 아버지의 살인으로 최종 식별하지 못했다는 논평을 남겼다. 따라서 원래의 범죄는 잊혀진 배경 속에 남아 있으며, 속죄에 대한 환상은 인류를 구원해줄 좋은 소식으로 의식에서 그 자리를 차지한다. 즉, 하나님의 아들이 십자가에 몸을 바침으로써 세상의 보잘 것 없는 죄책감을 스스로 떠맡았다.

프로이트의 관점으로 볼 때, 그리스도교는 억압된 인간의 선사시대가 다시 인간의 의식으로 되돌아가는 중요한 진보를 나타낸다. 인간은 이제 그리스도교 교리에서 신에 대한 범죄라고 정확하게 인정하는 원죄를 인정한다. 따라서 선사시대 인간에게 일어났던 사건들의 진실성이 인정되었다고 프로이트는 말한다. 게다가 그리스도교의 가르침은 프로이트가 원래 범죄의 진짜 성격을 해독하기에 충분히 많은 정보를 준다. 즉, 태초 인간의 죄는 이제는 하나님 아버지(God the Father)가 된 역사적 아버지, 말하자면 원래 신을 실제로 살해한 것이라는 암묵적인 인식을 그리스도교가 심어 주는 것이다. 그리스도교는 예수의 죽음이 인간을 원죄로부터 완전히 해방시킨다고 주장하며 사실상 원죄가 원시 아버지의 살인임을 인정하고 있다. 죄는 속죄해야 하며 범죄는 형벌에 부합한다. 프로이트는 또 다른 삶의 희생만이 살인죄를 속죄할 수 있으며, 자기희생은 피의 죄책감을 나타낸다고 말한다[1946(1913), 198]. 인간과 그의 아버지를 조화시키기 위한 예수의 죽음의 필요성에서 프로이트는 아들의 선사시대적 범죄의 진정한 성격을 추측한다. 따라서 프로이트는 과거로 거슬러 올라간다. (예수가) 아들이었기 때문에, 정말로 인간의 죄를 속죄해야 했던 바로 그 하나님의 아들이었기 때문에 그 죄는 원시 아버지에 대한 실제 살인에 기인한 것임이 틀림없다.

프로이트는 부활한 예수가 환생한 아버지이고, 변형되어 아버지의 자리를 차지한다는 아이디어에서 역사적 진실을 찾아냈다. 여기에서 하나님의 아들 중 하나가 이 모든 시간이 지난 후에 원시 아버지의 충만한 힘을 얻었으며 그의 아버지처럼 하나님이 되어 결국 아버지의 자리를 차지한다. 프로이트에 따르면, 이러한 방식으로 아버지에 대한 아들의 원래의 바람이 충족된다[1946(1913), 199]. 프로이트는 아들의 종교가 아버지의 뒤를 잇는다고 말한다[1946(1913), 199]. 아들의 이 종교가 발전하면서 인간의 이성(신의 로고스)을 신격화하는 것이 가능해졌다.

앞서 살펴보았던 모세의 살해는 후에 유대인들이 유일신론으로 되돌아오고, 유일신론을 받아들이도록 하는 배경이 되었다. 프로이트는 그리스도교에서 이와 유사한 지점을 발견한다. 예수의 살해는 사도 바울이 새로운 종교를 창조하는 길을 마련하였고, 따라서 의식에서 인류 선사시대의 사건의 베일을 벗기도록 하는 길을 마련했다. 프로이트에 따르면, 그리스도는 모세의 대리인이자 후계자이다[1967(1939), 114]. 더 아름답게 변모한(부활한) 예수는 부활한 모세임과 동시에 원시 아버지이다[1967(1939), 114]. 따라서 그리스도교는 억압된 것들이 인간의 의식으로 되돌아가는 데 엄청난 진보를 남겼다[1967(1939), 111-113].

더 나아가 프로이트는 토템 축제가 약간의 왜곡을 거쳐 그리스도교에서 진행되는 성찬식으로 이어짐을 보았다. 프로이트는 신의 자녀들이 성찬식에서 신의 살을 먹고 신의 피를 마시고 있다고 생각한다는 점을 지적한다[1963(1925), 130-131]. 그리스도교의 성찬식은 사실상 아버지와 가까워지는 새로운 환경, 애초에 속죄를 필요로 하는 원죄의 반복[1946(1913), 199]이자 신의 자리에 인간을 임명하는 것으로 간주된다. 아버지 신과의 화해를 의도했던 성찬은 아버지를 폐위시키고, 그를 한켠으로 제쳐놓는 것으로 끝난다[1967(1939), 111]. 그리스도교에서 아버지의 대리인을 명예와 권위의 장소로 회복시키는 바로 그 의식은 아버지를 잔인하게 제거했던 도전의 재현이다.

망상으로서의 종교 교리

프로이트는 과거의 생존(survival)과 부흥(revival)으로서의 종교현상에서 잊혀진 것이 곧 신경증 증상의 형태로 돌아온 것이라고 보았다. 잊혀진 것의 귀환은 억압을 겪고, 이후에 돌아오는 모든 것들과 마찬가지로 엄청난 힘과 영향력을 갖는 것으로 보인다. 정신병리학적 증상과 마찬가지로, 종교현상은 억압된 것의 귀환이다[1967(1939), 164]. 따라서 프로이트에 따르면, 종교 교리와 의식, 도덕에서 강박적인 성질이 발견된다.

종교적 의식은 예상되는 불행으로부터 자신을 보호하고, 불안을 완화시키는 역할을 하는 강박 행동이다. 종교의 도덕적 교리는 유혹을 막아 죄책감의 발생을 예방하는 금지 규정이다. 프로이트에 따르면, 종교 교리는 망상(delusion)이다. 망상은 현실과 모순되는 생각이며, 가능한 모든 증거에 반하는 믿음이다. 프로이트가 말하길, 망상은 언제나 잊혀진 역사적 진실의 일부분을 숨기고 있다. 프로이트는 망상적 신념의 강박적인 성질이 무의식적 진실의 핵심에서부터 발생했다고 본다.

따라서 종교 교리는 외부의 현실에 조금도 기초하고 있지 않지만, 그럼에도 불구하고 역사적 진실을 되찾게 하는 핵심적인 사상을 갖고 있다. 바로 이 때문에 사람들이 종교 교리를 믿게 되는 것이다[1967(1939), 108]. 프로이트는 종교 교리가 역사적 진실의 본질을 담고 있다는 사실을 깨닫고 종교에 대한 존경심이 커졌다고 말한다. 하지만 망상에서 회귀한 진실은 언제나 왜곡되고 와전된다. 프로이트는 종교 교리 속에 담긴 역사적 진실이 너무나 체계적으로 위장되어 있어서 소수만이 그것을 알아낼 수 있다고 주장한다. 종교적 신념이 억압된 것의 위장된 회귀, 즉 뒤틀린 진리이기 때문에 종교적 신념은 종교적 의식이나 도덕적 명령과 마찬가지로 타협의 결과이다.

프로이트의 관점에서, 종교 교리에 엄청난 힘과 영향력을 부여하는 것은 인간의 원죄이다. 이것이 바로 종교 교리가 믿음을 요구하고 모든 반대 논리를 이겨내는 이유이다[1967(1939), 107]. 이러한 과정은 특정한 정신병 상태에서 일어나는 망상의 관점에서 이해될 수 있다. 예컨대, 하나뿐인 참된 신(God)이라는 유일신적 이상(ideal)은 과거에 억압된 인간성의 위장된 회귀이며, 사람들이 믿을 수밖에 없는 왜곡된 기억이다[1967(1939), 167]. 유일신의 존재가 진실이라는 믿음은 과거의 부활로, 역사적인(그러나 물질적이지는 않은) 진리이다. 과거의 진실을 왜곡하기 때문에 이 믿음은 정신병적 망상이다. 따라서 프로이트는 종교가 집단적인 강박 신경증일 뿐만 아니라 집단적인 망상 정신질환이라고 본다.

종교의 미래

계몽된 이성(로고스)이 환상의 종교를 대체하게 될 것이라는 프로이트의 희망은 이미 앞서 언급했다. 프로이트는 억압과 강제력의 기능을 가진 종교가 인간의 본능, 특히 인간의 폭력을 억제하게 함으로써 인류에게 도움이 되었다고 주장한다. 프로이트에 따르면, 본능의 포기란 곧 문명의 초석이다. 그럼에도 불구하고 그는 심리치료(psychotherapy)에서 일어나는 것과 마찬가지로, 이제는 지적인 합리적 조작에 의해 억압된 것의 비이성적 조작을 대체할 때가 되었다고 주장한다. 지성은 감정을 대신할 운명이다. 여기서 다시 한번 감정을 초월한 지성의 우월성에 대한 프로이트의 믿음이 드러난다. 지성은 우선 억압된 것이 인간의 삶에 미치는 숨겨진 지배력을 무효화함으로써, 억압된 것이 인간의 삶에 미치는 숨겨진 지배력을 의식적으로 숙고함으로써, 억압으로부터 다루기 힘든 인간의 본능을 통제함으로써 공동생활을 위한 규칙을 제정함으로써 억압을 극복한다[1964(1927), 73].

프로이트는 억압된 것이 의식적 자각으로 완전히 노출되는 것을 환영한다. 의식을 얻으면 우리의 볼품없는 선사시대는 종교현상(집단적인 신경증적, 정신병적 증상)으로 회귀(억압된 것의 회귀)할 힘을 잃게 될 것이다. 따라서 원시 인류 역사를 의식으로 완전히 노출시키는 것은 종교의 종말을 의미할 것이다. 프로이트는 인류를 위해서 그리고 현재 억압에 속박되어 있는 인간 능력의 해방을 위해서 세계 종교 형태의 강요는 반드시 끝나야 한다고 주장한다.

프로이트는 종교를 유년기와 성인기 사이의 과도기라고 생각한다[1964(1927), 69-73]. 그는 자신이 종교에 비유했던 어린 시절의 강박 신경증은 발달 과정에서 자연스럽게 사라지는 경향이 있다고 지적한다. 그는 보편적인 강박 신경증에서 자라나는 병리 현상은 피할 수 없는 것이며, 실제로 현재의 인류가 바로 그러한 성장 단계의 한 가운데 있다고 생각한다[1964(1927), 71]. 프로이트는 종교현상을 종교적 유물이라고 말한다[1964(1927), 72].

프로이트와 에로스

프로이트는 말년에 그의 본능이론을 급진적으로 개정한다. 이제 우리는 프로이트의 이러한 사고의 발전을 살펴볼 것이다. 프로이트는 전반적으로 섹슈얼리티의 승화(sublimation)를 인간 생활의 건설적인 요소로 보았다. 성적인 본능의 본질적(여전히 기초인) 목표인 방출(긴장 완화 또는 즐거움)의 직접성이 억제되고(목적-억제적 섹슈얼리티), 그 대신에 부드러움, 집단 응집력, 일과 같은 다른 더 높은 목적이 추구되어야 한다고 여겨진다. 따라서 건설적인 목표는 신체 긴장을 해소하기 위해 쾌락을 추구하는 본질적이고 근본적인 본능적 목표에 부차적이라고 여겨진다.

그러나 파괴적 본능과 구별되는 성적(sexual) 에로스에 대한 논의를 다룬 그의 후기 저작에서 그는 자신의 표준 긴장-완화 모델의 기본 원리에서 벗어난다. 예컨대, 그는 에로스가 세상의 모든 것을 하나로 묶는다고 주장한다. 그러한 상황은 아마도 인간의 첫 출현 이전, 즉 승화 이전에 존재하였을 것이라고 주장한다[1965(1921), 30]. 더 나아가 에로스는 긴장을 조성하여 평화를 깨뜨린다고 여겨진다. 그러한 활동은 유기체의 긴장을 줄이려는 목표와 정확하게 반대된다. 또한 문명은 에로스에게 봉사한다고 여겨지는데, 에로스의 목적은 한 사람의 개인을 결합하는 것이고 그 후에 가족, 인종, 종족, 민족을 하나의 거대한 통일, 인류의 통합으로 만들기 때문이다[1962(1930), 69]. 에로스는 하나 이상의 것을 하나로 만드는 통합과 구속의 목적을 갖고 있다[1960(1923), 35; 1962(1930), 55]. 마지막으로, 프로이트는 에로스를 만물의 보호자라고 칭한다[1959(1920), 92]. 이러한 보호의 임무는 아마도 긴장된 상태로 확대될 것이다. 따라서 살아 있는 입자의 훨씬 더 광범위한 조합을 계속해서 만들어 내는 에로스는 삶을 더 복잡하게 만들고, 그 속의 모든 복잡성을 유지하고자 하는 목표를 가진 것으로 보인다[1960(1923), 30].

일반적으로 본능의 특성으로 여겨지는 보호 목표는 사랑의 본능인 에로스를 지배하지 않는다. 프로이트는 본능이 유기체에게 더 빨리, 더 편안한 상태를 되찾도록 해주는 경향성이 있다는 자신의 공식을 에로스에 적용할 수 없다고 말한다[1949(1940), 21]. 반대로 프로이트는 에로스의 끊임없이 확장하는 경향성과 본능의 보호적 성격 사이에서 강한 대립을 발견했다. 그는 이러한 대립이 이후의 문제에 대한 연구의 출발점이 될 수 있을 것이라고 언급했다[1962(1930), 65n].

프로이트의 파괴적 본능의 목표는 문자 그대로 파괴, 해체, 연결의 실패이다[1949(1940), 20]. 프로이트는 살아 있는 물질을 보존하고, 그것을 더 큰 단위로 결합하려는 본능에 더하여 이 단위를 분리하고 원시적 상태로 되돌리고자 하는 두 번째 반작용의 본능이 있다고 했다[1962(1930), 65-66]. 자연 상태 어디에서나 작동하고 있다고 여겨지는 에로스와 같은 파괴적 본능(destructive instinct)은 모든 신체 세포들의 파괴를 추구하며, 문자 그대로 유기체의 죽음을 추구한다. 프로이트는 삶의 목적이 죽음(death)이라고 여겼다. 따라서 파괴적 본능은 죽음 본능(death instinct)으로 여겨진다.

삶의 첫 출현과 더 큰 긴장감 이전에 만연했던 평화로운 상황을 복원시키기 위해 작동하는 죽음 본능은 프로이트가 본능에 대해 전반적으로 이야기했던 보호적인 성격을 분명하게 드러낸다. 프로이트의 초기 본능이론(팽창하는 삶의 증폭제이자 보호자로서 에로스를 도입하기 전)은 일반적으로 파괴로 향하는 쾌락 추구적인(미성숙한) 섹슈얼리티에 반대하였으며, 유기체 내에서 작동하는 두 개의 큰 힘을 하나로 묶어 낸다(본능). 성적 긴장의 증가는 자극적인 것으로, 감소(긴장 감소)는 즐거운 것으로 경험된다. 따라서 유기체는 일종의 죽음인 작은 죽음에 이르는 성적 에너지의 무효화, 성적 에너지의 감소(긴장 감소)를 추구한다. 따라서 프로이트의 초기 이론에서 쾌락 추구적인 성적 본능은 죽음 본능 또는 파괴 본능에 속하며, 적어도 이론이 최종 분석에서 원래 다루고자 하는 목표에 여전히 속한다. 성적 본능이 이전의 상태(낮은 긴장 상태)로 되돌아가는 과정은 오직 연결을 해체하고, 모든 것을 분해하는 보호적 파괴 본능의 영향 아래에서만 있을 수 있다.

에로스는 삶에 새롭고 혼란스러운 긴장을 도입하고 이러한 긴장을 유지하기 위해 작동하는 반면, 죽음 또는 파괴 본능은 멈출 수 없는 쾌락 원칙에 따라 이 같은 긴장감을 없애 주고 심지어 삶 그 자체까지도 보존하기 위해 할 수 있는 것들을 한다[1949(1940), 109; 1960(1923), 36-37]. 프로이트에 따르면, 쾌락 원칙을 추구하는 죽음 본능은 장난을 치는 에로스를 제압하고, 이전의 평화로운 상태를 회복하기 위하여 작동한다[1960(1923), 49]. 프로이트가 초기 본능이론에서 이야기했던 파괴 본능과 쾌락 추구적인 섹슈얼리티는 분명히 같은 것으로 귀결되는데, 그것은 바로 파괴에 대한 단 하나의 본능이다. 따라서 프로이트가 후기에 다루었던 모든 본능의 보호적 성격에 대한 주장에서 우리는 그의 초기 본능이론의 지속을 발견할 수 있다[1949(1940), 19-20]. 그렇기에 파괴적 본능과 프로이트의 후기 이론에서의 에로스는 반대가 되는 것이다.

프로이트가 말년에 서술한 바와 같이 에로스는 새로운 것이다. 에로스는 본능에 대해 전반적으로 적용되는 보호 법칙을 따르지 않는다. 에로스의 원래 목표는 긴장 감소가 아니다. 쾌락 추구적인 섹슈얼리티도 아니며, 승화되거나 승화되지 않는 것도 아니다. 그보다 에로스는 창조와 확장, 그리고 통일과 보존에 대한 우주적 원칙이며 파괴에 대한 우주적 원칙(죽음 또는 파괴 본능)의 완전한 파트너이다. 프로이트의 후기 이론에서 사랑과 증오는 자연의 원시적인 두 개의 힘으로 여겨진다.

보편적 파괴 원칙인 죽음 본능, 보편적 건설 원칙인 에로스, 그리고 살아 있는 물질의 모든 입자에서 이 두 원칙이 작동하는 가운데, 프로이트는 인간 행동의 본능적 기초를 발견하고자 하는 시도에서 두 반대되는 것의 우주적 투쟁에 도달했다[1960(1923), 31]. 프로이트 본인은 이 투쟁을 거인들의 전쟁이라고 불렀다. 프로이트는 인간의 삶을 초월하는 비전에 도달하였으며, 실제로 선과 악의 이원론(신과 악마)을 다루는 그리스도교나 음과 양의 조화를 주장하는 도교(Taoism)와 같은 다양한 종교적 전통과 연결된다. 어쨌든, 프로이트는 그의 후기 이론에서 새롭고 전도유망한 길을 택했다. 그는 쾌락을 추구하는 섹슈얼리티와 파괴 사이의 대비를 남겨둔 채, 모든 것을 결정짓는, 인간을 초월하는, 원시의 한 쌍(죽음 본능과 에로스)에 대한 신화의 윤곽을 보여 주었다.

평가와 결론

프로이트가 일반심리학과 종교심리학에 미친 영향은 엄청나다. 우선, 그의 일반적인 추정에 관한 비평이다. 매 순간 자신을 둘러싼 의미나 가치의 네트워크에 관여하는 사람들의 경험과는 달리, 프로이트는 인간의 삶을 (종교도 마찬가지로) 자아(ego)와 원초아(id), 초자아(superego) 사이의 개인 내 심리적 투쟁이라고 보았다. 이러한 의식과 무의식 사이의 내적 갈등, 마음과 마음 뒤의 마음 사이의 내적 분쟁은 데카르트 철학의 유산이다. 데카르트에 따르면, 마음은 사유하는 것이다. 마음은 자신만의 경계 속에 국한된 내적이고, 폐쇄적이며, 사적인 영역이다. 따라서 마음에는 외부 세계로 향하는 직접적인 접근 기회가 없다. 데카르트와 프로이트에게 마음과 의미는 내적인 것이다. 이와 같이 마음(자아, 원초아, 초자아)은 개인 내 심리에 위치하는 것으로서 프로이트의 형이상학적 가정이고, 근대 철학 전통으로부터 이어받은 믿음이다. 이제 심리학은 전체 우주의 활동을 물리적 · 화학적 활동과 동일시했던 프로이트의 객관주의(데카르트 철학에서 연장 실체)를 포함하여 여타의 물리적 접근 방식을 제쳐두고 보다 겸손한 방법을 택할 때가 되었다.

이어지는 문단은 종교현상을 설명하려는 프로이트의 몇 가지 심리학적 시도들에 대해 다루고 있다. 윌리엄 제임스, 칼 융, 에이브러햄 매슬로, 앨런 왓츠의 작업에서 매우 중심적이었던 대망감에 대한 프로이트의 입장은 이론적으로 문제가 되는 부분을 심각하게 받아들이기보다는 이를 처리하려는 시도인 것으로 보인다. 프로이트가 확립한 이해는 그것이 근거하고 있는 일체감에 대한 신비로운 경험을 고려하는 것을 방해한 것 같다. 그래서 그는 과거와 마찬가지로 신비로운 경험을 축소시켰다.

프로이트가 대망감을 다루는 방식에서 지식으로 향하는 정당한 길로서 감정을 경멸하는 것이 드러난다면(정반대의 태도를 보이는 제임스와 비교), 환상에 대한 그의 이론은 인간의 삶에서 상상력의 역할에 대한 낮은 평가가 나타난다(정반대의 관점을 보이는 융과 비교). 프로이트는 정말로 모든 신화와 환상, 상상력의 모든 원시적 생산물이 분해되는 것을 보고 싶어 했다. 누군가가 그렇게까지 기꺼이 할 수 있는지 여부와는 상관없이 유치하고 부모 지향적이며, 소원을 성취하고자 하는 종교적 행동의 가면을 벗김으로써 프로이트의 이론은 분명 종교심리학에 기여했다.

원시 아버지의 살인이라는 종교의 궁극적 기원에 대한 프로이트의 이론은 일관적이고 흥미롭지만, 기껏해야 공상일 뿐이다. 무엇보다도 프로이트의 설명은 너무 많은 것을 수용하고, 너무 논리적이며, 기발하다. 그리고 프로이트에 대해 빈번하게 일어나는 비난은 그가 증거를 훨씬 뛰어넘는 역사적 결론을 도출했다는 것이다. 예컨대, 이집트인 모세에 대한 그의 설명이나 모든 문화가 토테미즘의 단계를 거쳤다는 그의 생각을 떠올려 보자. 프로이트가 오이디푸스 콤플렉스에 너무 큰 신세를 지고 있기 때문에 오이디푸스 콤플렉스를 역사적으로 확인하는 데에 혈안이 되어 있다는 의심을 피하기가 어렵다.

프로이트는 종교심리학에서 우리에게 의심의 중요한 역할을 상기시킨다. 여기에는 소원 성취와 강박적인 형태의 종교가 있다. 문제는 프로이트가 그러한 형태만을 고려했다는 점이다. 미숙하고 병적인 종교가 존재하는 것과 마찬가지로 성숙하고 건강한 종교 또한 존재한다(4장 고든 올포트 참고). 종교적일 수 있는 방법은 참으로 많이 존재한다.

에로스에 대한 프로이트의 후기 이론은 향후 더 깊이 탐구할 만한 가치가 있는 것으로 보인다. 어떤 사람은 프로이트가 19세기 실증주의를 거부할 수 있었다면, 에로스로 무엇을 만들었을지 궁금해한다. 예컨대, 만약 프로이트가 우주와 하나 되는 대망감을 에로스의 표현이라고 여겼다면 어떠했을까? 프로이트는 에로스를 모든 것을 포용하고 모든 것을 결합하며 실제로 우주의 모든 것을 조화시키는 것이라고 보았다. 왜 우주 차원에서 대망감 경험을 에로스의 경험으로 보지 않았는가?

참고문헌

Feuerbach, L. *The Essence of Christianity*. New York: Harper, 1957.

Freud, S. "Obsessive Acts and Religious Practices." In *Character and Culture*, ed. P. Rieff, 17–26. New York: Collier, 1963 (first published in German in 1907).

Freud, S. *Totem and Taboo: Resemblances between the Psychic Lives of Savages and Neurotics*. New York: Random House, 1946 (first published in German in 1913).

Freud, S. "Psychoanalysis and Religious Origins." In *Character and Culture*, ed. P. Rieff, 222–27. New York: Collier, 1963 (first published in German in 1919).

Freud, S. *Beyond the Pleasure Principle*. New York: Bantam, 1959 (first published in German in 1920).

Freud, S. *Group Psychology and the Analysis of the Ego*. New York: Bantam, 1965 (first published in German in 1921).

Freud, S. *The Ego and the Id*. New York: Norton, 1960 (first published in German in 1923).

Freud, S. *An Autobiographical Study*. New York: Norton, 1963 (first published in German in 1925).

Freud, S. *The Problem of Anxiety*. New York: Norton, 1936 (first published in German in 1926).

Freud, S. *The Future of an Illusion*. New York: Doubleday, 1964 (first published in German in 1927).

Freud, S. *Civilization and Its Discontents*. New York: Norton, 1962 (first published in German in 1930).

Freud, S. *New Introductory Lectures on Psychoanalysis*. New York: Norton, 1965 (first published in German in 1933).

Freud, S. *Moses and Monotheism*. New York: Random House, 1967 (first published in German in 1939).

Freud, S. *An Outline of Psychoanalysis*. New York: Norton, 1949 (first published in German in 1940).

Jung, C. G. *Memories, Dreams, Reflections*, ed. A. Jaffe. New York: Random House, 1961.

Ricoeur, P. *Freud and Philosophy: An Essay on Interpretation*. New Haven: Yale University Press, 1970.

03

칼 융

Carl Jung

모든 인간과 동식물, 모든 결정체의 가장 깊은 곳에 존재하는 자기가 바로 신이다.

—칼 융

03
칼 융

스위스 정신과 의사 칼 구스타프 융(Carl Gustav Jung, 1875~1961)의 심리학은 종교 심리학의 핵심이다. 프로이트와 마찬가지로, 융의 심리학은 의식과 무의식 사이의 힘의 관계에 중점을 둔 정신역동 심리학이다. 융은 프로이트의 무의식에 관한 선구적인 탐구에 큰 감사를 표한다. 사실 융은 프로이트가 콤플렉스라 불리는 어두운 공간을 탐구함으로써[콤플렉스(complex)란 정서적으로 가득 찬 정신적 내용물의 자발적인 집합이다] 무의식을 진정으로 발견한 사람이라고 말한다. 융은 프로이트에 저항하는 사람은 곧 실제 자신이 제어할 수 없는 것(매력적이면서 무서운 콤플렉스)에 저항하는 사람이라고 말했다. 융에 따르면, 콤플렉스가 계속되면 자아(ego)의 자유는 없어진다(1969c, 104). 융은 콤플렉스가 꿈을 꾸지 않고 무의식으로 가는 왕도(royal road)라고 보았기 때문에, 그에게 있어 콤플렉스는 매우 중요하다.

프로이트에 대한 감사와 오랜 세월 이어진 그와의 가까운 유대관계에도 불구하고, 융은 인간의 삶에서 섹슈얼리티의 압도적인 중요성에 대한 프로이트의 믿음을 받아들일 수 없었다. 특히 그는 프로이트의 억압된 본능에 대한 영성의 축소를 받아들일 수 없었다(1961b, 149). 실제로 융은 본능적 무의식뿐만 아니라 영적 무의식 또한 존재함을 발견한다. 마음(mind)은 보편적 상징(symbol)이나 신화(myth)의 형태로 의식에서 자신을 표현하고, 가장 먼저 의식을 일으키며, 모든 경험을 구조화하고, 광범위한 변화를 일으키는 특별하고 고유한 원리, 즉 원형(archetype)을 가진다. 원형적 힘을 가진 상징은 신성한 것에 대한 흥미가 의식 속으로 떠오를 수 있도록 자극하여 모든 인간의 삶을 의미에 대한 영적인 모험으로 바꿔 놓는다. 실제로 융은 종교란 무의식에서부터 우리에게 닿는 상징들을 신중하게 고려하는 것이라고 정의한다. 이때 정신은 살아 있는 것이며, 본능만큼 보편적이다. 원형과 본능이 합쳐져서 집단무의식(collective unconscious)을 형성한다. 우리의 삶, 생각, 행동을 비롯한 모든 것은 인간 개인보다 더 위대한 것에서 비롯된다(1961a, 333).

융은 일생을 자신의 언어로 영적인 삶을 탐구하는 데 헌신했고, 제임스를 협력자로 여겼다. 융은 여러 차례 제임스의 심리학적 비전과 실용적 철학을 그의 가이드로 인용하고, 자신이 제임스의 심리학을 매우 존경한다고 말한다. 그는 지대한 영향을 가져올 제임스의 마음이 자신의 심리학적 지평을 헤아릴 수 없을 만큼 넓혀 주었다고 말한다(1969c, 125).

정신의 실재

융은 모든 정신적 과정을 통칭하기 위해 정신(psyche)이라는 용어를 사용한다. 이러한 총체로서의 정신(psyche) 또는 마음(mind)은 자아(ego)라는 이름으로 불리는 제한된 의식(consciousness)을 포함한다. 정신은 인간 경험의 한계를 설정한다고 융은 말한다. 우리가 알고 있거나 접촉하는 모든 것은 마음을 통해서 조정된다. 즉, 인간의 정신은 모든 인간 경험의 출발점이다(1969c, 125). 모든 즉각적 경험의 대상들은 의식의 내용이다(1969c, 139-140). 이처럼 의식의 내용은 이미지의 형태로 나타난다. 따라서 인간은 끊임없이 이동하고 변화하는 이미지로 만들어진 구름 속에 둘러싸여 있으며, 순간적으로만 존재하는 이미지의 세계에서 살아간다(1969c, 327-328). 요약하면, 이미지가 곧 정신이다(Wilhelm & Jung, 1962, 130). 우리는 정신이 만들어 낸 이미지의 세계에서 살고 있다.

따라서 융은 정신의 실재를 강조한다. 우리가 즉시 알 수 있는 유일한 영역은 정신적 경험이며, 우리 주변의 세계는 정신적 이미지의 형태를 취하지 않는 한 사실상 존재하지 않는다(1969a, 480-481). 정신은 지식(예컨대, 과학적 지식)을 만들어 내는 것으로 보인다. 지식은 정신에 뿌리를 두고 있다. 융은 정신이 모든 예술과 과학을 잉태하는 자궁이라고 기술했다(1966, 86). 따라서 예술과 과학, 그리고 세계 그 자체는 모두 모든 존재의 필수 요소이자 탁월한 현실인 정신의 기능이다. 만약 정신보다 더 실제적인 것이 있다면, 그것이 무엇일지 상상하기란 불가능하다고 융은 말한다. 이는 당연하게도, 상상된 것 그 자체가 이미 정신적 이미지이기 때문이다. 정신은 그 자체로서 어떤 현상이며, 정말로 극히 실재적이다(1968a, 173-174). 융은 물질에 집착하는 비판적이지 않은 사람들이 철저히 형이상학적 개념인 물질의 부수적 산물로 정신을 이해하거나 설명하려고 시도한다고 생각했으며, 이러한 모든 시도를 거부했다(1969a, 477). 그가 말하길, 처음 물질을 발견하고 모든 것이 화학 작용을 통해 일어나는 물질적 원인에서 발생한다는 결론을 도출한 것은 19세기였다(1969c, 340-341). 이로 인해 정신 활동은 신체적인 활동으로 축소되고, 뇌의 분비 활동으로 여겨지게 되었다(1969c, 343). 이러한 방식으로 (모든 지식의 관문이 되는) 정신은 사실상 존재하지 않는 지경에까지 이르게 되었다(1969c, 169). 융은 19세기 유물론에서 전능했던 물질을 더 이상 개인적 형태로는 존재하지 않고 개념적인 형태로만 존재하는 한물간 창조신이라고 보았다. 융은 물질주의의 등장이 결코 신들이 역사에서 처음으로 겪었던 변형이 아니라고 주장한다(1969c, 340-341).

융은 심리학 영역에 대한 현상학적 접근(phenomenological approach)을 채택한다. 그는 이론을 제시하지 않았으며, 단순히 정신의 자기표현 현상에 대한 경험적 설명을 제공한다고 주장한다. 그는 정신이 남아 있는 심리학, 즉 독립적인 영적 원리로서의 정신에 기초한 심리학을 수행할 용기를 우리 시대에 가져야 한다고 말한다(1969c, 344). 인간은 외적으로는 물질적으로 살아 있는 신체, 즉 살아 있는 존재(living being)로서의 인간이지만, 내적으로는 신체적 활동에 대한 일련의 이미지인 마음(mind) 또는 정신(spirit)으로서의 인간이다(1969c, 326). 융의 관점에서 물질적인 신체와 이미지, 즉 몸과 마음은 정반대의 것으로 이루어진 한 쌍이자 동전의 양면과 같은 것이다. 융은 이 둘을 분리하는 것은 의식적 구분을 위해 하나의 현실을 분리하는 것일지도 모른다고 의심한다.

우리가 유일하게 접촉하고 있는 정신적 이미지들은 중요한 활동의 무작위적 묘사가 아니라, 목적과 의미로 가득 찬 전반적인 자기조절 구조를 형성하는 것이라고 여겨진다(1969c, 325-326). 융은 자신의 학문적 관점을 분석심리학(analytical psychology)이라고 명명했다. 분석심리학은 정신 현상을 가정된 요소들로 분해하는 것을 거부하며, 스스로 조절하는 전체로서의 정신에 관심을 갖는다(1969c, 363). 따라서 우리는 분석적이라는 용어를 오해해서는 안 된다.

무의식

정신은 의식적인 내용과 무의식적인 내용으로 이루어진다. 의식과 무의식 사이의 명확한 경계는 없다. 즉, 정신은 의식과 무의식의 총체(conscious-unconscious whole)이다(1969c, 200). 융에 따르면, 정신세계에서 훨씬 더 광활한 부분은 무의식이다. 융에게 무의식은 알 수 없는 것(unknown)을 의미한다. 따라서 무의식적 정신은 미지의 정신(unknown psyche), 우리 안의 알 수 없는 것이다. 무의식적인 것은 정해진 어떤 한 가지가 아니라, 우리와 관계있는 미지의 것이다(1969c, 68). 무의식적인 정신은 모든 정신적인 것들의 원형적 형태라고 묘사된다.

미지의 정신세계는 우리가 현재 생각하고 있지는 않지만, 알고 있는 모든 것이다. 우리가 잊고 있던 모든 것, 의식으로 떠오르기에는 에너지가 부족하여 무의식에 남아 있는 인식이나 인상, 의식에 닿기에는 너무 약하거나 정의되지 않은 생각, 우리가 의식적으로 주의를 기울이지 않고 원하거나 느끼고 생각하고 기억하는 모든 것, 현재 우리 안에서 형상화되고, 미래에 의식으로 떠오를 모든 것, 의식적인 태도와 어울리지 않는 모든 것을 포함하고 있다(1969c, 310).

개인무의식

융은 의식의 바깥에 정신이 있고, 그 내용은 개인적(personal) 성격을 가진다고 했다(1968a, 7). 그는 이 정신을 개인무의식(personal unconscious)이라 부른다. 개인무의식의 내용은 우리가 평생 동안 얻은 경험의 결과이다. 개인무의식은 우리가 차라리 잊어버리고 인정하지 않으려는 내용으로 이루어져 있다고 하는데, 우리가 믿고 싶은 모든 것은 그렇지 않다(1969a, 571). 하지만 개인무의식의 내용은 의식과 마찬가지로 개개인의 성격에 필수적이다(1968a, 7). 융은 인격화된 개인무의식에 그림자(shadow)라는 이름을 붙였다.

집단무의식

융은 개인무의식을 형성된 것이라 여기지만 이것은 정신 내의 알려지지 않은 최상위층에 있다고 했다(1969a, 573). 이에 더해 그는 비인격적인 성격의 내용을 가진 무의식적 정신이 있다고 했다. 이러한 심리적 영역이 융의 집단무의식(collective unconscious)이다. 집단무의식은 정신의 깊이와 근간(1969c, 148), 태고부터 내려온 인간의 기록되지 않은 역사(1969a, 188), 수백만 년에 걸쳐 우리 조상에 의해 누적되어 온 경험의 강력한 축적, 시대를 초월하는 영원한 세계이자 이미지(1969c, 376)라고 묘사된다. 본능과 융이 일전에 원형이라 불렀던 것이 집단정신의 내용으로 구성된다.

융은 집단 또는 비인격적 정신은 개인무의식과는 달리 개인적 경험과는 아무런 관련이 없다고 했다(1969c, 148). 그러므로 집단무의식은 우리의 일생 동안에 획득되는 것이 아니다. 이 모든 것을 망라하는 것은 처음부터 우리 모두에게 존재한다고 한다. 집단무의식은 모든 사람에게 공통적인 하나의 정신 기층(psychic substratum)이다(1969a, 277). 그 내용은 보편적이며 일반적으로 발생하는 것이다(1969c, 134). 따라서 집단적(비인격적인, 보편적인) 성격을 가진다. 우리가 정말로 알지 못하는 것, 이해의 범위 밖에 있는 모든 것이 무의식이다. 집단무의식은 모든 인간에게 공통적인 미지의 정신이다.

집단무의식은 유전된다고 여겨지며, 집단무의식의 본질적인 구조는 모든 문화차와 개인차를 초월한다(1958, 308). 융이 언급했던 대로 집단정신은 우리의 신체와 마찬가지로 생물학적으로 결정되며 진화적 발달의 한 부분이다. 즉, 인간의 몸과 마찬가지로 인간의 정신 또한 계통 발달(phylogenetic development)의 흔적을 갖고 있다

(1969c, 248). 집단무의식은 초기 인류로부터 전승되어 온 유전된 정신 기능의 체계로서 의식에 앞서 존재한다(1969c, 350). 융에 따르면, 인간의 뇌와 신경계에 내재되어 있는 것은 지금까지 세계의 변화 과정에 대한 축적물이다(1969c, 376).

뇌가 기능하기 시작할 때, 시간이 지나면서 발전해 온 모든 차별화된 완성(differentiated perfection)은 그 전에 몇 번이고 실패 없이 생산된 결과물이다(1969c, 371). 융은 오늘날의 인간은 유인원이나 하마의 뇌가 아니라 인간의 조상으로부터 물려받은 두뇌를 갖고 태어나고, 유인원이나 하마가 아니라 인간의 행동 양식을 위해 특별히 결정된 두뇌를 갖고 태어난다고 했다(1969c, 226-227). 융의 관점에서 정신은 빈 서판에 지나지 않지만, 인간이 초기 시작부터 경험했던 모든 것의 축적이다(1969c, 157). 따라서 우리 조상의 누적된 경험은 살아남아서 모든 인간의 삶에서 적극적인 역할을 한다.

무의식적 정신의 기본적인 균일성 때문에 무의식적 과정은 놀랍게도 같은 형태로 모든 곳에서 자신을 드러낸다(1969c, 110). 이는 문화적 전달 가능성이 조금도 없음에도 불구하고 전 세계 언제 어디에서나 나타나는 근본적으로 동질적인 신화에서 알 수 있다. 융의 관점에서 보면, 세계의 신화에서 발견되는 공통점은 언제 어디서나 같은 방식으로 반응하도록 하는 유전된 기질에 의해 만들어지는 것이다(1969c, 111). 환상적인 신화적 모티브와 상징은 의식에서 자연스럽게 나타난다. 융은 무의식의 자연적 언어인 이러한 원형적 모티브와 상징을 원초적 이미지라고 부르며, 이는 무의식적 정신의 원초적 비축물에 속한다(1969c, 112). 원초적 또는 원형적 이미지는 우리 조상의 경험의 과정에 놓인 길(pathway)이다(1969c, 53).

따라서 집단무의식은 어떤 동일한 반응을 향한 잠재된 기질과 상상과 행동의 공통적인 본능을 포함한다고 여겨진다(Wilhelm & Jung, 1962, 87). 의식적인 상상과 행동은 원초적 또는 원형적 이미지를 바탕으로 발달하였으며, 서로의 접촉은 끊어진 적이 없다. 집단무의식은 의식의 물질을 명확한 패턴으로 배열하고, 세계에 대한 우리의 경험과 행동을 구조화한다. 우리는 인간이 되기를 배우지 않는다. 오히려 조상으로부터 유전된 인간 존재와 인간 활동의 패턴이 무의식 속에 담겨 있으며, 이것이 현실(reality) 그 자체를 형성한다(1969c, 349). 세상이 우리에게 나타나는 방식, 우리의 과학, 우리가 믿는 바로 그 신들이 집단무의식의 기능이며 모든 의식적 현상의 매트릭스이다(1969a, 478). 융은 집단적 정신을 정말로 신의 영역이라고 여겼다(1971, 192).

따라서 집단무의식은 우리가 사물을 볼 때 그 대상을 정말로 그러한 것처럼 여기게 하는 경향이 있으며, 실제로 집단무의식은 너무나도 드러나지 않기 때문에 우리는 집단무의식이 그 사물을 드러내는 방식대로 현실 속에 존재하는 것으로 순수하게 받아들인다. 신화적 모티브와 상징은 개인적 성취나 문화적 영향과는 전혀 상관이 없는 판타지, 꿈, 환상, 기타 비정상적인 정신 상태에서 자연스럽게 나타난다. 집단무의식은 꿈이나 비정상적인 마음 상태에서 어쩌다 보니 의식으로 떠오른 이미지(원초적 이미지)의 끊임없는 흐름과 유사하다(1969c, 350). 의식이 생기기 전 인간은 어릴 적부터 기존의 적응된 정신 운동 시스템을 갖추고 있다(1969c, 349). 집단무의식은 본능적인 것과 영적인 것을 모두 포함하는 인간 경험의 전 범위에 대한 경향성을 미리 만든다.

융은 집단무의식이 자연 현상이라고 말한다. 이는 인간의 삶에서 발견되는 모든 것, 예컨대 선과 악, 심오함과 어리석음, 빛과 어둠, 아름다움과 추함을 포함한다(1968b, 94). 이는 위험할 수는 있으나 꼭 그럴 필요는 없다. 융은 어떤 경우에도 이것이 이론뿐인 놀이의 대상이 되어서는 안 된다고 했다(1956, 124). 집단무의식은 삶이 이제껏 거쳐 온 모든 단계의 흔적을 담고 있다. 그의 관점에서 집단무의식의 층을 하나씩 벗겨내고, 가장 원시적인 유기체에 대한 심리학으로 돌아가는 것은 실제 이론적으로 가능한 것이다(1969c, 152).

상징을 만들어 내는 집단무의식의 내용인 원형은 인간의 정신에 각인되어 있다. 기존의 경험과 원형은 정신 기능의 유전된 형태이자 의식적으로 된 것과 실제 의식적으로 될 수 있는 것의 구조적 형태이며, 인식하고 생각하기 위한 형식이다. 즉, 원형은 아이디어와 이미지를 조직하고, 의식적 물질들을 명확한 경험 패턴으로 배열하며, 모든 정신적 처리의 내용과 과정을 결정한다(1961b, 347; 1969a, 149). 융은 우리가 원형에 대한 직접적인 지식은 갖고 있지 않으나, 대신 우리는 원형의 효과와 인간 경험의 특징적인 방향성과 형태로부터 원형의 존재를 추론할 수 있다고 말한다(1969a, 518-519; 1969c, 231). 본능이 규칙적으로 그리고 일률적으로 의식적인 행동을 조절하는 것처럼, 원형은 규칙적으로 그리고 일률적으로 의식적인 지각을 조절한다(1969c, 136).

원형적 이미지는 개인에게 귀인할 수 없는 역동성을 가진 원초적 이미지이다(1969a, 319). 융은 우리가 원형적 힘을 지배하는 것이 아니라, 원형적 힘에 의해 우리가 지배당한다고 주장한다. 융은 무의식의 침입을 특징으로 하는 정신 장애가 원초적 이미지가 저장되어 있음을 보여 주는 가장 두드러진 증거라고 지적한다. 예컨대, 조현병(schizophrenia)에서 발견되는 것은 틀림없이 신화적인 이미지이다(1969c, 138).

원형은 의식에서 상징을 통해 나타나거나 자신을 표현한다. 융은 의식에서 자신의 모습을 드러내는 원형이 상징이라고 본다. 상징은 본질적으로 신화적인(보편적이고 인간을 넘어서는) 성격을 가지며, 정서적으로 가득 찬 이미지이다. 상징은 뭔가 모호하고 숨겨진 것을 의미한다. 융은 미지의 세계로 이어 주는 다리인 상징은 타인이 말하는 것 이상의 의미가 있다고 말한다(1966, 76-77). 상징은 결코 의식에 떠오른 적이 없고, 의식에 도달할 수 있는 다른 방법이 없는 무의식적 내용을 표현하는 기능을 한다(1969c, 175). 상징은 정신적 자기-규제에서 보상적이고 목적론적인 역할을 한다. 즉, 상징은 현재 의식에 부족한 것을 정확히 제공한다.

정서의 강도는 상징적인 원형적 생산물에 독특한 특성을 부여하는데, 이는 원형적인 생산물의 소유적인 또는 강박적인 특성이다(1961b, 347). 자신의 고유한 에너지를 가진 진정한 에너지, 즉 원형은 우리(엄청난 정서적 강도를 지닌 독립적인 센터) 안에 있는 의식적인 의지에 간섭하고 그 의도를 방해할 수 있는 힘(power)이다(1956, 80; 1961b, 352; 1969c, 313). 따라서 원형은 매우 압도적이며, 심지어 신성한 특성(신비로움)을 가진다. 의식 이전의 상징적 표현 속에 있는 원형은 영원과 무한성의 느낌을 의식적인 마음으로 전달한다(1969a, 490-491). 원형은 모든 신비한 경험에서 발견되는 통합의 경험을 설명해 준다.

융의 관점에서, 원형은 자신만의 정신적 생활이 있으며, 따라서 목적을 갖고 자발적으로 의식 속에 변화를 만들어 낸다. 원형은 실제 일종의 의식과 자유의지(free will), 일종의 개인적 형태를 가지며(1969a, 362), 성격에 의해 특징지어지는 의미로 가득한 존재로 여겨진다(1969c, 122). 달리 표현하자면, 원형은 어떤 광채를 갖고 있는 것으로 보이며, 융은 이를 광채를 띄는 신비함이라고 기술했다(1969c, 191). 원형은 의식과 비슷하게 행동하는 것으로도 보인다(1969c, 229). 융은 분명히 나타나는 꿈과 정신병리학을 인용하면서 무의식적 정신은 의식적 정신과 똑같이 목표를 설정하고, 느끼며, 지각하고, 직감하며, 사고한다고 말한다(1969c, 349). 무의식적인 과정은 실제 의식적 사고의 통찰력보다 뛰어난 지성과 예민함을 갖고 있다(1969c, 334).

융의 관점에서 무의식은 미지의 위대한 것이며, 우리는 오직 그것이 의식에 미치는 영향을 통해서만 무의식에 대해 알 수 있다(1969c, 368). 원형은 스스로를 드러낼 수 없으며, 상징적인 아이디어와 이미지를 통해서만 나타난다(1969c, 214). 융은 집단 무의식의 이러한 스스로 드러낼 수 없는 요인의 중요성을 측정하기 위해서는 세계의 종교와 인간 행동에 대한 종교의 역할을 다루어야 한다고 말한다. 또한 역사에서 중요한 모든 아이디어(종교적 · 과학적 · 철학적 · 윤리적 사상들)는 원형으로부터 유래했다고 주장한다(1969c, 158).

원형은 대체로 태곳적부터 시작된 심리적 패턴이며, 순수한 형태의 자연(1969c, 149), 단순히 주어진 자연적인 존재(1969c, 210)이다. 융은 원형의 기원에 대해 다음과 같은 의견을 제시한다(1969c, 153-154). 원시인은 투사와 동화 시스템에 의한 강박적인 마법 같은 또는 신비로운 방식의 의무를 다하며, 그들의 세계에서 신비한 정체성(mystical identity) 또는 참여(신비한 참여, Lucien Levy-Bruhl)에 빠져들어 산다(1969c, 265). 원시인은 주체와 대상의 구별을 경험하지 않는다. 그들은 외부의 것을 내부에서 경험하고, 내부의 것을 외부에서 경험한다. 대상에 대한 무의식적 정체성이 지배적이며, 무의식은 대상에 투영되고 대상은 주체와 동화된다(Wilhelm & Jung, 1962, 123).

따라서 식물과 동물은 인간처럼 행동하는 것으로 경험되는 반면, 인간은 자신을 인간뿐만 아니라 동물로서도 경험한다. 인간의 주변 세상은 유령, 신들로 활기가 넘친다. 모든 것은 흥미롭고 기적적이다. 예컨대, 일출, 태양의 움직임, 일몰은 원시적인 마음에 틀림없이 깊은 인상을 남겼을 것이고, 이는 원시시대 때부터 이미지의 형태로 우리의 정신에 각인되었음이 틀림없다. 이것이 바로 일차적 이미지, 즉 융이 정신적 각인이라 불렀던 원형이다. 융은 인간의 본래적인 정체성(신비한 참여)이 유사한 방법으로 원형의 전체적인 내부 세계, 즉 어머니, 자녀, 재탄생, 그림자와 같은 것의 원형으로 이끌었을 것으로 추측한다.

리비도, 그의 변형

융의 관점에서 정신적 에너지는 더 큰 개념인 삶의 에너지(life energy), 즉 리비도(libido)의 구체적인 형태이다. 리비도는 구체적이지도 않고, 정의할 수도 없다. 이는 섹슈얼리티(프로이트의 관점)와 같은 하나의 변함없는 물질(substance)로 환원될 수 없다. 정신 에너지는 진정한 변화를 수없이 겪을 수 있다. 삶은 정말로 수많은 새로운 형태를 취할 수 있다. 융에게 영적 추구는 본능적 추구보다 더 현실적이고 진정한 삶의 징후이다(1969c, 38).

융은 봄맞이 의식이나 입회 의식과 같은 상징적 사건이 새로운 의식적 목적과 함께 상상력을 불러일으키며 새로운 활동의 디딤돌 역할을 한다고 했다(1969c, 48). 상징은 에너지를 변환하며, 에너지의 변형(transformation)의 상징이다(1969a, 503; 1969c, 45). 상징은 리비도에게 새롭고 동등한 표현을 제공하며, 에너지의 채널링(channeling)을 위해 더 가파른 경사를 제공한다. 따라서 더 높고 새로운 형태의 활동을 만들어 냄으로써 상징은 영적인 일을 한다. 집단무의식의 원형은 상징, 즉 원형적 특사를 통해 의식에 작용하는 자율적 에너지의 중심인 힘이 된다. 융은 상징의 감정적 충동이 상징의 기원적 원형이자 힘의 증거라고 말한다. 상징이 의식을 자극하고 변형시킬 수 있도록 하며, 인간의 의식을 변화시키고 증대시킬 수 있도록 하는 것이 바로 이 원형적 충동이다. 상징은 변화된 행동 패턴에 활력을 준다.

따라서 융의 관점에서 정신은 자아(ego)와 집단무의식 내용(원형)의 관계에 의해 차별화되며 성장하는데, 이는 이러한 내용이 의식적인 정신보다 상징적인 형태를 띠기 때문이다. 융은 변형의 상징이 살아 있는 종교의 증거에서 가장 명확하게 나타난다고 말한다. 집단적(제도적) 종교는 사람들이 본능을 억제하고(승화), 가치 있는 활동을 할 수 있게 해 준다. 집단적인 종교적 신념은 본능에 반대하는 그 정신으로 인하여, 순수한 본능에 반하여 문화적 태도를 발전시킬 수 있도록 한다(1969c, 60). 융은 이것이 모든 종교의 역사적 기능이라고 말한다. 인간을 새로운 미래의 인간으로 변화시키는 데 영향을 주는 것, 노인이 사라지고 죽는 것을 가능하게 하는 것이다(1969c, 393).

원형과 신화

원형은 본능과 함께 모든 사람이 공통적으로 갖고 있으며 알려지지 않은 미지의 정신, 즉 집단무의식을 구성한다. 이 집단정신은 셀 수도 없을 만큼 긴 세월 동안의 인간 경험이 집약된 형태로 나타나며, 우리 개개인에게 있는 우리 조상의 심리적 기능 총합을 구성한다(1969c, 280). 원형은 상상의 상속된 힘으로, 상징과 감정으로 가득 찬 이미지로 의식에서 나타난다(1956, 75). 자연적인 세계 이미지로 구성된 이러한 상징은 신화적 특성을 가진다. 즉, 상징은 경험자의 원시적인 비극적 정체성(신비한 참여)을 표현하고, 자아의식이 출현하기 이전 경험의 통합과 주체와 대상 간의 분화(differentiation)를 표현한다(1969c, 280). 원형은 우리 안의 모든 영적 세계를 형성하고, 종교와 철학을 창조한다고 여겨진다(1968b, 68). 융은 인류와 세상, 과거, 현재, 미래에 대한 모든 생각은 인간 경험의 원형적인 신화적 매트릭스(mythological matrix)에서 비롯된다고 했다(1969c, 280).

따라서 원형은 신화라는 상징적인 형태로 영원히 그들 자신을 표현한다. 융이 기적적인 이야기(miracle tale)라고 부르는 인류의 신화는 본질적으로 집단무의식의 전형적인 원형에 뿌리를 두고 있다. 원형은 인간의 삶이 발견되는 곳이라면 어디서나 같은 신화의 아이디어를 반복하여 재생산해 내는 구조이다(1968a, 35). 신화는 보편적인 이미지이다. 우리가 신화를 발명한 것이 아니라 신화가 우리를 다루고 있는 것이며, 그 자체가 바로 신(God)의 말씀이다(1961b, 340). 신화는 우리를 조형하고 심지어 우리를 만들어 낸다. 융은 어느 누구도 신화적 개입을 피할 수 없으며 적어도 계몽된 진전이라는 이름으로 신화를 비난하는 사람은 거의 없다고 설명한다.

융은 신화가 심리학적 사실이라고 주장한다(1969c, 37). 그는 자신의 환자가 자신에게 이야기했던 신화적 판타지가 무의식에서 왔다고 말한다. 원시시대의 신화와 20세기의 판타지들 사이의 유사성은 집단무의식의 공통된 기원을 융에게 보여 준다. 무의식에서 투사된 똑같은 신화적 모티브는 인간이 발견되는 곳이면 어디서든 반복된다. 신화적 이미지와 모티브는 전형적인 심리적 현상이며, 심리적 흔적, 인간 정신의 가장 흔한 기능들의 원형적 자취로 이해되어야 한다(1971, 169).

신화의 기능

따라서 융에게 신화는 집단무의식의 원형이자 자연적이고 원시적인 언어이다(1968d, 25). 무의식은 감정적으로 가득 찬 이미지라는 상징적인 형태로 의식적인 정신 속에 항상 나타난다. 신화뿐만 아니라, 동화, 민속, 의식, 종교 교리를 구성하는 상징은 집단무의식의 내용을 집약하여 의식(conscious) 속으로 보낸다. 신화의 상징적 언어는 무의식과 의식적 인지 사이의 필수적인 중간 단계(intermediate stage)이다(1961b, 311). 현대의 의식은 신화라는 오래된 세계로부터 무한히 멀리 떨어져 있는 것처럼 보일 수도 있지만, 그 뿌리는 틀림없이 신화에 있다.

이성은(reason) 신화에 비교하면 제한적이라고 여겨진다. 융의 관점에서 합리적이기만 한 표현은 인간 경험을 전체적으로 정의하기에 너무 편협하다고 설명한다. 신화 속의 원초적인 언어는 더 풍부하고 폭넓으며 과학보다 더 정확하게 삶을 표현할 수 있다(1961b, 3). 과학의 합리적인 사고는 일반적이고 추상적인 반면, 신화는 개인적이고 구체적이다. 따라서 융은 신화의 상징적 언어의 힘을 전 인류에게 이야기할 수 있는 신화의 능력에서 찾는다. 융은 삶과 존재의 이유는 이성을 넘어선다고 주장한다. 그러나 그는 삶의 비합리적 측면들, 즉 이성적인 것을 넘어서지만 반대되지는 않는 삶의 측면도 동등한 생존권을 갖고 있다고 주장한다. 여기서 신화는 구체적인 역할을 수행한다. 신화는 결코 단순한 소설이나 환상이 아니며, 인간 삶의 영원한 측면을 가장 잘 표현한다(1969a, 409). 즉, 신화는 우리 안에 있는 신성한 생명(divine life)을 드러내는 모든 것을 아우르는 비전이다(1961b, 340). 신화는 우리 개개인의 복잡한 관계에 내재한 활력을 사물들에서 적절하게 표현함으로써 구원적이고 치료적인 의미를 갖는다(1961b, 320).

정리하면, 집단무의식은 원형으로 신화를 만드는 마음이며 영원한 이미지와 의미들의 매트릭스이다(1971, 167). 신화는 무의식에서 의식으로 향하기 위해 필요한 단계이며 과학보다 더 넓은 시야를 형성한다.

의식적 마음은 집단무의식에서 유래하고, 그것으로부터 생명을 끌어낸다. 신화는 자아의식을 우리의 뿌리와 접촉하게 하는 삶의 전반적 문제에 대한 일종의 심리치료(보상)이다(1968b, 68). 융은 마지막 분석에서 집단무의식에 기인한 모든 집단적인 생각은 종교적 성격을 띠며, 삶의 주요한 문제에 대한 원형적 보상이라고 말한다(1971, 220). 원시적 이미지(원형)는 수년 동안 지속되어 온 존재와 적응을 위한 투쟁으로부터 발생한 침전물로 여겨진다(1971, 221). 어떤 사람이 인생의 중요한 경험에 직면할 때마다 이 축적된 보물은 필연적으로 떼를 짓는다. 융은 유감스럽게도 우리 시대에는 신화적 상상력이 모두 사라졌다고 말한다. 따라서 우리의 뿌리와의 접촉이 끊어지게 되면서 우리는 심각한 곤경에 처하게 되었다. 융은 인간의 삶에서 갖는 신화의 역할에 대해 지칠 줄 모르는 옹호자이지만, 그는 신화가 모호하고 심지어 악마일 수도 있다고 지적한다. 그렇기에 비판적 지성은 거부될 수 없다(1961b, 341). 집단무의식에서 발생하는 신화적 비전을 시험하기 위해서는 이성의 힘이 필요하다. 예컨대, 더 큰 통찰력은 지배자 민족의 신화가 나라 전체를 홀리게 하거나, 수백만의 사람들에게 살아 있는 악몽을 만드는 것을 막았을지도 모른다.

신화 주제의 보편성

앞에서 이미 언급했듯이, 융은 전 세계의 민화나 신화에 같은 모티브가 나타난다는 사실을 원형이 설명해 준다고 말한다(1969a, 50). 전형적인 신화적 이미지는 자생적이다. 즉, 인간의 고유한 정신으로, 신과 영웅에 대한 전설, 영혼이 오고 가는 이야기, 마법적인 물질 또는 힘에 대한 개념에서 정기적으로 나타난다(1969c, 137). 고대에서 발견된 것과 같은 신화적인 주제는 오늘날 전 세계에서 반복된다. 그들은 융이 치료하는 환자의 꿈에서만 아니라 그들의 심리적 판타지에서도 나타난다. 이는 사실상 원시 인간에게서 발견된 것과 똑같은 것이다(1969c, 372). 융은 문화에서 문화로 신화가 이동하는 것(문화 전달)은 매우 일어나기 힘들다고 보았다(1969a, 490). 하지만 인류의 신화는 모든 인류에게 유전적으로 전해지는 원형의 자연스러운 상징적 표현으로써 통일성을 보여 줄 것으로 기대된다.

융은 과학적 연구를 위해 보낸 시간 동안, 정신병, 세계의 종교, 신화, 자신이 꾼 강력한 영향력을 가진 꿈들, 민화, 동화, 영지주의(Gnosticism), 신비주의, 문학 및 기타 여러 가지 증상에서 나타나는 상징을 집중적으로 비교했다. 이러한 비교 방법은 집단무의식이라는 이름을 붙인 인간 마음의 유사성에 대한 가설을 과학적으로 확립하기 위한 그의 방식이었다(1968d, v). 융은 집단무의식을 사전에 상정하지 않았으나,

관련된 문화적 현상의 다양성을 조사함으로써 경험적으로 이에 도달했다고 주장한다. 집단무의식은 균일한 의식적 결과에 관한 다양성을 설명하기 위해 필수적인 미지의 정신적 영역으로서 데이터로부터 추론된다.

따라서 융은 신화, 동화, 신경증과 정신병의 경험, 자신의 꿈에서 시작하여 프로이트의 원초아(id)보다 더 깊은 미지의 영역(무의식), 물질적이고 본능적인 힘의 작동이라고 축소할 수 없는 영역, 인류의 가장 기초적인 경험을 위한 정신적 토대가 되는 영역을 발견했다. 의식의 자료(신화, 동화, 꿈 등)를 제대로 이해하려면, 원형과 함께 집단무의식이 융에게 필수적인 전제가 된다. 융은 원형이 무엇인지 안다고 주장하지 않았으며, 오직 원형이 하는 일이 무엇인지에 대해서만 주장을 펼쳤다.

개성화

융은 개성화(individuation)를 송아지가 소로, 아동이 성인으로 발달하고 성장하듯이 살아 있는 개인적인 존재가 처음부터 의도한 것이 되어 가는 과정이라고 정의한다(1969a, 467-468). 인간의 개성화는 다른 모든 인간과 마찬가지로 인간으로서 펼쳐지는 것이지만, 자신의 독특하고 운명적인 방식으로 전개된다. 융의 관점에 따르면, 우리 삶의 과제는 우리의 광범위하고 공통된 인간성을 현실화하고, 다른 사람과 차별화되어 우리의 두 발로 서는 것이다(1961b, 343). 개성화는 경험에서 융이 자기라고 불렀던 그 궁극적인 목표에 도달한다.

자기(self)는 의식과 무의식의 총체이자 그 총체의 성격이다. 자기를 얻는다는 것은 인격의 중력 중심이 단편적이고 제한된 자아(ego)에서 의식과 무의식 사이의 중간에 있는 가설적 지점으로 이동하는 것이다(1970b, 45). 자기, 즉 전체 인격의 중심을 얻는 것은 지구가 태양 주위를 도는 것처럼 자아가 그것을 중심으로 회전하는 것이다(1956, 252; 1968a, 23-25). 자기의 현실은 그 범위와 강도 면에서 비교해 보면 자아의 현실보다 무한히 더 넓어서, 마치 큰 원 속의 작은 원과 같다(1969a, 258).

자기라는 원형에 대한 의식 속의 전형적인 표현은 질서와 완전성에 대한 원형의 상징인 만다라(mandala)이다(1961b, 335). 만다라는 성격의 모든 측면을 통합할 수 있는 통합의 상징이다(1969a, 199). 만다라는 반대편과의 투쟁과 화해를 나타낸다 (1961b, 335). 자기는 실제로 의식과 무의식, 남성과 여성, 선과 악, 영성과 본능 등을 모두 포용하는 모든 반대되는 것들의 결합이라고 정의된다(1968d, 19). 만다라 상징 주의에 따르면, 자기는 중심, 즉 성격의 중간점일 뿐만 아니라 그 둘레 역시 의식과 무의식, 모든 정신적인 것들을 수용한다(1968b, 41). 그러므로 자기는 의식과 무의식 의 모든 것을 포괄하는 총체이며, 온전한 정신의 본질이다.

융의 용어에서 자기실현과 동의어인 개성화는 우리의 생물학적·심리적 발달의 목표라고 여겨진다. 모든 삶은 처음부터 전체의 실현이 될 운명이다. 즉, 자기 자신 이 될 운명이다(1968d, 222). 융은 자기실현을 통해 전체성을 향한 본래의 경향이 정 신적 사건이 된다고 말한다. 그러므로 개성화는 이전에 잠재되어 있던 우리의 독창 적인 전체성의 생산과 전개이다. 자아는 자기로부터 진화되고, 나(I) 또한 자기 자 신에게 일어날 뿐만 아니라, 자아의 가장 높은 목표로서 자기에게로 향하는 것이다 (1968a, 223). 그러한 자기실현은 우리가 가진 가장 강한 충동이자 진정한 자연법칙이 라고 주장된다. 융은 자기의 원형이 신화 속 어디에나 나타나지만 20세기 개인의 판 타지적 삶에서도 나타난다고 설명한다(1969c, 317).

융은 자기가 되는 것, 즉 전체적인 심리학적 존재가 되는 것을 무의식적인 내용을 의식에 통합시키는 발전 과정으로 묘사한다(1969c, 223). 이러한 통합(개성화)은 자 아-성격에 광범위한 변화를 가져온다(1969c, 223-224). 무의식적 힘은 의식적 지위 를 얻으면 스스로 변화하여 자아를 활성화하고 풍성하게 한다. 의식은 전체성을 실 현하는 새롭고 더 큰 형체에 종속될 것이다. 자기 또는 의식적인 전체성을 얻음으로 자아는 그 본질적인 구조와 자질을 보존한다(1969c, 225n). 그러나 자기의 경험은 자 아가 할 수 있는 것보다 훨씬 더 많은 것(자아, 모든 다른 자기, 그리고 사실은 우주 전 체)을 포용한다(1969c, 226).

융은 개성화가 필연적으로 개인의 고유성을 담고 있다고 말한다. 자기를 얻는 것 은 자신의 진정한 개성과 운명을 성취하는 것이고, 하나의 분명한 존재가 되는 것이 다. 인생의 진정한 목표로서 자기만이 인생에서 의미를 갖는다. 개성화는 외부적(사회 적) 인물과 내부적(원형적) 인물의 지배에서 해방되어 전체적인 정신의 맥락에서 진정한 개인성을 성취하는 것이다. 융은 외부 환경과는 관계없이 개성화가 진행된다고 논평한다. 시간과 공간은 집단무의식에 상대적인 것으로 알려져 있다. 자기에게 특정한 시간적 또는 공간적 한계는 적용되지 않는다(1968a, 167-168). 결과적으로 자기의 경험은 영원 또는 불멸의 느낌, 영원의 경험을 가져오는 것으로 발견된다. 자기는 더 높은 의식을 의미한다. 융은 이 뛰어난 성격의 창조가 죽음에 대한 자연스러운 준비로서 세상으로부터 분리된 의식으로 이어진다고 의심한다(1958, 340-341). 이 과정은 35세쯤 되는 생의 중반에 시작된다. 삶이 죽음을 향한 삶이 되면서 죽음은 그 순간보다 훨씬 앞서 시작된다고 여겨지고, 죽음은 삶의 의미를 충족시킨다고 여겨진다. 융은 종교가 한때는 40대들을 위한 학교였으나, 오늘날에는 그 일을 감당하지 못한다고 말한다.

융의 관점에서 삶의 후반부는 전반부만큼 중요한 의미(meaning)가 있다. 그러나 그 의미는 다르다(1956, 84). 인생의 전반과 후반부 동안 인간은 각각 그 적절한 의미에 따라 살아야 한다(1969c, 399). 인생의 오전은 외부 세계를 파악하고, 가족을 부양한다는 의미를 가진다. 젊은이가 세상을 떠맡고, 온 힘을 다해 자신의 삶을 위해 싸우려 하지 않는다면 인생의 전반부를 놓치는 것이다. 그러나 이러한 것이 인생의 오후가 넘어서까지 진행된다면, 자신에게 내적 손상을 입히는 대가를 치르게 될 것이다. 늙은이가 산꼭대기에서 계곡으로 내려오는 시냇물의 비밀을 알지 못한다면, 이는 인생의 후반부를 놓치게 되는 격이다. 융의 관점에서 중년 이후로는 죽음을 인정할 때, 그리고 삶과 함께 기꺼이 죽을 때에만 진정 살아 있는 것이다(1969c, 407). 융은 죽음을 단순한 종말이라기보다 삶의 의미를 충족시키는 것으로 바라보는 것이 인류의 집단정신과 더 부합한다고 주장한다(1969c, 410). 융은 무의식이 죽음이라는 사실은 대수롭지 않게 여기지만, 우리가 어떻게 죽느냐, 예컨대 우리가 어떻게 타인과의 일을 해결하느냐에 분명한 관심이 있다고 말한다.

신의 원형

융은 이미 언급된 신비한 것(numinosum)을 형언하기 어려운 것이라고 묘사한다.

신비한 것은 무시무시하게 매력적인 것으로서 의식에 접근한다. 이는 신비롭고 유혹적이지만, 겁을 주고 쫓아내기도 한다(Otto, 1977). 신비로운 것은 의식적인 통제를 벗어나는 것이며, 의식의 통제를 점령하는 감정적 충동을 갖는다. 신비로운 것은 의식 밖에 존재하는 대리인인 자아(ego)를 압도하고 의지 없는 항복 또는 황홀한 상태로 이끄는 강력한 힘으로써 경험된다(1969c, 186).

원형은 자아 바깥에 있고, 자아와는 독립적이기 때문에, 융은 원형이 상징의 형태로 의식에 접근할 때 신비로운 또는 신성한, 영적인, 신비한, 신령스러운 자질의 소유자로 적격이라고 주장한다. 원형은 비범하고 기이한 느낌을 자아내는 신비로운 요소이다. 매혹적이고 소유욕이 강한 원형은 의식에 몰두할 수 있으며, 의식을 광범위하게 변화시킬 수 있다(1956, 80). 따라서 융에 따르면, 정신에는 우월한 힘이 있고, 이성(자아)은 그저 하나의 심적 기능일 뿐이라고 말한다.

원형은 종교심리학 분야에서 엄청난 의미가 있다. (상징을 통한) 원형의 경험은 신비로운 것의 경험이지만, 신비로운 것은 신성한 것의 경험이다. 그러므로 원형적 경험은 신비한 것, 즉 신들(the gods)에 대한 경험이다. 융은 원형이 그러한 신념과 거리가 멀다고 생각하는 사람들에게 철학적·종교적 신념을 심어 준 것으로 알려져 있다고 말한다.

융은 원형이 지닌 엄청난 영적 의미에도 불구하고, 사람들은 원형이 지니는 위협적인 힘에 대해 두려워한다고 말한다. 원형은 통제력, 즉 어렵게 얻은 중심적 자아의 상실을 포함한다. 집단무의식의 내용이 활성화되면 의식은 흐트러지고 혼란이 일어난다. 융은 무의식으로부터 온 이질적인 내용, 이상하고 심지어 괴물 같은 생각, 세계가 나타나는 방식의 변화, 사람들의 얼굴 왜곡 등이 특정 형태의 정신병 발병을 특징짓는다고 지적한다(1969c, 311-312). 만약 모든 사람의 무의식에서 심리적 과정이 활성화되면 그 사람의 정신상태와 정신병을 정당하게 비교할 수 있다고 융은 말한다. 만약 무의식에서 심리적 과정이 활성화되어 사람들에게 성공적으로 전달된다면 이는 보충 효과를 가져올 수 있다(1969c, 314-315). 이때 무의식적 힘은 관리 가능한 형태로 의식에 전달되고 사람들은 새로운 힘의 원천(리비도)을 획득한다.

융은 원형의 특성을 가진 존재, 즉 신비함(강력한 감정적 가치, 심리적으로 강력한 것)이 언제나 신성한 신(gods)이라 불렸다고 지적한다(1967b, 64). 그리고 신(God)은 신비하고 압도적인 감정에 적절한 이름이다. 신(God)은 영혼의 충동이다. 그것은 신비함을 수반하는 정신적 이미지이고, 원형이 오히려 의식에 신기하게 다가가도록 만드는 상징이며, 저항할 수 없는 영향력을 가진 매우 개인적인 힘이다(1958, 350). 신(God)은 본질적으로 알려지지 않았거나 대표될 수 없는 원형이 의식에 가까워질 수 있는 만큼 가까워져서 자신을 직접적으로 표현하는 것이라고 알려져 있다. 종합하면, 융의 관점에서 신(God)은 가장 일차적인 심리적 사실이다.

따라서 이 신비로운 원형(numinous archetypes)은 지배하는 힘, 즉 신(gods)이다(1956, 105). 융은 집단무의식이 신들의 내적 세계를 담고 있다고 말한다. 그것은 살아 있는 신전(pantheon), 즉 모든 인류의 신들이 거주하는 거주지이자 그 기원이 되는 장소이다. 융은 영혼과 신들이 집단무의식의 내면인 정신적 영역에 속해 있다고 말한다. 영혼과 신들은 집단무의식과 정말로 동일한 것이라고 여겨진다(1969a, 525). 융은 실제로 집단무의식의 동의어로 신(God)이라는 용어를 사용한다. 융에 따르면, 신(gods)은 무의식적 내용이 인격화된 것이다(1969a, 163).

원형과 신성한 것[신(gods)]을 식별함으로써, 융은 자아와 연관된 원형이 가진 힘의 우월성을 인정한다. 게다가 전지전능한 신에 대한 인간의 경험이 보편적으로 나타난다는 것은 집단무의식의 원형이 보편적으로 존재한다는 증거이다. 융은 자신의 서술이 사람들이 정신 내에서 도달할 수 있는 것에만 국한된다고 말한다. 그러나 정신적인 것 밖에 존재하는 신을 부정하는 것은 아니다. 융은 자신의 논평이 정신적인 것 밖에서 일어날 수 있는 것까지 확장되는 것으로 여겨져서는 안 된다고 주장한다.

융은 무의식에 대한 적절한 대응으로서 억압을 거부한다. 그럼에도 불구하고 그는 의식과 무의식 사이의 자아인 것과 자아가 아닌 것 사이의 경계가 가장 명확하게 그려져야 한다고 느낀다. 집단무의식은 의식적으로 다른 것으로 인식되어야 하지만, 자아는 그렇지 않다(1956, 83). 융은 원래 신이 정신 밖에서 그들의 삶을 살아가는 존재로 경험된다고 말한다. 이러한 신들은 여전히 살아서 무의식적 정신에서 활동하는 힘의 공간 속에 투영된 것이다. 또 융은 심지어 오늘날까지도 신은 자신의 정신에서 경험될 수 있다고 말한다. 그러나 신은 결코 자아의 소유물이 아니다. 융에 따르면, 신은 여전히 자아의 바깥에서 없어지지 않고 남아 있으며, 자아의 바깥에 남아 있어야만 한다. 신은 자아의 살아 있는 반대 쌍이며, 자아의 다른 원형적 표현이다(1956,

120). 요약하면, 신은 정신 내에 있으나 자아의 바깥에 존재하는 것으로 여겨진다. 융에게 있어 신성한 것에는 인간과 관련된 것이 없다. 예컨대, 신(God)은 과장된 형태의 아버지(Freud)가 아니다.

융에게 있어 신이란 개인의 삶에서 가장 위대한 힘인 인간의 최고의 가치, 즉 압도적인 정신적 요인을 보여 주는 심리적 사실이다(1969a, 81). 누군가 만약 의식적으로 신을 인정하지 않는다면 신은 그 이름만 바뀐 채 여전히 존재할 것이다. 이때 신(God)은 아마도 '이데올로기'나 '-이즘'과 같은 다른 이름을 가지게 될 것이다. 그러나 신은 모든 다른 투사된 신들이 했던 것과 똑같은 신념과 두려움, 항복을 요구한다. 모든 신화, 모든 종교, 모든 '-이즘'은 본질적으로 원형적이다(1969c, 206). 융의 관점에서 무언가는 항상 자아를 동원한다.

성(sex)은 프로이트의 신(God)이며, 종교적으로 신비한 무언가라고 여겨져 왔다. 즉, 성적 리비도는 정신적으로 더 강한 대리인에 기인한 모든 신성한 자질을 갖고 있으며, 프로이트의 삶과 이론에서 숨겨진 신으로서 기능한다(1961b, 151-152). 성(sex)이든 뭐든 간에 그것이 누군가를 소유하여 그의 행동과 사고를 결정할 정도라면, 그 사람은 그것을 신으로 삼았다고 얘기할 수 있다. 존경심은 오늘날 우리의 진정한 신인 듯하다(1976, 684). 융은 신이 의식적인 차원에서 거절당하면 무의식적인 대리자가 단순히 신의 자리를 대신 차지하게 된다고 말한다. 융은 자아에 대한 집단무의식의 엄청난 영향력을 의식적으로 인정하고, 그것을 항상 갖고 있던 이름인 신이라고 부르는 것이 더 낫다고 생각한다(1956, 81).

정신에서 신의 이미지로서의 자기

융에게 신(God)이란 증명이 필요한 사상도 맹목적으로 믿어야 할 대상도 아니며, 확실한 심리적 사실이다(1969a, 464). 신은 모든 경험 중에서 가장 즉각적이고 확실한 하나의 경험이다(1961b, 62). 융은 신이 즉각적인 경험에 대한 심리적 사실이 아니라면 아무도 신에 대해 이야기하지 않을 것이라고 주장한다. 즉, 그 생각이 애당초 사람들의 마음에 떠오르지도 않았을 것이고, 그들의 삶을 통제하지도 않았을 것이다. 따라서 융은 신을 그 자체로 하나의 타당한 사실이라고 본다. 증명과 관련하여 그는 누구도 석양의 아름다움을 증명할 수 없듯이 신 역시 증명할 수 없다고 생각한다(1961b, 92). 그저 둘 다 그렇게 존재하는 것이다. 믿음과 관련하여, 융은 신을 믿기보다는 신을 안다고 주장한다. 오직 자신이 아는 것을 믿는다고 말한다(1969a, 44). 그는 신의 세계를 구성하는 신과 무한하고 통일된 우주가 그가 경험한 현실이라고 주장한다.

융에게 신(God)이란 내적 경험이자 자기(self)에 대한 경험이다. 자기의 원형은 초기 그리스도교 사상가들에 의해 이야기되던 창조 당시 인간의 영혼에 찍힌 신의 이미지와 구별할 수 없는 것으로 묘사된다(1969a, 157). 성서에서 하나님은 그의 형상으로 사람을 창조했다. 하나님의 형상대로 그는 인간을 창조했다고 말한다(창세기 1:27). 융은 이와 유사한 경험, 즉 인간의 정신 속에 각인된 신의 이미지에 대한 경험이 곧 자신에 대한 경험이라고 말한다(1956, 250; 1961b, 334). 그러므로 자기는 우리 안에 있는 신의 정신적 바탕을 드러내는 것이다. 인간 삶의 중심 깊은 곳에 각인되어 있는 이러한 신에 대한 이미지 또는 자기는 리비도에 대한 무의식적 집중 의식에 미치는 거대한 힘의 집단적 표현이라고 여겨진다(1971, 243).

신이 정신적인 것과 구별되고, 더 이상 외부 공간에 거주하는 존재로 투영되지 않을 때 자기는 정반대되는 것들로 이루어진 최고의 결합물이라고 묘사된다. 융은 의식에서 자신을 드러내는 상반된 것들의 최고의 결합, 즉 자기에 대한 경험과 그 안에서 일어나는 신성한 것에 대한 즉각적인 경험은 모두 경험적으로 하나이며 동일하다고 말한다(1969a, 261).

자기(self) 또는 내적인 신의 이미지 통합과 전체성 속에 포함되어 있는 것은 다름 아닌 신들의 다양성이다. 원시적 마음의 해체 가능성은 여러 영혼과 여러 신(gods)에 대한 믿음에서 드러난다(1969c, 104). 융은 영혼과 신이 우리에게도 마찬가지인 것처럼 원시인들에게 단순한 토론의 주제가 아니라 하나의 살아 있는 경험임을 지적한다. 융은 영혼에 대한 보편적인 믿음이 콤플렉스를 발생시키는 무의식의 구조적 특성을 직접적으로 따른다고 말한다(1969c, 101). 만약 정신에서 해체하고자 하는 경향성이 없다면 아무도 신들이나 영혼에 대해서 전혀 이야기하지 않을 것이다(Wilhelm

& Jung, 1962, 111). 따라서 원시 인류는 무의식의 내용을 영혼과 신들로 의인화하였고, 이러한 의인화된 내용이 요구하는 사항을 신성하고 마법적인 의식을 통해 충족하고자 했다고 여겨진다(1969c, 369). 신이 한 사회의 일원으로 동화되었을 때, 이전에 우주 속에 투영되었던 신들은 의식적인 사고로 떠오르게 되어 그들의 자율성과 성격을 잃게 된다(Wilhelm & Jung, 1962, 110-111).

모든 원형은 성격의 중심이자 둘레인 자기를 중심으로 하여 동심원 형태로 배열되어 있다고 여겨진다. 즉, 정신에 있는 모든 것은 전체를 포용하는 자기를 중심으로 돌아간다(1969a, 573). 의식에서 자기의 원형을 상징하는 만다라는 융의 심리학에서 종교적 중요성을 갖는다(1969a, 81). 이 원형적인 표상은 자기의 전체성(정신적 장의 완전성) 또는 신화적 관점으로 인간의 삶에서 인간의 모습으로 나타난 신을 표현한다(1961b, 335). 따라서 만다라의 상징주의는 신과 인간의 연합과 그 연합에서의 신을 나타낸다. 만다라는 의식에 앞서 신성한 것들의 온전함을 불러일으킨다. 융은 만다라가 자기에 대한 상징이자 그의 최종적인 발견으로 가는 궁극적인 대상이라고 여긴다. 만다라와 마찬가지로 그리스도는 인간의 삶 속에 인간의 모습으로 나타난 신에 대한 상징이자 자기에 대한 상징이다.

융은 모든 반대되는 것들의 연합에 대한 신비로운 경험을 언어로 표현하고자 하는 시도 중에서 신은 사랑이라는 성서적 시도보다 더 좋은 방법은 없다고 말한다(1961b, 353). 사랑은 통합된 전체이다. 자기(self)가 주장과 대조뿐만 아니라 통합을 보여 주기 때문에 자기는 철저하게 역설적인 특성을 가진 것으로 묘사된다(1968d, 19). 이러한 역설에 대한 경험은 숭고한 진실에 대한 경험이라고 여겨진다. 여기에는 사랑이신 신에 대한 경험, 신이신 사랑에 대한 경험, 인간 정신의 기초와 중심 그리고 둘레를 구성하는 신에 대한 경험이 포함된다.

우리가 자기(self)를 얻는다는 것은 개성화되어 간다는 것이고, 이를 다시 말하면 자신의 진정한 개성을 얻는다는 것이다. 자기는 정신에 있는 신성한 것(신 이미지)의 자취이기 때문에 자기 자신을 얻는 데 있어 한 개인의 개성을 얻는 것은 신을 획득하고, 신의 지위를 얻는 것이다. 따라서 융의 관점에서 진정한 개성은 모두가 신(God)이라고 부르는 것과 불가분의 관계에 있다. 유한한 것의 성취는 사람의 아름다움이나 부 또는 재능에 있는 것이 아니라 무한함과의 관계에 있는 것이다.

신의 이미지는 집단무의식으로부터 저절로 솟아나는 경험이라고 여겨진다. 융은 이 경험이 너무나도 효과적이어서 사람들이 이 경험을 통해 정신세계 바깥에 있는 신성한 인물, 예컨대 그리스도나 창조주의 존재를 확신한다고 말한다(1969a, 363). 하지만 융은 심리적 접근이 매우 중요하다고 강력하게 주장한다. 신의 이미지는 정신적 사건으로 받아들여진다. 그 경험이 신성한 인물을 향하는 듯 보이지만, 융은 이 경험이 정신 외적 존재를 확신하게 해준다고 보지 않는다.

따라서 자신과 신의 이미지에 대한 경험을 정신과 분리되어 정신을 뛰어넘는 신과 동일시하는 것은 순진한(naive) 일이다. 융은 그러한 신이 존재하는지 아닌지를 결정하는 것은 경험적으로 불가능하다고 말한다. 따라서 융은 신이라는 단어를 사용할 때 정신적 사건과 원형적 경험을 지칭할 뿐, 그 이상은 언급하지 않는다. 그래서 융은 기존의 정신세계에 존재하는 의식 속에 신(God)이 자리하게 될 때 신이 의식의 발명품이라는 것은 부인하지만, 신의 진정한 본성에 대해서는 어떠한 것도 확언하지 않았다(1961b, 347-348). 융은 대체로 정신을 넘어서는 신성한 존재를 부인하지도 확언하지도 않지만, 그는 정말로 정신세계 속에 궁극적으로 정의할 수 없는 우월한 힘이 있음을 주장한다.

융은 자신을 비판하는 사람들이 자주 신(God)과 신의 이미지(God-image)라는 용어를 혼동하여 신의 이미지를 신이라 들은 신학자들이 자신을 평가한다고 말한다(1969c, 278). 융은 신에 대해 말하는 것은 정신 영역 밖에 있을지도 모르는 것에 대한 형이상학적 추측이며, 이 모든 것은 심리학자의 능력을 벗어난 것이라고 주장한다. 융은 신의 이미지를 과대평가하는 것을 거부한다. 신의 이미지에 대한 이야기는 심리학자의 영역 안에 있는 것으로, 특정 범위에 속하는 심리학적 사실(경험)에 대한 이야기이다(1969c, 279). 신의 이미지는 심리학자가 고려할 수 있고, 고려해야만 하는 분명한 사실이다(1969c, 278). 융은 신에 대한 생각이 하늘에서 뚝 떨어진 것이 아니라고 말한다. 그것의 원시적인 본질은 오히려 인간의 정신에 포함되어 있고, 어떠한 계몽된 진보도 그것을 떨쳐 내지는 못할 것이다.

자기의 미시적 특성

융은 원형이 정신 바깥의 세계와 동등하며, 그 세상을 보완하는 것이라 본다. 바깥에 있는 것들은 그에 대응하는 것을 내부에도 갖고 있으며, 바깥에서 일어나는 일은 내부에서도 또한 일어난다(1968a, 196). 따라서 원형은 우주적인 성격을 가지기 때문에 신비롭고 신과 같은(godlike) 것으로 경험된다. 집단무의식은 실제 우주만큼 넓고 보편적인 우리 내부의 소우주, 축소형 우주인 작은 세상으로 묘사된다. 우리는 위대한 세상이라는 대우주, 즉 우주 전체의 아들이다. 자기(self)의 주요한 상징인 만다라는 자기의 이러한 소우주적 본성을 표현한다고 여겨진다(1961b, 196).

융은 신의 흔적(신 이미지)으로서의 본질적이고 원형적인 정신의 경험은 우주 전체의 자취를 경험하는 것이며, 우주의 중심에서부터 오는 경험이라고 말한다. 집단무의식과 전체 성격의 중심이자 본질로서 자기(self)를 경험하는 것은 다시 말해 우주의 바로 중심에 있는 경험이며, 모든 존재의 중간점으로서 우리의 중간점을 경험하는 것이다(1969a, 288). 우리는 원형이 자기를 중심으로 한 동심원 순서로 배열되어 있다는 취지의 이야기를 융이 한 적이 있음을 안다. 정신에 있는 모든 것은 자기의 일체성과 전체성을 중심으로 돌아간다(1969a, 573). 그러나 융은 전체 우주 역시 마찬가지라고 말한다. 우주의 한 가운데가 자기 자신이라는 경험은 정말로 우주적인 중요성을 가진다. 정신은 우주와 동일한 본질을 갖고 있고, 우주의 가장 중심이기 때문에 그 구조적 온전함 속의 정신(자기)은 우주의 그것과 일치하도록 그리고 대응되도록 유지된다. 즉, 대우주에서 일어나는 일은 소우주에서도 마찬가지로 일어난다(1961b, 335).

종교

융은 자신만의 삶을 갖는 무의식적인 정신 과정과 의식을 연결하는 것이 종교(religion)라고 정의한다(1958, 117). 융에게 종교란 경험이라는 비합리적인 사실에 의존하고 복종하는 것이다. 종교는 힘(power)이라는 역동적 요소에 대한 주의 깊은 고려와 관찰이다. 또한 무의식적인 힘, 즉 원형과 이러한 힘들의 삶을 표현하는 상징들에 대한 세심한 고려와 관찰이며, 의식적 통제를 넘어선 역동적 대리인에 대한 세심한 고려와 관찰이다(1969a, 7-8, 596; 1970a, 256). 그러므로 종교는 우리를 영원한 신화와 연결시키고, 그 과정에서 자아(ego)와 비자아(non-ego) 사이의 균형을 만들어 준다고 여겨진다. 더 나아가 종교는 신비로운 것과 접촉함으로써 의식이 변해 가는 방식으로 특징지어진다(1969a, 8).

그러므로 신에게 온전히 닿는 길은 매일 신(God)의 뜻을 탐구하고 따르는 것이라고 여겨진다(1961b, 46). 융은 이것이 바로 종교적 태도를 구성하며, 종교의 모든 것이라고 주장한다. 융은 집단적인 종교 관습이 아니라 개성화(자기의 실현)를 통해 개인적 특성에 대한 종교를 진화시킴으로써 개인이 진정한 개성을 찾는다고 주장한다. 융은 논쟁의 여지가 없는 종교적 경험이 있다고 말한다(1969a, 104). 종교적 경험은 모든 것이 새로운 영광 속에 있는 것처럼 보이게 함으로써 삶의 의미와 활력, 만족감을 가져다준다.

의식의 편파성, 예컨대 서구의 합리주의는 무의식에서 위험한 대응책 개발을 초래할 수도 있다. 융은 폭력 의식(이성)에 대한 보복을 위한 무의식의 침략은 그들에게 강력한 정신적 고통을 가져다준다고 말한다. 따라서 의식은 포위된 채로 훼손되어 무의식의 소유 아래에 놓일 심각한 위험에 직면한다. 융에 따르면, 종교와 마법은 그러한 가능성을 충족시키고 그 피해를 복구하기 위해 개발되었다. 종교는 정신병 치료를 위한 시스템이다(1969a, 344).

종교의 상징

계몽주의 이후로 종교는 두뇌에서 만들어진 철학적 시스템이라고 합리적으로 오해되어 왔다고 융은 주장한다(1969a, 408-409). 어느 날 누군가 자신의 엄청난 암시적 힘을 발휘하여 신과 다양한 종교 교리를 발명하고, 소원을 성취해 주는 자신의 이미지를 주변인에게 확신시킨 것으로 추정한다(1969a, 409). 융은 종교적인 상징을 떠올리는 것은 머리가 아닌 마음(heart), 즉 정신의 무의식적 영역이며 바로 이 때문에 의식에게는 완전한 미스터리인 상징이 우리에게 계시(revelation)로 나타나게 된다고 주장함으로써 이러한 견해에 도전한다.

융은 종교적 상징이 수 세기에 걸친 유기적 삶과 자신의 발달 과정을 가진 자연스러운 정신적 발현이라고 말한다(1969a, 409). 오늘날까지도 우리는 무의식으로부터 솟아나는 진정한 종교적 상징(예컨대, 꽃)을 발견한다는 것이 지적된다. 이러한 상징은 형식과 내용 모두의 측면에서 위대한 세계 종교 근원에 있는 동일한 무의식적 정신으로부터 발생하였음을 스스로 보여 준다고 여겨진다. 종교적 상징의 보편성과 효과성은 그들이 발생한 무의식의 세계에 전달하는 적절한 표현에 기인한다. 따라서 종교적 진리는 우리의 필수적인 심리적 헌법에 속하는 것으로 간주된다.

성문화된 종교적 사상[도그마(dogma)]은 전통에 의해 맹목적으로 전해지는 의식적인 발명이 아니라, 원형에 대한 신중한 고려, 즉 종교에 대한 융의 정의에서 비롯된다(1969c, 221). 그것들의 효과를 영원히 발휘하는 원형은 믿을 필요가 없다. 그것들의 의미와 중요성은 오히려 직관에 의한 것이다(1969c, 221-222). 종교적 상징은 우리가 우리의 무의식적 뿌리와 접촉하게 함으로써 복수심에 불타는 듯한 무의식의 위험을 물리치려는 원래의 목적을 달성한다. 게다가 이러한 상징을 통해 집단무의식은 삶의 역경으로 상처받은 의식에 대한 구원을 약속한다.

종교 교리

융은 신학적 설교가 상상도 할 수 없는 초월에 대한 정확한 묘사를 제공하는 원형적 이미지의 집합인 신화론(mythologem)이라고 한다(1976, 682). 융은 모든 종교 교리가 신비로운 것에 대한 경험에 근거하여 발생하고, 이러한 경험이 만들어 내는 신뢰와 이 신뢰가 의식에서 만들어 내는 변화에 근거하여 발생한다고 말한다. 교리는 무의식과의 접촉에서 비롯된 최초의 종교적 경험에 대한 성문화를 뜻한다(1969a, 8-9). 융은 바로 이 원형이 종교 교리와 등가물이며, 이는 경험적으로 입증될 수 있다고 주장한다(1968d, 17).

최초의 종교적 경험은 (신비롭고) 강력하지만, 아직 특이성이 없어 개념적 정확성이 부족하다. 개개인의 종교적 경험의 특이점, 단점과 결함을 극복하는 성문화가 이루어지기 전, 수 세기에 걸친 수많은 사람의 반성과 노력이 필요하다(1969a, 50). 교리상의 상징은 의식에 앞서 집단무의식의 원형을 표현하고 묘사함으로써 의식을 자극하는 역할을 한다. 최초의 경험과는 거리가 멀지만 수천 년 동안 교리가 무의식적인 것과의 연결고리 역할을 했을 수 있다고 융은 말한다. 융의 심리학은 최초의 종교적 경험, 즉 각 개인의 개인적인 종교적 경험을 주로 다룬다. 그러나 그의 연구 중 일부는 그러한 경험에서 성문화된 종교 교리로 가는 길을 추적했다(1969a, 9).

　종교 교리는 신성한 역사이며, 신성한 존재와 그 존재의 행동에 대한 신화를 압축적이고 형식적으로 표현한 것이다(1968a, 179). 예컨대, 교리는 그리스도교의 삼위일체나 성육신을, 성령강림은 생생한 의식적 이미지에서 무의식의 자연스러운 삶의 과정을 보여 준다고 한다. 융은 또한 어떠한 추상적인 이론도 비이성적인 것을 표현할수 없다고 말한다. 교리는 이론보다 더 지속적이고 놀라운 생명력을 갖고 있는 것으로 밝혀졌다. 융은 이러한 이유를 권력 교리에서 찾는데, 권력 교리는 정신에서 신의삶을 드러내고 우리를 그 삶과 접촉하게 하므로 인간 삶에 의미를 부여한다. 교리가의식과 무의식 사이에 의사소통의 통로를 열어 두기 때문에 무의식은 복수심에 불타는 표정 대신에 우호적인 표정을 보여 준다. 교리가 무의식을 타당하게 표현하는 한무의식은 교리에서 스스로를 인식하고 의식과 협력한다. 따라서 종교 교리는 과학이할 수 없는 일을 해낸다는 것을 알 수 있다.

　융은 종교 상징에 대한 논의에서 자신이 종교 상징의 진실과 거짓에 대한 문제를제기하지 않는다고 말한다. 그는 가설이 아니라 사실을 다루어야 한다고 주장한다. 상징이란 이성이 입증할 수도 반박할 수도 없는 무의식적 사실에 대한 진술이다. 융은 인간의 경험과 검증을 초월하는 영역에 관한 모든 형이상학적 진술을 궁극적으로무의식에서 유래한 정신적 현상으로 간주한다(1969a, 476). 그는 심리학이 자신 안에있는 것을 다루는 것이 아니라 사람들이 어떻게 생각하는지를 다루는 분야로, 예컨대 우리를 지켜보고 있는 천상의 아버지에 대한 실존이 아니라 그 인물에 대한 경험, 삶에서 그 인물의 중요성과 같은 사실을 다루는 것이라고 말한다(1969c, 309n). 융은우리에게 사람들이 단순히 형이상학적인 대상에 대해 이야기하기 때문에 이러한 대상이 실제로 정신 바깥에 존재한다고 결론 내리지 말라고 경고한다. 즉, 신에 대해이야기하는 것이 신의 존재를 확증하지 않는다(1970b, 548).

융에게 형이상학적 진술은 중요한데, 이는 형이상학적 진술이 초감각적 세계를 표현하기 때문이 아니라 그것이 정신을 표현하는 정신에 대한 진술이기 때문이다. 융은 모든 경험을 초월한 절대적인 신이 자신에게 의미하는 바는 아무것도 없다고 말한다. 그러나 영혼(무의식)의 강한 충동(impulse)인 신(God)은 틀림없이 그의 삶에 영향을 줄 수 있다(Wilhelm & Jung, 1962, 129). 융은 종교 교리의 내용이 사실인지 거짓인지 알고 있다고 주장하지 않는다. 그는 형이상학적인 대상과 사건에서 묘사된 정신 외적 현실에 대해서는 이야기할 것이 없지만, 교리적 상징에서 발견되는 신화가 단순히 허구라는 것은 단호히 부인한다.

융의 주장에 따르면, 신화는 진리 또는 거짓이라는 합리적인 범주로 판단되어서는 안 된다. 융은 정신적 과정이 실제로 존재하며 진짜라고 주장한다(1970b, 455). 그는 인류의 합의가 교리와 동맹을 맺을 정도로 교리의 (심리학적이지만 형이상학적이지는 않은) 타당성이 입증되었다고 말한다. 융은 종교에 신화가 필요하다고 주장한다. 그래서 그는 동정녀의 잉태와 그리스도의 부활과 같은 그리스도교의 신화적 요소를 정제하고자 하는 비신화화(demythologization) 시도에 반대한다. 종교의 기능은 과학적인 시대에서 종교를 정당화하는 것이 아니라 바로 사람들이 영원한 신화와 접촉하도록 하는 것이기 때문에 신화가 없는 종교는 의미가 없다(1969a, 409).

융은 강력한 신화적 요소를 지닌 종교의 예로 그리스도교 중에서 가톨릭을 든다(1969c, 156). 가톨릭에서는 인격체의 삼위일체(아버지, 아들, 성령)에 대한 믿음이 있다. 그리스도를 신랑으로 하고, 교회를 그의 신부이자 그리스도의 어머니로 두는 한 가족이 있다. 세례는 교회의 자궁 역할을 한다. 가톨릭 교인들은 교회에서 태어나고, 그와 동시에 교회의 신랑인 그리스도와 결합한다. 교황은 의료인 또는 초자연적인 인격으로 봉사하는 최고의 교황(Supreme Pontiff)이다. 융은 모든 원형이 가톨릭 교리에서 모든 초자연적인 힘을 발휘하여 아버지와 어머니 그리고 아이, 남편과 아내, 초자연적인 인격, 큰 위험으로부터의 구조라는 인류 조상의 경험을 전체적으로 요약하고 있다고 말한다. 융에 따르면, 이러한 투사가 집단무의식에 대한 실제적인 경험을 신자들에게 제공한다. 사람들은 무한하고 영원한 것에 언제나 손쉽게 닿을 수 있기 때문에 더 이상 구할 필요가 없다. 그러한 종교는 삶을 무조건 의미 있게 만들고 하나의 전체(whole)를 유지하게 해 준다.

종교적 의례

교리가 상징적 표현인 반면, 의례(ritual)는 상징적 행위이다. 일반적인 상징과 마찬가지로, 융은 의례 또한 무의식적 원천에서 자발적으로 솟아나 무의식을 표현한다고 본다. 의례를 수행하는 사람들은 의식 바깥에 있는 자율적이고 영원한 주체의 처분에 스스로를 맡긴다(1969a, 249). 의례는 무의식적인 내용을 담고 있는 그릇과 같이 행동하는 것처럼 보인다(1969a, 350). 많은 의례들은 신비로운 효과를 만들어 내려는 단 하나의 목적을 갖는다(1969a, 7). 그러므로 의례란 의식과 무의식 사이의 상징적 중재자 역할을 하는 것으로, 무의식을 다루는 안전한 방법이라고 여겨진다(1969a, 47). 의례는 의식적인 마음에 무의식을 이용할 수 있도록 해 주며, 잠재적으로 복수심에 가득 찬 무의식의 위험으로부터 의식을 보호한다. 즉, 의례는 엄숙한 과정이므로 무의식이 의식을 압도하지 않게 만든다.

심리학과 그리스도교 교리

역사적으로 그리스도교의 가장 중요한 두 가지 교리는 삼위일체(아버지, 아들, 성령이 하나의 신을 형성함)와 성육신(두 번째로 신성한 사람이 되는 것)이다. 융은 심리학적 상징으로서 두 교리에 접근해야 한다고 주장한다. 즉, 집단무의식과 자아(ego) 사이의 역동적인 관계에 대한 표현으로서 말이다. 융은 이러한 교리를 수 세기에 걸쳐, 또 개인의 인생 역사에서 정신과 정신의 변화를 표현하는 것이라 본다. 교리의 가르침은 교리가 드러내 보이는 원형과 놀랍게도 유사한 점이 많다. 그리스도교 교리는 집단무의식의 작동 원리를 매우 정밀하게 표현하는 것으로 밝혀졌다(1969b, 29). 그러므로 본질적인 그리스도교 가르침은 초자연적인(정신적인) 삶의 비밀을 담고 있다. 삼위일체와 성육신이라는 그리스도교 교리에 대한 융의 심리학적 기술의 주요 논점을 다음 문단에서 제시한다.

삼위일체에 대한 그리스도교 교리의 요지는 세 사람(아버지, 아들, 성령) 속에 하나의 신이 존재한다는 것이다. 이 교리는 첫 번째 신성한 사람인 아버지가 아들을 낳고, 아버지와 아들은 함께 성령을 내보내며, 서로에 대한 사랑을 표현한다. 융의 분석에서 아버지 신은 무의식이자 원래의 심리적 통합으로서 아직 분화되지 않은 형태의 자기(self)를 대표한다. 융은 아버지를 분별없는 인식의 상태, 즉 주어진 것을 단지 의식하는 상태라고 말한다(1969a, 182). 아버지는 인류와 모든 개인의 유년기 시절 상태이다.

심리학적으로 두 번째 신성한 사람인 아들의 발생은 자기(self)에 의한 자아(ego)의 발생을 나타낸다. 즉, 자아가 자기에 있는 것처럼, 옮겨지는 사람이 움직이는 사람에 있는 것처럼 아들은 아버지에게 있다고 여겨진다(1969a, 259). 융은 자아의식이 자기와 차별화되는 방식으로 무의식으로부터 진행되거나 진화하는 것으로 본다. 신과 아들은 이 과정을 나타낸다. 즉, 의식의 출현과 진화의 과정에서 나타나는 의식의 엄청난 증가, 아버지(무의식)로부터의 독립을 성취하는 것이다. 아들은 비판과 의식적 구별(differentiation)과 변별(discrimination)을 의미한다.

따라서 융의 관점에서 아들은 아버지보다 더 높은 성찰의 상태에 있다. 아들은 성찰적이고 합리적인 의식의 상태에 있다(1969a, 182). 게다가 예수가 인간의 형상을 하였음을 가정함으로써(성육신의 교리), 아들(의식)은 그의 아버지(무의식)로부터 자신이 분리된 것을 발견한다. 아들이 십자가에 못 박혀 "나의 하나님, 나의 하나님, 왜 저를 버렸나요?"라고 울부짖을 때 아버지와 거리는 완전히 멀어진다. 이 경험은 인류에게 시련이다. 아들은 아동과 성인 사이의 중간 상태를 나타내는 과도기 단계로, 의식이 무의식의 근원에서 점점 더 멀어져 성장하는 단계라고 융은 지적했다(1969a, 182). 아들은 탁월한 갈등 상황으로 묘사된다. 아들은 마침내 아버지와 재회해야만 한다.

성령은 삼위일체에 대한 그리스도교 교리에서 세 번째 신성한 사람이다. 성령은 아버지와 아들의 공통적 삶인 사랑의 유대로, 아들이 더 높은 수준의 의식을 성취하기 위해 겪어야 했던 아버지와의 분열을 극복하고 본래의 일치를 회복한다고 융은 말한다. 융은 성령이 셋을 원숙하게 하여 하나(One)로 회복했다고 썼다(1969a, 135). 원래의 하나가 인간의 삶(의식)에서 구현됨으로써 스스로와 대립하는, 즉 아버지와 대립하는 아들의 입장을 취하게 되었다. 그 긴장감은 십자가에 못 박힌 아들의 고통과 신의 유기에 대한 아들의 인정에서 절정에 이른다(1969a, 136).

인간으로서 아들은 아버지와 아주 멀어지게 되었고, 절대적으로 자기(self)를 포기함으로써만 아버지를 찾을 수 있다고 융은 말한다(1969a, 251). 십자가에 매달려 죽음으로써 아들은 아버지에게로 되돌아간다. 상반되는 두 존재 사이의 조정자인 성령에 사로잡혀 아들은 아버지와 재회한다. 이는 곧 의식과 무의식의 재회이다. 성령은 십자가에 못 박혀 고통받는 응답으로 아버지의 세계와 그 통합을 회복시키지만, 여기에는 주목할 만한 차이가 있다. 아버지의 세계가 이제는 인간의 경험과 성찰로 이동한 것이다.

첫 번째 단계는 아버지 세계의 무의식이다. 두 번째 단계는 아들의 의식이며, 이는 의식의 기원이 되는 아버지의 세계와 멀리 떨어져 있다. 그리스도의 부활(resurrenction)을 뜻하는 세 번째 단계는 화해(reconciliation)이며, 이는 아버지와 아들을 다시 한번 연합시키는 성령으로 대표된다. 세 번째 단계에서 아버지의 원래 상태는 회복되지만, 무의식으로 되돌아가지는 않는다. 이는 두 번째 단계에서 얻은 의식적인 구별과 성찰이 그대로 유지되기 때문이다(1969a, 182-183). 아들(자아)은 아버지(자기)에게 자신을 희생하고 죽는다. 그러나 아들은 차별화된 의식으로 남았으며, 이제는 아버지의 정신적 전체성에 완전히 통합되었다. 자아는 보존되지만 이제 그것의 기원이자 목적지인 자기의 맥락에서만 존재한다.

융은 순전히 심리학적으로 받아들인다면 삼위일체와 성육신의 교리가 정신의 분화를 칭하는 것이라 말한다. 융에 따르면, 정신은 원래 무의식의 상태였을 뿐이지만 무의식적인 모든 것은 의식적이기를 원한다. 정신은 궁극적으로 두 반대되는 것들의 조화를 통해서 의식을 증가시켜 스스로를 차별화한다. 자아의식은 무의식과 다시 통합하기 위해서 결국은 무의식에 항복해야만 한다. 자아는 자신의 중심성과 독점적인 독립성을 포기해야만 하며, 반드시 고통받고 스스로 죽어야만 한다(1969a, 183). 그래야 자아가 아닌 자기가 성격의 중심이 된다. 세 번째 단계는 자아의식이 우월한 것, 무한히 포괄적인 총체성, 정신의 기반이 되는 신의 축소판인 신의 이미지와 적절한 관계(말하자면, 종속 관계)에 돌입하였음을 의미한다(1969a, 185).

세 번째 단계로 나아간다는 것은 무의식을 의식적으로 인식하는 것, 즉 아버지의 영역에서 아들의 부분을 인식하는 것, 그리고 성령의 원형적 표현을 통한 의식과 무의식의 화해를 의미한다. 정신은 이렇게 다시 하나가 되어서 이제는 의식적일 뿐만 아니라 무의식적이기도 하게 된다. 원래의 하나의 무의식이 차별화된 일체를 낳음으로써 하나의 진보가 이루어졌다. 아버지는 잠에서 깨어나 성령, 즉 자기(self)에서 아버지 자신뿐만 아니라 아버지와 아들을 발견한다.

의식의 고취와 더불어 아버지와의 통합을 회복한 아들인 그리스도가 자기(self)에 대한 상징으로 여겨질 때, 성령은 자기실현을 상징하는 것으로 여겨진다. 이는 대립하는 것들의 화해이자 그리스도의 화신인 신이 겪는 고통의 해결이다(1969a, 176). 성령은 그리스도와 아버지, 의식과 무의식을 재결합한다. 융은 살아 있는 정신이 두 대립하는 것들의 중재자이자 통합을 이끌어 내는 자라고 기술했다(1968a, 86-87). 융은 성령이 아버지와 같은 공식, 즉 두 대립하는 것의 통합이라는 공식을 갖고 있음을 지적했다(1969a, 186).

전반적으로 삼위일체는 심리적인 상징으로서 인류 전체와 개인 내부에서 모두 일어나는 정신적 성숙의 세 과정의 본질적인 통합을 표현한다고 여겨진다(1969a, 193). 중세 시대에는 정신 구조를 이해하기 위해 삼위일체에 의지하였지만, 오늘날 우리는 삼위일체 교리가 무엇을 의미할 수 있는지를 이해하기 위해 정신에 의지한다(1969a, 147). 삼위일체의 세 사람은 신화라는 매개체를 통해 항상 스스로를 표현하는 경향이 있는 자연적인 정신적 발생의 세 단계가 인격화된 것이다(1969a, 193). 교리에서 세 사람 모두 하나의 같은 성질을 공유한다. 융은 이것이 진보적인 변화를 겪는 하나의 동일한 정신이기 때문에 상징적으로 필요하다고 말한다. 삼위일체는 인간 의식의 차별화와 성령을 통한 의식(아들)과 무의식(아버지)의 최종적인 화해를 상징한다. 일차적인 변화는 원형에 의해 발생한다.

생애, 십자가에 못 박힘, 부활의 과정

융은 그리스도교 교리에서 그리스도가 떠난 후 성령이 인류에 강림하여 인간에 거처를 잡고 하나님의 아들들에 포함시킨다고 지적했다(1969a, 158). 그러므로 신은 성령을 통해 계속해서 변신하고 있다. 이제 성령의 활동은 그리스도 안에서 신의 성육신에 영향을 미치는 데 국한되지 않고, 인간 전체로 확장된다(1969a, 414).

융은 신들(gods)이 처음에는 산꼭대기나 동굴, 바다, 숲속에 살았다고 말한다(1969a, 84). 후에 그들은 하나의 신을 만들기 위해 모였다. 그 후 그 신은 예수 그리스도, 즉 사람이 되었다(아들 단계의 의식을 가진 자). 하지만 요즘 신의 사람은 무의식 속으로 사라져 부재한 것으로 여겨진다. 신은 죽었다고 말할 수 있게 되었으며, 문제는 그를 어디에서 다시 찾을 것인지가 되었다. 오늘날 신의 사람은 왕좌를 떠나 스스로 보통 사람이 되어 간다고 융은 주장한다(1969a, 84).

심리학적 관점에서, 오순절 성령강림에 관한 그리스도교 교리는 무의식이 의식으로 들어가는 것, 이전에는 무의식이었지만 이제는 직면해야 하는 갈등을 의식으로 끌어올리는 것을 상징한다고 여겨진다. 의식의 본질이 차이를 구분하는 데 있기 때문에 인식은 자연적으로 결합되어 있는 대립하는 것들을 분리해야 한다. 융은 이것이 인간의 삶에서 신의 의식이나 성육신으로 다가온다는 것은 필연적으로 반대자들의 고통을 의미한다고 언급한다. 성육신은 정신 내부의 끔찍한 모순을 의식적으로 경험하는 것이다. 이는 선과 악에 대한 경험이며, 빛과 어둠에 대한 경험이다.

선량한 도둑과 나쁜 도둑 사이에 있는 그리스도는 우리에게 의식의 성장과 분화로 인해 필연적으로 자아(ego, 아들)가 십자가에 못 박히며, 화해할 수 없는 양측 사이의 중단으로 인해 격렬한 고통에 이르게 됨을 말해 준다(1969a, 44). 우리는 그리스도와 함께 십자가에 못 박혀야만 한다. 융은 우리가 신체적으로 십자가에 못 박히는 것과 맞먹는 두 대립 사이에서 도덕적 고통을 겪는다고 말한다. 융은 우리에게 서로 분리돼 버린 상반된 것의 발현으로 인해 고통스러운 상태에 있는 의식을 억압하지 말고 이를 완전히 경험하라고 말한다. 그렇게 해야 정신은 확장되고 전체성을 갖추기 때문이다. 자아는 희생되어야 한다. 자아는 그 위치의 중심성을 놓아 주고 포기해야만 한다. 의식(아들)은 무의식(아버지)이 필요로 하는 기회를 가질 수 있도록 한쪽으로 물러나야 한다.

그리스도의 삶은 그의 운명에 의해 변형된 인간의 이야기라고 융은 말한다. 그리스도의 생애에 있었던 사건들은 정신에 대한 이야기이며, 도처에서 일어난다. 융은 우리의 현시대를 정신 발달의 한 단계로 본다. 현대 서양인은 신(무의식)으로부터 멀리 떨어져 있으며, 우리의 자아(ego)는 신에게 다가가기 위해서는 반드시 죽어야만

한다고 생각한다. 이것은 그리스도가 십자가에 못 박혀 죽은 것에서 예언된 것으로 알려져 있다.

그러나 죽어 가는 그리스도는 부활하는 그리스도를 예견한다. 자기 항복은 아버지와의 화해를 알리는 것이기 때문이다. 융은 그리스도가 죽어서 자신을 변형시키는 전형적인 신(하나님)이며, 우리 시대 인간 운명의 모델이라고 말한다(1969a, 89). 그리스도는 사흘 째 되는 날 다시 살아나 인성이 변화되고, 성령을 통해 그의 아버지와 다시 결합한다(1969a, 90). 융은 현재 찢어져 있는 우리의 양면을 언급하며 화해의 원형적 상징인 성령에 의해 조화될 수 있다고 말한다. 성령은 반대되는 것 사이에서 균형을 이룰 수 있기 때문이다. 융에 따르면, 반대되는 것의 고통은 의식의 중요한 증가를 의미한다. 이는 우리가 잃어버렸던 온전함과 그 안에 있는 신(하나님)의 경험으로 가는 길에 있음을 의미한다. 융은 온전함이 달성될 때, 우리가 선과 악을 동시에 포용하는 신비로운 전체로서 신을 찾을 수 있는 유일한 방법을 다시 찾을 것이라고 말한다. 우리는 자기(self)와 창조자, 우리의 총체성, 우리의 목표를 달성하게 될 것이다. 그리고 신(하나님)이자, 신(하나님)-이미지인 자기는 의식을 얻을 것이다. 융은 우리 인간이 한때 신(하나님)에게서 나타난 것과 마찬가지로, 신(하나님)이 우리에게서 나타난다고 말한다(1969a, 179).

대체로 이때 반대되는 것을 견뎌 냄으로써 정신적 온전함이 달성된다(1968d, 20). 반대되는 것의 고난은 온전하게 통합된 자기(self)와 분화된 양면의 화해로 향하는 과정에서 꼭 필요하다. 화해로 향하는 길은 고통과 죽음을 거친다. 육신화, 즉 개성화는 인간의 생이 신성한 영역에 도달할 때 완료되며, 신(하나님)이 인간에게로 내려간다(1969a, 162). 융은 이때 자아(ego)의 고립이 극복되고, 의식이 넓어지며, 갈등은 멈추고, 무의식이 자신의 우호적인 면을 보여 준다고 말한다. 이제 악은 자기의 정신적 총체성 속에 포함되고, 선에 의해 균형이 잡히면 그 파괴적인 힘을 잃게 된다.

융은 성령을 자율적인 정신적 사건이라고 하면서 이는 마음의 어둠 속에 있는 화해의 빛이며, 혼돈을 질서로 변화시키는 힘이라고 말한다(1969a, 176). 융은 신(하나님)이 투사되지 않을 때 그가 지금 잠들어 있는 곳에서 발견될 수 있다고 말한다. 그러므로 우리 내면의 신(하나님)과 우리의 진정한 개성 간의 관계인 개성화는 실현 가능한 것이다. 따라서 융은 분열된 대립과 어둠의 현재 상태를 미래에 있을 신(하나님)

과의 연합, 즉 "너는 신이다(you are gods)."라는 말이 실현으로 나타나는 통합을 위한 예비 상태로 간주한다. 개성화의 달성은 우리 삶의 진정한 목표라 불리는 무한성과 연관되는 것이다(1961b, 325). 우리가 이 지점에서 실패한다면, 우리는 진정으로 중요하지 않은 것에 스스로를 맡기는 것이다. 예컨대, 우리의 유한한 아름다움이나 영리함에 매혹되고 집착하는 것이다.

융은 삶이란 완벽이 아니라 완성을 추구한다고 말한다. 완성된 삶은 성령의 작품이라고 여겨진다. 성령은 모든 종류의 위험을 동시에 의식으로 인도하며, 성령에 의해 창조되는 더 넓어진 의식은 바로 신(하나님)의 성육신의 목표이다. 실수와 죄가 없다면, 신(하나님)과 결합하는 경험 또한 없다. 융에 따르면, 이것이 바로 신(하나님)을 섬기는 것이다. 즉, 어둠에서 나오는 빛의 출현에 적극적인 참여자가 되고, 신(하나님)의 창조를 의식하게 되며, 인간이 자기 자신을 의식하게 되는 것이다(1961b, 338). 우리는 무의식에 직면했을 때 아직 변형되지 않은 신(하나님)을 만난다. 융은 인간의 생활에서 신(하나님)의 진보적 성육신에서 세계의 진정한 역사를 발견한다.

영혼

심리학적으로 영혼(spirit)의 현상은 자율적인 정신적 콤플렉스라고 융은 말한다(1969c, 335). 다른 콤플렉스와 마찬가지로, 영혼은 자아의 의도보다 우월하거나 적어도 동등한 의도(intention)를 갖는 것으로 보인다. 이러한 영혼의 우월성을 공평하게 다루기 위해서 우리는 단지 무의식이 아니라 높은 의식에 대해 말할지도 모른다. 일반적으로 영혼은 콤플렉스와 마찬가지로 개인적인 존재로서 그 자체를 의식에 드러낸다(1969c, 335). 우리는 그리스도교 교리의 정신(spirit)이 삼위일체의 세 번째 사람으로 묘사되는 것을 보았다. 융은 영혼에 대해 누군가 앉아 언제 공식화하였는지를 확실히 알 수 없다고 주장한다. 헤아리기 어려운 그 작동 원리, 불분명한 의도의 기원, 효과적으로 시행되는 그것의 목적과 같은 순수한 징후에서 영혼은 오히려 그 자신만의 삶을 가진 더 높은 의식으로 나타난다(1969c, 335-336).

융은 원형적 영혼을 역동적이고 반(半)물질적인 기관, 역동적인 원리로 묘사한다. 영혼은 바람처럼 움직인다. 신약 성서에서의 영혼은 "바람이 임의로 불매"라고 표현된다. 오순절의 바람과도 비교해 보라(1968c, 210). 바람과 같은 본성을 유지하면서 영혼은 활기 넘치고, 불타오르며, 자극을 받고, 자극과 영감을 준다. 영혼은 언제나 능동적이고, 날개가 달려 있으며, 빠르게 움직이는 존재이다(1968c, 212). 바람과 같은 특징에 더해서 영혼은 또한 하나의 호흡으로 여겨진다. 여러 전통에서 실제 영혼을 바람과 숨결로 본다(1976, 156). 융은 원시인이 깨어 있는 동안 영혼이 그들을 방문함으로써 영혼이 자발적으로 원시인에게 자신을 드러내고, 그들에게 환각처럼 보였다고 주장한다. 융은 이런 일이 오늘날 우리에게 일어난다면 우리는 미친 사람이 될 것이라고 말한다.

영혼이 의식 속에 만들어 내는 우월하다는 깊은 인상은 영혼의 계시적 성격(revelatory character)과 권위의 절대성을 만들어 낸다(1969c, 336). 그러나 융은 영혼이 위험을 의미한다고 경고한다. 이는 우리에게 더 높은 것이 통용되는 도덕성의 관점에서 언제나 더 높은 것은 아니기 때문이다. 또한 영혼의 징후가 언제나 지적으로 우월하지도 않다. 그리하여 융은 영혼을 더 높은 것이 아니라 더 넓은 것으로 간주하는 것이 더 정확할 것이라고 결론 내린다. 융은 인생에 대해서 특정한 정신에서 살아야 할 필요가 있으며, 정해진 잠재력을 성취하기 위해서는 영혼이 더 넓은 의식에 의해 붙잡히고 소유되어야 할 필요가 있다고 말한다(1969c, 333). 삶은 독립적이고 지배적인 영혼의 우월성, 영혼만이 가져올 수 있는 영감을 필요로 한다. 영혼은 삶에 의미를 부여하고, 그것을 완전히 펼쳐 놓을 수 있도록 한다. 반면에 단순히 자아(ego)의 존재만으로는 모든 이들에게 재미없고 따분할 뿐이다.

영혼은 전형적으로 지혜로운 노인, 뛰어난 스승이라는 상징적인 형태로 나타난다(1968c, 35). 지혜로운 마법사 또는 치료사는 의미라는 빛을 가지고 무자비하고 혼란스러운 삶의 어둠 속에 침투한다고 융은 말한다(1968c, 37). 따라서 영혼은 삶의 혼돈 속에 숨겨진 이미 존재하고 있던 의미를 뜻한다(1968c, 35). 영혼은 의미의 원형이며, 영적인 것은 그 목표대로 삶이 움직이는 것이다. 영혼은 훌륭하고 창의적인 아이디어로 우리에게 영감을 주고, 열정으로 우리를 채운다(1968c, 214).

이성은 영혼과 영혼의 작용에 대해 적절한 표현을 할 수 없다고 판단된다(1969c,

325, 336). 융에 따르면, 이를 해결하기 위해서 상징이 필요하다. 정의하지도 설명하지도 않으면서 우리의 이해를 피해 언어가 포괄할 수 없는 의미를 가리키는 상징적인 이미지는 영혼과 영혼의 애매한 성격을 가장 잘 나타낼 수 있는 표현이다. 융은 사실상 영적인 삶과 상징적인 삶을 동일시한다. 그는 상징을 위에서 내려온 영혼이라고 설명한다(1968c, 24). 영혼은 의미의 원형(원형의 원형이라 말하는 것과 거의 같음)이자 영감을 주는 기관(정신적 변화에 관여함)이고, 상반되는 것과의 통합이며, 상징적 삶을 사는 자이다. 그렇기에 영혼은 삶의 본질과 집단무의식의 역동성을 알아차리게 만든다.

성령은 그 속에 헤아릴 수 없는 가능성의 씨앗을 지니고 있는 복합체이다. 융은 영혼의 표현이 정말로 우주 자체만큼이나 놀랍고 다양하다고 말한다(1969a, 347). 성령은 이 세상과 행복을 삐딱하게 보는 사람들의 삶을 특징짓는 것으로 여겨진다(1976, 584). 성령은 이 세상 속의 또 다른 세상이다. 융에 따르면, 성인은 다양한 집단과 자신을 동일시하는 것이 아니라 자신에게 적절한 독립적인 영혼에 스스로를 맡긴다(1969a, 184). 창의력은 원래 영적인 일로 묘사된다. 위대한 예술가는 그들 자신보다 더 위대한 창의적인 힘에 의해 지배된다(1974, 115). 중세 시대 사람은 영혼의 관점에서 사고하였으나, 오늘날 우리는 항상 물질적인 것에서부터 사고를 시작하며, 물질은 현실적인 것으로, 영혼은 비현실적인 것으로 간주한다(1976, 799). 융은 이러한 물질주의적 가정에 도전한다. 영혼과 물질은 동일한 초월적인 존재의 여러 형태, 하나의 동일한 삶인 몸과 마음 같은 형태일지도 모른다고 융은 말한다(1968c, 213).

영적인 삶, 즉 자신의 방식을 단호하게 선택하는 이상에 따라 사는 삶은 사회적·도덕적·종교적·정치적·철학적 관습을 뛰어넘는 삶을 요구한다. 신의 참된 아들은 관습을 깨고 미지의 세계로 향하는 가파르고 좁은 길을 선택하는 사람으로 여겨진다(1974, 175). 그러한 삶은 대중과 단절한 채 자신의 부름받음(calling)을 위해 스스로를 희생하는 삶으로 소명(vocation)이라 불려 왔다고 융은 말한다. 개인은 자신만의 별을 따르고, 자신의 법을 지키며, 자기 내면의 속삭이는 소리를 듣도록 부름받았다(1974, 176). 삶을 위한 보편적인 청사진은 없다. 유일하게 의미 있는 삶은 자신의 실현을 추구하는 삶이다(1974, 181; 1977, 41).

융은 개인의 온전함을 부르는 내면의 소리가 강력한 객관적 정신요인(집단무의식)

에 속하는 초인적인 목소리이며, 스스로 발생하고 언제나 신성한 이름으로 불려온 것이라고 말한다(1974, 182). 자신의 존재에 대한 법칙을 현실화하고 삶의 의미를 깨닫기 위한 이 부름을 피하는 것은 신경증을 초래할 수 있다(1974, 183). 신경증은 성격의 발달장애(development disturbance)이다(1974, 184). 반면에 개인의 본질적인 개성에 대한 믿음은 치료 효과가 있다. 최고와 최저, 좋은 것과 나쁜 것을 나타내는 내면의 목소리는 더 충만한 삶, 더 넓고, 더 포괄적인 의식(consciousness)을 위한 요구이다(1974, 184).

심리학과 동양 종교

그리스도교에 대한 융의 견해는 앞('심리학과 그리스도교 교리')에서 제시했다. 이 절에서는 동양의 종교에 관한 그의 견해를 다룬다.

반대 입장과 중재적 상징

두 반대 측면의 충돌의 문제(선과 악, 밝음과 어두움)와 중재적인 상징을 통한 두 반대 측면의 충돌로부터의 구원에서 더 나아가 두 반대 측면의 통합은 아주 오래된 문제이다. 융은 통일된 상징이 동양 종교와 서양 종교에서 다르게 나타난다고 지적한다(1971, 194). 서양 종교는 신이나 메시아의 형태에서 정신 바깥의 대립되는 것을 중재하는 매개 개념(middle term)을 찾는다. 융은 이러한 종교들이 통찰력이 부족하기 때문에 동양 종교보다 더 원시적이라고 판단한다. 융의 관점에서 서양 종교는 외부의 중재적인 신(God), 투사된 인물에 대한 유치한 이야기를 들려준다. 동양에서는 모든 것이 다르다. 융은 수천 년 동안 대립하는 두 측면의 문제를 해결하기 위해 고군분투해 온 결과, 동양은 인간의 지식과 능력 내에서 심리적인 구원의 방법을 개발했다고 말한다. 그는 중국과 인도의 종교가 특정한 의식적인 태도를 통해 달성할 수 있는 구원자적인 중간 방법을 제공한다고 말한다. 따라서 동양에서는 투사된 가족 구성원의 개입 없이도 대립하는 측면으로부터의 해방과 구원이 가능하다.

인도에서 반대파 사이에 놓인 '적극적 중도'

우파니샤드에 표현된 인도 고전 종교의 목적은 브라만(Brahman) 안에서 인간의 본성을 내부에서 괴롭히는 대립으로부터 구원받고, 결합을 이루며 새로운 삶을 사는 것이다(1971, 197). 융은 브라만이 신(God)인 동시에 세상의 근원이자 창조자이며, 심리적 구원의 상태임을 지적한다. 브라만은 그 자체로 신이자 아트만(Atman)이며 이는 상반되는 두 측면의 결합으로 자기(self), 끊임없이 변화하는 영향(두 측면의 긴장)들을 넘어선 심리 상태를 뜻한다. 따라서 아트만, 즉 자기는 본질적으로 브라만이자 신(God)과 동일하다. 정신의 근원이라고 하는 자기는 세계의 근원과 다르지 않다. 다시 말해서 자기 속에 있는 인간은 신이다(1969a, 580-581). 아트만은 자기이자 진실한 현실이다. 자기(self), 즉 아트만은 더 높은 총체성의 경험을 통해서 대립하는 것들의 환영으로부터 우리를 끌어올린다.

따라서 두 대립으로부터 자유로워지는 것은 모든 감정적 상태에서 해방되고 대상을 신뢰하고 의지하는 것이다(1971, 118). 융은 모든 내용에서 리비도를 빼내고, 이를 자기에게 공급하는 것은 완전한 내향의 상태에 이르게 한다고 말한다. 대상과의 분리를 통해 자기 안의 객관적인 현실과 동등한 것의 결합이자 내부와 외부의 결합, 즉 자기(아트만)와 세계 정체성의 결합이며, 말하자면 예술적인 것으로 알려져 있는 주제와 대상이 결합 되는 것이다. 융은 브라만 개념이 아트만 개념과 조금은 다르다고 주장한다. 즉, 내부와 외부 사이의 정체성이 전반적으로 정의할 수 없는 상태인 브라만에게는 자기(self) 개념이 주어지지 않는다(1971, 118-119). 따라서 인도 종교의 목표는 구원, 즉 대립하는 것으로부터의 해방이 나타날 수 있게 하는 중재를 확립하는 것이다. 따라서 브라만은 구원과 (고통을 포함한) 영향으로부터의 구제를 포함한다. 개인의 심리적 결과는 행복한 상태에 있는 브라만이 얻은 성취이다.

융은 브라만이 리타(Rta), 즉 질서, 규정, 운명, 성스러운 관습, 법령, 법률, 권리, 진실을 전하는 것으로 알려진 리비도 상징이자, 고정된 방향과 규칙성, 사전에 정해진 경로 또는 과정에 대한 생각인 리타와 동일시된다고 말한다(1971, 211). 따라서 브라만은 창조적이고 역동적인 원리인 리비도를 통해 묘사된다(1971, 201). 또한 융은 브라만이라는 단어 자체가 부풀다(to swell)는 뜻의 단어에서 파생되었다고 지적한다. 따라서 바로 이 용어가 리비도에 집중된 심리적 상태를 나타내는 것이다. 예컨대, 우리가 감정이 폭발한 누군가에 대해 말하는 방식을 비교해 보라(1971, 202). 융은 요가 수행자는 리비도의 축적이 일어날 수 있도록 외부와 내부 세계 모두에 관심을 갖지 않으려 한다는 점을 언급한다. 목표는 인성의 근본적인 변화와 경험에서 자기(self)를 깨닫는 것이다(1977, 102). 초인간적이고 우주적인 성격을 가진 무의식적인 내용, 즉 언제 어디서나 우주를 움직이는 생성적인 힘을 상징하는 원시적 이미지가 그 과정에서 활성화된다고 한다. 융은 이러한 생성적인 힘이 사실 인간성의 살아 있는 본질과 리비도(정신적 에너지)의 투사(projection)라고 말한다.

융은 도덕성이 어느 날 갑자기 고안되었다고 믿지 않으며, 이제야 비로소 인간의 삶을 위해 제정되었다고 믿는다(1971, 212). 도덕성은 오히려 삶의 법칙과 리비도, 리비도의 길에 필수적인 것으로 여겨진다. 정신적 에너지의 자연스러운 흐름인 중간 경로는 상반되는 두 측면을 중재하고 포용하며, 인간의 삶을 지배하는 영적인 법칙에 완전히 복종하는 것을 의미한다. 융은 가장 높은 도덕적 원칙은 리비도의 활력을 최대로 이끄는 자연법칙과의 조화라고 말한다(1971, 213). 융은 우파니샤드가 엄청난 깊이와 놀랄 만한 심리적 정확성을 갖고 이 중간 경로를 묘사하고 있으며, 이는 결코 쉬운 작업이 아니라고 말한다(1971, 231). 이 동양의 지혜에 대한 서구의 오만함은 서구가 얼마나 야만적인지를 드러낸다. 융에 따르면, 서구는 아직 개발되지 않은 상태여서 인간이 살아가기 위한 외부 규칙을 제공하기 위해 계속해서 (투사된) 천국의 아버지로 눈을 돌리고 있다. 융은 서구인이 자기 자신과 자연법칙을 믿지 못한다고 말한다. 이는 왜 그런 것인가? 융에 따르면, 이는 그리스도교의 얇은 허식 뒤에 숨어 있는 우리 안의 아직 교정되지 않은 야생 짐승 때문이다. 우리는 결코 야만주의에서 벗어나지 못했기 때문에 대립하는 것의 갈등 속에 뿌리를 두고 있는 도덕성의 자유를 결코 얻은 적이 없다.

브라만과 특정한 심리 상태인 상반되는 측면들의 결합으로서의 자기(self)는 하나이다(1971, 200). 그러나 그보다 더 일반적으로, 브라만은 모든 창조물이 진행되는 보편적인 근원이다. 브라만과 통합되는 과정은 우주 발생적인 과정이다. 모든 것은 보편적 근원이자 창조적이고 보편적인 본질인 브라만에서 정도(right way)를 발견하고, 영원히 해방되며 재창조된다(1971, 120). 브라만은 우리의 이해 범위 밖에 있다. 상반되는 것은 브라만을 통해 존재하며, 브라만 안에서 극복(통합과 사라짐)되어야만 한다.

중국 철학에서 반대파 사이의 중도

중국 고대 도교 철학은 도(Tao)의 개념에서 상반된 것 사이의 중도(middle way)를 제시한다(1971, 214). 융은 우리 감각에 보이지 않는 도가 특별한 것이 아니라고 말한다. 도는 어떠한 것(thing)이 아니며, 아무것도 아닌 것이고, 세상에 나타나지도 않는다. 도는 대신 세계를 조직하는 조직자이며, 우주(외부 세상, 대우주)와 인간의 삶(내면의 세상, 정신/소우주)은 모두 이 법을 따른다(Wilhelm & Jung 1962, 10-11). 도는 방법이자 원칙이며, 자연 또는 삶의 힘, 자연의 조절된 과정, 세상에 대한 생각, 모든 현상의 주요 원인, 선, 권리, 도덕적 질서이다.

도는 원시 법칙이자 분할되지 않은 법칙이며, 방법(전통적인 번역에 따름)이다. 도는 모든 상반되는 것(음과 양)의 출현을 내다보는 최종적인 세계 원리이자 우리가 알고 있는 현실이다(Wilhelm & Jung, 1962, 11, 12, 17). 움직임이 없는 도는 모든 운동의 수단이며 모든 운동에 법칙을 제공한다. 도는 모든 변화에서 작동하는 변치 않는 영원한 법칙이자 변화를 지배하고 변화에 의미를 제공하는 법칙이며(Wilhelm, 1967, lv-lvi), 모든 것에 작동하며 그것을 알기 쉽게 만드는 잠재적 합리성(1969c, 487-488)이고, 초월적 의미이다. 융은 리하르트 빌헬름(Richard Wilhelm)이 도를 '의미(meaning)'라고 훌륭하게 번역했다고 설명한다(1969c, 486). 융은 도가 자기(self)의 원형을 상징한다고 말한다.

도는 법치이며 정도(right way)이다. 반대되는 측면으로부터 자유로워진 도는 자기 스스로를 통합시킬 수 있다. 도는 그 둘 사이의 중도이다(1971, 120). 도의 상태는 무언가가 시작되기 이전 세상의 시작이자 우수한 지혜를 성취할 수 있는 조건이 다(1971, 215; 1976, 119). 도는 모든 것의 시작과 끝을 갖는 창조적인 과정이다(1971, 215). 중국의 도 개념은 인도의 브라만 및 리타 개념과 밀접한 관계가 있다(1971, 215). 이러한 관련성은 문화적 전달로 인한 것이 아니라 그들의 공통된 원형적 기원 때문이다. 브라만(리타-브라만-아트만)과 도를 알려 주는 원시적 이미지 또는 원형 은 원형적 에너지나 영혼의 힘으로서 어디에서나 발견되며, 융의 심리학에서는 리비 도의 개념으로 나타난다.

융은 도가 양(하늘, 빛, 따뜻함, 남성)과 음(땅, 어둠, 추움, 여성)이라는 두 개의 근본 적인 상반된 쌍으로 나뉜다고 말한다. 음(Yin)은 흐리고, 양보하며, 부정적이고 여성 적인 것이고, 양(Yang)은 밝고, 강하며, 긍정적이고 남성적인 것이다. 빌헬름의 기본 적인 아이디어는 변화와 음과 양의 상반된 힘의 상호작용에서 존재의 세계가 나타난 다는 것이다(Wilhelm, 1967, lvi). 도교는 인간의 삶이 음과 양, 땅과 하늘과 같은 두 상 반된 것들의 우연의 일치를 상징하는 소우주라고 본다(1971, 271).

도교 신자의 윤리는 두 상반된 것들의 충돌로부터 자유로워지고 다시 도로 돌아가 는 것, 즉 상반된 것의 통합을 목표로 삼는다(1971, 215). 현자는 극단적인 태도에 빠 져 두 상반되는 것의 갈등에 얽매이지 않기 위해 도를 통해 조화를 찾는다. 도의 진 정한 가르침은 대립하는 것으로부터 자유로워지고, 이들의 필연적인 연결성과 서로 변화할 수밖에 없는 특성을 인정하는 것이다(1971, 216). 그러한 개인은 통합된 브라 만의 제자가 경험하는 것과 똑같이 보충적이고 행복을 주는 변화를 경험하게 될 것 이다(1971, 216).

융은 도, 그리스도, 부처, 아트만 모두가 인류의 하나의 자기(self)를 표현한다고 말 한다(1975a, 410). 융의 관점에서 상반되는 것들이 충분한 정도의 긴장을 겪을 때 자 기, 즉 정신적 전체성(psychic wholeness)에 대한 중재적이거나 통합적인 상징이 필연 적으로 등장한다. 이것이 하나의 진실이다. 그러나 이는 여러 사람에 의해 다르게 이 야기된다.

에크하르트와 신의 실재

융은 종교현상에 대한 심리학적 접근에의 중요한 단계를 보여 주기 위해 13세기 로마 가톨릭 신비주의자 에크하르트(Eckhart)의 글을 인용했다. 에크하르트는 신과 인간 삶의 관련성, 즉 우파니샤드의 관점과 비슷한 신과 가까이 있는 인간이라는 개념을 주장했다(1971, 242). 에크하르트가 주장하는 신의 관련성 개념의 요지는 신성한 것이 절대적(absolute)이거나 인간의 삶으로부터 단절된(cut off) 것이 아니라는 것이다. 인간 존재는 신의 기능(function)인 반면, 신 또한 인간의 기능이다. 즉, 어떤 의미에서는 신이 인간의 삶에 의존한다(1971, 243).

에크하르트는 신(God)과 신격(Godhead)을 구분한다(1971, 254). 자신을 알지도, 소유하지도 못하는 신격은 모든 것, 모든 것을 하나로 만드는 것, 만연한 창조적인 힘이다. 영혼(무의식)은 신격의 기능이며, 신은 영혼의 기능이다. 따라서 신은 영혼으로부터, 궁극적으로는 신격으로부터 솟아난다. 융의 용어에서 신은 무의식과 구분되는 의식의 활동 속에 존재한다. 자아(ego)는 무의식의 잠재력 또는 힘의 주체로서 분리되어 이러한 잠재력을 인식하게 된다. 즉, 신을 대상으로 인식하게 되는 것이다(1971, 255).

따라서 신은 의식과 무의식의 분화 과정에서 나타나는 것으로 보인다(1971, 254-255). 이 과정에서 주체로서의 자아(ego)는 대상으로서의 신과 자신을 구별한다. 즉, 자아-의식과 함께 신이 된다(1971, 255). 반면, 영혼이 무의식의 잠재력에 다시 한번 몰입할 때 신은 존재하기를 멈춘다. 에크하르트가 말하는 돌파는 자아가 세상과 관계를 끊고 다시 한번 무의식의 잠재력(즉, 신격)과 동일시될 때 발생한다. 이제 신이 더 이상 주체와 구분되지 않기 때문에, 신은 더 이상 대상으로 경험되지 않는다. 따라서 신의 관련성에 대한 에크하르트의 주장은 외부 대상에서 투사된 무의식적 내용의 철수와 주체에 속하는 것을 발견하는 것이다. 다시 말하면, 이는 무의식적 과정에 연루된 것으로서 신을 인식한다는 것이다(1971, 243-244). 에크하르트에게 신은 심리학적 가치이며, 정신 내에 있는 최고의 가치이다(1971, 246). 따라서 에크하르트는 융과 마찬가지로 신이 무의식적 내용을 개인화한다는 전적으로 심리학적인 관점을 취한다(1971, 248).

융은 신이 대상으로 투사되는 정신 역동적 상태일 때 그 대상이 주체를 장악하게 되는데, 이는 신의 역할로 추정되는 세계 속의 어떤 것이라 말한다. 에크하르트의 견해에서 신은 대상으로부터 철수하고, 심리학적으로 실현되어야 하는 것이다(1971, 248). 따라서 이전에 예상되었던 과도한 리비도가 활력을 되찾은 주체에게 축적된다. 신은 무의식(영혼) 속에 자율적인 복합체로서 거주한다. 의식과 무의식 사이에서 존재의 단일성과 열렬한 행복감이 발생한다. 따라서 무의식의 최고 가치인 자아(ego)는 자기(self)를 위하여 사실상 사라진다(1971, 249). 융은 자기가 원시적인 천국(paradise)에 있는 아이의 상태라고 말한다. 이제는 일들이 저절로 진행되며, 축적된 리비도가 노력 없이도 즐겁게 흘러넘친다. 이것이 바로 자기의 경험이다.

평가와 결론

현대 철학과 심리학적 전통을 가진 융은 인간의 경험을 정신적 사건의 폐쇄된 내부 영역으로 간주한다. 우리의 신과 과학, 모든 지식, 세상은 정확하게 이미지로서만 우리에게 일어난다고 여겨진다. 즉, 이미지가 곧 정신이다. 따라서 융은 우리가 정신을 넘어서는 현실에 직접적으로 접근할 수 없으며 정신적 이미지의 영역 내에서만 독점적으로 활동한다고 주장한다. 융의 저작 속에 데카르트의 유산이 있다. 의식이 융에게 내적 영역[생각하는 실체(res cogitans)]이라면, 무의식도 역시 마찬가지다. 이것은 융의 사고에서 나타나는 데카르트 유산의 직접적인 결과라고 말할 수 있다. 만약 의식이 내적 영역이라면 무의식, 즉 마음속의 마음은 내적 영역 어디에 있는가? 의식 아래에 있는가? 아니면 의식 뒤에 있는가? 프로이트는 이와 본질적으로 같은 관점을 공유하는 것으로 보인다(2장 '평가와 결론' 참조).

마음의 본질적인 내적 특성에 대한 융의 관점과 일치하게 신성한 것 역시 다른 모든 것들과 마찬가지로 정신 내적인 이미지로 나타난다. 신은 상징적인 형태로 의식에 나타나는 (내적인) 정신적 힘이다. 융은 분명하게 신성한 것과 동일시되는 무의식적인 힘의 우월성을 고려해 보면, 우리는 종교적일 수밖에 없고, 마음속의 마음이라는 가장 깊은 곳에서부터(즉, 집단무의식으로부터) 나오는 이미지에 주의를 기울일 수밖에 없다고 말한다. 융에게 종교는 정신에 속해 있는 의식과 무의식의 원형적 힘에서 비롯된 관계이다. 프로이트의 견해는 이와 비슷하지만, 정신 내부의 관계만이 의식과 무의식의 본능적 힘 사이에 있다. 융의 신은 정신적 에너지 또는 리비도에 대한 표현이다. 융의 관점에서 우리의 운명을 결정하는 것은 우리 자신이 아니라 바로 정신 에너지의 분배이다. 원형의 규칙을 알아야 한다. 끊임없이 존재하고, 명확한 자극 또는 에너지를 가진 원형은 매우 강력한 인과적 요인이다. 정말로 그들에게 주의를 기울이는 것이 필요하다.

융은 자신을 정신 안에서 일어나는 일에 국한하고, 정신 바깥에 신적인 것이 존재할 가능성을 결정하지 말고 내버려 두라고 주장한다. 그럼에도 불구하고, 융은 그리스도와 같이 정신 외부의 신성한 형상을 숭배하는 신자들에 대해 겸손하게 말한다. 융은 그러한 형상이 정신 내에 있는 신 또는 신-이미지의 투사라고 주장하면서 이를 정신적인 것으로 축소시킨다. 이것이 심리주의(psychologism)다. 융은 정신 바깥에 신이 존재하지 않는다는 것을 알고 있으며, 무엇이 정신 바깥에 존재하지 않는지 안다고 주장한다. 이러한 주장에도 불구하고, 융은 정신 바깥의 상황에 대해 할 이야기가 많다. 게다가 융은 정신의 소우주적 특성에 대한 그의 논리를 통해 개인 인간의 삶과 우주 전체를 동일시한다. 우주적 용어로 개인을 정의함으로써 융은 오직 현상에만 관심이 있는 경험주의자의 소박한 주장에 훨씬 뒤처지게 된다. 융의 심리학은 사실 범신론적 형이상학(pantheistic metaphysic)으로 판명되었다. 융의 범신론과 프로이트의 객관주의는 모든 것을 설명하려고 시도하면서 너무 많은 말을 하고 있다.

요점은 심리학자들이 그러했던 것처럼 융을 즉각적으로 거부하는 것도 아니고, 일부 추종자들이 그러하듯이 그를 숭배의 대상으로 만드는 것도 아니다. 중요한 것은 바로 종교심리학에 대한 그의 지속적인 공헌을 찾아내는 것이다. 융의 형이상학적 전제를 비판하고 나서 찾을 수 있는 그의 유산은 무엇인가? 이 유산은 상징적 삶에 대한 그의 상세하고 광범위한 설명 속에 있다고 제안된다. 이러한 설명을 통해 융은 신비로운 것(신화적인 것과 꿈같은 것, 기이한 것과 신비로운 것, 모호한 것과 모순적인 것, 의미, 정신)이라는 중요한 차원을 심리학에 소개한다.

상징은 의식에 대한 변형의 상징(symbols of transformation)이며, 인간의 다양한 노력을 불러일으키는 신화적인 배경이다. 신비한 것과 황홀한 것을 비추는 거울인 상징은 문자 그대로 우리를 대상처럼 보이는 것으로부터 자유롭게 해 준다. 살아 있는 정신은 죽은 편지로부터 해방된다. 정신의 진정한 가치, 정신의 영적인 또는 상징적인 특성에 대한 몰두가 바로 심리학에 대한 융의 공헌을 만들어 낸다. 융은 인간의 삶을 영적으로 펼쳐지는 미래로 이끈다.

참고문헌

Jung, C. G. *Two Essays on Analytical Psychology*. New York: Meridian, 1956.

Jung, C. G. *Psyche and Symbol*, ed. V. deLaszlo. New York: Doubleday, 1958.

Jung, C. G. *Freud and Psychoanalysis*. Princeton: Princeton University Press, 1961a.

Jung, C. G. *Memories, Dreams, Reflections*, ed. A. Jaffe. New York: Random House, 1961b.

Jung, C. G. *The Spirit in Man, Art, and Literature*. Princeton: Princeton University Press, 1966.

Jung, C. G. *Alchemical Studies*. Princeton: Princeton University Press, 1967a.

Jung, C. G. *Symbols of Transformation*. Princeton: Princeton University Press, 1967b.

Jung, C. G. *Aion*. Princeton: Princeton University Press, 1968a.

Jung, C. G. "Approaching the Unconscious." In *Man and His Symbols*, ed. C. G. Jung, 1-94. New York: Dell, 1968b.

Jung, C. G. *The Archetypes and the Collective Unconscious*. Princeton: Princeton University Press, 1968c.

Jung, C. G. *Psychology and Alchemy*. Princeton: Princeton University Press, 1968d.

Jung, C. G. *Psychology and Religion*. Princeton: Princeton University Press, 1969a.

Jung, C. G. *The Psychology of the Transference*. Princeton: Princeton University Press, 1969b.

Jung, C. G. *The Structure and Dynamics of the Psyche*. Princeton: Princeton University Press, 1969c.

Jung, C. G. *Civilization in Transition*. Princeton: Princeton University Press, 1970a.

Jung, C. G. *Mysterium Conjunctionis*. Princeton: Princeton University Press, 1970b.

Jung, C. G. *Psychological Types*. Princeton: Princeton University Press, 1971. 102 *Chapter 3*

Jung, C. G. *The Psychogenesis of Mental Disease*. Princeton: Princeton University Press, 1972.

Jung, C. G. *The Development of Personality*. Princeton: Princeton University Press, 1974.

Jung, C. G. *Civilization in Transition*. Princeton: Princeton University Press, 1975a.

Jung, C. G. *Letters: 1951–1961*, ed. G. Adler, in collaboration with A. Jaffe. Princeton: Princeton University Press, 1975b.

Jung, C. G. *The Symbolic Life*. Princeton: Princeton University Press, 1976.

Jung, C. G. *The Practice of Psychotherapy*. Princeton: Princeton University Press, 1977.

McGuire, W. (ed.). *The Freud/Jung Letters: The Correspondence between Sigmund Freud and C. G. Jung*. Princeton: Princeton University Press, 1974.

Otto, R. *The Idea of the Holy*. New York: Oxford University Press, 1977.

Wilhelm, R. *The I Ching* [*Book of Changes*], trans. C. F. Baynes. Princeton: Princeton University Press, 1967.

Wilhelm, R., and C. G. Jung. *The Secret of the Golden Flower: A Chinese Book of Life*, trans. C. F. Baynes. New York: Harcourt, Brace and World, 1962.

04

고든
올포트

Gordon Allport

나는 인간이 다른 인간과 구별되는 것보다 이 세상의 모든 동물이 심리학적으로
다른 동물들과 덜 구별된다는 의견을 제시한다.

—고든 올포트

04
고든 올포트

고든 올포트는(Gordon W. Allport, 1897~1967)는 20세기 성격심리학의 발달에 있어서 주요 인물이다. 그는 절충적이며 다변적인 접근을 적용하여 심리분석과 학습이론의 여러 발견을 보충하고자 했다. 올포트 업적의 특징 중 하나는 개개인의 독특함에 대한 그의 관심이었는데, 그는 이를 자신의 시대에 심리학이 주로 집착하던 일반화된 법칙과 균형을 맞추려는 시도였다고 말했다. 올포트는 『The Individual and His Religion』(1950)이라는 작은 책 한 권을 종교심리학 분야에 보탰다. 그 작업의 목적은 책 제목이 제시하듯이 인간의 삶에서 종교의 위치와 발달을 탐구하는 것이었으며, 성숙하고 생산적인 개개인들의 삶에서 종교의 위치를 탐구하는 것이었다. 올포트는 심리학적으로 건강한 종교성을 다루는 데 실패한 기존의 이론을 비판했다. 올포트는 윌리엄 제임스처럼 개인의 종교에 초점을 맞춰서 종교의 단독적인 기원이나 핵심을 연구하지는 않았다.

올포트는 『The Individual and His Religion』(1950)에서 내재적 또는 성숙한 종교와 외재적 또는 비성숙한 종교 사이의 중요한 구분을 지었다. 그는 로스(J. M. Ross)와 함께 개인의 인생에서 종교의 의미를 가늠하는 내재적-외재적 종교적 지향 척도(intrinsic-extrinsic religious orientation scale)(1968, 237-268)를 개발하게 된다. 내재적 종교는 종교 그 자체를 위해서 추구된 희생적 사랑의 종교인 반면, 외재적 종교는 자기(self)를 위하고 안락을 추구하는 종교로서 사람들에 의해 이용되는 종교를 말한다.

내재적 종교는 삶의 전체성으로 이어지기 때문에 통합의 요인이다. 그러나 외재적 종교는 그렇지 않기 때문에 구분과 분열로 표현된다. 올포트의 내재적 종교와 외재적 종교 사이의 구분은 제임스의 개인적·제도적 종교 사이의 구분이 아니다. 제도적 종교의 참여자는 참여하지 않는 사람이 그러할 수 있는 것처럼 내재적인 종교성이나 외재적인 종교성을 나타낸다.

올포트는 성격의 역동적이고 성장하는 특성을 주장하는데, 그의 저서 『Becoming』(1955)에서도 이러한 내용을 알 수 있다. 성격은 유년기에 완성되지 않고 그 환경에 반응할 뿐만 아니라 영향을 미치며 생에 걸쳐 발달한다. 개개인에 따라 독특한 유형의 새로운 동기들이 발생한다. 새로운 사실들과 확대되는 범주는 통합(integration)을 이끈다. 종교는 여기에서 중요한 역할을 수행한다. 올포트는 성숙한 종교성은 개인을 존재 전체와 의미 있게 연결 짓는 결코 완결되지 않는 임무를 가진다고 주장한다.

로크(Loke)와 같은 경험론의 심리학적인 접근들, 예컨대 급진적인 행동주의에 대한 도전으로 올포트는 근대 현상학과 그것의 지향성 이론으로 고개를 돌린다. 행동은 언제나 무엇인가를 일으키고자 노력하며 언제나 무엇에 도달하려고 한다. 건강한 행동은 건강한 종교행동을 포함해서 그 자체가 내재적 가치를 이끈다. 건강한 행동은 환경적 요인들에 의해서 지배당하지 않는다. 인생은 결국 기계적인 입력(input)과 결과(output)의 연속이 아니라 하나의 역동적 과정인 것이다. 즉, 메커니즘(mechanism)이 아니다.

성숙한 종교

인간의 성격, 나아가 종교에 대한 올포트의 접근 중심에는 감성(sentiment)에 대한 고찰이 있다. 흥미-체계(interest-system)나 관점의 양자택일로 말이다. 감성은 올포트에 의해서 가치 있는 대상의 생각과 느낌의 조합으로 정의된다(1950, 18). 감성은 존재 양식이며 한 개인 자신을 삶에 연결하는 방법이다. 복합적인 본성(nature)에도 불구하고, 감성은 성격에서 상대적으로 변하지 않는 구성요소로 보인다. 성숙한 종교적 감성은 현실에서 중심적이고 항구적인 것으로 간주되거나, 개인의 삶에서 궁극적인 중요성으로 간주되는 것에 대해 호의적으로 반응하는 경험을 통해서 형성된다(1950, 64). 성숙한 종교적 감성은 실제로 중요한 모든 것들을 이해하는 데 책임이 있다. 이러한 감성은 그러한 감성에 대해 언급된 경험의 모든 원자(every atom of experience)를 수용하는 임무를 맡고 있다(1950, 61).

감성이 그런 임무를 수행할 때 올포트는 종교적 감성이 절대로 완벽하게 성공적일 수는 없는 이유를 아는 것은 쉬운 일이라고 말한다. 종교적 감성이 이뤄 내야 할 그 이상의 것이 항상 있는 것이다. 올포트는 이것이 바로 종교적 감성이 다른 것을 함께 만들어 낼 수 있는 이유라고 지적한다. 그의 견해에 따르면, 확실히 완결되지 않은 일은 인간의 활동을 동기부여하고 통합한다(1950, 105; 1955, 91). 이러한 감성은 더욱이 불연속성을 포함한다(1950, 64). 그리고 개인은 언제나 그러한 불연속성에 맞춰 살지는 않는다. 그럼에도 불구하고 올포트는 성숙한 성격을 형성하고 유지하는 것은 그만큼이나 더 성숙한 종교적 세계관에 의존하는 것이라고 주장한다.

이미 언급했듯이, 성숙한 감성의 임무는 모든 경험을 의미 있는 전체로 형성하는 것이다. 성숙한 종교적 감성은 우리가 각 발달 단계에 맞게 우리 자신을 존재로서의 전체에 의미 있게 연결 지을 수 있도록 하는 추진력을 제공한다(1955, 96). 이러한 감성은 포괄적이고 우리의 삶을 전체가 되도록 이끄는 필수적인 시스템이다. 성숙한 종교적 감성은 삶의 가장 중심에 있다고 전해진다. 올포트에 따르면, 개인의 종교는 현실뿐 아니라 현실의 창조주와 닿고자 하고 조화하고자 하는 시도이다. 개인의 종교는 우리가 속해 있는 최고의 문장을 발견함으로써 우리의 성격을 원만히 하고자 하는 궁극적인 시도이다(1950, 161). 종교적 감성은 우리 삶의 핵심으로부터 생겨나고, 무한함을 향해 존재하는 성격의 일부분이다(1950, 161).

올포트는 종교적 감성의 일반적인 대상이 너무나 광대하여 오랜 시간에 걸쳐서 상당히 안정적으로 유지되는 동안 많은 수의 특별한 대상과 가치가 차례로 고려되어 왔음을 발견한다. 모든 사실과 가치에 대한 개방성으로서 성숙한 종교적 감성은 필연적으로 사물의 주류에 포함된다(1950, 61). 그 결과로 성숙한 종교적 감성은 현실로부터의 도피(소원의 성취 등)를 제공하는 상상력의 단순한 산물이 될 수 없다.

일반적으로 건강한 성격에서 하나의 감성은 주도적인 위치를 고수하는 것으로 발견된다. 성격에서 주도적인 감정이 종교적일 때 그 개인은 모든 현실과 제휴하는 감각을 갖게 되는 것으로 보인다. 올포트는 이것이 특별히 통합되고 정돈된 성격에 기여한다고 말한다. 성숙한 종교적 감성은 의미와 평화를 가져온다. 올포트는 어떤 사람들은 완전성과 그들 삶의 지적인 면을 위해서 신(God)을 사랑할 필요가 있다고 말한다. 올포트는 인간 삶의 종교적 잠재력에 대한 이해를 막는 심리학은 이성(logos)이라는 이름의 인간 정신의 이점을 누리지 못한다고 주장한다(1955, 98).

종교의 개인적 성격

성숙한 종교적 감성은 독특하고 다양한 것으로 묘사된다. 그것은 본질적으로 개성적이다. 우리가 보아 온 것처럼, 개인에 대한 강조는 올포트 심리학의 특징이다. 예컨대, 올포트는 모든 종교가 프리드리히 슐라이어마허(Friedrich Schleiermacher)가 제안한 절대적 의존이나 루돌프 오토(Rudolf Otto)가 제시한 신비한 체험과 같은 하나의 종교적 감성을 핵심으로 갖고 있다고 생각하지 않는다. 올포트는 하나의 핵심적인 종교적 감성에 대한 이러한 주장들이 실제로는 연구자 개인의 특정적인 종교성의 투사(projection)라고 의심한다. 올포트는 종교에서 진실로 발견될 다른 종류의 경험이 많다고 주장한다. 종교적 감성은 경험 자체의 어떠한 특별한 형태보다는 자기 자신을 뛰어넘어 도달하는 개인의 관례적인 태도에 의해 특징지어진다(1950, 5). 물론 종교가 항상 동일한 개념 틀을 공유하는 것은 아니다. 어떤 이들은 사후의 삶과 개인적인 신(God)을 믿고, 반면에 어떤 이들은 믿지 않는다.

올포트의 견해로는 일반적으로 종교의 감정이나 사상의 공통적인 본질은 없다. 종교는 예컨대, 성(sexuality)의 억압과 승화로부터 발생하지 않았다(1950, 7-8). 올포트가 지적하기로, 종교는 때때로 억압이 문제되지 않을 때 번창하는 것으로 보인다. 종교적 행동의 결정에 대한 증거에 있어서 무의식에 관한 종교의 포괄적인 설명을 위해 너무나 많은 의식적 요인들이 있는 것으로 이야기된다(1950, 9). 또한 올포트가 종교적 행동의 근원에서 종교적 본능(religious instinct)을 발견한 것도 아니다.

그러나 올포트는 종교의 기원과 발전의 분야에 있어서 몇 가지 요인들을 지적한다.

- **유기체적 욕구**(1950, 10): 충족되지 않은 욕구, 예컨대 안전을 위해서 종교의 발전이 있었고, 안전을 위해 종교는 역할을 한다. 사람들은 자주 그들에게 부족한 것을 위해 기도한다.
- **기질**(temperament, 1950, 13): 개인의 낙관주의 또는 비관주의가, 예컨대 종교적 감성 발달에 영향을 미친다.
- **정신적 욕구와 영적인 가치**(1950, 14): 사람들은 궁금해한다. 외부의 지식을 진리(truth) 또는 정의(justice)라고 부르면서 찾고자 한다. 이들은 번성하고자 하는 가치가 된다.
- **의미의 추구**(1950, 17): 사람들은 현실 앞에서 의아해한다. 현실의 의미를 알고 싶어 하는 것은 종교적 사고의 가장 흔한 기원 중 하나이다. 종교적 체계는 질문의 시간과 창조의 목적과 악의 의미에 대한 질문을 떠안는다.
- **문화**(1950, 25): 문화에 대한 순응(특히 유년기에)은 종교의 시작에 기여한다. 의식과 교리는 처음에는 아무런 질문이나 이해 없이 받아들여진다.

이러한 내용은 개인의 종교와 통합되는 형식적(formative) 영향력이라고 불린다. 종교는 많은 근원을 갖고 있는데, 그러한 근원은 아주 다양한 방식으로 비중을 차지하고 영향을 미친다. 또한 일반적인 것에 대한 가능한 이성적 해석이 매우 많이 있기 때문에 종교적 차원에서 우리 삶의 균일한 결과는 상상할 수 없다(1950, 29). 대신 한 개인 종교의 독특성은 보장된다. 올포트의 견해로는 많은 종류의 종교적 개인이 있는 것만큼이나 많은 종류의 종교적 경험이 있다. 올포트에 따르면, 개인의 종교적 원정(religious quest)은 그 시작부터 끝까지 고독한 것이다(1950, 161). 어떠한 누구도 한 개인에게 자신만이 진화할 수 있다는 믿음(faith)을 제공할 수는 없다.

수많은 욕망, 예컨대 두려움, 감사, 호기심 같은 것은 종교의 기원에 기여한다고 여겨져 왔다. 사람들은 자신의 유년 시절의 종교로부터 성장하고, 차별화된 성숙한 종교적 감성을 개발하는데, 그들의 능력은 매우 다양하다(1950, 161). 올포트는 이를 개인과 개인 간에 나타나는 종교적 감수성의 크나큰 다양성에 대한 주된 요인이라고 말한다. 이러한 감수성은 그 내용과 작용 방식뿐만 아니라 그 폭과 깊이에 있어서도 다양한 것으로 보인다. 이 감수성은 어떤 개인에게는 단편적이고 표면적이며 소소한 것으로 보인다. 다른 이들에게 감수성은 성숙한 것이다. 그래서 이 감수성은 차별화되고 깊이가 있으며 널리 퍼져 있고 전인격으로서 통합되어 있다.

성숙한 종교의 기준

올포트는 성숙한 종교적 감성을 특징적으로 잘 구별되고, 역동적이며, 지속적으로 행동을 지시하고, 종합적이고, 통합적이며, 휴리스틱한 것으로 묘사한다. 성숙한 종교적 감성은 잘 차별화되어 있다(1958, 65). 그러한 감성의 일관성을 형성하기 위해 많은 관심과 신념이 분명하게 표현되고 요구된다. 그럼에도 불구하고, 이 감성은 감성을 이루도록 통합된 그 대상물을 향해 비판적인 입장을 취하는 것으로 보인다. 그 유형에는 각각의 믿음과 도덕적인 위치에 대한 적절한 태도가 있다. 올포트는 개성이 발달하고 지식이 습득되면서 성숙한 정서가 재구성을 겪을 수밖에 없다고 지적한다. 새로운 사실과 경험을 종교적 정서에 통합하는 것은 오직 개인 자신만이 성취할 수 있는 평생의 과업으로 보인다.

성숙한 종교적 감성은 역동적(dynamic)이다(1950, 71). 우리가 본 바로는 적어도 종교는 유기적 욕망(organic desire)에서 기원한다. 그러나 성숙한 종교적 감성은 그 기원으로부터 독립하고, 적절하게 개인이 소유한 목적에 기여하는 것으로 보인다. 이러한 설명은 올포트의 기능적 자율성(functional autonomy)에 대한 중요한 개념이다. 새로운 의미와 동기가 성숙한 종교적 감성의 발달 과정 안에 나타난다. 감성은 발달함에 따라서 변형의 과정을 거친다. 떡갈나무처럼 성숙한 종교적 감성은 원래 그것의 양분이 되어 주던 도토리를 산산이 부숴 버린다(1950, 72).

올포트는 유전이나 가장 초기의 학습 경험에 의해 행동이 결정된다는 유전학(geneticism; 단어 genesis에서 파생됨)과 기능적 자율성을 대조한다. 유전학은 한 사람의 동기를 중년기에서도 원재료(primary material)의 다른 버전(altered version)으로 본다(1960, 137). 올포트는 이러한 원재료가 상이한 이름을 부여받아 왔다고 한다. 예컨대, 프로이트의 본능(instinct), 반사작용(reflex), 추동(drive), 원초아(id), 승화(Sublimation), 그리고 존 왓슨의 조건화(conditioning)는 그러한 원재료가 발달 과정에서 경험한다고 얘기되는 두 가지 수정(modification)이다. 올포트의 기능적 자율성은 동기 이론의 초점을 유전적 통합체로부터 현재의 관심 상태로 이동시킨다(1960, 140). 성인의 동기는 그 이전 시스템과는 완전히 독립적이고, 다양하고 자기유지적인 현재의 시스템이다(1961, 227). 기능적 자율성에 대한 개념과 함께 올포트는 인간의 발달 과정에서 동기의 순수한 변형이 일어나서 인생이 있게 되고, 유년기 이후에도 계속적으로 발달하기 때문에 결국에 가서는 모든 개인은 각자의 인생이 있게 된다고 제시한다.

올포트의 견해로 보면, 기능적으로 자율적인 성숙한 종교적 감성과 관련된 에너지는 이제 이 감성에만 속하며, 그 시작에 도움을 준 이기적 욕망에서 온 것이 아니다. 즉, 과거와의 해체가 발생하게 된다. 성숙한 종교적 감성은 그래서 더 이상 그 기원이 되는 욕구의 하인이 아니라 그 자체로 하나의 필요로서 존재하며, 그 자체가 미래, 더 나아가 자신의 목적을 위해 필요한 힘을 품고 있다. 이 감성은 현실의 해석에 대해 성장해 가는 참고의 틀(frame)이 된다. 이는 성격에 강력한 영향력을 펼치고, 그 개인의 중심에 있을 때 삶을 변형시키는 능력을 보인다.

성숙한 종교적 감성은 행동의 방향을 끊임없이 지시한다(1950, 74). 이 감성은 도덕적 기준을 유지하고 도덕적 열의를 제공한다. 성숙한 종교적 감성은 포괄적이고(1950, 76), 매우 많은 요인의 종합체다. 이러한 포괄적인 태도는 개인을 의미 있는 방식으로 존재로서의 전체로 연결 짓는다(1955, 94). 성숙한 종교적 감성은 모든 부분이 의미 있게 배열된 곳에서 존재 이론(theory of being)을 찾으면서 현실의 모든 중심적 사실들을 포함할 때까지 그 내용물을 절대 쉬도록 놔두지 않는다. 성숙한 종교적 감성은 필연적으로 어떠한 다른 감성보다도 더 많은 근거를 포괄하고 있다. 그 지평은 더 넓고, 그것만이 담을 수 있는 문제를 포용한다.

성숙한 종교적 감성은 통합적이며 동질적인 전반적인 패턴을 형성한다(1950, 79). 한편으로 이러한 감성은 포괄적이며, 다른 한편으로는 설계 측면에서 조화롭다. 성숙한 종교적 감성은 과학을 무시하거나 반대할 수도 없다. 올포트의 견해에서 성숙한 종교적 감성은 과학과 공존해야 한다. 도덕 신학(moral theology)은 심리학으로부터 배웠다. 예컨대, 강박은 때로 사람들의 행동을 통제하고, 그들에게서 자유의지를 빼앗는다는 것을 배웠다. 이는 우리가 사슬에 묶여 있다고 믿을 때보다 자유롭다고 믿을 때 더 유연하고 성공적으로 자원을 사용할 수 있음을 부정하는 것이 아니다(1950, 80). 올포트는 성숙한 종교적 감성이 다루어야 할 중요한 문제는 악의 문제라고 말한다.

성숙한 종교적 감성은 휴리스틱(heuristic)이다(1950, 81). 올포트는 휴리스틱 신념이 확인되거나 더 나은 신념으로 대체될 때까지 잠정적으로 유지되는 믿음이라고 말한다. 예컨대, 사람들은 종종 계시의 권위를 받아들이는데, 이는 계시가 경험적으로 입증될 수 있기 때문이 아니라 인생의 골치 아픈 질문에 해답을 찾는 데 도움이 되기 때문이다. 믿음은 올포트가 보기에는 작용하는 가설이며 확률에 기반한 신념이다. 다음 주에 우리가 살아 있을 것이라는 믿음이 가치 있는 가설의 예로서 인용된다. 올포트의 견해로는 우리는 우리의 삶을 확률에 기반하여 사는 것이지 확실함에 기반하여 사는 것이 아니다. 믿음은 성공을 가능하게 하는 에너지를 일으킨다. 모든 인간의 업적은 앞으로의 확신의 부재에서 취해진 위험으로부터 발생한 결과라고 말한다(1950, 82).

믿음은 그래서 피할 수 없는 위험으로 보인다. 성숙한 종교적 감성은 의심의 작업장에서 만들어진다(1950, 83). 올포트는 성숙한 신자에 대해 말하길, 믿음이 진실로 향하는 유효한 길일 때, 그리고 인간 성공에 중요한 결정 요인이라면, 인간 성공의 회의론자가 되지 않을 것이라고 말한다. 신자와 회의론자 둘 다 존재의 본성은 알 수 없음을 인식할 수 있다. 그러나 신자들은 그들의 확률을 믿기로 한 결정을 바탕으로 생성된 에너지 안에서 그들의 결정적 가치를 발견하고, 이해를 발전시키며, 긍정적인 의미들을 발견한다. 성숙한 종교적 개인은 어떠한 이들이 왜 회의론자인지를 잘 알기 때문에 자신의 입장을 선호하는 것으로 보인다. 종교의 영역에서 믿음이라는 대상은 종종 절망을 확신으로 바꾸어 주는 것으로 보인다. 그렇기에 올포트는 믿음이 소원을 성취하는 환상에 불과하다는 가능성을 배제한다.

믿음

올포트는 우리가 아주 어렸을 때 우리는 우리가 말한 거의 모든 것들을 믿는다고 말한다(1950, 114). 아동에게 말과 사실은 교환이 가능한 것이다(1950, 139). 이렇게 너무 쉽게 믿는 성향(credulity)은 경험이 부족한 성인에게서도 발견되고, 말하는 이에 대한 피암시성(suggestibility)의 상황에서도 발견된다. 의심은 주저함의 반응이다. 이는 믿음에 대한 충돌의 결과이자 증거와 믿음 사이에서 일어나는 충돌의 결과이다. 불신(disbelief)은 부정적이다. 불신은 거부하는 태도나 반응이다(1950, 139). 불신은 대개는 경험으로부터 온다. 불신은 그것이 시작되는 의심보다 더 확실한 것으로 여겨진다.

발달적으로, 의심은 곧 믿는 성향으로 대체된다. 올포트는 어린아이조차도 현실을 시험한다고 말한다. 그런 시험 없이는 무력한 미성숙이 만연할 것이다. 의심은 학습을 위해 필요한 수업이다. 올포트는 이 수업을 통해 사람들이 배우게 된다고 말한다. 그러나 올포트는 이것이 많은 사람이 배우는 유일한 교훈이며, 결코 확언의 길로 나아가지 못하고 많은 사람의 교육이 여기서 단절된다고 말한다(1950, 117). 종교가 너무 많은 것을 포용하려고 노력하기 때문에 사실, 가치 그리고 궁극적인 현실을 한데 묶으려고 노력하면서 종교는 가장 논쟁거리인 정신적 행위라고 회자되며, 가장 의심을 많이 일으키게 하는 것이 종교라고 언급된다(1950, 117).

믿음은 감성적 대상의 존재에 대한 확언이다(1950, 113). 성숙한 믿음은 너무 쉽게 믿는 성질과 의심에 이은 세 번째 단계로, 계속되는 의심들과 확언으로부터 고통스럽게 발달하는 것으로 보인다(1950, 138). 믿음은 감성에 적합한 행동들로 인도되는 경향이 있고, 믿음은 불확실한 것조차도 많은 에너지를 생성할 수 있다. 믿음은 가능성에 기반을 둔 믿음으로 정의된다(1950, 157). 믿음은 종교적인 대상과 의도된 관계를 구성하고 목표를 달성할 수 있다. 하지만 의심은 언제나 가능성을 남겨둔다. 올포트는 우리가 보통 독립된 지지를 가늠할 수 있을 경우에만 하나의 대상을 계속 믿는다고 말한다. 어떤 믿음이 지각, 이성적 지지 그리고 타인의 신뢰를 얻지 못한다면 이는 망상이다(1950, 156-157).

가장 높은 수준의 믿음은 어떤 이의 즉각적인 경험이 신(God)의 존재를 영원히 형성하는 신비에 대한 확신에서 볼 수 있다. 다른 한편으로, 올포트는 우리가 반신반의하는 마음을 갖고 절반쯤 확신할 수 있다고 말한다(1950, 157). 상대적으로 낮은 수준의 믿음조차도 굉장히 많은 정도의 행위들을 생성할 수 있다. 우리가 유엔(UN)에 대한 믿음이 불완전할지라도 우리는 여전히 유엔을 전적으로 지원할 수 있다. 올포트에 따르면, 종교적 감성은 가장 넓은 범위의 의도를 갖고 있고, 결과적으로는 표시된 정도까지 성격을 통합할 수 있다(1950, 161). 종교적 감성은 인생의 비극과 혼란의 얼굴에 의미와 평화를 가져다줄 수 있다..

종교와 과학

올포트는 과학이 놀라울 정도로 생산적임을 입증했다고 확언한다. 그럼에도 불구하고, 과학이 본질적으로 제한된 사업으로서 성숙한 종교적 개인에게 자신을 제시한다고 지적한다(1950, 128). 올포트는 우리의 도덕적·정치적 약속, 우리의 목표 선택, 그리고 증오를 넘어선 사랑에 대한 선호와 같은 노력은 과학이 아니라 확실한 가능성에 근거하고 있다고 말한다. 과학자는 적절함보다 확실성을 선호한다. 그러나 종교는 적절함이라는 영역 안에서 합리적인 신빙성을 발견하려는 시도의 정당성에 근거하고, 확실성에 대해 논쟁하는 척하지 않는다(1950, 130). 올포트는 개인적인 경험의 세계를 사랑에 대한 시험으로 보며, 그 문제에 관해서는 과학에서도 어떠한 다른 노력도 제공될 수 없다고 설명한다.

올포트는 종교가 더 이상 흥미롭지 않고 과학이라는 위대한 빛이 시작되는 시점으로 여겨지지 않을 때가 오게 될 수도 있다고 생각한다. 종교는 가치에 대해서는 아무 것도 모른다고 자부하는 과학이 스스로 완성하고 수정해야 하는 그저 신선하고 반짝이는 통찰로 간주될 수 있다(1950, 133). 사람들은 아마도 지성만 갖고는 가혹한 현실의 어려움 극복이라는 과제를 감당할 수 없음을 자각할 것이다. 이를 위해서 믿음과 사랑이 필요하다. 종교는 이성의 영역 안에서만이 아니라, 믿음과 사랑의 영역에서도 존재한다.

올포트는 종교와 심리학 모두가 그 겉모습을 넓힐 필요가 있다는 견해에 찬성한다. 편협한 관점에서 과학과 종교는 둘 다 진보를 이룰 수 없다. 올포트는 목적과 가치의 영역과 과학의 영역을 통합시키는 것이 우리의 역사적 과제라고 생각한다. 과학은 그 자체로 과학적 발견들에 존재하는 이로운 가능성을 실현하는 데 필요한 열정을 만들 수 없는 것으로 보인다. 올포트는 성숙한 종교적 감성을 가진 개인이 종교 안에 과학을 수용하고, 적절히 확장하기 위해 노력한다고 말한다(1950, 132).

지향성과 종교적 행동

올포트는 개인의 종교가 오직 현상학적 접근으로 지향성(intentionality)을 이해할 수 있다는 견해를 갖고 있다(1950, 142). 이 이론에 따르면, 인간의 삶은 정신적인 행위에 의해 핵심적으로 특징지어지고, 정신적 행위는 우리 목표로 향하고 그 목표에 연결된다. 의도적인 대상은 정신적 행위에서 목표가 된 대상으로, 의도의 모든 행위에 필연적으로 여겨진다. 올포트는 개인이 항상 뭔가에 대해 노력하고 있다고 말한다(1950, 143). 사람들은 언제나 이해, 인식, 판단, 이미지, 느낌 등과 같은 것에 연관되어 있다. 그리고 그들은 항상 무언가를 하고자 노력하고, 무언가를 이해하는 일에 참여하고, 무언가를 인식하고 판단하는 등의 일을 한다.

올포트는 관찰 가능성과 환경의 우선순위를 강조하는 전통적인 행동주의보다 현상학이 지향성 이론을 통해 종교현상을 더 적절하게 다루고 있다고 믿는다. 종교적 행동의 영역에서 대상을 향한 마음의 주관적인 추구가 가장 중요한 것으로 판단된다. 성숙한 종교에서 가장 중요한 것은 그 개인이 적극적으로 이끌어 내려고 하는 것, 무언가를 이해하려고 하는 감각이지 행동을 조형하는 환경이 아니다. 종교적 영역에서 가시적인(관찰 가능한) 행동은 말해 줄 수 있는 것이 매우 적다(1950, 143). 즉, 올포트는 종교적 행동에 관해 이 세계를 능동적으로 구성하는 유기체의 개념을 강조하고, 이는 환경으로부터의 수동적이자 공허한 유기체보다 더 바람직하다는 것을 언급한다. 성숙한 종교적 행동은 탁월하게 적극적이다. 전통적 행동주의에서는 이러한 행동에 대한 관점을 놓쳤다.

지향성의 관점에서 감성은 그 감성에 통합되는 가치들을 현실화하는 데에 목표를 둔 의도의 역동적인 원천이다(1950, 144). 그래서 지향성 이론은 역동적이고 조직화되는 감성들의 특징을 명백하게 표현한다. 올포트의 견해에서는 그러한 감성이 무의식적인 힘에 의해 움직이지 않는다고 말한다. 성숙한 종교적 감성은 많은 의식적 사고의 결과이다.

올포트는 의도의 대상(목표)은 하나의 생각으로서 현재의 모든 경우에 존재한다고 말한다. 예컨대, 오늘 오후에 내가 방문하고자 하는 쇼핑센터는 외부적으로도 존재한다. 그러나 우리의 의도는 항상 분명한 것은 아니다(1950, 145). 종교적 대상의 경우도 마찬가지다. 종교적 감성의 의해 생성된 의도는 그 대상의 명확성보다 더 중요한 것으로 언급된다. 올포트는 그의 주장을 설명하기 위해서 중세 스콜라 학파의 철학을 언급한다. 스콜라 학파의 철학자들은 신(God)을 아는 것보다 신을 사랑하는 것이 더 중요하다고 말한다.

올포트는 의도에 대한 생각이 종교심리학에서 중요하다고 여기는데, 이는 의도가 미래를 강조할 수 있기 때문이다(1950, 147). 성숙한 감성은 언제나 어떤 정도의 사건들을 일으키도록 작동한다. 가장 긴 범주를 가진 의도는 삶에 정돈된 일체감을 가져다줄 수 있는 최고의 것이다. 올포트는 사람들을 이해하기 위해서 사람들이 무엇을 성취하고자 노력하는지를 알아야 한다고 말한다. 그의 견해로는 이런 측면에서 심리학이 좋은 실적을 내지 못했다. 사람들은 그들의 삶을 미래를 향해 이끌어 가면서 그들 자신을 바쁘게 만드는 경향이 있는 반면, 심리학은 사람들을 과거로 추적해 가면서 스스로를 바쁘게 만들어 왔다(1955, 51).

올포트는 종교에 대한 대부분의 정의가 한 가지 또는 다른 의도에 초점을 맞추고 다른 모든 것을 배제하는 방식(예컨대, 완전한 타자를 숭배하거나 자신의 이상을 유지하는 힘을 추구)임이 부적절하다고 여긴다. 이런 관점에서 언급할 수 있는 모든 것에 대해서 올포트는 종교가 소중히 여겨지는 가치들을 현실화하기 위한 갖가지 종류의 시도라고 한다고 말한다(1950, 149). 그는 한 가지 공통적인 핵심을 찾기보다 종교적 감성에 있어서 무한한 개인적인 변화를 염두에 두는 것이 더 낫다고 생각한다. 모든 종교적 의도 중에 하나의 공통점을 골라내도록 압박받는다면, 올포트는 일체감이라는 신비적인 목표를 지명했을 것이다(1950, 151).

양심

올포트는 사회적인 삶의 과정에서, 양심(conscience)을 형성하는 것은 피할 수 없고, 양심의 능력은 사실상 모든 사람에게 존재한다고 말한다(1950, 99). 그는 양심에 대해서 다음의 핵심 사항들을 소개한다. (1) 양심의 보편성으로, 양심은 드물게 병리학적인 경우를 제외하고 문화와 상관없다. (2) 상이한 문화에서 양심의 내용이 다양하다. 올포트가 제시한 양심의 다양성은 아마도 과대평가 되었을 것이다. (3) 학습을 통해 얻게 되는 양심의 습득은 느리고 어렵다.

아이처럼 우리는 우리가 왜 이것 또는 저것을 반드시 해야 하는지를 모른다. 유년기의 양심은 외면적으로 강요된, 그리고 관련성이 없고 임의적인 의무사항으로 구성되어 있으며 단편적이라고 얘기된다(1955, 78). 자라는 과정에서 성숙함과 함께 사람들은 그들 자신의 행동에 대한 윤리적 추론을 하게 된다. 의무사항은 당위적인 일이 된다(1950, 100). '내가 음식을 사러 가야만 할 때'와 같은 의무사항은 여전히 존재한다. 그러나 당위적인 일은 성숙한 개인의 도덕적인 삶을 지배한다. '나는 병원에 입원해 있는 친척을 방문해야만 한다'는 '나는 병원에 입원해 있는 친척을 방문해야 한다'와는 매우 다른 것이다.

올포트는 그래서 초자아(superego)의 의무사항이 성숙한 개인에게 성숙한 양심의 당위사항으로 대체된 것으로 본다. 성숙한 양심은 더 이상 외부적인 강압에 의존적인 것으로 보이지 않고, 유년기의 가치와 구별되는 특징으로 다른 성숙함의 가치에 의존하는 것으로 보인다(1950, 101). 성인들은 그들의 규칙을 위해 문화적으로 부과된 규칙들을 버린다. 올포트는 결코 의무사항이 아니었던 당위사항이 나타나게 된다고 말한다. 편견을 가지도록 교육받았다고 할지라도 우리는 아마도 모든 사람을 공평하게 대해야만 한다고 믿게 될 것이다. 모든 의무사항이 전부 당위사항이 되는 것 또한 아니다. 성인이 된 후, 우리는 아마도 우리가 유년기 때의 의무사항이었던 일정에 따라서 교회(church)를 가야 한다고 느끼지는 않을 것이다. 올포트는 성인이 집단의 금기사항이나 부모의 금지사항을 어겼을 때가 아니라 그들의 개인적인 도덕 규칙을 위반했을 때 가장 죄책감을 느낀다고 말한다(1955, 71). 성인에게 있어서 죄책감을 유발하는 것은 아마도 결국에는 유년기의 순종과는 거의 관련이 없거나, 전혀 관계가 없을 수도 있다.

올포트는 성인의 양심은 개인의 나이와 경험에 발맞춰 성인의 성격을 적절하게 갖추어야 한다고 명시하고 있다. 성인의 성숙한 양심은 장기적인 목표와 자기 이미지의 일관성을 위해 지나가는 충동과 단순한 편법적인 행동을 제어하는 하나의 과정이다(1955, 68). 성숙한 양심은 개인을 현재 생각하고 있는 현실과 관련시켜 가치를 결정하는 지침이다. 양심의 소리는 행동에 대한 현재의 지침과 어떠한 유년의 흔적도 초자아도 아니며, 성숙한 개인 안에서 지금(now)을 말한다. 그 기원을 보면 기능적으로 자율적이기에 성인의 양심은 성인 가치의 중재자이다(1950, 101).

올포트가 말하기를, 종교적 감성은 그 가치에 적합한 양심을 생산해 낸다. 가장 종교적인 사람의 양심은 두려움보다는 사랑과 더욱 관련이 있는 것으로 보인다. 성숙한 종교적인 사람이 신(God)의 심판과 처벌에 대한 두려움으로 인해 어떤 일을 하거나 하지 않는다고 말하는 것은 그들의 경험을 희화화한 것이다(1955, 72-73). 전반적으로 성숙한 종교적 감성을 지닌 개인은 훈육과 사랑 그리고 존경을 요구하는 삶의 스타일을 선택하는 것으로 묘사된다. 그저 심판과 처벌이 무서워서 옳은 일을 하는 사람은 양심의 발달에 붙들린 양심, 즉 어린아이 같은 양심을 갖고 있는 것이다.

올포트는 우리가 우리의 감성을 위반할 때, 죄책감을 느낀다고 말한다. 죄책감은 위반된 가치에 대한 감각이라고 여겨진다(1955, 73). 올포트에 따르면, 양심은 우리의 행동이 우리의 가치와 합의를 이루고 있는지 아닌지를 가르쳐준다. 양심은 감성의 통합이 우리의 행동으로 인해 언제 도전을 받는지를 이야기한다. 따라서 올포트의 견해에 따르면, 성숙한 양심은 일생 동안 형성되어 온 정신적인 단결을 위해, 충동적으로, 그리고 열망으로 인해 주목되어야 한다. 올포트가 말하기를, 종교적이지 않은(irreligious) 개인은 매우 예민한 양심을 갖고 있다(1950, 101). 대부분의 경우에서 정신적인 장애를 일으키는 갈등은 충동과 도덕적 규범 가운데 있다는 것에 심리학과 종교는 동의한다(1950, 97-98).

기도, 의례, 교리

기도(pray), 의례(ritual), 교리(dogma)는 모두 다 종교적 의도를 상당 시간 동안 유지시키는 방법으로 여겨져 왔다(1950, 151). 올포트는 기도가 반드시 신(God)을 향한 것은 아니며, 기도자의 세속적인 지위를 높여 주는 경우도 있다고 말한다. 더욱이, 기도의 다양한 형태를 가정할 수 있다. 올포트는 고독한 종교적 추구가 짐이 되는 경향이 있다고 말한다. 대부분 사람은 자신의 종교적 통찰을 공통의 일련의 상징 아래에서 다른 이들과 나누고 싶어 한다(1950, 153). 이러한 욕망의 결과로 의례와 교리가 발전되게 되었다. 교리는 개인의 공식을 개선하거나 많은 이들에게 공통적인 진술을 전하기 위한 시도로 보인다. 하지만 사람들은 독특한 개인이기 때문에 어떠한 하나의 교리적 공식이 모든 사람에게 맞을 수는 없다(1950, 154). 올포트가 말하기를, 우리가 개인을 가치 있게 여긴다면 종교적인 관용은 필수적이다.

신경증

오늘날의 종교는 신경증 환자가 적어도 어떤 측면에서 극도로 자기중심적인 삶을 살고 있다고 말할 것이라고 올포트는 생각했다(1950, 106). 신경증(neurosis)은 그래서 자부심(pride)과 자기몰두(self-preoccupation)와 연관되어 있다. 신경증적인 사람이 자신에게 초점을 맞추는 것을 멈추고 자기희생적인 목표들에 집중하기 시작할 때, 즉각적인 변화와 발전이 일어난다고 올포트는 말한다. 신경증인 사람이 전반적으로 종교적 틀에서 통합될 때, 더욱 성숙한 양심의 방향으로의 움직이고, 향상된 정신건강의 방향으로 나아갈 수 있다(1950, 106).

신비로운 경험

올포트는 즉각적인 신비적 경험이 사람들이 그들의 종교를 입증하는 가장 일반적으로 받아들여지는 방법이라고 생각한다(1950, 158). 그러한 경험은 보통 개인에게 지각적 경험이 있는 것처럼 신비로운 사람에게도 설득력이 있다.

종교적 언어

올포트는 종교 언어의 어려운 점은 종교에는 과학에서도 사용되는 단어 외에 사용할 단어가 없다는 것이라고 지적한다. 예컨대, 공간과 시간에 근거를 둔 이미지는 성서에서는 흔한 것이다(950, 135). 그리스도는 하늘로 올라가는 이미지로 천국으로 승천하신 것으로 묘사된다. 한편, 지옥은 아래로 그려진다. 그러한 공간적 이미지화는 근대 과학에 무의미하다. 진화론은 수백만 년에 걸쳐 말하고, 성서는 수천 년의 기간에 걸쳐서 이야기한다. 특정한 숫자, 12나 40과 같은 숫자는 성서에서 상징적인 중요성이 있다. 과학에서는 그저 숫자에 불과하다. 창조의 하루와 천문학의 하루는 별개이다.

그래서 과학 시대에서 종교적 언어는 문제이다. 올포트는 용어들이 종교 담론과 과학 담론에서 동등하게 사용되는 것과 같이 적절히 종교적이고 적절히 과학적인 담론이 무비판적으로 뒤섞일 때 의심과 혼란이 생길 수밖에 없다고 말한다. 이처럼 비합법적인 혼합의 예로는 "창조의 6일은 각각이 60분을 1시간으로 하여 24시간 동안 지속되었다.", "하나님과 천국이 구름 사이 위에 있는 동안, 지옥과 저주받은 자들은 지구 표면 밑에 있다."는 것과 같은 것이 된다.

올포트는 문제의 진상은 종교적인 의식과 같이 종교 교리가 보이는 것보다 훨씬 더 많은 것을 의미한다고 지적한다(1950, 136). 종교적 언어는 우주 차원의 현실을 가리킨다. 올포트는 화이트헤드(A. N. Whitehead)의 말을 인용하면서, 용어가 모든 것으로부터 하나의 통일된 의미를 만들어 내기 위해서가 아니라, 일상생활의 실체적인 것 사이의 구별을 용이하게 하기 위해 발명되었다고 말한다. 종교적 언어는 우선 이상과 선호, 그리고 특정한 삶의 방식을 위한 노력을 의미한다. 그것은 원하는 지식의 완성과 본성의 완성(1950, 137)을 의미한다. 따라서 종교적 언어와 평범한 일상적 언어는 서로 다르다. 하나의 기준은 다른 하나에 적용할 수 없다.

종교에 대한 어떤 반대에 대한 반응

개인의 종교에 대한 성찰 과정에서 올포트는 심리학자들이 종교에 대해 제기했던 수많은 이의에 답변한다. 이 부분은 이러한 답변을 요약한 것이다.

종교는 정신적 붕괴를 야기한다

올포트는 종교에 대한 집착은 정신적 붕괴의 원인이기보다는 그 결과일 것이라고 말한다. 아마도 종교적 언어는 삶을 점령한 신비적 힘으로 인해 혼란을 겪는 사람을 가장 잘 표현할 것이다.

종교는 인류 발달의 신비한 단계이다

어떤 이는 원시인, 아동, 교육받지 못한 사람이 문제를 해결하기 위한 하나의 일반적인 수단으로서 종교적 행사에 참여한다고 제시한다. 이것은 인류가 발달의 신비적 단계를 지나기 시작해서 이제는 지나치게 자랐고, 과학에 의해 대체될 운명이라는 얘기다. 하지만 올포트는 원시인조차도 과학의 영역과 종교의 영역을 구분하는 데 어려움이 없다고 지적한다(1950, 22). 원시인은 어떤 것이 통제될 때 현실적이고 경험적인 것으로 보이지만, 통제할 수 없을 때는 그렇지 않다고 한다(Bronislaw

Malinowski, 인류학자). 더 나아가, 종교는 논리학, 수학, 과학의 발전에 있어서 중요한 역사적 사실에 기여했다.

종교적 낙관주의는 희망적 사고이다

올포트는 낙관주의에 대한 선호의 차원에서 종교적 편견이 희망적 사고라는 비판을 피상적인 것으로 본다. 이 주장은 종교적 희망과 종교적 신념이 일상의 시끄러운 소망과 거의 관련이 없다는 사실을 간과하고 있는 것으로 보인다(1950, 24). 세상의 위대한 종교들은 자기부인, 규율, 복종을 요구한다. 한 사람이 종교를 찾기 위해서는 자신만의 삶을 놓아야 한다. 이것은 세속적이고 명백하게 자기중심적인 소원성취, 백일몽, 합리화와는 거의 관련이 없는 것이다.

지적이고 건강한 보통의 사람들은 삶의 문제들이 소원으로 해결될 수 없다는 것을 안다(1955, 94). 비종교적인 사람은 인지적인 통합과 일관성을 추구하는 것으로 보이고, 확실성이 없는 경우 행복한 착륙을 위한 계획을 세운다. 올포트가 지적하기를, 성공을 이끄는 작업 원칙은 삶을 인간의 열망에 우호적인 것으로 묘사한다. 그렇다면 종교도 그렇다는 것은 놀랄 일이 아니다. 올포트는 종교적 사고를 환상이라고 낙인찍는 사람들에게 그들 자신의 작업 원칙을 너무 신중하게 검토하지 말라고 충고한다(1950, 25).

종교는 문화의 산물이다

어떤 이들은 개인의 종교적 감성은 문화적인 모델을 충실하게 따른다고 말한다. 올포트는 적지 않은 개인들이 그들에게 주입된 믿음에 의문을 제기하고 심지어 거부한다고 지적한다. 올포트는 계속해서 특정한 종교적 관습을 채택한 개인은 그들 자신만의 이유로 그렇게 행동한다고 주장한다(1950, 28). 예컨대, 사람들은 사회적 화합을 위해 순응하지 않는다.

종교는 아버지에 대한 갈망에 뿌리를 두고 있다

성인의 종교에서 보면, 아버지(father)와 연관된 유년기 경험의 반복이라는 프로이트의 견해는 사소한 것으로 보인다. 일부 아이들이 하늘에 계신 아버지에게 인간 아버지의 모습을 전이시킨다는 사실은 모든 성인 종교인들에게 적용되는 것은 아니다(1950, 94). 신(God)에 대한 믿음이 그저 지상의 아버지에 대한 의존과 사랑의 긍정적인 느낌의 투사일 뿐이라는 주장은 신에 대한 불신(무신론)이 단순히 아버지에 대한 모순이나 증오의 투사라는 확신과 논리적 평행을 이룬다(1950, 118). 올포트는 믿음과 의심 두 가지가 다 경우에 따라서 부모에 대한 무의식적인 태도를 포함한다고 생각한다. 그는 더 나아가 무신론이 항상 종교의 반대인 것만은 아니라고도 말한다. 열렬한 무신론자는 종교에 대한 깊은 관심을 나타내는 것으로 보인다(1950, 118). 마지막으로, 어떤 사람은 단순히 그들의 신에 대한 개념이 관습적인 것이 아니라는 이유만으로 무신론자라고 불린다.

종교는 우리의 갈망에 대한 이론적 설명이다

우리는 종교적인 갈망이 종종 유기체적인 욕망, 의미의 추구, 가치의 충만에 대한 걱정에서 기원한다는 것을 보았다. 어떤 종교 비평가는 우리가 만족을 추구하면서 조작된 종교적 믿음을 통해 우리의 갈망을 실현한다고 주장한다(1950, 123). 올포트가 지적하기를, 종교현상의 이유로 기원을 인용하는 것은 너무 쉬운 일이며, 이미 제시된 것처럼 정당하게 그 자신을 거스르게 될 수 있다. 그 배경은 믿음만큼이나 효과적으로 불신을 설명하는 데 사용할 수 있기 때문이다(1950, 124). 올포트는 기원이 단순히 믿음의 타당성에 대해 우리에게 아무것도 말해 주지 않는다고 말한다. 오히려, 사람들은 믿음이 개인의 현재 삶의 경제(비용)에서 차지하는 부분을 이해해야 한다. 프로이트는 종교적 감성을 있는 그대로 받아들이지 않는다고 지적받았다. 올포트의 생각에, 좀 더 균형 잡힌 시각은 우리가 때로는 이 감정을 액면 그대로 받아들일 수 있고, 때로는 할 수 없다는 것이다(1960, 104). 그 감정을 갖고 있는 사람의 입장에서만 판단을 할 수 있다.

올포트의 관점에서, 의문을 가진 한 개인이 종교적 감성이 지속적으로 행동 방향성을 제시하고, 삶 전체를 이해할 수 있도록 하는 삶의 철학을 발전시켰을 때, 종교적 감성은 지배적 동기가 되며 있는 그대로 받아들여진다. 이런 종류의 종교적 감성은 대단히 많은 반성과 비판의 결과이고, 그것을 합리화 때문이라고 하는 것은 정당화되지 않는다. 다른 한편, 종교가 자기중심성을 위한 포장일 때 우리는 신경증을 닮은 종교의 형태와 대면하게 된다. 이때 종교는 불안감에 대한 방어기제로 작용하게 되고, 우리는 단지 개인적인 이익만을 위해서 존재한다. 이런 종류의 종교는 그 자체의 권리(기능적인 자율성)에 있어서 주된 필요가 아니라 다른 필요들을 충족시킨다. 예컨대, 안전, 지위, 자존감 등이 여기 해당한다. 올포트는 이러한 종교에 대해 표면적 가치로 취해지지 않는다고 말한다. 종교에 대한 정신분석학의 실수는 발달하는 자아그 자체의 핵심과 본질이 아니라 자아의 방어적 책략에 종교적 신념이 있다고 말하는 것이다(1955, 96).

미성숙한 종교

우리는 올포트가 모든 종교는 성숙하고 비판의 여지가 없다고 생각하는 것을 봐왔다. 그러나 어떤 종교는 미성숙(immature)하다. 특정한 연령대에 도달하는 것이 어떠한 정서의 성숙을 보장하지 않는다. 종교가 되는 것에 때때로 저항을 겪게 되는데, 이 경우에 개인은 어린아이처럼 이기적이고 미신적인 종교적 믿음을 갖게 될 수 있다(1955, 96). 올포트는 사회가 다른 삶의 영역에서의 성숙함을 위해 하듯이 종교적 성숙을 위해 끊임없이 압박을 가하지 않는다는 것을 지적한다. 종교는 일반적으로 사적인 것으로 여겨지기 때문에, 개인은 자기중심적이며 마술적이고 소원 성취를 하는 타입의 종교를 갖게 될 수 있다. 결과적으로, 성격의 어떠한 다른 영역에서보다 성인의 종교적 태도에 유년기의 잔유물이 더 많다고 소개될 것이다(1950, 59).

올포트의 견해로는 감성의 성숙함은 그에 관련된 경험에 그 감성이 보조를 맞추는 데에 달려 있다. 종교적 감성은 사람들이 그들의 유년기 종교가 위안이 된다는 것을 깨닫고, 그것을 넘어서기를 거부할 때 발달 저항의 어려움을 겪게 된다. 유년기 종교는 유쾌한 유년기 기억을 보존하기 위해서, 그리고 편안함과 사회적 지위를 보장하기 위해서 자주 내세워진다. 과학, 고통, 비판에 맞서는 종교는 아마도 넘어설 수 없을 만큼이나 거대한 도전이 될 것이다(1950, 60).

올포트는 종교에 대한 대부분의 비판이 정상적인 종교에 대한 비판이라고 생각하지 않고, 미성숙한 종교, 즉 충동의 만족을 넘어서 성장하지 못한 종교에 대한 비판이라고 생각한다(1950, 61). 미성숙한 종교는 소원을 성취해 주거나 진정시키는 도구로서 작용하는 것으로 보인다. 미성숙한 종교는 자기중심적인 자기 정당화이다. 미성숙한 종교는 반성이 없다. 미성숙한 종교는 개인이 자신의 존재를 의미 있게 여길 수 있는 맥락을 찾는 데에 실패한다. 또한 미성숙한 종교는 그 개인이 자기 자신의 행동을 어떤 관점에서 판단할 수 있도록 하지도 못한다. 미성숙한 종교는 경험의 방대한 부분을 배제한다. 미성숙한 종교는 성격을 통합할 능력이 없다. 미성숙한 종교는 마법적인 생각들을 연계시키면서 물질적인 편안함만을 추구하는 것으로 보인다. 그 기원은 기능적으로 자율적이지 않으며, 그 동기적인 힘은 유기체의 욕망에서 비롯된다.

성인을 책임으로부터 회피하게 해 주는 종교는 아주 흔한 것으로 보인다. 어떤 종교적 믿음은 결국 어린아이 같은 성격을 갖는다. 의심하지 않고, 비합리적이고, 권위적이다. 올포트는 자기 이익을 향해 맞추어진 믿음(faith)은 미완으로 남게 되어 있다고 말한다(1950, 120). 종교적 감성은 개인의 일시적인 변덕을 넘어서야만 한다. 올포트가 언급하기를 성숙한 종교는 신(God)을 인정하지만, 미성숙한 종교는 신이란 개인이 그리며 상상하는 바로 그것이라고 주장한다(1950, 78). 올포트는 만약 프로이트가 더 지적이었다면, 그는 오직 미성숙한 수준의 종교만이 신경증을 닮아 있다는 것을 알아챘을 것이라고 주장한다(1968, 149).

종교와 사랑

올포트는 우리가 건강한 한, 언제나 삶에서 더 많은 사랑을 원하기 때문에 우리는 결코 충분히 사랑하고 사랑받을 수 없다고 단언한다(1960, 205). 우리가 완벽한 상태의 존재를 상상할 때 우리는 반드시 무조건적인 사랑의 승리를 상상한다(1960, 205). 올포트는 사람들이 거의 보편적으로 종교와 일치한다고 생각한다. 이는 세상의 모든 주요 종교들이 모든 것을 포용하는 원칙과 함께 기본적인 사랑의 관계의 틀을 제공하며, 모든 인간 삶의 연대라는 이상을 확언해 주기 때문이다. 많은 개인은 자신의 삶이 완전하고, 이해할 수 있고, 옳기 위해서 우주적 소속감을 필요로 한다(1950, 92-93).

올포트는 인류에 대한 증오는 좌절된 타인과의 관계에서 비롯된 결과라고 일반화한다. 그는 사랑에 대해서 거절되거나 위협받은 욕망은 불안한 두려움으로 전환된다고 말한다(1960, 205-206). 사람을 싫어하는 것은 보편적으로 좌절된 친화 욕구의 문제와 자존감에 동반되는 굴욕감으로 보인다(1960, 205-206). 올포트에 따르면, 적대감은 순수한 사랑에 의해서 형성된 안전에 방해 요소가 있을 때 발달하는 부차적인 성격을 갖고 있다. 올포트는 인간관계 발전에서 주요한 장애물은 인간의 정신이 쉽게 범주를 생성하는 것이라고 믿는다(1960, 212). 우리는 타인을 하나의 범주로 한데 묶고 우리보다 그들이 열등하다고 보는 것이 너무나 쉽다는 것을 발견한다.

종교와 편견

올포트는 그의 책 『The Nature of Prejudice』에서 인종적 차별을 불완전하고 융통성 없는 일반화에 근거한 혐오로 정의한다(1958, 10). 편견은 그저 느낌의 문제이거나 느낌의 문제로 표현될 수 있다. 편견은 전체로서 하나의 집단을 향하기도 하고, 그 집단의 일원으로서의 한 개인에게 향하기도 한다. 올포트는 어떤 종교적인 사람은 심한 편견을 갖고 있고, 어떤 이들은 보편적인 사랑을 꾸준히 실천한다고 말한다.

계속해서 종교는 편견과 관용적인 사랑, 두 가지 모두에 책임이 있는 것으로 보인다. 올포트는 이 질문에 대해서 행동의 차이는 둘 사이 종교성의 차이에서 기인한다고 설명한다. 그는 종교적 지향의 두 가지 형태들을 구분한다.

하나가 외재적 종교(extrinsic religion)이다. 외재적 종교는 사람들이 이용하는 것이지, 그 안에서 사람들이 살아가는 것이 아니다. 외재적 종교는 따분한 습관이거나 가끔 있는 의식, 가족의 편의, 개인적인 편안함을 위해 사용되는 집단적 투자이다(1968, 148). 외재적 종교는 이기적이고, 자기 보호적이다. 그리고 삶에 대해서 실용적인 모습을 보인다. 외재적 종교는 타인을 희생해서 편안과 구원을 가져온다. 종교는 그 자체로 가치를 지니지 않으며, 다른 필요들을 충족시키기 위해 사용된다. 편견은 외재적 종교성 안에 쉽게 자리 잡는다. 편견은 지위와 사회적 지지를 가져다주기 때문에 쓸모가 있다. 편견의 특징 중 하나는 모든 미덕은 집단 내에서, 모든 악함은 집단 밖에서 일어났다고 보면서 안정감과 편안함을 가져다준다는 것이다.

다른 하나인 내재적 종교(intrinsic religion)로 성숙한 종교성이다. 모든 존재 본질을 통합하는 개념의 인도하에서 한 개인 삶의 이상적인 통합에 대한 갈망이자 헌신이다(1968, 151). 내재적 종교는 한 종교 신조의 모든 측면을 그들 자신의 것으로 만든 이들의 삶을 특징짓는다. 이들은 사람들 뒤에 머물러 있지 않고, 그들이 누구일지라도 다른 이를 사랑하라는 계명에서 제외하지 않는다. 그들은 자신의 종교에 헌신한다. 사랑, 겸손, 동정심은 그들의 것이다. 내재적 종교에는 편견이나 경멸이 있을 여지가 없다.

외재적 종교와 내재적 종교의 구분은 교회를 다니지 않는 사람보다 교회를 다니는 사람이 더 편견을 갖고 있다는 경험적인 발견을 명확히 하는 것으로 보인다. 자료를 면밀하게 조사한 결과, 교회에 불참석하는 사람보다 교회 참석자 중 중요한 소수가 편견을 덜 갖고 있다고 한다(1968, 237). 편견이 심한 것으로 나타난 사람은 우연적이고 불규칙적이며, 중심이 아닌 주변에 있는 구성원이다. 이런 교인의 종교적 동기는 특성상 외재적이다. 그러나 내재적 종교를 가진 구성원은 편견이 적은 것으로 보인다. 추가적인 연구에서 교회에 나가는 여섯 집단 가운데, 외재적 종교 성향을 가진 구성원이 내재적 종교 성향을 가진 사람보다 더 편견을 가진다는 의미 있는 경향성이 나타났다고 보고되었다(1968, 245-260).

전반적으로 개인이 갖고 있는 종교의 종류가 관용적이거나 편견적인 관점의 발달에 있어서 중요한 결정요인인 것으로 나타난다. 올포트가 결론짓기를, 종교(religion) 그리고 종교적(religious)이라는 단어는 차별적으로 사용하기에 너무나 광범위하다 (1968, 260). 올포트는 그 용어들이 계속 사용되기 위해서는 중요한 구분이 이루어져야 한다고 설명한다.

평가와 결론

올포트는 『The Individual and His Religion』(1950)에서 우리에게 종교에 대한 심리학적 고찰을 제시한다. 그는 어린 시절만을 강조하거나, 환경 또는 무의식에 중점을 둔 일방적인 관점에 도전한다. 올포트는 한 개인이 자신의 종교를 형성하는 데 활동적이고 의식적인 역할을 한다고 주장한다. 개인의 동기는 자신만의 것으로 인식된다. 병들고 미성숙한 종교성뿐만 아니라 건강하고 성숙한 종교성도 있다. 방어 기제(mechanism)는 어떤 종류이건 간에 성숙한 종교를 설명하지 못한다. 성숙한 종교는 자신 그 자체를 개발시키는 핵심과 본질에 속한다(1955, 96). 어떠한 공통된 기원이나 핵심도 모든 종교의 기원이 되지 않는다. 공정함과 균형을 위해, 올포트는 종교심리학을 더 발전시키기 위한 신중한 교정 프로그램을 처방했다.

올포트의 작업에서 중요한 특징은 그의 서술적이거나 현상학적인 접근이다. 마지막 분석에서 성숙한 종교적 행동은 소중히 여겨진 가치들을 실현하고자 하는 노력이라는 것이 밝혀졌다. 가치에 대한 강조는 많은 심리학에서 분명히 결여되어 있는 중요한 부분이다. 올포트는 우리를 행동의 실질적인 구조로 되돌려 놓는다. 그래서 그는 심리학의 발전이 맹목적으로 물리학의 과정들을 받아들이는 것이 아니라, 인간의 삶에 맞는 적절한 측정을 취하는 것에서 온다고 믿는 심리학자와 일치한다. 올포트는 경험론적인 조사를 지원했고 참여했다. 하지만 중요한 관심사는 심리학이 그 주제에 대해서 적절한 개념화를 획득하는 것이었다. 올포트는 인간 행동에 대한 주의가 인간 행동의 가치에 대한 근본적인 방향만이 아니라 인간 행동의 실제적인 성격의 구성도 드러낸다는 것을 발견했다.

　프로이트의 합리주의는 종교 이면의 무의식적인 동기의 힘에 대해 밝혀내어 그 결과로 종교와 인류에 대한 소중한 연결점을 빼앗아 버렸다. 계몽주의는 지구상에서 신화와 신비를 없애고, 궁극적으로 우리 이성이 신(God)의 승리를 쟁취할 것으로 기대한다. 그러나 올포트는 인간의 삶에서 불명확함의 필요성을 깨달았다. 제임스처럼 인간 노력의 성공에서 믿음의 역할을 인식했다. 인간의 행동은 최종적인 확실성(결과)이 아니라 가능성에 기반하고 있다고 올포트는 말한다. 그리고 의심은 언제나 가능성을 남기고, 종교적 믿음에 대해서도 마찬가지이다. 더욱이 종교적 감성이 일으키는 의도는 초점이 맞추어진 대상의 명확성보다 더 중요하다. 마지막으로, 종교적 언어는 상징을 갖고 있고, 문자 그대로가 아니며 특징이 있고, 그 대상들을 정확하게 구체화할 수가 없다.

　비판적인 맥락에서 보면, 성숙한 종교에 대한 올포트의 설명은 지나치게 지적이고 낙관적인 것으로 보인다. 예컨대, 종교가 그것과 관련된 모든 경험의 원인을 이해하는 역할을 고려해야 한다. 더욱이, 올포트의 종교심리학은 제임스나 융과 같이 매우 개인적이다. 개인은 스스로 성인의 신앙심을 발전시키고, 그 후에 그들의 믿음에 대한 공통적인 표현과 더 나은 발전을 위해 다른 무리를 찾는다. 올포트는 결국에 가서는 그가 생태적·사회적·상황적 요인을 충분히 고려하지 못했고, 체계(system)의 내부와 외부가 더욱 적절하게 관련되어야 할 필요가 있다는 것을 인정했다(1968, 63).

　그러나 전반적으로 올포트의 명확성, 예리함, 그리고 깊은 인본주의는 미국 심리학에서 그를 중요한 인물로 만들었다. 성숙한 종교성과 미성숙한 종교성 사이에 관한 그의 구분과 더불어, 종교적 방향과 가치의 척도에 대한 그의 작업은 종교심리학에 관해서 특별히 중요한 점이었다(Allport, 1968; Allport, Vernon, & Lindzey, 1970).

참고문헌

Allport, G. W. *Personality: A Psychological Interpretation*. New York: Holt, 1937.

Allport, G. *The Individual and His Religion*. New York: Macmillan, 1950.

Allport, G. *Becoming*. New Haven: Yale University Press, 1955.

Allport, G. *The Nature of Prejudice*. New York: Doubleday, 1958.

Allport, G. *Personality and Social Encounter*. Boston: Beacon Press, 1960.

Allport, G. *Pattern and Growth in Personality*. Boston: Beacon Press, 1961.

Allport, G. *The Person in Psychology*. Boston: Beacon Press, 1968.

Allport, G. W., and J. M. Ross. "Personal Religious Orientation and Prejudice." *Journal of Personality and Social Psychology* 5 (1967): 432–43.

Allport, G. W., E. Vernon, and G. Lindzey. *Manual, Study of Values: A Scale for Measuring the Dominant Interests in Personality*. Boston: Houghton Mifflin, 1970.

Koehler, W. *Gestalt Psychology*. New York: New American Library, 1947.

05

에이브러햄
매슬로

Abraham Maslow

행할 가치가 없는 행위는 훌륭히 행할 가치가 없으며, 행할 가치가 있는 행위는 훌륭히 행하지 못함에도 불구하고 가치가 있다.

—에이브러햄 매슬로

05
에이브러햄 매슬로

에이브러햄 매슬로(Abraham Maslow, 1908~1970)는 미국 심리학계에서 오랫동안 기피해 왔던 방향으로 관심을 확장함으로써 과학으로서의 심리학을 소개하고자 했다. 예컨대, 지그문트 프로이트와 같은 심리학자가 병리성과 악함을 인간 본성으로 설정해 왔음을 비판하며 매슬로는 건강한 인간상, 즉 스스로의 능력을 타인에게 선보일 수 있는 자기실현(self-actualization)을 이룩한 개인을 제시한다. 그에 따르면, 인간은 타인으로부터 분절된 파편으로서 존재하는 것이 아니라, 무의식에 잠재한 독창성, 활력과 같은 하나의 총체인 진정한 자기(real self)로서 존재한다.

매슬로의 관점에서 건강함(health)과 총체성(wholeness)은 존재(Being)의 궁극적 가치(존재-가치)인 정신적 삶 및 신성함과 밀접한 관련성을 지닌다. 우리 시대에 신(God)은 인간 본성 내에 존재하는 가능성으로 새롭게 정의되는데, 이러한 맥락에서 매슬로는 인간의 삶이 자기초월(self-transcending)적임을 제시한다. 즉, 세상의 영속적이며 초인간적인 가치들이 인간의 본성 깊숙이 각인되어 있으며(존재-가치), 이는 곧 인간의 삶 전체가 선함, 아름다움, 진실함, 정의로움 등의 가치를 지향함을 의미한다. 매슬로는 이러한 방식으로 내부와 외부를 구별한다. 인간의 삶은 그 자체로 우주를 정의하는 요소를 내포하는 우주의 축소판, 즉 소우주인 것이다. 매슬로는 인간에게 생명을 준 우주에 대한 내적 친밀성을 깨달음으로써 건강함과 총체성을 성취할 수 있다고 주장한다. 매슬로의 인본주의적 심리학은 인간초월적(transhumanistic) 심리학이다. 그는 심리학의 저변을 확장하고자 한 그의 작업을 종전에 프로이트가 마치지 못한 작업을 계승하려는 시도로 간주했다. 이는 프로이트가 간과한 생리적 욕구와 그보다 고차원의 욕구, 즉 최종 분석에서 다루어질 영적 욕구에 대한 탐구를 말한다. 프로이트가 개척해 놓은 분야를 재개하는 작업에 더하여 매슬로는 쿠르트 골드슈타인(Kurt Goldstein), 칼 융, 고든 올포트, 에리히 프롬, 실존주의, 동양철학, 게슈탈트 심리학, 행동주의 등 심리학에 대한 그의 이해를 진전시킬 만한 텍스트와 개념을 가리지 않고 인용했다.

매슬로는 인간의 삶에 대해 당시 널리 수용되던 도그마(dogma)에 도전장을 내밀었다. 인간의 생물학적 본성을 중립 내지 선함으로 판단한 매슬로는 원죄와 원초아(id)에 관한 전통적 학설을 거부했다. 그는 인간의 삶이 외부 자극이 아닌 본질적 가치를 지향한다는 사실을 발견하고, 급진적 행동주의와 결별한다. 가치중립적 과학이라는 개념이 명백한 위험성을 내재하고 있음을 인지한 매슬로는 이를 거부하고, 그가 직접 경험하고 관찰한 인간의 삶에 대한 지식을 바탕으로 용감하게 비주류적 관점을 옹호했다. 통상적으로 심리학자들이 신성함 또는 숭고함이라는 개념으로부터 가능한 한 거리를 두려 했다면, 매슬로는 신성함이나 숭고함과 같은 개념을 그의 심리학 이론 체계의 중심으로 가져왔다. 다른 심리학자들이 사용한 방법론과 맞지 않는 현상을 외면하지 않고, 매슬로는 방법론이 현상에 맞게 수정되어야 함을 주장했으며, 또한 동료 학자들이 동기에 대한 환원주의 이론에 집착할 때, 매슬로는 인간 욕망의 광범위함을 다루려 했다.

매슬로의 심리학은 더욱 고차원적인 것, 즉 인간 본성에 대한 심층 연구에 집중한다. 그럼에도 불구하고 그는 인간의 삶에서 악이 갖는 힘을 잘 알고 있었다. 그는 연구에서 자신은 결코 비현실적일 정도로 낙관적이지 않으며, 강한 생명과 악에 대한 비극적 감각을 지닌 사람이라고 묘사하기도 했다(1979, 200). 매슬로는 그럼에도 불구하고 우리의 더욱 고차원적이며 근원적 본성의 관점에서 악에 대한 설명을 제공할 수 있다고 말한다. 그의 견해에서 악이란 반동적 특질을 지닌다. 살인하거나 폭력적으로 행동하고자 하는 태생적 성향, 또는 강간하고 약탈하고자 하는 내재적 욕구는 존재하지 않는다. 이러한 행위는 우리의 진정한 생물학적인 본성이 좌절된 결과일 뿐, 자유롭게 표출된 결과는 아닌 것이다.

매슬로는 인간이 건강과 성공을 성취하기 위해 필요한 훈련과 노력의 역할을 소홀히 하지 않는다. 그에 따르면, 자기실현이란 얻어지는 것, 즉 배울 수 있는 어떤 것이기 때문에 아이들에게 가르칠 수 있는 것이다. 또한 매슬로의 심리학은 분명히 프로이트의 이론과는 거리가 멀다. 그의 이론 체계는 참조 가능한 최선의 물증을 바탕으로 이루어진 판단을 통한 행동을 요구하며, 이때 행동은 우리의 학교, 사무실, 가정, 병원, 정부와 사회 전반에서 존재-가치를 진전시키는 데에 초점이 맞추어져 있다.

포괄적 과학을 위한 요청

매슬로는 무가치함, 무의미함을 현대의 궁극적 병폐로 간주했다(1970b, vii; 1970c, 5-10). 더 이상 우리의 세계에 동경의 대상, 목숨을 걸 만한 대상이 존재하지 않는 듯하다(1970c, 42). 제1차 세계대전 이전에 사회를 지배하던 확실성은 혼돈과 상대주의, 사회 전반에 널리 퍼진 절망으로 대체되었다. 매슬로는 전통적 가치들이 붕괴된 이후 전통적 가치를 대신할 수 있는 다른 가치가 존재하지 않았음을 지적한다.

그러나 매슬로는 확실성에 대한 열망은 여전하다고 주장한다. 물질적 풍요로움은 필요한 모든 것을 지니고 있음에도 불구하고 사람들이 겪는 정신적 궁핍함을 수면 위로 드러내 가치에 대한 논의를 뚜렷하게 부각했다(1970c, 37-38). 그에 따르면, 구하고자 하는 무언가가 있을 때 그 삶은 의미가 있다. 그러나 개인이 어떠한 결핍도 없다면 어떻게 할 것인가? 우리는 과거부터 내려온 전통적 가치의 의미를 상실했지만, 어떻게 할 것인가?라는 질문에 대한 답변이 무엇이 되어야 하는지에 대하여는 아직도 합의를 모으지 못한 과도기적 단계에 놓여 있는 것으로 보인다. 매슬로의 심리학은 바로 이 질문에 대한 답변을 제공하기 위한 시도이다. 그의 이론 체계는 권위나 전통 대신 온전히 과학적 엄밀함에만 의존한다. 매슬로의 바람은 사람들이 숙고할 때 모두 동의할 수 있는 답변을 발견해 내고자 하는 것이었다.

가치중립적 과학의 무가치함에의 공헌

매슬로는 19세기의 전통적 과학이 그가 설정한 학문적 작업에 전혀 기여하지 못하며, 더 나아가 전통적 과학이 무가치함의 문제를 사실상 더욱 악화시켜 왔음을 지적한다(1970c, 11-12). 객관적 확실성을 위한 여정에서 전통 과학은 스스로의 가치중립성을 의식적으로 천명한다. 사실, 오직 사실만이 전통 과학의 영역을 구성한다. 이에 반하여 가치는 자의적이며 사실 관계와는 접점을 지나지 않는 것으로 간주한다. 이러한 맥락에서 가치중립적인 심리학을 포함한 가치중립적인 과학은 그 탐구 영역을 가치와 인생의 가치로 확장하려는 시도를 하지 못했다. 매슬로는 심리학이 종종 개인의 경험은 특성상 공적(객관성)이기보다 개인적(주관성)이기 때문에 과학적 탐구의 대상으로 부적합하다는 이유로 개인의 경험을 배제해 왔다고까지 언급하며 이를 강도 높게 비판했다. 프로이트 학파의 정신분석학자들은 부분적으로 고차원적 삶과 그 가치가 오직 본성으로부터의 방어를 위해 기능하며, 인생에서 가장 높은 가치는 그저 인간 본성에 있는 하위 욕구의 위장된 버전일 뿐이라는 입장을 채택하는 것으로 보인다(1970c, 7). 그래서 매슬로는 정신분석학이 염세주의에 가깝다고 주장한다.

따라서 매슬로는 가치중립적 과학을 인간 성장에 대한 기준이나 무엇을 내적으로 추구해야 하는가를 다룬 이론이 없는 과학이라고 여기며, 궁극적 가치와 이상, 신비함에 대해 아무것도 알려 주지 않는다고 본다(1970c, 41). 매슬로는 과학이 물리적으로 존재하는 사실을 다룰 수 있지만, 삶의 목표와 목적, 삶의 가치에 대한 탐구는 자연에 대한 지식이 포괄하는 범위, 그리고 과학이 다룰 수 있는 범위를 넘어선다고 주장하기에 이른다. 가치는 사실(fact)을 이해하는 방법으로는 만족스럽게 이해될 수 없다. 매슬로는 물리학에서부터 전해져 온 가치중립적 과학 패러다임은 삶에 대한 과학, 더 나아가 인간 행위에 대한 과학에 적합하지 않다고 굳게 믿었다(1971, 5). 그는 심리학의 목적이 인간에 대한 이해라면 개인의 가치와 계획, 목적이 반드시 함께 다루어져야 한다고 했다(1971, 5).

가치중립적 과학의 병리성

실증주의적 19세기 과학 앞에서 지식인들은 대부분 종교적 전통주의 앞에서와 마찬가지로 삶의 방식에 대한 믿음을 상실하는 것으로 보인다(1970c, 43). 매슬로는 이러한 현상에는 분명히 특정한 이유가 있다고 보았다. 현대 시대에 과학은 인간의 삶에 명확한 위험 요소로 등장했다(1971, 172). 매슬로는 과학이 개개인의 경험을 배제하고 과학적 탐구의 영역에서 가치와 삶의 목적을 제외하는 모습에서 과학의 위험성을 제기한다. 과학이 가치의 자의성을 승인한다면, 스탈린의 살인을 비판할 수 있는 근거는 사라진다. 훌륭한 과학자가 된다는 것은 훌륭한 나치가 되는 것과 동일하게 되며, 과학은 어느 누구나 아무런 목적에나 활용할 수 있게 되는 도구로 전락할 것이다(1969, 120; 1970c, 16). 즉, 매슬로는 과학이 가치를 배제할 때 병리성을 갖게 된다고 지적하고자 했다. 따라서 우리 시대의 많은 사람이 과학을 자신이 신성하게 여기는 모든 것에 대한 위협으로 간주하고 두려워한다는 것은 놀랍지 않다. 바로 이와 같은 배경에서 매슬로는 전통적인 가치중립적 과학철학이 잘못된 방향으로 향하고 있으며, 위험하다고 비판한다. 그의 시각에 이는 단순히 무도덕함을 넘어, 비도덕적인 것이었다(1971, 21).

가치는 사람들에게 중요한 것이며, 그들의 행위에 동기로 작용하거나 삶의 목표가 되어 준다. 따라서 가치중립적 과학은 인본주의적 질문에 대한 답변을 제공하는 데에 적합하지 않다. 매슬로는 과학이 사물, 예컨대 별에 목적이 존재함을 부인한 것은 적절하다고 판단한다. 하지만 인간은 사물과 다르게 행동하고, 계획을 수립하며 타인과 관계 맺는다(1969, 2). 매슬로는 이 모든 것을 배제하고자 하는 과학이론은 포괄성에 심각한 결핍이 내재되어 있으며, 인간 행위에 대한 이해에 도달하는 데 실패할 것임을 주장했다(1970c, 43).

과학의 확장을 위한 제안

매슬로는 우리 시대에 필요한 것은 더욱 큰 능력과 방법론을 가진 확장된 과학이라는 믿음을 견지했는데, 이때 이러한 과학은 가치 탐구를 수행할 수 있으며, 사람들을 인도할 수 있는 과학(1970c, 17), 고전 과학의 시대와 같이 고의로 모든 것을 세속화하지 않는 과학(1969, 137), 현실의 신비함 앞에서 경외심을 표할 수 있는 겸손한 과학이었다(1979, 390). 그는 과학으로 인해 지금까지 진중한 학문적 탐구의 영역에서 배제되어 온 이러한 영역들로 과학의 영역이 확장될 필요가 있다고 생각했다. 이러한 영역은 가치와 목적이며, 신성함, 신비함, 모호성과 무의식까지 포함한다(1970c, 40-47). 이러한 과학은 필연적으로 지금까지 배제되어 온 정신과 개인의 경험과 하나가 될 것이다. 즉, 총체로서의 개인이 반드시 탐구의 영역에 포함되어야 할 것이다(1969, xii, 7-8). 매슬로는 오늘날 우리에게 한시가 급하게 필요한 것은 과학적 통제를 통하여 예측 가능하고 유순한 개인을 형성하는 것이 아니라, 그 반대로 작용하는 일종의 개인적 과학임을 주장했으며(1969, 40), 그는 이러한 주안점을 중심으로 확장된 심리 과학은 종전의 과학에 비하여 훨씬 강력한 도구가 될 것이라고 생각했다(1969, 47).

현실의 총체, 존재하며 경험적인 모든 것을 인지하고 설명하기 위해서 과학은 실존하고 자연적으로 관찰 가능한 모든 것을 포용할 수 있어야 한다(1968, 72). 매슬로는 과학은 모든 것을 질문할 수 있으며, 이러한 질문을 탐구하기 위해서는 탐구에 앞서 이미 전제되는 자의적인 절차가 아니라 탐구 대상의 고유한 속성과 특이성에 상응하는 절차를 기반으로 하여 이루어져야 함을 강조한다. 따라서 물리학에서 따온 구시대적 방법론은 이와 같은 작업에 부적합하므로 과학적 방법론은 필요에 따라 새로 만들어져야 할 것이다. 매슬로는 확장된 과학의 시작은 분명히 엉성할 것이라고 인정하지만, 새로운 과학이 발전해감에 따라 과학적 엄격함이 더욱 적용될 것이며, 적절한 심리 과학이 더욱 정확한 탐구를 수행할 수 있을 것이라고 설명한다(1969, 14, 56-57). 매슬로는 이러한 방향으로 확장된 과학은 우리가 흔히 종교적인 것이라 부르는 영역의 상당 부분을 포괄할 것이라고 언급했다.

매슬로는 자연의 다른 대상들과 마찬가지로, 가치 역시 자연주의적 탐구가 가능하다고 믿으며, 가치에 대한 자연주의적 연구는 매슬로 과제의 핵심이다. 그는 인간의 삶을 이끄는 가치가 인간 본성 내에 잠들어 있다고 본다. 그렇다면 가치는 연구자가 구성하거나 가정하는 것이 아니라, 인간의 생리학적 조건을 바탕으로 도출되어야 한다. 매슬로는 우리에게 유용한 것은 가장 넓은 의미에서의 경험적이며 자연주의적인 지식임을 굳게 믿었다(1970c, 10). 궁극적으로, 우리의 유일한 희망은 대폭 확장된 과학을 통한 지적 진보이다(1971, 4). 그는 우리의 기반은 맹목적 믿음이 아닌 오직 사실이 되어야 할 것이므로 믿는 것이 아닌 아는 것이 기반이 되어야 함을 주장했는데, 매슬로의 목표는 과학을 폐기하는 것이 아니라 과학을 확장하는 것이었기 때문이다(1969, xvi). 인간 본성에 대한 확장된 이해는 삶의 방식에 대하여 인간이 가진 확실성에 대한 열망을 충족시켜 줄 것으로 기대되었다.

건강에 대한 매슬로 심리학의 전제

매슬로는 심리학에서 정상(normal)이라고 부르는 것이 실은 건강한 행동과 병리적 행동을 무차별적으로 섞어 놓은 평균의 정신병리학(psychopathology)이라고 생각했다(1970b, 122). 매슬로는 인간의 건강과 병리에 대한 새로운 개념의 기본적 전제들을 다음과 같이 제시한다(1968, 3-4). 우리는 각자 생물학적인 것에 기반한 본질적인 내적 본성을 지닌다. 이 내적 본성은 어느 정도는 개인의 고유한 특질이기도 하고, 또 어느 정도는 종으로서의 인간이 모두 공유하는 성향이기도 하다. 이러한 본성은 과학적으로 탐구가 가능한 대상이며, 이 내적 본성은 본질적으로나 기본적으로, 또 필연적으로 악하지 않다. 이 본성은 선하거나 중립적이기 때문에 억압되는 것이 아니라 장려되어야 하는 것이다. 이러한 본성이 억압당할 때 개인은 정신병리적 상태에 빠진다. 정신병은 일반적으로 필수적인 인간 본성에 대한 거부, 좌절 또는 왜곡의 결과이다(1970a, 269). 이러한 필수적 내적 본성은 약하고 섬세하여 쉽게 압도당하며, 이는 고차원에 다다른 본성일수록 더욱 그러하다. 또한 규율과 고통, 비극으로부터의 성공적 도피라는 것은 존재하지 않는다. 이러한 전제는 앞으로 설명할 것이다.

기본적 욕구

욕구(need)는 가치와 긴밀한 관계에 놓여 있다. 사람들이 진정으로 원하는 것은 그것이 무엇이든 간에 본질적으로 그들에게 좋은 것이다. 즉, 하나의 가치인 것이다. 예컨대, 우리가 배고프고 음식이 필요할 때, 음식은 그 순간에 우리에게 하나의 본질적인 가치가 되는 것이다. 매슬로는 따라서 우리가 인간의 기본적 욕구(basic need)를 결정하는 데 성공한다면, 우리는 또한 기본적인 인간의 가치, 즉 우리의 생물학적 구조에 내재한 가치들을 발견하게 될 것이라 추론한다.

기본적으로 인간 욕구에 대한 한 접근법은 정신병리학이 될 수 있다. 신경증의 근원을 탐구하고자 하는 작업에서 프로이트와 융, 아들러는 모두 삶의 초기에 무시되거나 침해된 생물학적 욕구를 지적했다. 매슬로는 심리학자가 탐구할 때 영양학자의 도움을 받을 수 있다고 주장한다. 영양학자는 비타민 결핍이 규칙적으로 특정한 질병의 발병으로 이어짐을 관찰하여 인간이 비타민에 대한 생리학적 욕구가 있다고 결론을 내린다. 마찬가지로 임상심리치료사는, 예컨대 사랑이나 안전의 결핍이 정신병리적, 즉 심리적 질병(disease)을 유발할 수 있다는 관찰을 바탕으로 사랑과 안전이 생리적 욕구임을 도출해 낼 수 있었다(1968, 21-23). 매슬로는 이러한 논의의 연장선에서 신경증(neurosis) 역시 일종의 결핍 질병(deficiency disease)으로 간주된다고 언급한다(1968, 21-23). 따라서 그는 직간접적으로 거부되거나 좌절되면 정신병리학적 결과를 초래하고 심리적 기능장애를 일으키며, 적절하게 만족되면 이러한 결핍의 질병을 예방하는 근본적인 인간의 욕구를 기본 욕구라고 여긴다(1970a, 56-57, 108; 1970b, 123).

매슬로는 질병이 우리의 생물학적 본성의 상실에 기인하는 것으로 파악한다. 사소한 욕망은 정신병리학적 결과 없이 좌절될 수 있다. 게다가 단순히 기본적 욕구 중 하나의 결핍이 질병의 유발로 직결되지는 않는다. 예컨대, 평생 사랑받고 사랑을 준 개인은 어느 순간 사랑에 대한 욕구가 충족되지 않는다고 해서 큰 위협에 놓이지는 않는다(1970a, 114). 이를 바탕으로 매슬로는 기본적 욕구의 단순한 결핍이 아닌, 기본적 욕구의 좌절이 정신병리학적임을 주장한다. 갈등과 좌절이 인간에게 고난을 가져오지만, 우리는 그러한 갈등들이 직접적으로 우리의 기본적 욕구를 위협하거나 좌절시킬 때 진정으로 정신적으로 병들게 된다(1970a, 57). 매슬로는 다음과 같은 인간의 기본적 욕구들을 제시했다(1970a, 35-47).

1. 자기실현
2. 자존감(자신과 타자에 대한 높은 평가)
3. 소속감과 사랑(사랑을 받고자 하는 욕구뿐만 아니라 사랑을 하고자 하는 욕구를 포함)
4. 안전(안전에 대한 욕구)
5. 생리적 욕구

이와 같은 욕구들은 인간 삶의 근본적인 목표라 여겨진다(1970a, 54). 이러한 욕구는 선험적이기에 상대적으로 영구적이며, 어느 정도 현실과 환경의 압력으로부터 독립적인 생물학적 욕구로 간주된다(1970a, 88-95). 일반적으로 이러한 기본적 욕구는 모든 사람에게 발견되는데, 이는 곧 이러한 욕구가 인간의 보편적 본성이기 때문이다. 매슬로의 시각에 따르면, 인간의 내면은 이러한 인간 본성의 본질적 법칙을 바탕으로 발달한다. 그는 인간의 기본적 욕구, 특히 고차원적인 욕구는 대부분 무의식의 영역에 숨겨져 있으며, 인간 삶의 본질적 잠재력을 발굴하기 위해서는 탐구가 필요하다고 주장했다.

오직 충족되지 못한 욕구만이 인간 유기체를 장악하고 인간의 행위를 결정하는데(1970a, 38), 이는 더 근본적인 욕구, 예컨대 생리학적 욕구와 안전에 대한 욕구들이 충족된 개인은 더 이상 이러한 욕구를 지니지 않음을 의미한다.

매슬로는 기본적 욕구가 전반적으로 충분히 충족될수록 인간은 더욱 건강하다고 생각한다. 또한 욕구가 고차원적일수록 덜 이기적(selfish)임을 알 수 있다. 더욱 고차원적이고 정신적인 욕구는 욕구 위계의 상층부에 위치한다(1971, 194). 덜 이기적이며 고차원적인 인간의 욕구는 더욱 기초적이고 이기적인 본성으로 구성된 기반 위에 형성되며(1968, 172-174), 전자는 후자에 의존하는 구조를 형성한다.

기본적 욕구와 본질적(내재적) 가치

목표와 목적은 욕구와 필연적 관계에 놓여 있다. 앞에서 이미 언급하였듯이, 기본적 욕구의 승인은 곧 유기체가 필요로 하는 본질적 가치에 대한 승인이다. 매슬로는 우리의 본성이 선험적으로 구성된 목적, 목표 또는 가치를 우리에게 제공한다고 주장한다(1970a, 79). 이 지점에서 매슬로는 본질적 요구에 대한 게슈탈트 심리학자인 볼프강 쾰러(Wolfgang Köhler)의 발견을 확증한다(1970a, 62). 예컨대, 사랑에 목마른 개인에게는 단 하나, 오직 하나만의 진정한 충족자가 존재한다. 그것은 바로 진솔하고 만족스러운 애정이다(1970a, 62). 사랑을 하는 사람, 사랑을 받고자 하는 사람은 이러한 욕구에 정확히 부합하며, 이 욕구 또한 개인의 열망에 부합한다. 만약 우리가 성관계, 음식, 존경심 또는 물을 갈망한다면, 오직 성관계, 음식, 존경심, 물만이 그 욕구를 충족시킬 수 있을 것이다(1970a, 62). 따라서 매슬로는 연합 학습이론(associative learning theory)이 지지하는 자극과 반응 사이의 우연적 결합 대신 본성적으로 부합하는 욕구 충족, 즉 욕구와 그것을 충족시키는 가치 관계의 내재적 적합성을 주장한다. 따라서 기본 욕구 이론은 유기체의 궁극적 가치, 본질적으로 또한 그 자체로 유기체에게 가치 있는 목적에 관한 설명을 제공하는 이론이다(1970a, 63).

매슬로는 이를 통하여 고차원 욕구와 기본적 욕구의 위계에서 인간 본성의 고차원 가치와 기본적 가치의 위계를 발견했다고 주장한다. 그는 이러한 본질적 가치를 기반으로 자연주의적 가치 체계가 작동될 수 있다고 생각했는데, 개인은 그러한 자연주의적 가치 체계를 열망하고, 특정 가치를 성취하지 못할 때 병리적 상태에 빠짐으로써 그러한 체계를 구성하는 가치들의 윤곽이 드러나게 된다고 믿었다.

자기실현에 대한 욕구

매슬로는 자기실현 욕구에 큰 관심을 보였다. 자기실현은 인간의 가장 고차원적인 욕구이며, 인간의 고차원적인 가치 역시 자기실현과 밀접하게 연결되어 있는 것으로 여겨진다. 자기실현은 건강에 대한 열망, 정체성(identity)과 자율성(autonomy)에 대한 탐구, 탁월함을 향한 갈망으로 설명된다. 매슬로는 그가 훌륭하다고 판단한 사람들을 연구 대상으로 선택함으로써 자기실현에 대한 그의 작업에 착수했으며, 이후 그가 선택한 개인들이 공통적으로 지니는 특성과 패턴을 기술하고자 했다.

만일 누군가의 기초적인 욕구(생리적, 안전, 소속감과 자존감)가 충족되었다면, 이들에게는 새로운 불만이 생기게 될 것이다. 더 이상 결핍에 시달리지 않는 개인은 더 이상 자신에게 결핍된 욕구를 획득하는 데에 치중하지 않으며, 자신에게 내재한 재능과 능력, 가능성을 온전하게 발달시키고, 자기 충족을 구하면서 자신이 될 수 있는 모든 것이 되기 위하여 노력한다. 이러한 성장, 탁월함, 정체성, 상향 이동을 향한 유기체적 관심은 개인의 자기실현 욕구를 표현한다.

매슬로의 견해에서 모든 인간에게 규범적으로 발견되는 자기실현은 인간의 본질적 성향을 개발하고자 하는 욕구이다. 이는 통합된 인간상, 자발적 표현성, 정체성과 충만한 개인성, 악(bad) 대신 선(good)을 선택하는 것, 그리고 독창성을 향한 압박이며(1970b, 126), 잠재적인 것을 현실화하는 경향(1970a, 46), 오롯한 인간성의 성취에 대한 욕구이다(1971, 28-30). 자기실현을 이룩한 개인의 오롯한 인간성은 매슬로가 채택한 심리학적 건강의 척도이며, 이와 반대로 심리적 질병은 이러한 인간성으로부터 멀어진 것이다. 매슬로에 따르면, 인간이 될 수 있는 것(can be)은 실현되어야만 하는 것(must be)이다(1970a, 46).

자기실현의 성취

성격의 구조에 대한 결정적 표식에 더하여 자기실현은 또한 개인이 자신의 모든 힘을 집중적으로 쏟아 내는 경험으로 간주된다. 매슬로는 개인이 이렇듯 자기실현의 순간 가운데에서 비로소 총체적인 인간, 온전한 인간이 될 수 있다고 보았다(1971, 45). 자기실현은 누구나 경험할 수 있다. 또한 자기실현은 비교적 변함이 없는 성격으로 평범한 개인 역시 이를 성취하기 위하여 노력할 수 있다.

매슬로는 인간 본성은 환경의 영향이 무차별적으로 각인된 백지(tabula rasa)가 아니고, 자기(self)로서 각 개인이 적극적으로 실현되어야만 하는 대상임을 주장한다 (1971, 45). 이때의 자기란 우리의 내면 깊숙한 곳에 이미 잠재한 우리의 모습이다 (1971, 112).

우리는 이 고유하고 보편적인 내면적 자기를 선택함으로써 우리가 되어 간다. 매슬로는 자기실현이란 일상생활에서 마주하는 다층적인 선택에서 진행되어 가는 또는 그러지 못하는 과정임을 강조한다. 선택을 두려워하는 대신 용기를 갖고 성장을 위한 선택을 내리는 것, 거짓 대신에 진솔함을 택하는 것, 포기하는 대신 개인의 지성을 통하여 문제를 해결하려 하는 것, 안락함을 선택하는 대신 그러한 환상에서 벗어나는 것, 훔치기보다 훔치는 것을 포기하는 것, 부모나 기성 체제와 전통의 정형화된 명령에 굴복하는 대신 우리 내면의 목소리를 따르는 것, 타자의 기호를 따르는 대신 개인의 취향을 발견하는 것, 그리고 우리 삶에 존재하는 신성함을 거부하는 대신 그것을 발견하고 대면하는 것 등이 이러한 과정을 구성한다(1971, 45-50).

매슬로에 따르면, 이 모든 각 행동은 선천적으로 옳으며 자기실현으로 향하는 작은 노력이다(1971, 47). 우리는 이처럼 매 순간 내면의 목소리에 귀를 기울임으로써 우리 스스로에게 무엇이 적합한지 배우게 된다(1971, 124). 정리하면, 자기실현은 단순히 최종 상태가 아니라, 매 순간 상황의 요구에 맞춰 우리 내면의 잠재력을 실현하는 과정이다(1971, 47). 자기실현은 개인의 소소한 성취이기 때문에 그 정도가 개인에 따라 상이하다(1971, 50).

성장-동기 및 결핍-동기

매슬로는 실제로 자기실현을 성취한 개인은 소수에 불과하다고 생각했으며, 우리가 실제로 자기실현을 성취한 개인과 대면할 때 그들이 평범한 인간상과 얼마나 동떨어져 있는지에 놀랄 수 있음을 지적한다. 자기실현을 성취하지 못한 개인의 가치 체계는 기본적 욕구에 지배당하며, 이러한 개인에게 세계는 약육강식의 정글과 같은 모습으로 경험된다. 반면, 매슬로는 일단 내면의 결핍이 외부의 만족에 의하여 충족되면, 인간으로서 개인 발달의 유일한 문제인 자기실현이 시작된다고 말한다(1970a,

162). 이러한 순간 이후에 비로소 개인은 자기 고유의 잠재력, 그리고 인간 보편적인 생물학적 잠재성을 실현하는 것과 관련해 더욱 고차원적인 만족감의 획득을 위하여 노력할 것이다.

자기실현을 성취한 개인은 평범한 의미에서 노력하지 않는다. 그들은 자신이 처한 상황 이외의 상황을 달성하려고 노력하지 않는다. 자기실현을 성취한 개인은 안전, 소속감, 애정, 존경심 및 자존감에 대한 욕구 충족에 만족하면서, 그들이 가지지 못한 것을 얻으려 노력하지 않는다(1971, 299). 이는 그들의 기본적 욕구가 충족되어 있기 때문이다. 자기실현자는 더 이상 기본 욕구에 의해 동기화되지 않으며, 결핍 욕구를 넘어선 상태에 있게 된다(1971, 299-301). 욕구에 의한 동기 없이, 그들은 성장한다(grow). 따라서 자기실현자의 행동은 결핍-동기(deficiency-motivation)가 아닌 성장-동기(growth-motivation)에서 비롯된다. 그들은 결핍을 충족할 수 있는 외재적 대상을 찾는 대신 유기체 내부로 향한다. 즉, 개인의 진정한 발달은 내부로부터의 성장(intrinsic growth)에서 시작되는 것이다.

매슬로는 자기실현이 결핍-동기 대신 성장-동기에 기초한다고 했다(1970a, 134-135). 이미 선험적으로 내재되어 있던 것이 펼쳐지는 것이며, 이 지점부터 모든 것은 노력을 들이지 않아도 저절로 진행된다. 자기실현자의 행위는 오직 그들이 현시점에 대면하고 있는 행위와 그 목표에 집중한다. 이들에게 노동은 곧 유희, 의무는 즐거움, 그리고 미덕은 곧 보상이다. 자기실현자는 그들이 사랑을 베풀 때 만족감을 느낀다. 그들은 노력이나 부담감 없이 자신의 고유한 존재를 표현한다. 그들의 자발성, 자연스러움과 건강은 욕구 결핍의 충당을 향한 하위 욕구에 의하여 동기화되지 않는다. 그들이 보여 주는 건강과 자연적 자발성은 동기(결핍-충족)의 반대개념이다(1970a, 233). 자기실현자의 동기란 단순히 성장, 표현, 성숙, 성격의 발달인데, 이는 개념상 자기실현 그 자체이다(1970a, 159).

매슬로는 이렇듯 성장-동기화된, 자기실현의 과정에 놓인 개인을 메타 동기화된(meta-motivated) 개인이라 칭한다. 이는 이들을 통상적인 의미에서 동기화된 개인, 즉 결핍-동기에 의하여 행동하는 개인과 구분하기 위함이다. 욕구(결핍) 대신, 자기실현자는 메타 욕구를 지니는 것으로 여겨지는데, 이는 엄밀히 말하자면 이들에게는 일반적 의미의 욕구가 존재하지 않는다는 말이기도 하다. 결핍이 아닌 충만함을 바탕으로 행동하는 자기실현을 성취한 개인에게는 어떠한 결핍도 없다. 그들의 메타 동기에는 탁월함, 진실, 아름다움과, 다음에서 다루어질 다른 고차원적 가치들을 포함한다. 매슬로에 따르면, 이러한 메타 동기, 즉 더 고차원적이고 정신적인 삶을 향한 열망은 인간의 본성 그 자체에서 기인한다. 또한 메타 동기는 생물학적 특성에 바탕을 두고 있다.

매슬로는 자기실현을 성취한 사람에게서 그가 주장한 확장된 과학으로서의 심리학을 발견했는데, 이러한 자기실현자의 존재는 곧 그가 주장해 온 이론이 실제로 적용 가능함을 시사했다. 게다가 매슬로는 자기실현은 모든 사람에게 열려 있는(모든 사람이 실천 가능한) 원칙이라는 주장을 고수한다(1971, 230; '자기실현의 성취' 참조). 인간의 본질(생물학적으로)에 기반을 둔 자기실현자의 자유로운 가치 선택은 젊은이뿐만 아니라 모든 사람에게 인간 발달의 보편적 기준으로 제시될 수 있다(1968, 157-58). 자기실현자는 옳은 것, 진실한 것과 아름다운 것에 대한 경험이 있으며, 그른 것, 거짓된 것과 추함을 거부한다(1970a, 293). 자기실현자는 대부분 그들끼리 옳음과 그름에 대한 의견이 일치하는데, 이는 개인적인 선호가 아니라 참되고 자기초월적인 어떠한 것에 대한 인식에서 기인한다(1971, 10). 매슬로에 따르면, 훌륭한 인간상이 적지만 실제로 존재한다는 사실은 인간의 잠재력에 대한 믿음을 주며, 계속해서 싸워 나갈 용기와 힘을 준다(1970a, xxiii).

매슬로는 완벽한 인간은 존재하지 않으며, 앞으로도 존재하지 않을 것이라는 사실을 분명히 알고 있다(1970a, 174-176). 자기실현 중인 개인도 분명 자신만의 문제와 숨겨진 결점을 갖고 있다. 예컨대, 자기실현자는 종종 자비가 없이 거칠고 무례하다. 매슬로는 이들이 평범한 사람과 구분되는 이유를 그들의 완벽함이 아닌, 삶의 초기의 결핍 문제와 비현실적 문제에서 탈피하여 영원히 해소될 수 없는 삶의 존재론적 문제로 옮겨졌기 때문임을 분명히 한다(1968, 115). 매슬로는 일반인과 자기실현자를 구분하는 가장 중요한 다른 점은 결핍에서 충족된 개인이 존재의 영역에 더 가깝다는 것이라고 언급한다(1968, 39). 우리는 종교심리학적 관심을 유지한 채, 이제 존재의 영역에 대한 논의로 넘어갈 것이다.

존재의 영역

매슬로 이론에서 존재의 영역을 구성하는 중심적 개념은 존재-사랑, 존재-인지 및 존재-가치이다.

존재-사랑

자기실현자는 타인과 인간 전체에 대한 깊은 애정을 지니고 있는 것으로 보인다. 그들은 자기의 한계를 초월하여 타인과 합일을 이룬다. 이들은 다른 인간을 하나의 거대한 가족으로 생각하며, 또한 그들과 스스로를 동일시한다. 매슬로는 이러한 자기실현적 사랑을 존재-사랑(존재에 대한 사랑)(Being-love: B-love)이라고 부른다. 존재-사랑은 타자의 존재 자체에 대한 순수한 사랑이자, 대상 그 자체에 대한 수용과 사랑이다. 이러한 사랑은 그 자체로 목적이 되며, 자신을 포함한 누군가의 이익이나, 그 다른 어떤 것을 위한 수단으로 사용되지 않는다. 아무런 대가를 요구하지 않는 존재-사랑은 그 자체로 목적이자 보상이며, 그 자체 이외의 어떠한 목적도 존재하지 않는 목적-경험이다. 매슬로는 존재-사랑을 도가적(Taoistic) 의미의 불간섭적 시각과 관계되어 있는 것으로 설명한다. 이러한 도가적 불간섭에서 대상은 다른 관념의 주입 없이 그 자체로 관찰되고, 타자는 스스로 존재하고 지배하며, 조용히 경청하는 경험자-청자에게 말을 걸 수 있게 된다(1971, 124).

존재-사랑에서 총체적이고, 실제적이며, 자기를 내세우지 않고 타인을 존경하는 경청을 달성하는 것은 진정한 성취로, 이러한 경청은 선입견을 가지지도, 분류하거나 평가하지도, 동의하거나 반대하지도, 수정하거나 논박하지도 않는다(1969, 96). 건강한 개인이 경험하는 존재-사랑은 일종의 자발적 감탄으로 설명되는데, 이는 훌륭한 미술품 앞에서 관객이 보여 주는 수용적이며 요구하지 않는 경외와 즐거움과 크게 다르지 않다(1970a, 196-199). 석양에 대한 감탄에서 볼 수 있는 목적-경험은 석양에 그 어떠한 영향도 끼치고 싶어 하지 않는다. 석양을 감상하는 개인은 단순히 석양의 존재, 또는 목적성(endness) 그 자체를 사랑하고 경외하며 다른 의도를 지니지 않는다(1971, 142-143). 이때 감상자는 어떠한 자기-권력 강화나 권력에 대한 의지도 갖지 않으며, 그저 그 앞에서 스스로를 포기할 뿐이다. 존재-사랑의 또 다른 사례들로는 부모 경험, 독창성의 순간, 지적 통찰, 유기적 경험이 있다. 매슬로는 도교적 불간섭의 내버려두기(letting be)는 관계 맺어지는 것에 대한 거부 또는 무관심과는 분명히 다른 개념이라고 지적한다. 존재-사랑은 종종 폭넓은 활동으로 이어지는 높은 관여를 보이지만, 자아(ego)가 높게 관여하지 않는 경험이다.

존재-사랑은 그 자체를 넘어선 목적을 지니지 않기 때문에 언제나 즐겁고 근원적으로 만족스럽고, 소유적이지 않다. 타인에게 자기-수용과 사랑받을 가치가 있음을 포함하는 자기상을 조성해 주는 이러한 종류의 사랑은 사실 오히려 타인이 주체적으로 성장할 수 있는 계기를 제공한다. 매슬로에 따르면, 존재-사랑은 동반자를 창조해 낸다(1968, 43). 매슬로는 자기의 이해관계가 관여하지 않는 존재-사랑은 오직 신들(gods)에게만 허용된 경험이었음을 지적한다. 이러한 존재-사랑과 대척점에 서 있는 형태의 사랑을 우리는 결핍-사랑(Deficiency-love: D-love)이라고 한다(1968, 42-43). 전자인 존재-사랑이 그 자체의 고유한 목적성에 대한 사심이 없는 사랑이라면, 후자인 결핍-사랑은 결핍에 의해 동기화된 욕구를 추구하는 이기적인 사랑이다.

존재-인지

매슬로는 대상(사물과 인간)에 대한 인식의 종류 중, 인식하는 사람의 본성보다 대상의 본성에 중점을 두는 형식이 있다고 보고, 이를 존재-인지(Being-cognition: B-cognition)라고 했다. 이러한 존재-인지는 매슬로의 심리학 이론체계의 중심을 구성하는데, 이는 결핍-인지(Deficiency-being: D-cognition)와 대조적 쌍을 이룬다. 결핍-인지란 개인의 결핍 욕구에 의하여 구조화된 인지이다(1968, 73). 존재-인지는 존재-사랑을 기반으로 성장한다. 즉, 타인의 존재에 대한 이기적이지 않은 사랑(목적 자체로서의 사랑)은 그 자체의 내재적 본성과 목적성으로 인해서 이해-지식, 즉 내재적 본성, 목적성 또는 타인의 존재에 대한 인식을 촉진한다(1971, 108, 122).

따라서 매슬로는 만일 우리가 존재의 차원에서 무언가를 사랑할 때 우리는 그것을 간섭하지 않게 될 것이라고 말하는데(도교적 불간섭), 이는 있는 그대로 그것을 볼 수 있다는 것을 의미한다(1969, 116). 매슬로에 따르면, 타인을 목적 그 자체로서 사랑하는 것은 타인이 더 이상 숨지 않고 자신 그 자체나 자신의 잠재성을 우리 앞에 보일 수 있도록 한다(1971, 17). 매슬로는 그가 존재-사랑을 통하여 존재-인지를 발견했음을 언급하는데(1968, 73), 이는 존재-인지에 대한 논의에서 매슬로가 종종 사랑의 지식 또는 도교적 객관성과 같은 표현을 사용하는 데에서 알 수 있다.

매슬로는 우리가 타인의 존재를 사랑할 때 비로소 타인의 진정한 본성에 다가갈 수 있다고 말한다. 존재-사랑은 결핍동기에 의하여 행동하는 사람들에게는 보이지 않는 대상의 본성을 비출 수 있다. 자기실현을 성취했거나 건강한 개인은 평범한 사람들보다 존재-인지에 능한 것으로 보인다(1971, 167). 매슬로는 자기실현을 성취한 개인이 그렇지 않은 사람에 비하여 더욱 효율적이고 정확하게 진리와 현실을 지각할 수 있다고 주장했다. 이는 자신의 자기중심적 이해관계로 교란되지 않은 그들의 인지력이 타자의 존재 자체에 더욱 중점을 맞출 수 있기 때문이다(1971, 129). 매슬로는 존재-인지가 비록 절정경험과 함께 다루어지지만, 동시에 비극적 사건으로부터 비롯되는 절망 경험에 뿌리를 둘 수도 있다는 점도 지적한다(1971, 252).

다음은 매슬로의 연구에 참여한 개인들이 설명한 세계의 존재에 대한 인지 특성들이다(1968, 71-96; 1971, 260-266). 온 세상은 하나의 통일을 이루고 있으며, 사람들은 각자 이 안에서 자신의 위치를 지닌다. 만물의 궁극적 정체성에 대한 경험인 우주적 인지와 비교할 수 있다(1971, 130). 인지되는 대상은 오롯이 그 자체로서의 인지를 위하여 다른 모든 것으로부터 분리된다. 대상의 충만함과 고유함, 명확함에 빠져들게 된다. 또한 대상의 모든 측면이 동시에, 동등한 중요성을 지닌 것으로 인식되고, 다른 어떤 것과도 비교되지 않으며, 비교될 수 있는 것으로 보이지 않는다. 인간과의 무관함을 지니는 대상은 그 자체로서 목적성을 지니는 존재로 보인다. 이는 자연스러운 것이며, 대상에 대한 도가적 인지이다. 인지하는 개인은 대상에 대하여 자신의 선입견, 기대, 소망이나 두려움을 투사하지 않는다. 사물은 그 자체로만 오롯이 존재하는 대상으로 받아들여진다. 사물은 종종 존경심과 경외심을 자아내는 신성함을 내포하는 것으로 인지된다. 이때 대상은 다른 어떠한 것으로도 대체 불가능한, 유일무이한 것이 된다. 사물은 곧 하나의 합일체로, 현실 전체에 대한 상징과 같이 인지된다.

더 나아가 존재-인지는 반복을 거듭할수록 그 경험이 충만해지는 과정으로 설명된다. 경험에 대한 몰두는 너무도 완전해서 경험자와 경험 대상이 혼란을 겪지 않고서 자기(self)를 초월하며 대상을 중심으로 만물이 재정렬된다. 이때 경험자와 대상 사이의 상호 동형성(isomorphism: 일대일 관계에서 양자가 지니는 형태 또는 구조의 유사성)이 발견된다. 세상이 그 존재를 통하여 경험됨에 따라서 지각자는 자기 자신의 존재로 시선을 돌리게 된다. 그리고 지각자가 자신의 존재에 다가갈수록 세상 역시 그 자체의 존재로서 경험된다. 역설적으로, 타자가 자신의 존재 자체로 나(I)의 삶을 지배하기 위하여 다가올 때 나는 자율성을 회복한다. 그리고 내가 자율성에 다가갈수록, 타인의 존재가 나를 장악하게 된다.

이에 더해 존재-인지는 그 자체로서 어떠한 목적으로서의 본질적 가치를 지니는데, 이는 존재-인지는 그에 대한 경험 자체에 의해 정당화되기 때문이다. 지각자는 그 자신이 시공간의 외부에 놓여 있게 되는 경험을 한다. 이때 1분은 하루와 같이, 그리고 하루는 1분과 같이 경험될 수 있다. 이러한 경험은 지역, 문화, 역사 또는 인간의 관심사를 초월하는 절대성을 지닌다. 이 경험 안에서 갈등과 이분법은 해소되고, 비일관성은 이치에 벗어나지 않을 뿐 아니라 하나의 필연성으로 지각된다. 자기(self)와 세상은 종종 즐겁고, 자극적이며, 사랑스럽고, 매력적으로 경험된다. 지각자는 모든 타인을 사랑하고, 용서하고, 수용할 수 있게 되며, 이를 넘어 인간행동의 악함까지도 수용할 수 있게 된다.

존재-가치

매슬로의 연구에 참여한 사람들에게 존재-인지 안에서 마주한 현실에 대하여 설명해 줄 것을 요구했을 때, 그들은 특정한 가치를 중심으로 이를 설명했다. 매슬로는 이 가치를 존재-가치(Being-value: B-value)라는 용어로 지칭했으며, 이 존재-가치를 자신의 가장 중요한 발견으로 여겼다.

존재에 대한 사랑은 존재에 대한 인지로 이어진다. 연구 참가자들이 존재-인지를 통하여 지각된 세계의 존재에 대하여 설명할 때, 그들은 존재-가치를 바탕으로 이를 설명했다. 매슬로에 따르면, 존재-인지는 우리가 존재에 대한 가치와 총체로서의 현실에 대한 가치들을 직접적으로 인지할 수 있게 한다. 매슬로의 시각에서 이러한 존재-가치는 실존하며, 궁극적 현실(ultimate reality)을 구성한다(1971, 331). 존재-가치는 정신적 가치, 즉 가치의 위계에서 가장 고차원적인 가치이다. 기본적 욕구의 위계에서 보면, 이는 최고로 고차원적인 욕구에 해당한다. 존재-가치는 이상적 환경과 흡사하며, 자연주의적 의미를 지니는 가치들로 설명된다. 다음은 매슬로가 존재의 본질적이며 환원 불가한 가치로서 제시하는 가치이다(1968, 83). 진실, 선함, 아름다움, 총체성, 생동성, 고유성, 완벽함, 완전함, 정의, 단순함, 충만함, 무위함, 즐거움, 자족성 및 의미 충만함이며, 존재-인지에 의하여 지각된 세계, 즉 지각된 현실은 이와 같은 특성을 통하여 설명된다(1971, 109).

　매슬로는 이러한 가치가 존재와 독립적으로 존재할 수 없음을 주장한다. 존재-가치는 특정한 통일성을 지니며, 개별 가치는 총체성의 한 단면을 보여 주는 보편적 요인의 표현이다(1971, 194, 324). 존재-가치는 존재의 단면, 또는 한 보석의 여러 단면과 같은 비유로 표현할 수 있다(1968, 84). 매슬로는 존재-가치가 통일성을 지닌다는 사실은 과학자들이 진리를 밝히고자 헌신하는 것, 변호사가 정의를 구현하고자 마음을 다하는 것과 같다고 했다. 또한 이는 하나의 존재-가치가 다른 모든 존재-가치를 불러일으킨다는 것을 의미한다. 예컨대, 정의상 아름다움은 선하고, 진실하며, 완벽하고, 생동적이어야 한다. 마찬가지로 진실은 아름답고 선하다(1971, 324). 자기실현자의 경험에 따르면, 이러한 존재-가치의 결합은 사실이다. 이러한 가치는 가장 건강한 인간의 경험 안에서 온전하게 상호 연관되는 반면, 우리 문화의 일반적인 사람들의 경험 안에서는 부분적으로만 경험된다(1968, 84).

　현실의 단편으로서의 존재-가치는 분명 존재-인지의 태도와 감정과 분리되어야 한다(1970c, 94; 1971, 334-335). 존재-인지의 심리적 상태로는 경외, 사랑, 흠모, 경배, 겸손함, 승인, 헌신, 신비감, 감사함, 축복, 황홀경이 있다. 이러한 메타 동기화된 감정들은 본질적으로 사랑할 만한 존재-가치에 전적으로 적합한 것으로 경험된다. 존재-가치는 이러한 호의적 반응을 충분히 받을 만하며, 이를 넘어서 요구할 수도 있을 것이다(1971, 336). 매슬로는 실제로 존재의 가치를 축하(celebrate)하는데 이러한 반응이 매우 적합하다고 판단한다(1971, 337).

매슬로는 존재-가치 중에서 악과 조금이라도 근접한 개념이 없음을 말한다(1968, 81-82). 현실은 오직 가치의 충만함, 그저 소중하게 다루어지기 위한 또는 수용되기 위한 매우 긍정적인 요구 특성을 지니는 것으로 묘사된다. 매슬로는 그의 유신론적 친구가 신(God)을 논하는 방식이 그가 존재의 가치를 논하는 방식과 매우 흡사하다는 점을 언급한다(1971, 195). 존재-가치는 신학적 용어로 영원한 가치, 영속적 진리라고 불려 왔다(1971, 108-109). 우리의 존재-가치는 더욱 고차원적인 삶의 방식을 규정한다. 사람들은 이러한 가치를 위하여 자신의 모든 것, 심지어 목숨마저 희생하는데, 우리는 우리가 숭상하는 영웅, 성자(saints) 그리고 신(gods)에게서 이러한 가치를 발견한다. 매슬로는 존재-가치가 일반적으로 사람들이 경험하게 되는 삶의 의미와 동일하다고 말한다(1971, 44). 예컨대, 추함보다 아름다움에서 삶을 살아가는 것을 선택하고자 하는 것은 인간 본성의 내재적인 모습으로 볼 수 있다.

존재-가치가 기본적 욕구들의 위계에서 인간의 가장 고차원적 욕구, 즉 메타 욕구를 충족시키기 때문에 이러한 욕구의 충족이 최고의 만족감을 가져온다(1971, 328-329). 존재-가치가 결핍된 경우, 즉 본질적 가치-결핍에 빠질 경우(1971, 320)에 사람들은 메타 병리성을 키우게 된다(1971, 22, 44, 316-322). 무의미함, 권태로움, 절망, 고통과 같은 상태가 이러한 영혼의 질병을 만든다. 매슬로는 그의 연구에서 이에 대해 우리는 영성의 결핍으로 죽어 가고 있다고 언급하며 우려를 표했다(1979, 876). 이에 대하여 매슬로는 억압과 부인, 그리고 아마도 모든 프로이트적 방어기제가 우리의 가장 기초적인 욕구에 대항하여 동원되는 바와 같이 고차원적이고 궁극적인 가치를 향한 우리의 생물학적 경향성에 반하여 동원되는 것이 아닌지 추측했다(1971, 322).

과학, 사실 그리고 존재-가치

매슬로는 서양 과학이 지금까지 관찰을 수행할 때, 자아(ego)가 덜 개입될수록, 관찰자가 더욱 객관적일수록 관찰 대상이 가치의 영역에서 더욱 거리를 둘 수 있을 것이라 전제해 왔음을 말한다. 하지만 그는 고도로 자아와 분리된 존재의 인지에 대한 연구에서 존재-인지를 경험하는 사람들에게 현실에 대하여 설명해 줄 것을 요청했을 때, 그들의 설명이 존재-가치를 중심으로 한다는 것을 설명한다. 즉, 인지적으로 가장 탁월한 사람은 현실에 대한 본질적 가치를 직접적으로 지각한다고 주장하는 것으로 보인다. '실제(reality)'에 대한 가장 통찰력 있는 지각에서, 실제는 그러한 것(사실)과 그래야만 하는 것(가치)이 하나로 합쳐진 또는 융합된 것으로 보인다. 그러한 것과 그래야만 하는 것(당위성)이 하나가 되어 똑같아지는 것이다. 그래야만 하는 것은 그러하다. 세계는 우리가 원하는 방식으로 존재한다. 궁극적 실제는 가치의 실제이다(1971, 109, 331).

또한 매슬로는 우리가 어떤 대상에 대해 더 잘 알게 될수록 대상의 존재 당위성을 더 많이 습득한다고 지적한다. 대상의 깊은 사실성에 대한 경험인 존재-인식은 대상의 존재 당위성에 대한 경험이다. 이때 존재의 당위성은 올바르게 인지된 사실성에 본질적이며, 그 자체로 하나의 지각된 사실, 곧 세상에 대한 진리이다(1971, 120-122). 사실들은 따라서 일종의 필수성(requiredness), 즉 본질적 필수성을 지닌다. 게슈탈트 심리학자들이 이미 인지하였듯이, 이들은 일종의 벡터(vectorial)이다. 사실들은 그들에게 고유한 방향성(명확한 필연성)을 지니며, 나무 조각이 무질서하게 널브러져 있는 것과 같이 존재하지 않는다(1971, 118). 이때 매슬로는 건강한 개인일수록 사물의 본성에 대한 지각, 즉 사물의 진정한 가치에 대한 인식이 가능하다고 말한다. 또한 매슬로는 이러한 발견이 과학을 비롯한 모든 인간의 지적 시도에 파문을 가져올 것이라 언급한다.

존재-가치와 자기실현자

매슬로는 자기실현자는 사실들을 더욱 명확하게 인지(존재-인지)하기 때문에 그들이 더 나은 인지를 경험한 사람이라고 믿었다(1971, 6). 하지만 우리가 이미 앞에서 검토하였듯이, 대상이 깊은 사실성에서 인지되었을 때, 사실에 대한 인식과 가치에 대한 인식은 동일하다. 이는 사실과 가치가 결합되기 때문이다(1971, 105-125). 사실(대상, 실제, 존재)에 대하여 정확하게 인식하는 자기실현자는 결과적으로 존재의 가치를 지각하는 데에 가장 능숙하다. 자기실현적 존재-인식은 사실성(factness)뿐만 아니라 당위성(oughtness)에 대한 인식이기도 하며, 이는 곧 정신 외적인 필수성(존재-가치)에 대한 인식이기도하다(1971, 271).

사실은 당위성을 구성한다. 매슬로는 자기실현자가 사실에 대하여 매우 수용적이며, 사실이 그들에게 어떠한 인식을 요구하는지 분별해 낼 수 있다고 지적한다. 이는 당위성에 대한 요구이다. 당위성에 대한 명확한 인식은 그러한 인식을 지속할 것에 대한 요청이며, 이는 결정의 확고함으로 이어진다. 반면, 사실에 대한 이해의 부족은 악으로 이어진다. 사실에 대한 몰이해는 당위성에 대한 몰이해를 의미한다. 매슬로의 규범적 생물학은 인간의 생물학적 본성에서 존재의 가치에 대한 친밀성과 개방성, 그리고 그러한 가치에 대한 적성과 열망을 찾고자 한다(1971, 5). 외부적 현실에 내재한 존재-가치는 인간의 본성에도 내재되어 있다. 인간 내면의 존재-가치, 그리고 인간의 외부에서 발견된 존재-가치는 동형이다. 내부와 외부의 가치들은 선험적 조화나 혈족 관계와 같으며, 또한 내부와 외부적 필수성의 상호 고양적 역학관계를 형성한다(1968, 170; 1971, 301-302).

매슬로는 인간 본성이 근본적으로 가장 고차원적이자 심오한 차원에서 존재의 가치들을 지향하는 것으로 이해했으며, 자기실현자는 이러한 내재적 잠재력을 실제 관계로 전환할 수 있는 사람으로 보았다. 자기실현자는 존재-가치를 그들의 성격과 통합시킨 개인이다. 이들에게 있어서, 존재-가치는 그들의 특성을 결정하는 자기의 가장 필수적인 자질이다. 결국 외부의 현실에서 발견한 특징들인 선함, 진실함, 아름다움, 정의가 자기(self) 안에서 내적 공명을 찾은 것이다. 그렇기에 자기실현자는 선하고, 진실되고, 아름다우며, 정의로워진다. 매슬로는 이러한 내부와 외부 영역의 합일이 인간의 내적 본성과 외부세계의 선험적 조화, 또는 그 둘 사이의 동형에 의하여 가능하다고 보았다.

결핍을 넘어선, 심오하고 고차원적 자아와 맞닿아 있는 자기실현자는 존재의 영역에서 살아간다. 그들은 현실을 목적 그 자체로서, 그리고 그것의 목적성으로서 이해하며 사랑한다. 그들은 궁극적 현실과 존재-가치들을 이해하고 사랑한다. 따라서 자기실현자는 현실의 궁극적 가치를 이해하고 사랑하기 때문에 이러한 가치에 상응하는 메타 욕구를 지닌다. 그들은 진실, 정의, 선함, 아름다움, 질서, 통일성, 포괄성을 선호하고 열망한다(1969, 43). 매슬로의 관점에서 이러한 메타 동기는 그들의 온전한 일부가 되는데, 이는 그들이 인간 본성의 내재적인 생물학적 자질을 실현하였으며, 그들의 내적 자아의 차원에서 존재의 가치를 인식했기 때문이다. 매슬로가 말하길, 가치의 선택은 개인의 내면 깊숙이 위치한다. 자기실현자는 자신의 가장 깊은 곳에 있는 자기와의 대면에서 존재-가치가 선택의 원칙으로서 분명해질 수 있도록 내버려둘 수 있다(1979, 305). 이들은 자발적으로 거짓보다 진실을, 악보다 선을, 그리고 추함보다 아름다움을 선택한다(1971, 146). 현실의 궁극적 가치와 스스로를 동일시한 자기실현자는 이러한 가치가 있는 곳 어디에든 그것들과 함께 존재한다. 이때 이러한 가치는 어디에든 편재한다. 따라서 매슬로는 자기실현자가 공간을 초월하는 사람이라고 주장한다(1971, 276).

그들 스스로와 동일시하는 존재-가치를 가치 있게 여기며 존재-가치로 인해 메타동기화된 자기실현자는 이러한 가치를 탐구하고 적용하는 데에 자신의 인생을 바친다. 매슬로에 따르면, 자기실현자는 고도로 윤리적인 개인이며, 그들의 옳음과 그름에 대한 감각 역시 범인과는 다르다(1970a, 158). 실제 세상 속에 존재-가치를 구현하고자 하는 노력에서 자기실현자는 그들 외부의 가치를 위하여 행동에 나서는 모습을 보인다(1971, 43-44). 매슬로는 이러한 자기실현자는 그들이 하는 일을 사랑하고 있다고 언급한다(1971, 43).

자기중심적 사고에서 벗어난 자기실현자는 행복과 자기실현의 과정에서 이기적인 의도를 넘어선다. 이와 반대의 상황을 가정하는 것은 매슬로의 심리학에 대한 심각한 오독인데, 이는 불행히도 자주 일어난다. 자기실현자는 자기실현 그 자체가 아닌, 현실 그 자체와 이에 내재되어 있는 목적성(존재)에 몰두한다. 현실이 그 존재로서 경험될 때, 자기실현자는 이 경험에서 발견된 완벽성에 동형적으로 참여할 뿐이다. 그리하여 의도되지 않은 자기실현이 발생한다. 자기실현 그 자체가 목적이 아니라 과정에서 자기실현이 일어나는 것이다. 가치 중 가장 고귀한 가치인 존재-가치는 가장 높은 만족감을 안겨 준다. 자기실현자는 정확히 그들이 행복을 찾아다니지 않기 때문에 행복하다. 매슬로는 아동들에게 바로 이러한 것을 교육해야 한다고 생각했다.

자기실현자는 자신의 가장 깊은 내면까지도 존재-가치와 합일을 이루는 사람들이다. 존재-가치는 이들에게 이미 개인적인 일이다. 이러한 존재의 가치에 대한 훼손, 예컨대 무고한 사람에 대한 학살이나 자연 파괴는 그들 자신에 대한 공격으로서 이는 곧 개인에 대한 모욕으로 경험된다(1971, 312). 매슬로에 따르면, 존재-가치에 대한 위협은 곧 그 자체로 고도로 성숙한 개인들에 대한 위협이다(1970a, 111). 현실을 능숙하게 인식하는 사람, 즉 스스로를 존재-가치와 동일시하는 사람은 우리 시대에 만연한 이러한 침해 앞에서 숙연해지고 슬퍼지기 마련이다. 예컨대, 수백 수천만 명의 학살, 뿌리 깊은 인종주의, 횡행하는 상업주의 등이 여기 포함된다. 대중의 공포, 맹목성과 무지함에 대한 자기실현자의 날카로운 통찰력만이 그들의 삶에 대한 비극적 감각을 날카롭게 하며 낙담을 가져다준다(1979, 851).

만일 자기실현자가 그들 자신의 고양과 만족을 위하여 행동했다면, 그들은 진작에 존재-가치를 버리고 세상의 부당함, 거짓, 탐욕과 추함에 의하여 야기된 존재-가치의 침해와 고통을 드러냈을 것이며, 다시 한번 절박한 행복을 찾고, 더 밝은 내일을 찾는 이들과 크게 다르지 않을 것이다.

매슬로는 자기실현자가 일반인에 비하여 더욱 슬픔에 잠겨 있을 것이라 생각한다. 하지만 만일 자기실현자가 인간이 누릴 수 있는 가장 고차원적인 만족을 누린다면, 이것이 어떻게 가능하겠는가? 이에 대한 대답은 역설적이게도 고통과 역경이 곧 행복에 대한 배제가 아니라는 것이다. 이 둘은 그저 상반될 뿐이다. 매슬로는 『The Journals of A. H. Maslow』에서 다음과 같이 기록한다. "나의 모든 갈등과 감정과 악몽은 행복의 반대가 아니다. 그것이 바로 나의 행복이다! 행복은 따라서 대의를 위하여 나아가는 길에서 마주치는 고통으로 정의되어야 할 것이다! 좋은 삶(good life)은 걱정과 불안함을 갖는 것과 다르지 않기 때문이다."(1979, 402-403)

일반적이고 예민하지 않은 사람들은 비교적 협소한 경험 내에서 삶을 살아가는 반면, 자기실현자는 최상에서 최악의, 최고에서 최저를 아우르는 방대한 범위의 경험을 하며 살아간다. 존재의 가치에 민감하고 그것과 합일을 이룬 자기실현자의 행운은 이러한 가치의 흥망성쇠와 함께 한다. 자기실현자는 그들의 성공에 기뻐하고 패배에 고통을 겪는다.

자기실현자는 자발적으로 존재-가치를 선택한다. 이러한 궁극적 가치는 총체로서의 현실에 대한 본질적이고 실존하는 가치임과 동시에 우리의 열망과 선호를 반영함으로써 우리의 깊숙한 내면의 잠재력을 구성한다. 존재의 가치는 메타 욕구이다. 사람들은 한편으로는 병리성(메타 병리성)을 피하기 위해, 그리고 다른 한편으로는 완전한 인간이 되기 위해 이를 필요로 한다. 이러한 메타 욕구는 생물학적으로, 즉 본능적으로 필수적이다(1971, 316). 매슬로는 존재의 가치에 대한 경향성이 흐릿하고 미약하지만 인간에게 보편적으로 내재되어 있을 수 있다고 주장한다(1968, 168-169).

자기실현자에 대한 매슬로의 분석은 그들이 유신론자와 무신론자가 모두 동의할 수 있는 종교적 인간상임을 제시한다. 매슬로는 자기실현자가 다른 시대에 태어났다면 신(God)의 길을 걷는 자들 또는 신에 가까운 사람으로 여겨졌을 것이라고 말한다(1970a, 141). 매슬로가 지적하길, 자기실현자의 특질은 세계의 주요 종교들에서 설파하고자 했던 이상과 매우 일치한다. 자기에 대한 초월, 영적 존재에 대한 탐구, 지혜, 수단보다 목적에 대한 집중, 그리고 타인에 대한 사랑이 그것이다. 이는 매슬로가 우리의 내면 가장 깊숙한 곳에서 발견할 수 있는 본성은 가장 건강한 사람들이 보여 주는 바와 같이 악하지 않다고 주장하는 계기가 되었다.

매슬로에 따르면, 우리의 가장 심오하고 고귀한 본성은 우리가 학습하는 것이 아니다. 우리를 둘러싼 환경은 우리에게 본질적인 인간적 잠재성을 선사하지 않는다(1970b, 130). 문화는 분명 이를 길러 낼 수 있지만, 그것의 씨앗이 되지는 못한다. 따라서 매슬로에게 있어 타인에 대한 배려, 자발성과 같은 자질들은 우리의 팔다리, 머리와 같은 인간의 생물학적 특징이다. 이는 곧 건강한 유기체는 충분히 신뢰받을 자격이 있음을 의미한다. 매슬로는 책임감 있고, 자기 규율적인 개인에게만 이를 한정시킨다. 우리는 다음과 같이 말할 수 있다. "그대가 원하는 바를 하라. 아마도 그것은 옳은 일일 것이다."(1970b, 133)

존재의 심리학

앞에서 다룬 논의는 매슬로가 존재의 심리학(psychology of Being)이라 부르는 범주에 해당한다(1971, 126-131). 이는 간단히 존재심리학이라 부르기도 하는데, 이는 본 이론이 목적-경험, 목적-가치, 목적-인지, 그리고 목적으로서의 인간을 통해 수단이 아닌 목적을 다루기 때문이다(1968, 73). 존재심리학은 목적의 영역 속에 있는 존재의 차원에서 살아가고, 목적 자체로서의 경험과 최종적 목적을 성취한 상태를 경험하며, 사람과 대상 그리고 세상에 내재하는 목적성 그 자체를 경험하는 자기실현자를 연구하는 분야이다. 따라서 이들은 결핍의 상태가 아닌 온전한 건강의 상태에서 활동하며, 의미들이 타인의 자체성(suchness) 또는 고유성(itselfness)을 획득하는 존재의 차원에서 살아간다. 종합하면, 존재심리학은 초월(transcendence)을 다룬다. 이때 초월은 다양한 뜻이 있지만, 매슬로의 논의에서 이는 수단 경험을 극복하고 스스로와 타자를 목적으로 취급할 수 있는 인간 능력의 충만함을 획득하는 의미의 초월을 뜻한다(1971, 269-279).

존재심리학은 당면한 상황에 반응하는 행동보다 우리 내면의 심오한 본성을 표현하고자 하는 행동을 다룬다. 뿐만 아니라 존재심리학은 도구적이지 않으며, 목적 없는 행동, 무언가를 해결하려는 행동보다 그것을 즐기려는 행동, 한 마디로 동기화되지 않은(unmotivated behavior) 행동을 다룬다(1970a, 229-239). 자기실현적 사고 또는 지각은 자발적이고 수동적인 수용, 유기체의 본성과 삶의 행복한 표현, 어떤 것이 일어나도록 만들어 내기보다 자연스레 그렇게 되도록 하는, 마치 사과를 맺는 사과나무와 같은 것으로 그려진다(1970a, 239). 이러한 행동은 우리의 가장 진정한 자기(self)의 표출이자 현실의 궁극적이며 진실한 특징에 대한 현실적 인식으로 간주된다. 이때 인식과 사고는 외부 세계를 변화시키고자 하지 않으며, 따라서 도구적 성격이 아닌 궁극성을 지닌 목적 경험이 될 수 있다. 이를 바탕으로 존재의 심리학을 탐험할 것이다(1970a, 236).

독자들은 이미 매슬로가 존재라는 개념을 한 가지 이상의 의미로 활용한다는 점을 눈치챘을 것이다. 존재-사랑, 존재-인지, 존재심리학과 같은 개념에서 사용된 존재의 의미, 곧 목적이나 목적성, 또는 존재 그 자체로서의 의미 외에, 매슬로는 존재라는 개념을 (1) 만물의 총체성, 우주 전체, (2) 노력을 따로 들이지 않는 자발성(예컨대, 매슬로는 대상에 대한 통제를 놓음으로써 솔직한 존재로 다가갈 수 있도록 한다), (3) 인간의 본질적이며 생물학적인 본성(예컨대, 사람들은 자신의 존재로 다가갈 수 있는 잠재력이 있다고 한다)을 가리키는 데 사용한다(1971, 131-133).

동기화되지 않은, 또는 성장-동기에 의하여 동기화된 목적성에 대한 몰두, 즉 목적 그 자체로서 인식하는 몰두에서 주제를 발견하는 존재심리학은 그 목적상, 선행 조건을 바탕으로 동기화되지 않은 행동을 설명하고자 하는 인과적 심리학과는 거리가 멀다. 그러한 선행 조건은 결국 동기화되지 않은 행위가 행위 그 자체를 위한 행위임에 대한 어떠한 설명도 제공하지 못하기 때문이다.

절정경험

절정경험(peak experience)은 존재의 영역에서 겪는 경험이며, 절대적 존재의 초월 상태를 말한다(1970b, 124). 매슬로는 이 주제에 대한 작업을 "황홀경의 상태를 경험한 적이 있습니까?"라는 질문을 던지며 시작했으며, 기대와는 다르게 많은 답변이 그에게 돌아왔다(1971, 174-175). 사람들은 과학의 시대에 이러한 경험에 대하여 이야기하는 것이 자신을 놀림거리로 만들까 봐 몰래 숨겨 왔던 것이다. 조사에 따르면, 절정경험은 일반적이지는 않지만, 자기실현자 사이에는 꽤 흔한 경험이다(1970a, 164). 매슬로는 바로 이러한 절정경험에서 존재-인지가 일어나며, 아마도 사물의 중심(심장)을 볼 수 있을 것이라고 주장한다(1969, 137). 매슬로는 이러한 절정경험, 즉 절대적 존재의 초월적 상태는 선함 그 자체가 되기 위한 궁극적 인간성을 향한 끝이 없는 탐구에 대한 일종의 보상이라 주장한다(1968, 154). 우리의 기본적 욕구에 대한 충족은 많은 절정경험을 좌절시킨다. 매슬로는 절정경험에 대한 그의 연구를 통하여 비로소 존재 가치들에 대한 인지를 처음으로 밝힐 수 있게 되었다.

절정경험의 특성

절정경험은 황홀경, 축복, 가장 훌륭한 즐거움의 경험이며, 인간의 삶에서 가장 행복한 순간이다(1971, 105). 이에 더하여 절정경험은 경외감, 신비감, 완전함, 겸허함, 숭배의 경험으로 설명되며(1968, 103-114), 마치 산꼭대기에서의 무저항적인 순간과 마찬가지로 경외, 기적적임, 존재-가치에 대한 매우 감정적인 반응이다. 매슬로는 또한 이를 짧은 순간의 폭발, 천국으로의 짧은 방문에 비유한다. 절정경험은 사랑, 독창성의 순간, 통찰, 심오한 아름다움의 경험, 운동, 춤, 출산과 같은 순간에 일어난다(1971, 165).

절정경험의 중심적 특징은 존재의 영역에서의 경험과 마찬가지로 당면한 상황의 목적성에의 온전한 몰두나 오롯한 존재, 또는 기본적 성질로 정리할 수 있다(1971, 62). 절정경험의 순간에 자기의 초월, 그리고 몰두 대상과의 합치가 일어나는데, 이는 일종의 자기(self)와 비자기(not self)와의 통합이다(1971, 62, 165). 둘이 하나가 되는 것이다. 대상과 합치된 주체는 세계와 그 안의 가치를 자신과 통합하는 확대된 자기로 거듭난다. 매슬로는 비자기와의 통합을 이루는 순간까지의 교감에 대한 경험은 생물학적인 경험이라고 주장한다(1971, 312).

절정경험에는 놀라움과 황홀한 충격이 수반되는 것으로 보이며, 동시에 인위적 의지와 간섭은 줄어든다. 이를 통하여 경험자는 고차원적 삶에 참여할 수 있게 된다. 공포, 방어, 긴장과 혼란은 사라진다. 절정경험을 하는 사람은 더욱 자율적이고 자유로워지며, 사물보다 인간에, 진정한 자기에 가깝게 다가간다. 절대적으로 개별화되고 강해지며, 자기가치에서 안전해질 뿐 아니라, 타인과의 통합을 이루게 된다. 절정경험을 할 때 자의식을 상실하고 이기심과 자기를 초월한다(1971, 165). 초월에 도달한 절정경험을 하는 자는 더욱 사랑을 베풀고 정직하며, 자발적인 개인으로 거듭난다(1968, 103-114). 내적 갈등은 경험자가 자신의 내면을 수용함에 따라 해결되며, 지금 이 순간 일어나고 있는 일이 은총과 같이 최고의 중요성을 지닌다고 느껴진다. 때때로 인식 전환이 일어나는데, 이에 따라 현실은 아름답고, 선하고 가치 있으며, 총체적으로 수용할 가치가 있는 대상으로 인지된다(존재-가치).

따라서 존재-인지는 절정경험과 존재-가치를 지각하는 것으로부터 발생한다(1971, 38, 105). 존재-가치는 정확히 절정경험의 과정 및 절정경험 후에 세상이 인지되는 방식, 즉 절정경험에서 인지되는 세상이다(1971, 106). 자기실현자는 현실의 다양한 측면들로서 존재의 가치를 경험할 뿐 아니라 이러한 궁극의 영적 가치의 다양한 특성을 추정한다. 이들은 궁극적 현실(존재-가치)과 자기의 합치를 시도함으로써 스스로를 정의, 진리나 선함과 동일시한다(1971, 332-334). 따라서 인간의 마음 속 가장 깊은 곳의 자기는 궁극적인, 심지어 신성하기까지 한 특성을 얻게 된다. 이때 이는 일종의 소우주적 신의 모습(image of God)과 같은 인간 본성에 내재하는 잠재성의 구현이다(3장 칼 융의 '정신에서 신의 이미지로서의 자기'와 '자기의 소우주적 특성' 참조). 이 지점에서 우리는 다시 내부적 자기와 외부적 현실 사이에 존재하는 동형, 또는 선험적 조화를 확인할 수 있다.

따라서 현실의 본질과 그것의 완전함(존재-가치)을 인식할 때 사람들은 그들의 내적 완전성을 향해 움직이기 시작하며, 자신의 내적 완전성에 다다랐을 때 존재의 가치들을 더욱 잘 인식할 수 있게 된다. 세상이 통합됨에 따라 인지하는 자기 역시 통합된다. 개인이 하나로 통합됨에 따라 개인의 세상도 통합된다. 따라서 현실과 개인은 이러한 절정경험에서 서로를 닮아 간다. 표면적 외형은 더 이상 내면과 외면을 나누지 못하며, 이 내면과 외면은 상호적대의 관계를 넘어서 하나로 융합된다(1971, 312). 본질적 인물(진정한 자기)은 외면에, 그리고 본질적 세계(존재-가치들)는 내면에 있다. 따라서 세계와 인간의 관련성 또는 관계가 실현된다.

매슬로는 절정경험이 절대적인 것에 대한 경험에 대해 신비주의자가 설명해 왔던 관점을 통해서도 기술된다는 점을 지적했다. 우리는 절정경험을 어느 정도는 신비주의적 경험과 동일하다고 간주할 것이다. 음악과 성관계, 이 둘은 절정경험에 이르는 가장 쉬운 두 방법으로 알려져 있다(1971, 175). 자연적인 현상이기 때문에, 매슬로는 절정경험 또는 신비주의적 경험을 설명하기 위해 초자연적 힘이나 영역에 굳이 호소할 필요가 없음을 제시한다. 절정경험에 대한 이해는 자연주의적으로 충분히 도달 가능하다.

단편적 자기실현으로서의 절정경험

매슬로는 절정경험이 제한적 시간 동안 지속되는 자기실현임을 밝혔다(1968, 97; 1971, 48). 절정경험 중에 있는 보통 사람들은 잠시 동안 자기실현을 성취하며, 이때 이들은 온전한 집중과 몰두, 목적-경험, 자기초월적 경험을 거친다. 따라서 이러한 경험은 건강한 개인들이 누리는 건강한 순간이다. 이러한 건강한 순간, 최고의 충만함과 개별화의 순간들은 바로 우리가 일생 중 경험할 수 있는 가장 행복하며 짜릿한 순간이다. 진정한 절정의 순간인 것이다. 그리하여 매슬로는 자기실현을 개인의 힘이 가장 효과적인 방식으로 통합되는 매우 즐거운 사건의 단편이라고 정의한다. 즉, 자기실현은 개인이 더욱 개방적이고, 내면의 자기와 가까워지며, 자발성, 독창성 등이 향상되는 분출의 순간이다(1968, 97).

정상경험

자기실현자의 절정경험은 그들이 나이 들어감에 따라 그 강도와 횟수가 감소하지만, 다른 무언가가 절정경험을 대신하게 된다. 매슬로는 그가 죽음을 앞두고 나눈 대화에서 자기 스스로가 경험한 변화를 설명했다.

> 내 안의 이러한 통렬하고 감정적인 분출이 잦아들면서, 매우 소중한 다른 무언가가 나의 인식 속으로 들어왔다. 깨달음, 통찰, 그리고 나에게 중요했던 다른 경험들(비극적인 경험을 포함하는)에 대한 퇴적물 또는 부산물이라 부를 수 있을 만한 일종의 침전이 발생했다. 이러한 결과는 절정경험에 비하여 확실한 장점과 단점을 갖고 있는 일종의 통합적 의식이라고 할 수 있다(Krippner, 1972, 113).

이 인용문에서 등장하는 통합적 의식은 그의 다른 작업에서 신성성, 기적과 평범함을, 일시성과 영원함을, 같은 사물에 대하여 신성함과 세속적임을 동시에 인지하는 것, 그리고 존재의 영역과 결핍의 영역의 통합으로 그려졌다. 매슬로는 계속해서 다음과 같이 말한다. "나는 이제 영속성의 측면에서 지각하며, 이로 인하여 나는 평범한 사물에 대하여도 신비주의적이고 시적이며, 상징적인 방식으로 인식한다. 이는 곧 선종(禪宗)의 경험이다."(Krippner, 1972, 113) 이러한 전환 속에 놓인 사람은 절정경험의 폭발성만 제거된 기적의 세계에서 살아간다. 절정경험의 경외감, 신비감, 놀라움, 심미적 충격은 있으나, 절정이라기보다 항구성과 고요함을 특징으로 지니는 것이다.

매슬로는 높은 산의 정상 비유를 통하여 다양한 경험을 설명한다(Krippner, 1972, 114). 정상경험(plateau experience)은 높은 수준의 깨달음 상태에서 영속적으로 사는 것, 편안함과 기적에서 특별할 것 없이 사는 것을 말한다(Krippner, 1972, 114; Maslow, 1970c, xiv-xvi; Maslow, 1971, 348-349). 정상경험은 사물의 소중함과 아름다움을 편안하고 영속적으로 수용하는 상태를 말한다. 이는 일상적인 일들이 신비한 계시(mystical revelation)에 의하여 영속적으로 변화하더라도 이를 맞이함이다. 그리하여 매슬로는 신비로운 절정반응을 야기하는 뜻밖의 발견 또는 깨달음, 즉 존재-가치의 영역과 완전성, 의무, 존재-진실, 존재-사랑, 존재-완성과 탁월함의 영역에서 일어나는 짧은 경험(1979, 1186-1187)이 황홀경의 순간이 지난 이후에도 오랫동안 경험자의 인식에 남아, 개인의 일상적 존재에 영향을 준다고 주장한다.

정상경험은 평화롭고 고요한 경험으로 묘사된다. 존재-인지는 격정적인 절정경험에서와 마찬가지로 고요한 정상경험에서도 일어난다. 정상-경험은 고요한 존재-인지 또는 정상인지이며, 감사한 마음의 고요하며 인지적인 축복이다(1970c, xiv; 1971, 276). 정상경험은 기적에 대한 조용하고 비절정적인 감각과 조용한 세례, 조용한 기적의 느낌, 또는 일종의 조용한 절정경험, 경외감, 놀라움과 감사함 등의 느낌을 포함한다(1979, 1215). 정상경험은 감정적이기보다 인지적인 성격에 더 가깝다. 정상경험은 사실 언제나 인지적 차원에서 발생하는데, 이는 감정적 차원에서 발생하는 절정경험과의 결정적인 차이점이 된다(1979, 1215). 절정경험에서 만날 수 있는 선함과 훌륭함에 대한 충격에 비하여, 정상경험에서 경험자는 훌륭한 가치에 이미 익숙해져 있는 상태이다. 경험자는 이미 천국을 편하게 거닐고 있는, 또는 영속성과 무한함과 안락한 관계에 있는 상태이며, 존재의 가치들과 함께 고요함을 누리고 있는 상태이다(1971, 275).

따라서 정상경험은 절정경험보다 그 강도가 덜 격렬하며, 순수한 즐거움과 행복으로 경험되는데, 매슬로는 이를 어머니가 자신의 아기가 뛰어노는 것을 보며 느끼는 말로 표현할 수 없는 경외감과 순수한 기쁨에 빗대어 표현한다(1971, 348). 절정경험에서 얻을 수 있는 신성함과 유사하다. 통합적 인식의 높은 정상에서의 오랜 기거는 이와 상당히 다르다. 정상경험을 하는 사람은 영구적으로 활성화된 존재 상태에 도달한다. 이들은 어느 정도 완벽함, 성스러움, 심지어 신성함까지 얻게 된다. 매슬로는 이런 면에서는 정상경험이 절정경험보다 우월한 경험이라 믿는다(Krippner, 1972, 114). 사람이 언제나 절정의 상태에서 살아갈 수는 없어도 일상에 깃들어 있는 신성함은 지속적으로 경험하면서 살아갈 수 있기 때문이다.

정상경험은 절정경험에 비하여 자발적이다. 매슬로는 정상경험의 핵심인 통합적 인지는 자신의 의지대로 학습과 수련이 가능하다고도 말한다. 경험자는 본인이 원하는 어떤 차원이든 이를 신성하게 할 수 있다. 매슬로는 실제로 자신이 원하는 때에 시간과 공간을 초월하여 현실을 환영의 형태로 통합적으로 재조망할 수 있다고 주장한다. 이러한 환영은 지금-여기에서부터 시작하여 먼 과거와 미래, 그리고 그 너머로 확장되었을 것이다(Krippner, 1972, 116).

매슬로에 따르면, 정상경험은 오랜 기간 동안의 노력을 통하여 도달할 수 있다. 자기실현에 대한 그의 연구에 참가한 사람들이 대부분 노년층이었음을 지적하며, 매슬로는 자기실현을 이룬 삶은 개인이 노력을 통하여 얻어내야 한다고 주장한다(1979, 1180). 사람들은 삶을 살아가며 스스로 이를 터득해야 한다. 각자 성숙의 시간이 필요하며, 이는 하루아침에 이루어지는 일은 아니다(1971, 349). 통합적 삶(unitive life)의 자발성은 역설적이게도 수련을 통하여 도달할 수 있는데, 개인이 의식적으로 본질적 가치(존재-가치)에 도달하려는 노력을 해야 하기 때문이다. 정상경험에 도달하고자 하는 개인은 스스로 훌륭한 사람, 좋은 음악, 자연을 가능한 한 많이 접해야 하며, 혼자 있는 것을 즐기는 법을 터득해야 한다(1971, 337). 매슬로는 우리가 정상경험에 도달하기 위해서 충분히 노력할 수 있으며, 또한 그렇게 해야 한다고 주장한다.

매슬로는 자기실현에 대한 일종의 빅뱅(big-bang)이론을 거부한다. 절정경험은 일생 전체가 의존하는 버팀목으로 삼기에는 충분하지 않다('삶에 대한 정상-경험적 해석'). 매슬로는 LSD와 같은 약물, 또는 절정경험을 위한 특별한 주말 계획을 권하지 않는다. 그는 일부 매우 악한 사람 역시 절정경험에 도달하며, 예컨대 성관계를 통하여, 그리고 나치 지도자들 역시 그들이 수백만의 사람들을 몰살하는 계획을 짜고 수행하는 바로 그 순간에도 음악을 통한 절정경험을 즐겼음을 언급한다. 우리가 살펴보았듯이, 절정경험이 반드시 존재-깨달음을 수반하지 않지만, 이와 반대로 정상경험은 본질적으로 인지적이며, 세상에 대한 목격이므로 다르다(Krippner, 1972, 115). 정상경험은 자신이 바라보는 세상의 모습이 실제 세상의 모습이며, 구체적인 시공간인 지금-여기(here-now)를 초월한다는 확신을 수반한다. 이는 그 자체로 하나의 상징이자 초월성이고, 믿기 힘든 기적이다(Krippner, 1972, 115).

매슬로는 제2의 순진함(second naivete), 즉 삶의 고난과 역경의 한 가운데에서 사물의 아름다움을 경험할 수 있는 인식은 유년 시절의 제1의 순진함(first naivete)과 동일하지 않음을 지적한다. 결핍의 영역을 떠나는 대신 그 안에서 역경을 겪고 인내하며, 결국 이를 초월한 사람들의 순진함은 어린 시절의 순진함과는 상당히 거리가 있기 때문이다(1971, 256). 스스로 터득해 낸 자기실현의 순진함은 어린아이에게서 발견되는 무지한 순진함과는 다른데, 전자는 분화되기 이전의 정신상태로 회귀하는 것이 결코 아니기 때문이다. 우리의 의식은 현실을 겪으며 변형되어 이전의 상태로는 돌아갈 수 없는데, 매슬로는 이를 우리가 아담과 하와로 인하여 인류가 지상에 내려오기 전 에덴동산의 상태로 돌아갈 수 없음과 동일하다고 표현했다. 결핍의 영역은 오직 충만한 성숙, 지식과 성장을 통해서만 초월될 수 있다(1971, 257). 결핍의 영역은 그 안에 잔류하는 것이 아니라 존재 영역과의 융합, 즉 통합적 인식에 도달함으로써 초월될 수 있다.

존재에 대한 지식(존재-인지)은 절정경험보다 더욱 엄숙하고 고된 방식을 통하여 도달할 수 있으며, 도교적 불간섭의 수용성과 수동성은 이를 완전히 설명하지 못한다. 지금까지 논의한 대안적 방법들은 자발적이자 능동적이며, 우리의 노력을 요구한다. 이를 통하여 우리는 정상경험 인식으로, 고요한 통합적 인식으로, 그리고 존재의 영역과 결핍 영역의 융합으로 나아갈 수 있다. 이러한 다른 경로는 언제나 인식을 필요로 한다. 매슬로는 이와 같은 다른 경로들은 장기적으로 볼 때 개인에게 더욱 득이 된다고 주장한다. 그는 이러한 통합적 방식, 통합적 인지는 학습이 가능하며, 우리의 어린 세대에게 교육해야 한다고 믿었다(1971, 191). 그의 말대로라면, 기적적인 것에 대한 강의를 수강할 수 있다(Krippner, 1972, 114).

존재심리학의 관점에서 조망한 인간 본성

지금까지 다룬 논의인 인간이 생물학적 구조의 한 부분으로 고차원적 본성을 갖고 있다는 것을 확인해 보자. 매슬로는 인간의 삶에 대한 올바른 이해를 위해서 고차원적 열망, 자기실현과 관련되는 성장-동기에 대한 고찰이 필수적임을 주장하며, 거의 대부분의 사람에게 건강함에 대한 능동적 의지와 인간 잠재력의 실현과 성장에 대한 충동이 내재해 있다고 설명했다(1971, 25).

통합

매슬로는 인간 본연의 통일성을 복원하기 위해서 반드시 파편적으로 존재하는 인간 삶의 모든 측면, 즉 육체와 정신, 무의식과 의식 등이 통합(integration)되어야 한다고 주장했는데, 건강한(자기실현 중인) 개인은 바로 이에 성공한 개인이다. 매슬로는 좌절 없는 성공에 대하여 이는 성공이 아니며, 실은 가짜인 유사-성공임을 지적한다(1979, 1062). 건강한 개인은 인간의 의식적 자기와 무의식적 자기의 협업, 즉 일차적 과정(무의식)과 이차적 과정(의식)의 시너지를 성취한 사람이다. 인간의 동물성과 영성은 이와 같은 개인에게서 충분히 발달하여 상위 통합을 이루며, 위계적 통합이 이분법적 적대를 극복할 수 있도록 하는데(1969, 49), 이를 통하여 개인은 비로소 진정한 자기, 즉 통합되고 잘 구성된 총체로서의 자기에 도달하게 된다(1970a, 19). 건강한 인간은 가장 인간다운 하나의 파편화되지 않은 총체이다. 반대로 신경증은 자기 자신과의 전쟁이다(1970a, 271). 자기실현자는 일반적인 사람들과는 다르게 파편화된 것을 통합해 내는 통합자이다. 매슬로에 따르면, 무의식과 의식의 통합은 총체적이며 건강한 개인이 흥미를 갖고 즐기는 활동이다(1971, 89-93).

매슬로는 융(3장 '신화의 기능' 참조)의 편에 서서 프로이트(2장 '환상으로서의 종교' 참조)에 반대했다. 매슬로는 종교적 사고가 구시대적이며 계몽주의의 이성적 분석을 통하여 폐기해야 할 대상이라는 의견을 거부하고 반대로 상징적인 것, 신비로운 것, 비논리적인 것, 모호한 것과 역설적인 것이야말로 가장 고도로 발달한 인간의 특성임을 주장한다.

인간의 생물학적인 영적 삶

기본적 욕구가 더욱 고차원적이고 정신적 영역에 속할수록, 이는 더욱 우리의 깊숙한 내면에 위치하며 이에 도달하기 위한 노력이 필요하다. 가장 고차원적인 것은 가장 깊숙이 위치한다. 이는 또한 가장 나약하기도 하다. 가장 덜 매혹적이고 무시당하거나 억압당하기 쉬우며, 기본적 욕구 중 더 일차원적이고 긴급한 욕구에 자리를 내주기 십상이다(1971, 305-306). 그럼에도 불구하고 매슬로는 인간 본성의 더 높은 차원에서 존재-가치에 대한 메타 욕구는 음식이나 물에 대한 욕구만큼 생물학적으로 필요한 욕구임을 주장하는데, 그는 다음과 같이 이를 표현한다. "우리의 생물학적 삶에 있어서 영적인 삶(spiritual life)은 가장 기본적인 근간을 구성한다."(1971, 325) 매슬로는 실제로 영적인 삶을 가장 본질적 인간성을 구성하는 요소로 간주했다. 그는 영적인 삶이 우리의 진정한 자기의 일부이기 때문에, 내면에서부터 끓어오르는 충동의 목소리를 통하여 접할 수 있다고 언급하며, 우리가 바로 이러한 조용히 들려오는 목소리들에 귀를 기울일 것을 요청한다.

악

매슬로의 심리학을 오독하지 않기 위해서 우리는 다음과 같은 점을 분명히 고려해야 한다. 이상심리학(abnormal psychology)에 능통했던 매슬로는 인간의 결점과 문제점에 대하여 통렬하게 인지하고 있었다. 앞에서 이미 언급했듯이, 그는 그 스스로 삶과 악에 대한 비극적 감성을 지니며, 낙관적이지는 못했다(1979, 200). 매슬로는 심리학 자체가 인간의 나약함에 기인한다고 주장했으며, 만일 그렇지 않았더라면 심리학은 이성의 힘에 의존하여 지나치게 낙관적인 방향으로 발전했을 것이라 생각했다. 그는 다수의 자유주의자와 인본주의자가 가진 문제점은 이들이 악의 문제를 완전히 혼동하고 있기 때문이라고 말한다. 이들 중 많은 사람이 마치 세상에 많은 문제를 일으킬 수 있는 사이코패스나 악인, 광신도가 존재하지 않는 것처럼 이야기한다는 점을 지적한다(1979, 951).

매슬로는 개인을 움직이는 두 종류의 힘이 있음을 발견했다. 그는 건강함과 자기실현을 지향하는 힘과 반대의 측면인 나약함과 병리성을 지향하는 퇴행적 압력을 확인한다(1970b, 134). 그에 따르면, 실제 인간은 선하고 합리적임과 동시에 악하고 비합리적이다(1979, 11). 인간에게는 선함과 악함에 대한 충동이 공존한다(1971, 148). 이러한 확신에 힘입어, 매슬로는 우리의 아동들에게 자기조절, 인내, 제한, 단념, 좌절에 대한 내성과 규율을 교육해야 한다고 주장한다(1970b, 133). 그는 기본적 욕구

충족만으로는 충분하지 않다고 지적했는데, 이는 병리성이 종종 이러한 욕구충족의 특정한 형태와 연관이 있기 때문이다. 아동은 또한 엄격함과 고단함, 좌절, 규율(1970a, 71)을 경험해야 한다. 이는 건강이 언제나 성취되는 것이기 때문이다.

매슬로는 인간의 악함에 대한 사실을 분명히 인지하였으나, 인간의 본성이 본질적으로(생물학적)으로 악하다고 주장하지는 않는다. 그는 원죄를 다룬 모든 사상을 거부한다. 본질적으로 인간과 관련이 없는 것은 경험적으로 악이다. 악에 대한 경험적 정신역동(psychodynamic)은 인간성의 부재에 지나지 않는다(1979, 308). 매슬로는 악이 본성적인 것이 아니라 적절하지 못한 처우에 대한 반응으로 나타나는 반응적인 것이라고 간주한다(1979, 817; 1968, 195). 악질적인 공격성은 원인이 아닌 결과, 즉 타고난 것이 아니라 어떠한 영향을 받아 생겨난 것임을 말한다(1970a, 274). 인간에게 유해한 특정 조건은 인간의 악한 잠재력을 이끌어 낸다(1979, 704). 매슬로는 이에 대하여 진정한 문제는 인간의 사악한 본성이 아니라 (1) 인간의 기본적인 욕구의 좌절, (2) 인간의 소극적 성향, 서투름과 미신(1979, 1160) 때문이라고 했다. 비슷한 맥락에서, 그는 인간 본성에 의해 발생된 악은 내재적 악의(inborn malice)가 아닌 무지, 공포, 오해, 서투름에 뿌리를 두고 있다고 언급한다(1970a, 257). 매슬로는 이를 통해 세상에는 악한 사람들보다 더 많은 악함이 존재한다는 사실을 설명한다.

신경증

매슬로는 신경증(neurosis)을 영적 장애(spiritual disorder)와 연관시켜 생각했다. 신경증을 의미의 상실, 상실한 사랑에 대한 분노와 비탄, 용기와 희망의 상실, 미래에 대한 절망, 허망하게 낭비되는 삶에 대한 지각, 즐거움이나 사랑의 불가능성과 같은 상태와의 관계에서 살펴봐야 한다고 믿었다(1971, 31). 매슬로에 따르면, 이 모든 것은 충만한 인간성(full humanness)으로의 도달에 실패한 것이다(1971, 31). 매슬로의 관점에서 충만한 인간성으로의 도달(자기실현)에 대한 모든 실패는 정신병리로 이어진다. 이러한 접근은 단순히 질병에 대한 분류의 차원을 넘어서 해당 개인이 무엇보다도 건강을 갈구하도록 한다. 이는 매슬로의 자발성 이론에 대한 비판, 즉 그의 이론이 일관적이기 위해서는 방화범과 강간범에게도 자기실현자와 동등한 자기표출의 자유가 있음을 인정해야 한다는 비판에 답변을 할 수 있는 여지를 준다. 신경증적 행동이 인간 본성 내부의 생물학적 근원에서 발생하지 않기 때문에 제재를 정당화할 수 없다는 것이다(1979, 213).

장려되어야 할 인간 본성

매슬로의 시각에서 인간은 완벽할 수 없다. 하지만 동시에 인간은 일반적으로 생각되는 것보다 개선될 가능성을 더 많이 내재하고 있다. 앞에서 이미 최선의 예시를 통하여 살펴보았듯이, 인간의 신체는 건강과 성장을 선택하고, 생물학적으로 성공하고자 하는 자연적 경향성을 갖고 있다(1971, 14). 인간의 고차원적인 본성은 보편적 잠재력이다. 인간에게는 진실, 아름다움, 선함, 정의, 질서, 유머, 온전함 등에 대한 열망이 있다. 하지만 이러한 열망은 오직 최적의 상황에서만 온전하게 발현된다 (1979, 148).

인간의 생물학적 본성이 악이 아닌 선함 또는 중립이며 인간이 겪는 대부분의 심리 장애는 인간의 필수적 본성의 부정이나 좌절 또는 왜곡에 의한 결과라고 인정한다면(1970a, 269), 매슬로는 이러한 본성이 쉽게 꺾여 버리는 환경 앞에서 더욱 촉진되고 활성화된다고 언급한다. 매슬로는 이러한 환경에의 적응이 아니라 환경을 초월하는 것을 이상적인 해결책으로 제시한다(1968, 178-180). 이러한 초월을 통해 사람들의 삶은 건강과 행복함, 충만함을 얻는 과정으로 인지되며, 이는 매슬로가 자기실현자에 대한 모든 사례에서 발견한 것이기도 하다.

존재심리학과 종교 경험

매슬로의 존재심리학에서 말하는 존재-사랑, 존재-인지와 존재-가치는 종교심리학의 필수 요소를 포함한다. 이 절에서는 존재심리학과 종교심리학의 연결고리를 다룰 것이다.

종교에서의 절정경험의 위상

매슬로는 조직화된 종교가 인간의 영적 삶의 원천이라는 주장을 거부하며, 개인적인 종교 경험과 제도화된 종교를 구별해야 한다고 주장한다. 개인적인 종교적 경험이 종교의 제1요소로 여겨진다. 이 관점에서 제도화된 종교(organized religion)는 원초적 경험에 뿌리를 두는 이차적 현상일 뿐이다. 개인의 종교적 경험의 우선성을 직접적으로 경험(절정경험)한 선지자는 자신의 개인적 종교를 찾고 발달시키려고 할 것이다. 매슬로는 이러한 점에 대해 오늘날 인류 역사상 처음으로 비제도적 종교가 가능해졌다고 지적한다.

윌리엄 제임스(1장 '개인적 종교의 우선시함' 참조)를 따라 매슬로는 세계의 주요 종교의 원천과 핵심에는 고독하고 개인적인 예언가나 선지자에 대한 깨달음과 계시, 또는 황홀경 경험이 있다고 주장한다(1970c, 19). 이러한 개인은 고립에서 존재하는 것에 대한 진실과 삶을 살아가야 하는 방식을 발견한다. 결정적인 경험은 존재 가치에 대한 존재-인식을 수반하는 존재-사랑과 자연스러운 절정경험으로 묘사된다. 매슬로는 선지자들이 이러한 경험을 당시 가용한 개념적 틀인 초자연적 관점에서 언어화하는 것 외에 다른 방법이 없었다고 주장했다. 따라서 매슬로는 예언가나 선지자들이 절정경험의 원천과 성격을 기술할 때, 초자연적 개념을 활용한 것이 전혀 놀라운 일이 아니라고 말한다. 자아(ego)의 초월, 자기(self)와 비자기(not self)의 통합, 황홀경의 경험과 전에 알려지지 않았던 진실에 대한 환영은 사람들이 일반적으로 겪는 경험과 매우 다른 상상 그 이상의 경험이었을 것이다(1971, 62).

매슬로는 종교는 전반적으로 다음과 같은 믿음을 지니고 있음을 지적한다. (1) 신(God)은 존재-가치의 현신이다. (2) 이상적 또는 성자와 같은 사람은 존재-가치를 자신의 삶과 통합시키는 데에 성공한 개인이다. (3) 종교적 의례와 교리는 존재-가치를 얻기 위한 방법이며, (4) 천국은 존재-가치의 최종적 성취를 나타낸다(1971,

140). 종교는 이러한 개념에 대한 사실을 수용하는 것으로 회심(conversion)과 구원(salvation)을 포함시킨다. 매슬로는 세계 각지의 종교에서 관찰할 수 있는 존재-가치의 핵심이 종교에서 말하는 절정경험에 주된 역할을 한다고 주장한다.

매슬로는 신비주의적 또는 절정경험이 가져오는 깨달음(존재-인지와 이를 통한 존재-가치의 지각)은 자연적인 현상이며, 초자연적 현상이 아님을 강조한다. 매슬로는 오늘날 우리가 완전히 일관적이며 포괄적인 심리학과 종교에 대한 이론을 구축할 수 있게 되었다고 주장한다(1979; 6). 신비주의자는 선지자이다. 매슬로에 따르면, 자연주의적 절정경험에서 일어나는 모든 일을 종교현상으로 분류할 수 있다(1970c, 59). 종교의 필수적인 요소들을 확장된 자연주의적 과학(naturalistic science)에 포함하려는 시도에서 매슬로는 자연주의적 절정경험을 이차적 현상인 제도화된 종교와 분리한다.

이러한 시도에서 불가피한 문제점은 신성함, 영원, 천국 그리고 거룩함과 같은 단어가 자연적인 종교현상에 대한 설명에 사용할 수 있는 유일한 단어라는 사실이다. 이러한 단어는 그러한 현상의 발생에 대한 이론에서 사용되는 언어인데, 이러한 이론은 그 연구대상이 초자연적 근원과 특질을 지닌다고 주장한다. 매슬로는 이러한 이론이 더 이상 우리에게 불필요하다고 말한다. 따라서 그가 이러한 단어를 활용할 때 어떠한 의미에서도 초자연적인 함의가 들어 있지 않음을 알아야 한다. 그는 대신 무신론자나 불가지론자가 종교적 경험을 설명할 때 하는 방식으로 이러한 단어를 사용한다. 이러한 단어는 실제 세계에 일어나는 사건을 지칭하며, 이는 충분히 가능하다(1970c, 144). 종교의 보편성 관점에서 매슬로는 실존하는 이러한 사건들이 보편적 현상이라는 결론을 도출한다.

성스러움과 세속의 통합적 경험

매슬로는 선지자와 신비주의자, 그리고 오늘날에는 인본주의자들이 신성함은 일상에서 누구에게나 가까이에 있다고 가르친다는 점에 주목한다(1970c, x-xi). 매슬로의 관점에서 기적을 찾아 헤매는 것은 만물은 기적적이라는 사실에 대한 근본적인 무지의 표출이다. 신성함은 특정 집단의 사람들에게 독점적이지 아니하고 모든 사람에게 깃들어 있다. 누구나 이를 경험할 수 있다. 진중한 사람은 삶의 모든 부분에서 언제나, 어디서나 이러한 신성함과 거룩함을 발견할 수 있다(1970c, 31-32).

매슬로는 통합적 인지와 이에 수반되는 존재-인지가 어느 정도 인간의 통제하에 있다면, 심지어 절정경험과 상관없는 종교 경험 역시 어느 정도 인간의 통제 아래에 있는 것으로 간주할 수 있다고 주장한다. 천국은 언제든지 다녀올 수 있는 곳이다. 적어도 원론적으로 동기화되지 않은 초월의 경험, 즉 인간의 이해관계가 아닌 대상의 목적 그 자체를 바탕으로 조직된 경험은 건강한 개인을 인간답게 살아가도록 이끌어 주는 일상적인 경험이다(1970c, 32).

통합적 인지는 현재에, 현재를 통해 성스러움을 짧게 경험하는 것이다. 이러한 경험은 여전히 결핍의 영역(결핍-영역) 안에서 존재의 영역(존재-영역)을 알게 되는 것(1971, 115), 성스러움과 세속함의 융합, 존재-가치와 사실의 융합이다. 통합적 지각은 따라서 존재 영역과 결핍 영역의 융합, 행동과 그 행동에 대한 사색의 융합, 영원, 완벽, 무한함, 신성함과 거룩함(존재의 심리학)과 일시성, 실용성, 걱정, 국지성, 어리석음, 멍청함, 세속함(결핍의 심리학, 세속의 심리학)의 융합이다. 통합적인 의식에서 경험자는 시공간을 떠나지 않고 이를 초월할 수 있다.

통합적 삶의 방식에서 육체와 그 욕구는 성스러움을 바탕으로 경험된다. 예컨대, 성관계와 같은 행위도 일종의 신성한 의례가 된다(1971, 195). 육신의 삶은 하나부터 열까지 기적처럼 경험되며 그 자체로 살아갈 가치가 있다. 현실에 존재하는 유일한 세상은 존재의 영역과 결핍의 영역, 이 둘 모두를 경험할 수 있다(1971, 258). 매슬로에 따르면, 이 두 영역 모두 동등하게 진실하며 실존한다. 누구든 무엇이든 존재와 (존재-인지) 결핍(결핍-인지)의 틀을 바탕으로 조망될 수 있으며, 두 측면 모두에서 대상을 바라볼 수 없는 사람은 현실의 가장 기본적 측면을 볼 수 없는 사람과 같다. 두 영역의 융합은 존재-인지와 관련된 위험을 제거한다. 즉, 행동을 꺼리는 것, 숙명론, 그리고 악인과 악한 행동을 지나치게 관대하게 수용하는 것을 극복할 수 있다(1968, 115-25). 존재의 측면에서 완벽함은 결핍의 측면에서 완벽함과 다르다.

존재-가치는 모두의 책임

　종교적 또는 영적 가치는 특정한 종교적 개인이나 집단에게 배타적으로 귀속된 특성이 아니다. 오히려 매슬로의 입장에서 이는 모든 사람을 포괄하는 특성이며, 모두의 책임이다. 존재-가치를 위한 자연적인 인간의 친밀성을 성취한 건강한 개인은(우주-대우주의 속성을 재현하는 소우주로서의 인간의 삶) 이러한 가치를 그들의 가장 깊숙한 내면과 통합시키고, 이를 갈망하며, 이에 봉사한다. 자기실현자는 그들의 인격과 태도와 행동에서 종교적인 색채를 지닌다. 매슬로는 인간은 자연적으로 종교적이며, 생물학적으로 존재의 가치에 봉사할 운명이라고 주장한다.

초월심리학

　매슬로는 그의 인본주의적 심리학을 제3의 심리학이라 칭하며, 이를 심리학계의 양대 학파인 객관적 행동주의와 정통 프로이트주의의 유효한 대안으로 제시한다(1971, 4). 하지만 매슬로는 여기에서 멈추지 않고, 인본주의적 제3의 심리학을 더욱 높은 차원인 제4의 심리학으로 이행하기 위한 일종의 과도기적 단계로 간주한다. 제4의 심리학은 초자아적(transpersonal), 초인간적(transhuman) 특성을 가진다. 이러한 초인본주의적 심리학(transhumanistic psychology)은 인간의 생물학적 본성에 대한 관심을 놓지 않으면서도 인간성, 정체성, 자기실현 등과 같은 주제를 넘어설 것이다. 즉, 초인본주의적 심리학의 주제는 인간의 욕구와 관심사가 아니라 우주에 집중될 것이다(1968, iii-iv).

　매슬로는 신(God)이 재탄생(reborn)하고, 재규정(redefined)되는 과정에 있다고 언급한다(1979, 524). 인류의 오랜 역사에서 지금에 와서야 신성함이 인간에게 내재하며, 알맞은 조건에서 온전하게 꽃피우게 되는 잠재력으로 논의되기 시작했다. 초월성, 초인간성 또는 신성(godlike)은 더 이상 죽어 있지 않으며, 인간성 내면에 살아 있다(1979, 524). 그가 말하길, 우리가 오늘날 갈망하는 것은 우리로부터 숨겨진 실제와 진실에 대한 지식이다(1979, 679). 우리의 개인적 열망은 비개인적·초인간적 사실로 향한다. 매슬로는 초자아성(transpersonal)이 없다면 우리는 병들고 폭력적이 되며 허무주의에 빠져들거나 희망을 잃고 냉담해질 것임을 주장한다(1968, iv). 이는 인간은 언제나 자기 자신보다 위대하고 고차원적인 대상에 대한 절대적인 욕구를 지니고 있기 때문이다.

존재심리학은 매슬로가 규명하고자 하는 초월심리학(transpersonal psychology)을 지향하는 결단의 움직임이다. 존재와 관련된 다양한 가치(존재-가치)를 수반하는 존재(Being)는 어떠한 방식으로든 초자연적 영역을 구성하지 않음에도 결핍동기와 욕구충족을 위한 수단으로서 실제에 대한 결핍동기의 집착을 초월한다. 존재의 측면에서 실제는 경이로움, 아름다움, 경외감으로 드러난다(1979, 29).

그리하여 매슬로는 건강한 인간, 즉 자기실현자를 초월자(transcender)와 단순히 건강하기만 한 개인 두 종류로 구분한다. 초월자들은 존재의 영역(존재-인지)에 가깝게 기거하고, 메타 욕구에 의하여 동기화되었으며(존재-가치), 절정경험을 통해 깨달음을 얻고, 통합적 의식의 높은 고원의 차원에서 살아가는 사람이다. 초월자는 이에 더하여 초인간적이며 초자아적이고, 우주의 가치(존재-가치)와 합치를 이루며, 자기 자아(ego)를 극복하고, 도교적, 용기-두려움 이분법을 초월했으며, 존재-겸허함을 구현하고, 사색적·자기희생적이며, 타인 및 우주와의 신비한 합치를 이루었으며, 존재에 헌신하고, 존재-사랑을 실현하며, 그들의 운명을 진심으로 수용하는 개인으로 묘사된다(1971, 284-286). 초월자는 단순히 건강하기만 한 개인의 자기실현을 초월한다. 즉, 이들은 강한 자기가 되는 것, 강한 정체성을 갖는 것, 자신이 누구인지, 무엇을 원하는지, 어디로 가고 있는지, 무엇을 잘하는지를 아는 것을 뛰어넘는 것이다(1971, 292). 그들은 존재를 초월한다. 단순히 건강하기만 한 개인의 정체성과는 다르게, 초월자의 정체성은 우주 그 자체이다(우주적 정체성).

매슬로가 그의 저서에서 묘사하였듯이(1979, 848-849), 초월자는 기본적 욕구를 뛰어넘어 궁극적 선, 탁월함과 완벽함을 사랑하며, 우주와 자신의 동일시를 통하여 당연하게 우주에 속하게 되며(우주적 의식), 삶을 신성하게 하고, 종교화(religionize)하며, 자신의 자아(ego)를 초월하여 비개인적-목적 동기화, 즉 비개인적 동기화(impersonal-end motivated)를 이루었으며, 초월적 성향의 객관성을 지니기 때문에 더욱 선명하게 진리를 인지하며 결정을 내리고, 선택하고, 계획하고, 행위자가 되는 것을 초월하며, 자신과 더 이상 다르지 않은 우주가 이들의 향방을 결정하도록 내버려두며, 스스로의 고유성에 더 이상 매달리지 않으며, 건강한 이기심과 극단적인 개별성을 초월하며, 존재들의 당위성(ought)을 명료하게 인지한다. 즉, 옳은 것은 옳은 것이요, 그른 것은 그른 것이 된다(1979, 860).

매슬로에게 존재의 초월은 음식물을 섭취하거나 성관계를 하는 것과 다를 바 없는 생물학적 특성이다. 즉, 그에게 모든 심리학은 근본적으로 생물학적이다(1979, 885). 존재의 영역에서 살아가는 것은 개인과 종으로서 인간에게 내재한 생물학적 성향과 가장 부합하기 때문에 지극히 생물학적인 현상이다(최대 행복과 성장의 추구, 생존, 성장과 번영 가치의 추구 및 적대성의 회피)(1979, 885).

관습적 종교의 전망과 문제점

매슬로는 제도화된 종교에서 발생하는 몇 가지 문제점을 지적하고자 한다. 그러나 이러한 문제는 충분히 극복이 가능한 문제이며, 교회에서 제기한 많은 질문에 중요성을 부과한다.

종교의 조직자

매슬로는 제도화된 종교를 독창적인 절정경험 또는 깨달음을 일련의 코드로 환원하여 대중에게 전달하려는 시도로 생각했다(1970c, 21-26). 그러나 종교를 조직화하는 사람, 곧 복잡한 관료제의 상부에 위치한 사람을 침묵자라고 주장한다(1970c, 24). 매슬로의 관점에서 침묵자는 절정경험을 할 수 없는 것은 아니지만 이러한 경험을 두려워하여 이를 부정, 억압하거나 망각해 버리는 자이다(1970c, 22). 절정경험에 대한 이러한 거부는 인간이 신성함을 직접적으로 경험하는 것에 대한 보편적인 두려움을 감안하자면 놀랄 만한 일은 아니다(1971, 37). 이러한 두려움에 대해서는 루돌프 오토(Rudolf Otto, 1977)와 융(3장 '신의 원형')을 참조하라. 매슬로는 결핍-동기화된 개인들은 방어적으로 안전을 갈구하며, 만족스럽게 일관된 전체로 인간의 삶과 우주를 정립하는 종교나 철학의 옹호자가 되는 경향이 있다고 했다(1970a, 42).

종교는 크게 율법주의(legalistic) 종교와 신비주의(mystical) 종교로 구분이 가능하다. 율법주의 집단은 관료적·형식적·관습적이며, 공허하고, 독단적이며, 형식주의적이다. 조직(organization) 그 자체가 가장 중요하다. 매슬로에 따르면, 다수의 형식주의적 종교가 모든 상징과 모든 단어를 구체화시키며, 이것이 근원적인 깨달음과 종교의 핵심에 있는 신성한 대상과 활동에 대해 자율적으로 기능하도록 만든다(1970c, 24). 깨달음을 대체하는 사물은 이제 그들이 상징하는 것(존재-가치) 대신에 숭배의 대상이 된다. 매슬로는 이를 우상숭배(idolatry)라 한다. 본래의 종교적 경험은 망각되고, 기계적·자동적이며 종교적 경험에 외재하는 것이 종교적(religious)이게 되었다.

이러한 방식으로 종교경험은 그 대척점, 즉 제도화된 종교들이 말하는 종교적 경험의 주적이 된다(1970c, vii). 관습적 종교성은 초월 경험의 흔들림에 맞서 방어적으로 저항한다(1970c, 33). 율법 창시자, 즉 조직자는 원초적인 종교적 체험을 경험하고 매슬로가 진정 종교적이라 간주하는 선지자를 적대한다. 이러한 조직자는 조직과 조직의 관료적 구조와 선지자(예언자)의 환영과 깨달음에 대한 공식적 설명을 위한 충성스러운 시종(侍從)이 된다(1970c, 21).

성스러움과 세속의 분리

매슬로는 관습적 종교에서 성스러움을 세속으로부터 분리하려고 하는 경향을 발견하고, 이는 통합적 인식에 정확히 반대된다고 보았다(1970c, 14-15). 이러한 분리 후, 더 이상 모두에게 속하게 되지 못한 성스러움은 소수 사람의 전유물로 전락한다. 핵심 엘리트들은 곧 천국을 향하는 핫라인을 지키는 선택받은 수호자가 된다. 성스러움은 이제 모든 생명을 포괄하는 대신 특정한 날, 특정한 의식, 특정한 건물에서만 접할 수 있는 대상으로 한정되고 구분된다(1970c, 14). 이상(가치)은 실제(사실)와 분리된다. 매슬로는 이제 사람들이 그림의 떡과 같은 미래의 이상적 상황을 위하여 실제로 악을 지지할 수 있다고 지적한다. 매슬로는 천국이 우리가 살아가는 세계와 무한히 동떨어지게 된다면, 지금 여기에서 인간의 삶을 향상시키는 것은 불가능해진다고 말한다.

그리하여 관습적이고 제도화된 종교에서 삶과 실제의 일부분만이 종교적인 것으로 만들어지고, 나머지는 모두 종교의 영역에서 소거된다. 매슬로는 사람들이 종교 경험을 하는 데 이러한 현상이 방해가 된다고 지적한다. 성스러움이 모든 사람과 존재에게 깃들어 있다는 사실을 더 이상 믿지 못하는 대중은 그들이 구하고자 하는 성스러움을 다른 곳에서 찾게 되는 것이다(1970c, 30-31). 또한 성스러움이 일주일 중 단 하루에 한정될 때, 사람들은 그들의 일상의 책임부터 존재-가치까지 종교 경험의 필요성에서 벗어났다고 생각할 수 있다.

지식의 차단

매슬로는 과학이 가치를 등한시할 때 병들어 간다고 설명했다. 하지만 그는 종교가 경험적 입증과 사실을 등한시할 때도 이와 유사한 병에 드는 것을 발견한다 (1970c, 12-14). 매슬로의 심리학에서 언제나 그렇듯이 이분법화는 정신병리 현상 (dichotomizing pathologize)이라고 말한다. 매슬로는 종교적인 모든 것이 지식과 반증으로부터 분리되는 순간, 성장과 자기정화의 가능성으로부터 분리되는 순간, 이러한 이분법화된 종교는 곧 소멸하고 말 것이라고 언급한다(1970c, 13). 제도화된 종교는 자신이 유일한 수호자이자 보존자라고 주장하는 최초의 계시가 완전하고 최종적이므로 더 이상 배울 것이 없다는 주장을 고수한다. 하지만 매슬로는 바로 이 지점이 믿음은 맹신이 되고, 복종은 굴종이 되는 순간이라 말한다. 또한 매슬로는 교회가 가치 보존을 위해 가치를 후대에 넘겨 주는 것이 현명하지 못하다고 생각한다.

관습적 종교의 긍정적 면모

매슬로는 종교에 대한 그의 저서 서문에서 제도화된 종교에 대하여 일반적으로 부정적인 입장을 누그러뜨리고 있다(1970c, xiii-xiv). 그는 조직이 필연적으로 악하거나 관료적이지는 않음을 언급한다. 모든 종교 내의 신비주의자(매슬로의 시각에서 진정 종교적인 개인)는 신비주의와 제도를 효율적으로 혼합할 수 있는 것으로 보인다. 이는 율법과 의식 등(제도)이 경험에 기반(신비주의)하기 때문이다. 이에 더해 매슬로는 오늘날 많은 종교 집단이 다시 존재의 가치를 중심으로 이론과 실천을 진행하고 있음을 지적했으며(1971, 195), 교회 또한 그가 탐구하던 근원적인 질문에 대한 타당한 답변을 내놓으려 노력하고 있음을 언급한다. 매슬로는 이들이 내놓은 답변에 동의하지는 않지만, 이러한 종교적 질문, 열망과 욕구가 인간의 본성 깊숙이(생물학적으로) 내재해 있다고 생각한다. 매슬로는 이러한 논쟁이 확장된 심리과학을 통하여 다루어질 수 있을 것이라 믿으면서도, 관습적 종교가 내놓은 수용할 수 없는 답 때문에 타당한 질문 자체에 등을 돌린 무신론자에게 이의를 제기한다(1970c, 18). 그는 현대 인본주의 심리학이 이러한 개인을 병리적이거나 비정상적인 사람으로 간주할 것이라 생각했다.

매슬로는 종교가 사람의 이해관계에 잘 맞는 기준을 수립할 수 있을 것이라 믿는다. 존재의 가치를 향한 모든 움직임은 건강의 향상을 의미하기 때문에 유익한 종교란 삶의 모든 차원을 존재-가치와 통합시킨다. 매슬로는 존재-가치야말로 진정으로 유익한 종교를 규정한다고 주장했다(1971, 140). 그는 이와 비슷한 기준이 본능적이거나 건강한 죄의식을 위해 수립될 수 있다고 했다. 우리는 존재-가치나 인간 내면의 본능이 어떤 방식으로든 침해되고 배반당할 때, 불편함과 아픔을 느껴야만 한다(1968, 194; 1971, 338-39). 본성적 죄책감(메타 죄책감)은 본질적으로 정당한 자기-부정이다(1968, 194). 매슬로는 실제로 존재-가치를 배반하고도 이러한 증상을 갖지 않는 개인을 병리적으로 여겼다. 즉, 병든 문화에 잘 적응한 병든 자를 말한다(1968, 8). 문제 상황에서 이를 인지하지 못하는 것은 매슬로에게는 분명히 병리성을 암시한다. 빅터 프랭클의 말을 빌리면, 비정상적 상황에 대한 비정상적 반응은 매우 정상적 행위이다(Frankl, 1963, 30).

가능한 타협점

매슬로는 성직자와 인본주의자 모두가 종교적 경험의 몇몇 특성에 대한 의견을 모을 수 있다고 믿는다(1970c, 55). 두 집단은, 예컨대 종교적 경험을 총체로서 우주와의 합일 경험, 개인의 나약함에 대한 경험, 성스러움과 거룩함, 형언 불가함, 그리고 영원함의 경험이라는 데 동의할 수 있다. 또한 종교적 경험은 고양적 형질을 갖고 있으며, 경이로운 신비 앞에서 무릎을 꿇고 스스로를 내려놓고자 하는 감정이 들게 하는 경험이라는 데에도 동의할 수 있을 것이다.

신에 대한 정의

종교적 경험의 특성에 대한 합의에 더해서 매슬로는 사람들이 신(God)의 정의에 대해서도 역시 합의점을 도출할 수 있을 것으로 보았다. 만일 신이 존재 그 자체, 현실의 총체성에 대한 게슈탈트 성질, 또는 이와 같은 여타 비인격적 방식을 통하여 정의된다면, 매슬로는 무신론자도 이에 반대하지 않을 것이라 생각한다(1970c, 45, 55). 비인격적인 존재-가치는 우리에게 비인격적인 신(매슬로가 수용할 수 있는)이 무엇을 의미하는지 보여 준다. 예컨대, 자연의 경이로움에서 경험되는 순수한 우주적 아름다움, 진리, 선함 등이 여기에 포함된다. 이러한 비인격적인 신은 자연 위에 군림하는 (초자연적) 신이 아니며, 우리를 살피고 사랑하며 기도의 대상이 되는 신 역시 아니다. 이때 신은 우리가 적절한 경외심을 바탕으로 우리 스스로와 동일시하며 섬길 수 있는 신이다.

본질적 종교성에 대한 정의

매슬로가 합의점을 찾을 수 있기 바라는 가장 중요한 지점은 바로 본질적 종교성일 것이다(1970c, 20). 종교가 절정경험이나 신비주의적 경험에서 본질적이고 보편적인 것을 가르친다는 점에 동의할 것이다. 매슬로의 관점에서 모든 가르침은 그러한 경험으로부터 생긴 것으로 한정된다. 따라서 종교 사이의 시공간적 배경에 기인한 차이점은 본질적인 부분을 건드린다고 볼 수 없다. 이는 절정경험이 제도화·조직화된 종교 맥락 외에서 일어난다고 밝혀졌고, 게다가 매슬로는 모든 사람이 참여하는 상호 공조의 가능성을 언급했기 때문이다. 모든 사람이 근원적·기본적 깨달음(존재-가치)의 중요성과 그 나머지 모든 것의 부차적 특질에도 역시 동의할 수 있을 것이다. 매슬로는 초자연성에 대한 믿음을 부차적이며 비본질적으로 보았으며, 이는 단지 개인적 안위에 있어서만 중요하다고 보았다.

어른과 아이

매슬로의 의견에서 가장 중요한 점은 신자와 비신자의 차이가 아니다. 제도화된 종교에서의 진정한 신자와 불가지론자는 크게 다르지 않다(1970c, 56-57). 오히려 어쩌면 진정한 신자는 제도화된 종교의 일반 신도들보다 불가지론자와 더욱 가깝다. 이들은 구도자 또는 어른이라고 불리며 진중함을 보인다. 다른 집단은 종종 미성숙하고 이기적이며 피상적인데, 이들은 진정 근본적인 질문을 제기하지 않는다. 매슬로는 이에 대하여 마치 어른과 아이가 마주하는 것과 같다고 말한다(1970c, 57).

평가와 결론

매슬로는 사실상 인간의 삶은 그 자체로 우주를 지향하며 자기초월적이라고 주장한다. 병리적 상태가 아닌 이상, 자기(self)와 세계 사이에는 간극이 존재하지 않는다(1979, 117). 우리의 근본적인 정체성을 우주와 동일시하는 것이고, 가장 높고 심오한 차원의 인간 동기의 실현을 위한 탐구는 진실, 아름다움, 선함, 정의 등의 궁극성에 대한 지향이다. 이러한 존재-가치는 진정한 종교의 중심이다. 인간은 자연적으로 종교적이다. 존재-가치는 우주 그 자체이다. 매슬로의 자연주의는 우리에게 만물의 놀라움을 음미하고, 평범함 속의 비범함을 목도할 것을 요청한다(통합적 인지). 인간 삶의 궁극적 영성과 우주적 특성을 다루는 매슬로의 심리학은 분명 용감하고 대담한 시도라고 할 수 있다.

매슬로의 종교심리학에서 가장 흥미로운 개념은 바로 정상경험과 이에 수반되는 통합적 인지일 것이다. 경험자의 시공간에 머무르면서도 존재-인지에 참여할 수 있는, 후천적으로 터득할 수 있고 교육이 가능한 정상경험은 매슬로의 연구 목표인 이상적 삶의 형태를 가장 훌륭하게 보여 준다. 비록 존재-가치가 절정경험의 연구 과정에서 (어쩌면 너무 섣부르게) 발견되었을지라도 존재-가치에 대한 이후의 이론적 발달은 정상경험에 대한 조사에 포함되어 있다. 실제로 존재-가치가 인생에서 맡는 역할을 고려했을 때 이러한 가치의 유효성과 특성에 대한 체계적인 탐구가 필요하다.

매슬로는 언어 이전의 개인적 경험을 본질적 종교로 간주한다. 이 책의 다른 장에서도 제시하였듯이('제임스와 왓츠의 평가' 참조), 이러한 접근법은 인간 경험에 대한 사회역사적 결정요인을 고려하지 못한다. 분명 오늘날 비제도적인 형태의 종교는 가능하지만, 인간 집단과 어떠한 연결도 없는 종교를 상상하기는 힘들다.

매슬로는 심리학에 필요한 것은 많은 심리학적 연구가 아닌 철학적 뿌리의 개선임을 인지했다. 그리하여 그는 분명히 새로운 개념을 정립했고, 이는 오늘날 그의 주요한 업적이 되었다. 그 당시 경험적으로 검증 가능한 사실에 얽매이지 않았던 매슬로의 이론은 언제나 변화하는 과정에 있었다. 끊임없이 변화하는 이론에는 설명되지 않는 부분이 있기 마련이다. 하지만 매슬로는 논리적 정연함보다 인간의 경험을 진정으로 포착해 내는 진화된 심리학을 택했다. 그래서 매슬로의 심리학은 포괄적이다. 인간의 건강은 진정한 종교성과 동일시를 이루며, 우리의 생물학적 본성과 우주적 가치들에 대한 지향성에 대한 성취에 달려 있다. 그러나 신경증, 불행, 파괴성, 악은 이러한 본성의 좌절에 달려 있다.

참고문헌

Frankl, V. E. *Mans Search for Meaning: An Introduction to Logotherapy*. New York: Washington Square Press, 1963.

Goldstein, K. *The Organism*. New York: American, 1939.

Krippner, S. (ed.). "The Plateau Experience: A. H. Maslow and Others." *Journal of Transpersonal Psychology* 4 (1972): 107-20.

Maslow, A. H. *Eupsychian Management: A Journal*. Homewood, IL: Irwin-Dorsey, 1965.

Maslow, A. H. *Toward a Psychology of Being*. New York: Van Nostrand, 1968.

Maslow, A. H. *The Psychology of Science: A Reconnaissance*. Chicago: Regnery, 1969.

Maslow, A. H. *Motivation and Personality*. New York: Harper and Row, 1970a.

Maslow, A. H. "Psychological Data and Value Theory." In *New Knowledge in Human Values*, ed. A. H. Maslow, 119-36. Chicago: Regnery, 1970b.

Maslow, A. H. *Religions, Values, and Peak-Experiences*. New York: Viking Press, 1970c.

Maslow, A. H. *The Farther Reaches of Human Nature*. New York: Viking Press, 1971.

Maslow, A. H. *The Journals of A. H. Maslow*, ed. R. J. Lowry, 2 vols. Monterey, CA: Brooks/Cole, 1979.

Otto, R. *The Idea of the Holy*. New York: Oxford University Press, 1977.

앨런
왓츠

Alan Watts

만약 그리스도교적인 문화에서 자란 어떤 사람이 "나는 하나님이다(God)."라고 말한다면 우리는 그를 미쳤다고 생각할 것이다. 그러나 인도에서 어떤 사람이 "나는 신이다."라고 말한다면 그들은 "축하합니다! 마침내 깨달으셨군요."라고 말할 것이다.

—앨런 왓츠

06
앨런 왓츠

앨런 왓츠(Alan W. Watts, 1915~1973)는 잉글랜드에서 나고 자랐고, 미국에서 유년기를 보냈다. 그는 영국계 미국인으로 자랐으며, 청소년 시절 동양 종교철학과 심리학에 영향을 받았다. 특히 힌두교(Hinduism), 대승불교(Mahayana Buddhism), 도교(Taoism) 그리고 선(Zen)에 큰 관심을 가졌다.

왓츠는 서양 문화에 매우 비판적이었고, 그들의 문화에 동양적 보완이 시급히 필요하다고 믿었다. 동양적 사고에 대한 왓츠의 해석은 경험을 통해 이해할 수 있다. 따라서 그가 누구이든지 간에 별과 우주, 공간과 에너지가 있는 것과 같고, 모든 지각 있는 것들은 전지전능하고, 무한하고, 영원한 신(God)이라고 얘기할 때, 그의 목표는 원리체계(metaphysics)를 만드는 것이 아니라 그의 경험을 언어로 표현하는 것이다(1973, 4, 224). 그러므로 그의 다신론적(pantheistic) 관점은 신비로운 감정을 공유하도록 한 것이지, 이 주제에 대한 이해를 제공하는 것은 아니다(1973, 211). 왓츠의 주 목적은 우주의 통일된 영역과 분리되어 있다는 느낌이 인위적인 개념이라는 것을 다른 사람들에게 전하는 것이었다.

개념이 아닌 심리학적 이해를 통해서 왓츠는 힌두교, 도교, 불교, 그리스도교가 서로 조화를 이루는 것으로 상상한다. 실로 그의 관점에서, 모든 위대한 영적 전통은 결국 똑같은 것, 즉 신(Divine) 안에서 느끼는 세상 모든 것의 통합성을 전한다(1973, 445). LSD를 사용한 실험을 통해 부정할 수 없는 의식의 신비로운 단계를 겪고 나서,

왓츠는 이것이 세계의 위대한 종교에서 느끼는 신비로운 경험과 별 차이점이 없다는 결론을 내렸다(1973, 399). 왓츠는 중국의 도교처럼 신을 여겼다. 신은 모든 것을 사랑하고 돌보지만 우주의 창조자나 통치자는 아니다(1973, 400). 왓츠는 도교가 말하는 상극인 음양의 조화 형태로 도가 우리 안에서 표현된다고 했다. 이러한 음양의 조화는 무의식적인 지능의 종류이고, 선형적인 서양 논리가 제공해 주는 것보다 높은 수준의 지혜라고 불릴 수도 있다(1975, 28,76). 그러므로 무의식은 도교에서 말하는 지혜이며, 하나의 우주 법칙이다. 왓츠는 기본 종교나 신비적 종교가 선과 악처럼 저 너머에 있다고 본다. 그럼에도 불구하고 왓츠는 도교와 조화를 이루며 사는 사람은 비도덕적 행동에 관여하지 않는다고 언급했다.

문제점

왓츠는 서양적인 관심에서 세상을 바라보는 방식은 좁은 시각이라고 주장한다(1966, 27). 우리는 마치 밝고 날카롭고 집중된 손전등처럼 빔을 연속적으로 처음에는 여기, 그다음엔 저기, 그리고 거대하고 광대한 세상 속으로 던진다. 우리는 현실을 조금씩 보고, 분류하고, 나눈다. 우리는 한 번에 한 개를 생각하고 관찰한다. 그리고 각각의 것에 이름을 붙인다.

언어

왓츠는 우리가 세계의 일부분을 한 번에 하나씩 살펴본 후에야, 이것이 진실한 현실(서로 분리되어 있는 조각, 사물, 사건들의 합)임을 확신하게 된다고 말한다(1966, 27). 우리는 사물에 대한 평가가 현실에 참여하는 우리의 방식의 결과, 쉽게 생각할 수 있는 것으로 나누는 것의 결과, 한 번에 한 가지를 표현하는 단어로 이루어진 결과라는 것을 깨닫지 못한다. 세상은 그냥 우리의 생각(하나씩 바라보며 설명한 단어)과 일치해 보인다(1970, 72). 우리가 현실을 칭하는 단어로 현실을 분리하였기 때문에, 현실은 분리된 각각의 것의 끝없는 연속으로 보이는 것이다. 우리는 단어들에 매혹당하는 것 같다.

왓츠에 따르면, 우리는 단어와 생각이 인간의 발명품이라는 것을 잊고, 기호가 사람에게서 만들어졌다는 걸 잊는다(1991, 44-45). 우리는 말과 현실을 혼동하고, 말과 실재하는 것을 혼동한다. 우리는 세상이 언어의 방식으로 구성되어 있고, 말의 방식으로 구분되어 있으며, 말의 논리가 곧 사물의 논리라고 생각한다. 이런 식으로 우주(세상)는 우리의 생각과 혼동되고, 이야기된다.

세상은 우리의 기호로 인하여 나누어진다. 사물은 개념적으로 우주 전체 영역이라는 맥락으로부터 고립되어 있다(1970, 34-35). 왓츠는 이러한 분리가 정신적인 추상적 개념에서만 존재할 수 있다고 고집한다. 이러한 분리는 단지 언어의 허구인 것이다(1966, 90). 구별되는 존재는 오직 개념적으로만 존재한다(1973, 212).

우리는 현실을 조각으로 마치 잘게 짜인 그물을 통해 본다(1966, 90). 그다음 우리는 이 쪼개진 것이 어떻게든 서로 모여 전체를 구성한다고 여기며, 그리하여 우리는 전체는 여러 부분의 합(sum)이라고 여긴다. 왓츠는 이것이 정말로 엄청난 혼란이라고 생각했으며, 진정으로 마음 아파했다. 그는 우리가 현실이라고 부르는 것이 억압으로부터 만들어진 것이라 한다. 우리는 전체에서 사물을 추상화하는 것을 배우고, 불필요한 관계를 차단하는 것을 배운다. 왓츠는 다른 경험적인 현실은 존재하지만 우리의 문화가 그것을 무시하고 억압한다고 강조한다.

자아

왓츠는 본성을 지속적인 변화로 본다. 이름을 정하고 정의를 내리는 것은 변화하는 존재를 그 맥락으로부터 고립시키고, 그것을 고정시킨다. 그러나 현실은 변한다. 하지만 생각과 단어는 비교적 변하지 않으려는 경향이 있다. 나(I)는 현실(reality)의 어느 부분을 정의하는 단어이다(1951, 46). 마치 우리 경험의 일부가 나무, 물, 개와 같은 이름을 갖게 되는 것과 마찬가지로, 우리 경험의 또 다른 일부는 이 이름(나, I)

을 갖게 된다. 우리의 경험의 한 부분을 나라고 할 때, 현실의 나머지 부분으로부터 제거되려는 경향을 보이고, 분리됨과 지속성, 그리고 영구성을 부여하고자 한다. 왓츠는 우리가 우리의 단어를 통하여 자아중심의 거짓말(hoax of egocentricity) 속으로 최면에 걸리게 된다고 말한다(1966, 52).

자아 환상

나(I)는 본성으로부터 분리되어 있으며, 영구적인 현실로부터 분리된 자아(ego) 요소이다(1951, 47-50). 자아는 생각하는 자, 아는 자, 경험하는 자로서 스스로 존재하는 것으로 여겨진다. 왓츠는 이것이 오로지 기억의 추상으로부터만 가능하다고 말하고 있다(1968, 71). 우리가 우리의 기억을 확인해 볼 때, 나는 실제로 그곳에 있는 것처럼 보이지만, 모든 변화되는 부분 중에서 변하지 않는 한 조각(부분)으로 남아있게 된다. 그러나 왓츠는 이를 큰 혼란으로 본다. 기억한 것이 실제인 것으로 오인되고 있다(1968, 73). 나는 결코 현재의 나 자신과 지금 내가 하는 것을 잡을 수 없다. 왜냐하면 지금의 나는 잡으려고 시도하는 사람이기 때문이다. 내가 지금 유일하게 잡을 수 있는 것은 더 이상 내가 아닌 자신에 대한 것이다. 즉, 나 자신에 대해 아는 것은 항상 과거에 내가 무엇이었고, 내가 무엇을 했는가이다. 나는 내 자신을 회상 안에서만 잡을 수 있다. 우리가 높게 평가하는 자기(self)는 절대 진정한 자신이 아니며, 오직 기억에서 자아의 메아리 또는 발자취이고, 생각이며, 환상 또는 위조인 것이다 (1968, 73-74).

왓츠는 자아가 신(God)으로부터 그리고 본성으로부터 분리되었다고 단언한다. 우리는 피부막에 둘러싸인 분리된 자아가 존재한다고 느낀다(1966, ix). 우리의 피부는 모든 것으로부터 자아를 보호하는 방어막 역할을 하는 것처럼 보인다(1966, 51). 우리는 나 자신이 우리 피부 내부에 존재하며, 경계가 분명한, 활동의 중심이라고 느낀다(1966, 6). 우리는 우리가 어리석고 본질적으로 이질적인 성질을 가진 밖을 만날 수 있도록 허락해 주는 신체 속에 살며, 행동하는 외로운 존재라고 느낀다. 자아는 낯선 사람이 된 것처럼 분리됨과 소외감을 느낀다. 우리는 우리가 바깥쪽에서 세계 안으로 들어온 것이라 생각한다. 왓츠는 반대로, 우리가 세계로 들어온 것이 아니고, 마치 나무에서 나뭇잎이 나듯 세상 밖으로 나온 것이라고 주장한다(1966, 6).

왓츠는 자아가 실제로는 많은 생각 중 하나라고 주장한다. 자신에 대한 한 사람의 생각인 것이다. 피부는 현실에서가 아니라 오로지 생각에서만 우리를 모든 것들로부터 분리시킨다는 것이다. 우리는 우리 스스로 자아가 마치 모든 것들로부터 분리되어 있다는 환상을 갖는다. 왓츠의 관점에서 자아는 실질적인 현실이 아니라, 그저 우리가 행하는 역할인 것이다(1969a, 96). 제인 스미드(Jane Smythe) 또는 존 스미스(John Smith)가 정의한 것을 보면, 우리가 내린 정의가 우리를 혼동시킨다. 우리의 이름이 우리를 속이고 있는 것이다. 다시 말해, 단어가 문제의 핵심이다. 우리는 우리의 이름과 현실을 헷갈려 한다. 즉, 우리는 다른 이름을 갖는 것은 분리된 현실을 의미한다고 생각한다(1966, 64). 가장 큰 금기로 여겨지는 것은 바로 우리가 가면 뒤에 존재하는 진짜의 모습을 아는 것이다.

자아의 역할

왓츠는 사회가 우리를 부끄럽게 하여 자아와 동일시하게 만든다고 말한다(1966, 64-70). 우리는 타인으로 인해, 스스로를 믿지 않고 변화에 저항하는 예측 가능한 배우의 역할을 하도록 배운다. 사회는 마치 우리의 가장 깊숙한 자아가 명령하여 원하는 것을 하는 것처럼 속인다. 하지만 현실은 사회가 우리에게 명령하는 것이다. 단어들과 타인의 행동이 마치 나의 내면이나 더 나은 자신으로 가장함으로써 우리를 조종한다(1969a, 98). 그러므로 타인은 우리의 더 나은 자아를 빙자하여 우리를 조종한다. 그러므로 당연히 우리만 생각하는 사회는 우리가 스스로를 자아 이미지와 동일시하게 하고, 자아 역할을 맡도록 한다.

신체 통제자로서의 자아

이제 우리는 자신과 자아를 동일시하고, 우리 자신에 대한 생각을 갖고 있기 때문에, 왓츠는 우리가 상황을 통제하려고 노력하는 것 외에 다른 대안이 없다고 느낀다고 말한다. 따라서 자발적인 마음(mind)은 더 이상 사물의 중심에 있는 것이 아니라 자아에 있다. 나(I)는 나를(me) 억제하려고 한다(1968, 77). 왓츠는 이러한 분리된 마음(mind)들이 모든 문제를 만든다고 생각한다.

그러므로 왓츠는 우리가 스스로에 반하여, 즉 우리 자신의 본성에 반하여 분열되어 있다고 여겼으며, 이는 인간 법의 폭력에 의해 지배되어야 한다고 보았다(1970, 176-77). 현대인이 물질적으로 멍청하다고 선언한 우주의 필수적인 부분인 신체는 자발적 행동에 신뢰받지 못하고, 오로지 법에 따라 측정되는 범위에서 살아가야 한다. 육체는 자아의 감시 아래 법치에 복종해야 한다. 우리의 '낮은 수준'의 자아는 아마도 '높은 수준'의 자아가 통제해야 한다. 질서는 혼돈으로 여겨지는 것에 부과되어야 한다. 우리가 가진 것은 법의 힘이 육체를 지배해야 하는 정치적 우주이다.

우리는 본성과 싸우고 있고, 이제 우리의 몸은 애당초 지능을 지원했던 유기체의 지혜에 따라 일이 일어나도록 내버려 둘 수 없다. 왓츠의 의견에 따르면, 우리가 만든 법은 유기체의 자연적 질서와 구조, 자연의 지혜보다 훨씬 더 열등하다.

자연적인 과정이 자발적으로 펼쳐지는 것을 더 이상 믿을 수 없기 때문에, 우리는 과정을 선택해야 한다. 우리는 책임을 져야 한다. 우리는 스스로를 자아가 반드시 어떻게 일을 해야 하는지 알아내야만 한다는 덫에 가둔다. 그러나 왓츠는 우리는 무엇이 맞는 것인지에 대한 확신이 없기 때문에 이것은 단지 불안으로 이끌 뿐이라고 말했다. 그리고 그것은 우리에게 책임이 있기 때문에 죄책감으로 이어진다. 그리고 분리된 '나(I)'가 일을 지시하기 시작하는 순간, 저 깊은 곳에서부터 뭔가가 이상하게 잘못되어 간다(1964, 66-68, 81-82).

다른 자아들의 통제자로서의 자아

왓츠는 우리 문화에서 지배적인 정치적 관점에서 볼 때, 타인은 외부의 힘에 의해 의지가 억제되어야 하는 분리된 자아이다. 나(I)는 더 이상 자신보다 그들을 믿을 수 없다. 법과 질서가 분명히 우세한다.

본성의 통제자로서의 자아

왓츠는 서구인들이 외부 세상을 자신에게 적대적이고 이질적인 것으로 경험한다고 말한다. 이 혼돈의 세계는 우리가 정복해야 한다. 예컨대, 우리 삶에서 우리는 많은 전쟁에 참여하고 있다. 그리고 우리는 공간을 정복하겠다는 약속을 이행한다. 우주 위에 올라서기(우주 정복)에 전념하고, 자연을 완전히 지배한다고 가정한 자아는 무념한(mindless) 자연에 용감하게 맞선다. 왓츠는 우리의 분리된 자아(ego) 감정 안에서 기술의 잘못된 사용과 그 결과가 우리의 행성에 피해를 끼치는 구체적인 결과를 보게 될 것이라고 생각했다.

타고난 지혜와 질서를 부정당한 본성은 그러므로 자아로부터 분리되었다고 말할 수 있다. 현대 과학의 순수한 공간적 확장으로 만들어진 우주(세계)는 더 이상 자발적으로 내부에서 자라나는 것으로 신뢰받지 못한다. 우리는 분리된 것, 사실 그리고 사건(사람과 우리의 몸을 포함) 안에서 정치적인 세계를 창조하였고, 이것은 법의 힘에 의해 통치되는 것이다(1970, 53).

미래

자아는 변화로부터 보안과 보호를 추구한다. 그러나 왓츠는 이것이 삶과의 단절을 모색하는 것과 같다고 말한다. 그는 우리를 매우 불안하게 하는 것은 끊임없는 변화가 아니라 바로 자아가 우리를 삶의 흐름에서 분리시키고 고립시키는 것이라고 생각한다. 우리 신념 안에 있는 영구적인 자아 때문에 우리는 안전을 갈망한다고 말한다.

우리는 변화하는 현재를 받아들이는 것을 주저하면서, 미래에서 영원을 찾는다. 현재 우리는 내일과 꿈의 성취를 갈망하며 포기하고, 연기한다. 그러나 왓츠는 미래가 온다면, 우리는 미래를 즐기지 못할 것이라고 말한다. 오직 내일을 위해서 산다면, 우리는 현실 안에서 무엇을 해야 할지 모르기 때문이다(1969a, 190). 미래를 위해 사는 것은 삶의 포인트를 잃는 것을 의미한다. 내일은 영원히 하루만큼 멀어져 있기 때문에 절대 오지 않는다(1968, 131-132).

왓츠의 관점에서 스스로를 영구적이라고 느끼고 분리된 자아는 지속되는 불안과 고통을 의미한다. 출발점부터 거짓인 개인의 자아는 오직 거짓된 행동에만 관여할 수 있다(1966, 79).

신

현실이 서로 연관되어 있지 않은 조각으로 분리되면, 신(God)은 우주의 자아, 최고의 조각으로 보이게 된다(1970, 88). 변하지 않고, 육체가 없는 그는 완벽한 통치 안에서 최고의 자아, 즉 인간의 모습을 하지 않은 자아가 된다. 신은 완벽한 우주의 통치자이다.

왓츠는 신은 모든 것이 선(善)한 반면, 인간은 악을 행한다고 배운다는 것을 지적했다(1972b, 106-113). 죄인인 나는 완전하고 무한한 신으로부터 완벽히 분리되었다. 그 결과 우리는 불가능한 것을 행하고 스스로를 정복하기 위해 더 열심히 노력해야 한다고 느끼며, 따라서 우리 자신을 신의 눈에 가치 있어 보이도록 만든다.

언어보다 경험

왓츠의 관점에 따르면, 불신할 만할 것은 자연이 아니라 실제와 실제의 사물에 부적절한 말과 생각이다. 언어는 우리에게 많은 문제를 일으킨다고 왓츠는 주장한다. 그는 우리가 새로운 단어들, 새로운 종교, 새로운 성서가 아니라 다른 경험, 특히 '나(I)'라는 것이 무엇을 의미하는지에 대한 새로운 감정(feeling)이 필요하다고 말한다(1966, 9).

우리가 필요하다고 말하는 새로운 경험은 있는 그대로의 직접적인 경험이자 실제에 근거한 경험이다. 사람들이 음악을 듣듯이 현재를 듣게 되는 것이 왓츠의 희망사항이다(1973, 4). 그는 사람들을 사물에 대한 신비로운 체험으로, 즉 말과 생각을 거치지 않고 현실을 직시하고 느끼는 체험으로 초대한다. 그의 목표는 경험한 현실을 묘사하고, 이를 그 나름의 용어로 묘사하는 것이다. 그는 불가능한 것을 시도하고 있다는 것을 안다. 표현 불가능한 것을 전달하기 위하여 단어를 사용하는 것이 필요하기 때문이다. 시인은 자신이 이러한 비슷한 상황에 있다고 말한다. 이들 역시, 말로 전할 수 없는 것을 전해야 하는 과제를 수행한다.

직접 경험하고 묘사된 현실의 두 가지 두드러진 특징은 전체론(holism)과 역동론(dynamism)이다. 우리는 왓츠를 통해 사람의 의식이 인위적으로 세계를 분리된 부분으로 깨뜨려 고립된 부분으로 만들고, 사람들은 이 조각을 다시 합쳐야 한다는 책임을 져야 한다는 취지의 말을 들었다. 발생한 분열을 되돌리고, 끝없이 많은 조각에 순서를 매기는 작업은 조각 외부의 기관(대리인)에 맡겨야 한다. 이 외부의 기관은 자아이다. 자아는 우리의 몸과 그 이외의 것, 그리고 세계를 조종하려 한다. 그러나 왓츠는 이 시도는 실패로 끝날 수밖에 없다고 말한다.

왓츠는 서양인들의 의식 체계가 문제라고 믿는다. 부분을 고안된 전체의 중요한 현실로 보는 것은 오류이다. 개인, 국가, 곤충, 동식물들은 단순히 자기 안에서 그리고 자기 스스로 존재하지 않는다(1966, 82). 왓츠는 대신에 전체와 그것의 유기적 질서의 중요성을 주장한다. 왓츠는 외부에서 조립된 전체의 개념을 부정하고, 전체를 내부로부터 상호성장하는 부분으로 보았다. 게슈탈트(gestalt) 이론은 역동적 자기 분배(self-distribution)에 대해 연결하여 말한다. 부분의 합도, 부분의 합 이상도 아닌 전체는 정확히 내부에서 부분의 자기 지배 행위로서 발생한다. 이러한 발생은 외부에서 강요되지 않는다. 부분은 그들의 순서를 그들 자신이 직접 매긴다. 부분이 그들 스스로 순서를 매기는 것, 그것이 바로 전체(whole)이자 현실(reality)이다.

그러므로 외부 조종자의 도움 없이 나의 몸은 전체가 되고, 즉각적인 환경, 또는 전체로서의 자연이 된다. 그 어떤 자아도 혼돈의 몸을 감시하거나 질서를 꾀하려 하지 않는다. 신(God)이든 현대인이든 그 어떤 최고의 자아도 우주를 감시하고 질서를 가져오는 것을 필요로 하지 않는다. 왓츠의 관점에 따르면, 자연적으로 몸과 우주 모두는 그들 자신의 유기적 질서를 성취할 만한 능력이 있다. 또한 자아와 그 환경이 분리되어 있지도, 서로 적대시하지도 않는다. 그러므로 자아는 더 이상 환경을 관리해야 하는 책임을 지지 않는다. 내 몸의 부분은 자연스럽게 통일되고, 통합된 전체로서 드러난다. 자연의 구성요소도 마찬가지이며, 내 몸과 환경도 이와 같다. 몸과 환경 역시 통합된 하나, 통일된 전체를 형성한다. 우리의 피부는 우리와 나머지의 현실 사이에 있는 방어막이기보다는 우리가 아닌 모든 것과 함께 우리를 통합시켜 주는 다리이다(1966, 51). 그래서 왓츠는 자아와 환경을 더 넓은 통합, 마침내 모든 현실을 포괄하는 통합으로 본다.

현재는 자연스러운 전체이며 또한 역동적이다. 왓츠는 이 세계의 모든 것은 움직이는 패턴이라고 말한다. 더 나아가서 나(I)는 지속적으로 변화하는 경험, 느낌 그리고 감정의 물줄기이다(1973, 387). 앞에서 제시했듯이, 기억은 정적이고 딱딱한 자아의 인상을 설명한다. 왓츠가 말하길 자아는 과거로부터 구성되므로 과거에 대한 속박이고, 미래 하나만을 위해 살아가므로 미래에 대한 속박이다. 왓츠는 사물의 움직이는 질서를 이해할 수 있는 유일한 방법이 그것과 함께 변하는 것이라고 고집한다. 만약 현실이 정말로 지금까지 흘러온 강이라면, 우리가 할 수 있는 유일하게 현명한 일은 추락하는 것이다(1951, 43). 플라톤이나 아리스토텔레스보다 성서에 덜 충실한 그리스도교는 유동성을 가진 변화하는 것을 고정되어 변하지 않는 것으로, 즉 변하지 않는 신, 불멸의 영혼, 그리고 변하지 않는 신과 이 영혼의 영원한 결합을 만드는 실수를 범한 것으로 보인다.

인식

왓츠는 경험, 있는 그대로의 자연을 그 자체로서 관찰할 때 발견되는 전체적이고 역동적인 자연의 특성, 신비롭게(즉, 직접) 경험되는 세상에 관심이 있다. 왓츠의 종교적 관점이 지니는 경험적 지향성, 즉 종교적 경험에 대한 그의 관심은 종교심리학을 개관하는 이 책에 그가 포함된 것을 정당화한다. 왓츠는 종교 교리 자체에는 흥미가 없었고, 오직 현실의 상징으로서 종교의 기원의 경험을 추적할 수 있는 범위에서만 관심을 가졌다. 따라서 왓츠는 윌리엄 제임스, 칼 융, 에이브러햄 매슬로와 함께한다.

왓츠는 우리에게 현실에 대한 새로운 종류의 종교적 경험, 말과 거짓된 자아감정에 근거하지 않는 직접적이고 신비로운 경험이 필요하다고 말했다. 왓츠가 생각하는 경험은 전에 없던 경험이라는 점에서 새로운 것이 아니다. 이것은 이미 지속되는 철학이라고 이름이 지어졌다. 이것은 우리(서구) 문화에는 이국적이기 때문에 우리(서구)에게 새로운 것이다.

이 문제의 경험은 서양을 전염시킨 자아중심적인 것과는 전혀 다르다. 왓츠는 이 경험이 자아가 틀리고, 희망이 없는 상태에 있을 때 일어나는 경향이 있으며 완전한 항복 외에는 대안이 없다고 지적한다(1967, 29-30). 왓츠는 우리가 현재 행복, 권력, 옳음에 대한 이기적인 추구로 인해 어찌할 바를 모르고 있다고 느끼고 있는데, 이는 우리가 이미 왓츠가 말하는 현실 지향적이고 신비로운 인식을 할 준비가 되어 있을지도 모른다는 것을 의미한다.

옳음

새로운 경험은 하나의 영적인 자각이다. 모든 것이 잘못될 수 있는 만큼 잘못된 것처럼 보였지만, 실제로는 모든 것이 옳을 수 있는 만큼 옳다는 것을 점점 더 인식하게 된다(1967, 15, 37-38). 이러한 경험은 확실히 놀라운 경험이다. 이것을 우주 의식(cosmic conscious)이라고 부른다. 융은 우주 의식을 자신에 대한 경험이라 하였고, 매슬로는 절정경험이라 했다. 왓츠는 우주 의식이 인류의 가장 인상 깊은 종교적인 경험이라고 생각한다.

왓츠는 이 경험을 한 개인은 우주가 있는 그대로 완전히 옳다는 확신을 얻게 되고, 더 이상의 설명이나 정당화가 필요하지 않다고 지적한다(1967, 19-21). 그 새로운 경험 속에 있는 모든 것이 신성한 권위를 얻는다. 경험은 완벽하고 아름다워 보인다. 우주 의식은 세상이 모든 면에서 영광스러운 기적임을 이를 경험하고 있는 사람에게 납득시킨다(1967, 28). 이제, 옳음[즉, 전체로서의 현실에 대한 내적 필수(intrinsic requiredness)]은 왓츠가 지적하는 여러 경험의 핵심을 형성한다(5장 '존재-가치' 비교). 이러한 옳음(rightness)은 근심을 없애 주고, 즐거움으로 대체해 준다. 즉, 존재는 문제적 성격을 잃어버린다.

새로움

왓츠는 그가 묘사하려고 하는 경험이 경험자에게 현재는 전체이며 삶의 궁극적인 이유와 우주의 존재라는 것을 설득시킨다고 언급했다. 이때 새로움(newness) 안에서 우주는 영광스러운 기적으로 지각된다.

이 통찰은 감정적인 황홀감과 자유와 안도감을 동반한다. 그러나 왓츠는 통찰이 가장 중요한 것이라고 주장한다. 통찰이 충분히 선명하다면 기억에 남는다. 매슬로도 그의 논의인 정상경험에서의 통합적인 의식을 통해 비슷한 의견을 제시했다(5장 '절정경험' 참조).

정체성

현실 지향적이고 신비로운 현실 경험에서 얻어지는 통찰의 중요한 부분은 정체성의 실현, 즉 왓츠의 책(1927b) 제목 중 하나인 '최고의 정체성 실현'이다. 왓츠는 고대 힌두교 신자의 신화에 관한 통찰을 다룬 해석을 찾았고, 그리고 더욱 자세하게 인도 베다 경전(Vedanta) 철학에서 찾았다. 베다 경전은 우파니샤드라고 불리는 이야기, 대화 그리고 시의 모음집을 포함하고 있는 가르침이다. 이 가르침의 핵심은 유일한 진짜 자아는 브라만이며, 실제로 브라만 이외에는 실체가 없다는 것이다(1973, 266, 288). 힌두교 철학은 경험에서 시작하고 경험으로 끝난다. 이 경험을 언어로 해석하려는 것은 부차적인 것이다.

아트만과 브라만 정체성

인간은 자기 자신이 하나의 대상이라고 알고 있다. 이 대상을 자아(ego)라고 한다. 그러나 지식인으로서 말하자면 대상을 아는 주체로서 인간은 자기(self)이다. 자기는 무한하거나 또는 정의를 내릴 수 없는 자기이다. 자기 자신은 무한한(infinite) 존재이며, 우주의 모든 것을 아는 자이다(1972b, 48). 이것은 무한한 의식, 전지전능한 것이다. 무한한 것은 끝이 없고 무한하고, 크기도 정해져 있지 않다(1972b, 54). 그래서 유한한 자아는 알게 된 대상이고, 무한한 자기는 아는 자(knower)이다. 유한한 인간(자아)의 존재는 인간이 무한으로부터 신-진실된 자기, 즉 우리의 진정한 자기로부터 분리되지 않는다는 사실에 달려 있다. 오히려 신(God)은 다른 모든 것과 마찬가지로 시간과 공간 속에 존재한다(1972b, 68). 힌두교에서의 신은 유일하게 경험하는 자, 유일하게 아는 사람, 그리고 유일한 선각자이다. 자기로서의 인류는 유한한 자아를 식별하는 과정에서 무한하다. 자기는 무한하다. 그러나 자아는 그렇지 않다.

신비로운 경험은 정체성 실현의 중심이 된다. 이 정체성은 유한한 자아의 정체성 그리고 무한함을 아는 자로서의 주체, 또는 자기이다. 그러나 자기가 자신의 진짜 정체성을 깨달은 후에도, 자기가 확인했던 자아는 사라지지 않는다. 개성의 손실은 없다. 그러나 개개인의 의식과 존재는 어떠한 개인보다 보다 큰 관점에서 일시적으로 경험된다. 무한한 정체성의 경험 안에서 개인은 자신이 항상 모든 것과 함께한다는 것을 깨닫는다. 유한한 것은 그 실체를 유지한다. 그러나 무한함과 비교했을 때, 그것은 아무것도 아니다.

개인의 궁극적 성격은 정체성을 깨닫는다고 사라지지 않는다(1972b, 72-73). 왓츠가 지적했듯이, 사실 종교적 전통은 유한한 성격이 종속적인 방법으로 무한한 것과 관련이 있을수록 더 강력하게 개인적이고 독특해진다고 가르친다(1972b, 73). 우리의 존재에 근본이 되는 무한함의 경험은 우리를 객관화로부터 멀어지게 하고, 우리의 참된 모습으로 개별화한다. 왓츠는 자기-의식이 한 사람의 성격을 개발하려고 시도하는 것이 사실 그리스도교의 트렌드라고 언급했다. 성격은 열심히 일해도 변하지 않지만, 행복은 행복 추구의 결과로 비롯된다.

왓츠는 의식을 에너지의 통합적인 패턴의 분야로 묘사했다(1972b, 85-86). 이 분야는 많은 관점이 있을 것이다. 이 분야는 무한한 현실이고 나의(my) 의식 하나는 관점 또는 제한된 영역이다. 자기로서, 개인은 하나의 관점을 포함하는 과정의 장(field)이다.

힌두교의 전문 용어로, 무한함과 전지전능함을 브라만(Brahman)이라고 한다. 브라만은 자기에 대해 완벽히 알고 있는 자, 그리고 지식의 유일한 소유자이다(1972b, 48). 지금 이곳에서와 현재 안에서의 무한함을 아트만(atman)이라고 한다. 내 지식의 대상으로서 나는 자아이다. 하지만 대상을 아는 주체로서 나는 자기이고, 아트만은 무한한 무언가로서 세계를 완벽하게 알고 있는 사람, 세계 그 자신인 브라만과 함께 한다(1972b, 48, 72). 경험적 자아(ego), 즉 내가 나 자신에 대해 알고 있는 특별한 개성으로서는 결코 식별될 수 없는 자기를 아는 자인 아트만은 브라만이다(1972b, 84). 지금 여기에 있는 자기는 아트만이다. 무한함에 있는 자신은 브라만이다. 아트만은 브라만이다. 자아는 브라만에게 잘 알려진 대상이고, 자신을 완벽하게 알고 있는 것이다. 예컨대, "표면상으로는 나는 하나의 사과이다. 내면상으로 나는 나무이다."(1970, 47)

각각의 관점에서 자기는 감각, 생각, 감정 그리고 기억과 관련된 집단인 자아와 동일시한다(1970, 84-85). 자기는 이 대상, 이 감각의 집합, 알려진 자아를 알고 있는 의식이다. 자아는 범위가 한정된 의식, 경험 또는 사물의 범위가 제한된 관점을 갖고 있다. 비록 자기가 정말로 하나의 관점과 동일시하고 있지만, 그것은 전지전능한 관점을 가진 브라만과 함께 무한한 현실로 남아 있다. 우리 인생의 진짜 목표는 자기와 무한함, 아트만과 브라만의 최고의 정체성의 깨달음이다(1972b, 72).

그러므로 우리의 진정한 정체성 또는 의식은 무한성에 의해 가질 수 있는 관점, 즉 무한한 자기(eternal self)의 관점이라고 볼 수 있다(1972b, 88). 우리의 모든 경험은 모든 관점을 나타낼 수 있는 무한한 자기(self)에 의해 알려진다. 모든 생명체의 삶에 완전히 흡수됨으로써, 무한한 지식의 주체는 그 자신이 모든 유한한 개체라고 상상한다(1972b, 67).

그래서 자기(self)는 우리의 진정한 정체성이라고 묘사된다. 아는 주체로서 자기(self)는 개인의 특징을 가지지 않는다. 따라서 자기는 자아(ego)와 같이 개인의 알려진 객체가 절대 아니다. 알고 있는 자기(Knowing Self)는 절대로 지식의 대상이 될 수 없다. 이에 대해 말하자면, 신(God)은 자기의식을 갖고 있지 않고, 자기 자신을 알지 못한다는 것을 의미한다. 신(God)은 영원히 자신에게 미스테리이고, 지속적으로 자기 자신에게 놀랄 것이며, 그의 영광에 자기 자신이 놀랄 것이다(1968, 75). 그는 그가 어떻게 신(God)이 되었는지조차 모를 것이다. 왓츠는 신이 세계를 창조했다고 주장했고, "그리고 놀랍다! 이것이 좋다고 보았다."(1968, 75)고 말한다. 왓츠가 말하는 신은 가공되고 정화된 도그마의 신, 철학자의 신, 훈계하고 잔소리하는 신이 아니라, 자발적으로 우리가 "와!" 하고 경탄하게 되는 살아 있는 신, 경이롭고 놀라운 신, 멀고 터무니없는 이야기 속의 신화적인 신, "아브라함과 이삭, 야곱의 하나님"(Pascal), 그 앞에서 노래하고 춤출 수 있는 신, "더 경건한 신"(Mastin Heidegger)이 진정한 신이다.

정체성과 신화

왓츠는 신화(myth)가 항상 진실된 것을 표현한다고 말한다. 그러므로 신화는 영원한 진리의 존엄성(timeless truth)을 소유하고 있다(1968, 2). 신화는 신과 그의 행동에 대한 수많은 이야기이며, 신의 위대한 행동에 대한 폭로이다(1968, 68). 신화는 가설이 아니라, 사물을 분리하는 방식이다. 신화는 거짓도 아니다(1968, 7). 왓츠는 신화가 사실 인생의 깊은 진리를 나타내 주는 이야기이고, 우주의 깊은 의미와 그 속에 있는 인간 삶의 공간을 묘사하는 것으로 널리 간주된다고 말한다(1968, 7). 신화는 마법적이고 경이롭다고 얘기되는데, 이는 그것이 현실의 방식이기 때문이다(1968, 66). 우리는 진짜 세계를 정확히 밝히거나 완전히 이해하지 못한다. 왓츠는 이것은 너무 환상적이기에, 그래서 우리는 신화가 필요하다고 말한다. 신화적인 사건의 경이로운 부분은 역사의 결정적인 순간에 이런저런 방식으로 전해져 왔다는 것이 아니라 그 의미가 무궁무진하고 영원하다는 점이다(1964, 116-117).

힌두 신화(베다 경전)에서 묘사되었듯이, 사물의 첫 번째 상태는 우리의 신적인 본성을 망각한 신의 자포자기이다(1972b, 131-163). 최고의 자기(Self)는 유한한 삶의 한계에 자신을 내맡기려 한다. 전지전능 외에는, 자기는 유한한 관점으로 식별된다. 개성에 대한 환상이 일어나고, 자아(ego)의 완전한 분리와 고립의 경험에서 이는 절정에 이르는데, 왓츠의 관점에서 볼 때, 이것이 우리의 현재 의식 상태이다.

두 번째 단계는 깨달음의 사건이다. 여기서 자기는 다수의 정체성 뒤에 있는 하나의 진정한 정체성을 의식하게 된다(1972b, 142). 자신은 그것의 외형이 마야(maya)라는 새로운 환상을 발견한다(1971, 97). 자아가 복종할 때, 자기는 자아의 정체성을 포기하고 자아의 독립을 깨운다. 자기는 자아가 그 자기 자신으로부터 떨어져 나온 유한한 객체라고 본다. 그곳에는 신(God)을 기억하는 것이 있고, 사람들의 삶 안에서 신(Godhead)이 탄생한다. 대체로 자기는 자아로부터 분리된 의식을 얻고 무한함과 함께 그것의 원칙 안에 있는 통일성을 얻는다. 따라서 정체성을 깨닫는다는 것은 꿈에서 깨어나는 자기이며, 신이 자신의 정체를 기억하고 자아를 변화시키는 것이다(1973, 260). 즉, 우주적이고 영원한 차원에 대한 인식이 일어난다. 왓츠는 힌두교 신자의 세계 사진은 자기가 자신과 숨바꼭질 하는 드라마틱한 환상이라고 말한다(1964, 38-50, 126-130). 아기가 태어날 때처럼, 자기는 마치 한 번도 세상을 본 적이 없었던 것처럼 놀란 채로 세상을 바라본다. 왓츠는 우리가 보다 큰 유기체 안에 있는 세포들이라고 말한다. 살아있고 느끼며, 지각하는 모든 것은 신(God)이고, 신의 속성을 갖고 있지만, 모든 것은 그렇지 않은 척을 하고 있다.

숨바꼭질하면서, 신(God)은 자신이 우리, 모든 인간, 동물, 식물, 바위, 별이라고 믿게 만든다(1966, 12). 힌두교의 신화적인 관점에 따르면, 모든 경험은 신의 것이다. 왓츠는 힌두교 신이 인간으로서 우주를 책임지고 있지 않다고 지적한다. 그러므로 왓츠가 말했던 것처럼, 신과 우주의 정체성에 대한 힌두교 신화에서 신은 자신을 잃고 찾기를 반복하고 또 반복한다.

이 시점에서 자기는 유한한 세계를 버리지 않고, 이것을 하나의 경험적 도구로 사용한다. 유한함은 완벽하게 떠난 것은 아니지만, 우리가 본 것같이, 그것의 현실을 유지한다. 왓츠는 무한함이 유한한 상태로 진입한다는 의미가 정확히 유한함 속에 있는 무한함의 표현이기 때문이라고 말한다. 깨달음은 오직 자아의식 상태를 통해서, 자아 투쟁과 책임을 동반할 때 이루어진다. 신과 세계의 완벽히 반대되는 것인 극단적인 고립감은 연합의 의식을 위한 중요한 준비라고 말할 수 있다.

첫 번째 단계는 그리스도교 신화에서 상징화된 것처럼 추락(fall)의 단계이다(1964, 88-89; 1972b, 144-145). 첫 번째 인간인 아담은 신(God)께 불순종하고 그의 높은 지위와 신의 은총에서 한순간에 떨어졌다. 왓츠는 객체와 주체가 구분되지 않는 에덴동산에서 즐겼던 원시적인 조화의 상태가 아담의 진정으로 필요한 죄에 의해 끝나야만 했다고 주장한다. 아담은 인간으로서 처음으로 의식을 갖기 위해 선악과를 먹을 수밖에 없었다. 그리하여 그의 죄 많은 지식은 그를 인간으로 만드는 데 도움이 되었다. 말하자면, 그는 에덴동산에서 인간 이전의 행복 상태로부터 추방당한 것이다. 홀로 낙원에서 추방된 인간은 이제 삶을 스스로 살아가야 한다. 신은 더 이상 동산에서 그랬던 것처럼 인간과 함께 걷고 말하지 않는다.

그리스도교 신화는 죄책감과 소외의 이러한 상태가 극복되는 두 번째 단계를 예수 그리스도의 삶 속 인물과 사건을 통한 구원으로 묘사한다(1964, 91). 첫 번째 아담이 죄를 저지르고 자기 자신과 타인이 신에게서 멀어지게 했다. 인간이 다시 신으로 돌아오고, 신성한 본성에 참여하면서 예수, 즉 두 번째 아담을 통해 원죄와 신과의 분리가 극복된다. 예수는 이것을 인류를 위해 성취하실 수 있었는데, 이는 그가 신(God)의 아들이기 때문이며, 신과 인간이 이미 예수 안에서 완전히 하나가 되었기 때문이다. 두 번째 아담인 예수는 우리 세상에 오셨고 끔찍한 죽음을 맞이하였고, 인간의 삶 전체를 신과 재통합한다(1964, 91). 신이 인간이 되었기에 인간도 신이 될 수 있다

(St. Athanasius).

왓츠는 시대를 초월한 신화의 두 단계가 예수의 삶을 특징짓는 두 단계로, 예수의 삶에서 일어나는 것으로 묘사되고 있다고 지적한다. 첫 번째 단계는 신이 그의 신적인 지위를 스스로 비우고 인간의 형상을 띠는 것, 즉 신이 종으로 나타난 것이다(빌립보서 2:5-8). 신의 아들은 땅으로 내려와 모든 결점과 인간의 고통에 참여하였다. 예수는 십자가에 못 박혀 죽고, 아버지와는 아득히 멀어졌다. 그는 울부짖었고, 그의 아버지께 왜 자신을 버렸는지 물었다(1964, 92; 1972b, 142).

두 번째 단계는 예수가 십자가에 못 박혀 그의 인간성에 굴복하였지만, 곧 부활한 것이다. 예수의 부활한 몸에 대해 왓츠는 유한한 인생이 변화한 것이라고 말한다. 예수의 인생을 통해서 그리스도 교리에서 말하길 예수의 신에 대한 비유의 우수성(analogy par excellence)이고, 완벽하고 아름다운 영원한 원칙의 비유가 되었다고 말한다(1972b, 51).

베다 경전의 관점에서의 예수와 그리스도교를 해석했을 때, 왓츠는 아버지와 아들의 차이가 브라만과 아트만의 차이, 무한함과 유한한 자신을 상상하는 무한함의 차이와 일치한다고 말한다(1972b, 68). 성육신은 신이 스스로 인간성을 잃는 것, 유한한 인간의 인생과의 식별을 행하는 것으로 해석되고, 십자가형은 무한한 자기(self)가 유한한 인생에 항복하는 것으로 해석되고, 부활은 정체성의 자기 인식 그리고 신성으로의 자각이라고 말할 수 있다(3장 '심리학과 그리스도교 교리' 비교).

왓츠는 신학자들이 신의 삶에 대한 이야기를 문자 그대로 역사적 과거 사실에 대한 기록으로 다루기 시작했을 때, 다시 말해 그들이 더 이상 이 이야기를 상징적으로 경험하지 못할 때 영원한 지금 과정을 표현하는 신화로서의 그리스도교는 죽기 시작했다고 말한다(1968, 67). 왓츠는 신의 성육신이 역사에서 단 한 번만 일어났다고 믿지 않는다. 신화가 과거에 진실이었던 것이 아니라 언제나 진실인 것을 표현하는 한 신화는 본질적으로 진실하다(1968, 81). 오로지 진실된 일인 성육신은 항상 진행된다(1968, 129). 대체로 그리스도교의 비극(tragedy of Chritianity)은 신화의 역사와 사실에서 혼란스러워하는 것처럼 보인다(1968, 84). 후자는 추상적임과 죽음의 영역이다. 왓츠의 관점에서 그리스도교는 신화적으로 영원한 철학의 사례로 이해되어야 한다(1973, 180).

왓츠에게 신화적 관점에서, 즉 베다 경전의 관점에서 유한한 세계는 숨바꼭질 또는 잃어버리고 찾는 우주론적 게임에 의해 영원히 창조되고 있다. 모든 인생의 부분들은 하나의 우주 드라마의 축소판에 있는 형상이다. 유한한 질서 안에서의 무한한 현실에서 자신을 버리는 것과 자신을 깨닫는 것이다. 실제로, 무한은 분열되지 않은 채 남아 있다고 이야기된다. 이것은 한순간에 모순 없이 유한하고 무한하며, 많으면서 하나일 수 있다. 죽음과 부활의 주제는 유한의 영역에 무한히 먼저 숨어 있다가, 이후 자신을 발견하는 신화적 연극의 가장 흔한 변형으로 인용될 것이다(1972b, 132).

신과 경험

왓츠는 세계의 무한한 공간과 같이 우리 자신과 함께한 정체성의 의식을 얻는 가정이야말로 가능할 것이라고 장담했다. 그러나 우리가 본 것처럼, 자기는 지식의 대상이 될 수 없다. 또한 결과적으로 자기는 말로 충분히 표현될 수 없다. 최고 정체성에 대한 깨달음에서 신은 생생한 현실이고, 정의될 수 없는 경험이며, 언어로 정할 수 있는 개념적 대상이 아니다(1972a, xiii). 그렇기 때문에 신에 대한 모든 것에 대해 무엇이든지 말할 때 엄청난 주의가 요구된다. 왓츠는 무신론을 포함해서 신으로 간주되는 모든 입장만이 경험을 의미할 수 있다고 말한다. 그래서 그는 신에 대한 관념이 모호하게 남아 있도록 허용되어야 한다고 주장한다(1973, 86). 신이 언어로 축소될 때, 신에 대한 즉각적인 경험은 사라진다.

왓츠는 다신교(pantheism)의 어떠한 부분은 직접적인 신비로운 신의 경험과 불일치한다고 느낀다(1972a, xviii). 왓츠에게 다신교의 의미란 신이 세계의 모든 에너지 공간이라는 의미이다. 이 공간 안에 있는 하나하나 모든 것이 다 소우주이다. 모든 공간 또는 소우주는 각각의 부분이 표현된다. 나 자신은 모든 내 몸 안에 있는 우주부터 핵공간까지 도달하는 에너지의 폭풍 안에 살고 있다고 말한다(1966, 10). 왓츠는 이러한 다신교적 입장의 주요한 강점은 이 입장이 얼마 전 일어난 고정된 폭로에 대한 믿음(개인적 몰두와 확신이 부족한 경우가 많다고 여겨지는 믿음)보다는 경험에 바탕을 두고 있다는 점이라고 생각한다. 최고의 정체성은 근본적으로 경험에 의한다. 그러므로 신(God)은 생각(idea)이 아닌 경험(experience)이다. 왓츠는 우리가 그 고도로 정제된 공식들이 언급하는 구체적인 경험을 알지 못하는 한 종교에 의해 전파된 교리를 오해할 소지가 있다고 말한다(1951, 23). 왓츠는 깨달음을 통해 우주의 땅인 궁극적 현실에서의 실제 경험을 전한다(1972b, 18). 왓츠는 오늘날의 신이 파라오의 방식으로서의 군주이고, 그러한 믿음에 근거한 영성은 자기 통제의 정치적 사건이라고 주장하는 것을 믿을 수 없다고 말한다(1972a, xiii). 그럼에도 불구하고 왓츠는 서양에서 지배적인 군주, 우주를 지배하는 우주적 자아로 남아 있는 신에 대한 대중적 개념을 발견한다. 왓츠의 관점에서, 믿음과 그 신성한 부모가 제공한 믿음에 대한 약속을 버려야 할 때가 온다.

왓츠는 전통적인 종교적 생각들은 신념이 아닌 경험의 상징, 현실의 표식으로 다시 한번 중요해질 것이라고 생각한다. 사실 종교 교리는 미래의 제2의 도래와 관련이 있는 것이 아니라 현재의 현실과 관련이 있다. 신과 영생이 일치하는 현재는 누구나 경험할 수 있다(1951, 23). 영생의 교리는 현재가 하나뿐인 유일한 현실이고, 매 순간 삶이 완성된다는 인식으로 이해될 수 있다. 신(God)은 영생의 단계에 대한 감탄 사이고, 있는 그대로의 현실에 대한 감탄과 사랑을 표현한다(1973, 212). 다른 그리스도교 교리뿐만 아니라 영생에 대한 교리 역시 현재의 경험과 관련이 있다고 볼 수 있고, 이와 같은 맥락에서 오늘날 그리스도교가 이해되고 의미를 가질 수 있다. 사람들은 문자 그대로의 가르침을 뒤로 하고 반드시 이 상징의 의미가 무엇이고, 이것이 무엇을 표현하며, 어떻게 비유의 기능을 하는지 찾아내야 한다. 왓츠는 신비로운 경험이 없는 종교는 할 수 없는 것을 하기 위한 헛된 투쟁이라고 본다. 즉, 그리스도교는 신비로운 의식이 필요하다.

우리는 왓츠가 종교 교리를 최고 정체성의 현실지향적인 경험과 유사하다고 받아들이는 것을 볼 수 있다(1972b, 35). 또한 우리는 사람들이 표현할 수 없는 것의 상징(신화, 교리)을 사실적 진술로 바꿀 때 중대한 어려움을 직면하는 것을 볼 수 있다(1972b, 133-36). 신이 못 박힐 때, 예수와 예수의 부활이 객관적인 역사적 사실로 만들어질 때, 창조적인 이미지들은 죽은 우상으로 변형된다(1968, 21). 왓츠는 우리가 현실 세계에 설치한 언어적 서술에서 벗어나 실제로 일어나는 일들로 돌아가야 한다고 생각한다. 깨달음은 신화, 종교 그리고 형이상학 뒤에 있는 진실을 붙잡는다. 진실은 믿음이 아니라 신, 영원과 같은 것들에 대한 우리의 생각에 상응하는 현실이다.

왓츠는 깨달음이 세계의 주요 종교적 사상과 상징의 이면에 있는 현실 속에 놓여 있다고 생각한다. 왓츠는 이것을 우상숭배(idolatry)라고 언급한다. 즉, 이미지와 이미지가 상징하는 바를 혼동하는 것이다. 신을 정의하려는 시도는 동상을 만드는 것보다 더 영적인 것처럼 보일 수도 있지만, 언어로 신을 억압하는 것은 우리를 신으로부터 멀어지도록 한다. 그가 말한 큰 추상은 동상으로 만든 우상보다 더 위험하다고 할 수 있다(1966, 141).

왓츠는 현실을 모든 사람이 볼 수 있는 것이라고 말한다. 필요한 것은 믿음, 즉 있는 그대로의 것에 마음을 여는 것이다. 진실에 대한 선입견들은 믿음을 막는 우상이다. 왓츠에 따르면, 신을 보기 위해서는 모든 생각(개념, 단어)에 대한 믿음을 버려야만 한다. 신, 존재, 그리고 다른 단어들은 신비로운 경험의 내용을 나타내기 위해 부여된 이름인 듯하다. 왓츠는 무한함 속에 있는 신은 추측이 아닌 깨달음의 경험이라고 주장한다. 그래서 자기(self)는 단순하게 그것이 영원하고, 모든 것을 포함한다는 것을 알게 된다.

왓츠는 경험을 해석하기 위해 사용되는 용어들은 자연스럽게 개개인들이 경험하고 있는 문화로부터 가져온 것이라고 말한다. 때때로 언어는 그 경험의 문화적 자기모순성을 감추고 있는 것으로 보인다. 그럼에도 불구하고 문자 그대로의 신조의 화면 뒤에 있는 상징의 더욱 깊은 뜻을 찾는 것이 가능하다(1973, 180).

왓츠는 다양한 종교가 경험에서 공유된 기반을 깨닫는다면 함께할 수 있다고 생각한다. 신의 즉각적인 경험은 어디서든지 비슷하고, 모든 종교의 신비성은 같은 것을 가르친다. 이 경험은 어떤 시대이든 간에 거의 모든 문화에서 일어난다. 왓츠는 이 일반적인 가르침이 세계에서 가장 두드러지게 보이는 만장일치의 가르침이라고 말한다(1972b, 41-42). 이 가르침은 세월이 흘러도 변함이 없다. 반대로 과학에서의 이론은 새로운 이론을 생산하는 것처럼 보인다.

의식의 우선

지성과 과학계는 아직도 인간의 지능이 마치 포도나무 가지에 포도가 자랄 수 있는 것처럼 기계적이고 어리석은 우주에서 일어나는 우연한 사건이라고 믿는다(1971, xiv). 왓츠는 모든 우주의 에너지를 우리의 의식과 함께 지속되는 것으로 보는 것이 앞뒤가 맞는다고 생각한다. 인간을 자라게 하는 세계는 단지 인간 또는 인간화 (humaning)인 것이다. 달리 말하면, 배를 자라게 하는 나무인 배나무와 마찬가지로, 우주는 인간을 자라게 한다(1964, 222). 왓츠의 관점에 따르면, 무한함이 의식이 있다는 것은 증명되어야 할 명제가 아니다. 무한은 우리의 의식이 궁극적인 현실과 본질적으로 동일하다는 인식에서 비롯된다. 인간의 의식은 궁극적인 현실의 특별한 방식이라는 신비로운 경험에서 비롯되며, 본질적으로 우주의 기본과 일치한다(1972b, 57). 우리는 나무에서 난 열매처럼 궁극적인 현실에서 나왔다. 세계는 인간을 성장시킨다. 왓츠에 따르면, 인간을 성장시키는 우주의 근본에 있는 것은 절대 적을 수 없으며, 오히려 그것이 성장시키는 사람보다, 그것에서 나오는 것보다 헤아릴 수 없을 만큼 더 많은 것임이 틀림없다.

의식은 세계의 땅이다. 그리고 물체의 단순한 사고가 아니고, 우리 인간은 그것과 중요한 연속성을 갖고 있다. 왓츠는 물질(material)의 세계는 단순히 측정되거나 측정할 수 있는 세계이고, 우주는 인간의 개념화와 측정의 그물에 걸린 것이며, 우주는 추상화에 종속되어 있다고 주장한다(1966, 55). 모든 의식은 시작부터 모든 에너지 시스템에 포함된 것들이 보이는 것이다(1970, 186). 우리의 은하는 지적으로 보여야만 한다. 그렇지 않다면 어떻게 우리는 인간의 지능을 증상(symptom)으로 이해할 수 있겠는가?(1966, 91)

정체성과 자아

왓츠는 이기주의가 자아(ego)와 함께 동일시되는 반면, 자기부인(self-denial)은 자아를 부인하고 자기(self) 안에서 한 명의 진정한 정체성을 깨닫는 과정이라고 말한다. 자아는 얕은 존재이고 자기의 감각을 숨기고 왜곡시킨다. 여기서의 자기는 세계 안에 있는 모든 것이다. 그것이 "자기이고, 현실이며, 그 예술이 당신이다!"(우파니샤드). "존재의 궁극적인 근본"(Paul Tillich)은 당신이다(1966, 15). 자신의 진정한 자기에 대한 깨달음이 일어나면, 나(I)는 진짜가 아닌 것처럼 보이며 끝을 맞이하게 된다(1968, 148).

놀이로서의 우주

왜 신은 모든 부분을 쉽게 연기하는 배우와 같은 관점을 취하는가? 이는 어떤 목적을 위한 것이 아닌데, 왜냐하면 목적이란 무언가가 부족하고 추구되고 있음을 의미하기 때문이다. 신은 목적을 가질 수 없다(1972b, 92). 신은 아무것도 부족한 게 없기 때문에 분투하지 않는다. 인간의 활동 중, 노력과 목적 없는 활동은 바로 놀이(play)이다. 최종적으로 우주는 많은 것을 갖고 노는 놀이이다(1972b, 92-95).

관계성

왓츠는 깨달음의 경험은 세계를 향한 우리의 관점을 바꾼다고 말한다. 사물은 이제 분리불능의 본질로 인식된다. 깨달음은 관계 안에서 사물과 사건의 정확한 실현이다. 세상은 이름으로만 분리된 상호의존적인 사물과 사건의 체계로 경험된다(1966, 64). 세상은 정말로 다양한 사물과 사건(헤아릴 수 없이 많은 변화하는 관계 또는 상호 연결된 패턴에 대한 구별되는 통합체)으로 구별되지만, 구별은 분리가 아니다(1966, 73). 관계성을 경험한다는 것은 모든 것이 관계 안에 있다는 것, 모든 것은 함께 되고, 서로 의지하고, 세계는 조화로운 시스템이고, 생명체와 환경은 서로를 필요로 하고, 세계는 우리 몸의 확대이고 나눠지지 않는 현실은 오로지 세계뿐이고, 자아(ego)는 이 시스템을 통제하지 못한다는 것을 아는 것이다. 우리의 세계는 모든 에너지 시스템이다. 개개의 물체들은 하나의 나눠지지 않는 과정의 단지 짧은 경험이라는 것을 알아야 한다(1966, 82).

도교는 본래의 통일성을 회복하는 것으로 인용된다(1971, 9). 도교에 따르면, 모든 사물과 사건이 다른 사물과 사건을 결정하고, 각 사물이 다른 모든 것과 관계된 것 그 자체이다(1971, 43). 자연은 선형적 표현이 불가능한 패턴의 동시성으로 간주된다(1975, 7).

깨달음 안에서 보통의 구별은 사라졌다고 말한다. 개인은 자신이 인식하는 것과 동일한 자신을 하나로 감지한다. 개인은 자신이 환경 안(in)에 있다고 느끼지 않고,

유기체-환경 간 관계의 통합된 부분이라고 느낀다(1973, 400). 우리의 신체의 장기들은 다른 이름들을 갖고 있다. 그러나 그들은 동시다발적으로 발달하고 상호 의존한다. 왓츠는 우주와 이름만으로 구별될 뿐인 개인들도 마찬가지라고 말한다. 나는 이 유기체이다. 그러나 나는 역시 나의 환경이다(1971, 76). 세계와 나의 몸은 하나의 과정을 형성하고, 심장은 폐와 다르지 않다(1971, xiv). 연결들이 덜 선명하다는 것은 그들이 덜 현실적이라는 것을 의미하는 것이 아니기 때문이다. 만약 차이와 거리가 신체 기관이 유기체를 형성하는 방식에 필수적이라면, 왜 차이와 거리가 일반적으로 또 특히 신체 역학에서 유기체 환경 관계 형성에 똑같이 필수적일 수 없는가? 따라서 왓츠에게 태양과 숲은 뇌와 뇌를 구성하는 뉴런 못지않은 개인의 육체적 삶의 특징이다. 이런 의미에서, 대기오염은 개인적 질병이라 할 수 있다. 인간의 몸은 동물, 식물, 박테리아 등과 함께 할 때에만 일어나는 아주 다양한 패턴인 춤추는 에너지 패턴이다(1971, 22).

왓츠는 이런 식으로 우리의 구성을 전체 세계의 나눠지지 않는 하나의 관계로 본다. 나(I)는 이 시공간에서 일어나는 세계의 활동이다. 따라서 내가 나 자신을 우주의 한 순간이나 우주의 표현이라고 볼 때, 자기(self)의 화신, 즉 유일하게 확인할 수 있는 것은 모든 것이라고 왓츠는 말한다. 부분들은 전체로 살아가도록 합쳐질 때 의미를 갖게 된다(1972b, 26). 우리는 중요하다. 왜냐하면 우리는 무한함 안에서 우리의 진정한 목표를 가지기 때문이다. 인간은 다른 모든 것들과 마찬가지로 미시적인 존재이며, 거시적인 존재와 분리될 수 없다.

영원한 현재

깨달음은 사물에 붙여진 이름이 아니라 있는 그대로의 사물과 현재(now)에 대한 매우 분명한 관심이라고 한다(1951, 76). 왓츠는 현재를 천국의 문(door of heaven)이라고 말한다(1951, 143). 영원함은 현재이다. 현재 있는 것이 있는 그대로의 전부이다. 왓츠의 말에 따르면, 지금까지 모든 다른 지식은 성찰을 통해 정교해진다.

왓츠에 따르면, 영원한 현재를 조금이라도 이해한 사람이라면, 삶이 실제로 그들 앞에 흐른다고 볼 것이고 따라서 현재에 대부분 살게 될 것이다. 현재만이 있을 때, 왓츠는 모든 것이 무한해 보일 것이라고 말한다. 영원한 현재에 비추어 볼 때, 신체적 사물의 세계는 신성 그 자체이다(1968, 187). 이러한 방식으로 살아가는 것은 현실에 대한 선입견이나 생각 없이 그 순간에 대한 인식이 확대되고 깊어진다는 것을 의미한다. 현재를 살아간다는 것은 매 순간에 대해 열려 있고, 각 순간의 새로움과 독특함을 완전히 수용하는 것을 의미한다. 현재는 오로지 현재로 경험되고, 세상은 바로 이 순간 그것이 되어야 할 바로 그것으로 나타난다. 이제 각자가 완전히 살아가면서, 개인은 깊은 개인적 성취감을 경험한다(1951, 114). 이 방식을 경험한다는 것은 과거에 근거한 해석일 뿐인 사물에 주어진 명칭에 더 이상 매료되지 않는다는 것을 의미한다.

과거가 없으면 영원한 자기(self)도 기억도 없고, 기억할 필요도 없다(1972b , 91). 자기(self) 의식은 엄격하게 현재의 의식이고, 시간 제약에 얽매여 있지 않고, 과거, 현재 그리고 미래는 영원한 자아에서 동시에 나타나며 흔적을 남기지 않는다. 대조적으로 기억(과거)과 기대(미래)의 복합체인 자아의식은 시간에 구속된다(1972b, 178). 영원한 지금을 살아가는 것은 시간에서 해방되는 동시에 영원한 자아의식에서 해방되는 것이다(1968, 197). 현재는 무궁무진하다. 현재는 자아가 아니라 무한함만을 위한 공간이다. 영원을 사는 것은 현재를 사는 것을 투영하며, 브라만이 아트만을 투영하는 방식이다(1972b, 179).

왓츠는 현재를 살아가는 것이 더 장난기 많은 태도를 의미한다고 주장한다. 본성(nature)은 목적의식 보다는 놀기를 더 좋아한다(1967, 34). 본성에 미래의 목표가 없다는 것이 결점으로 보이지 않는다. 본성의 과정들은 미래에 대한 목표 없이 펼쳐지는 음악과 비교된다. 왓츠에 따르면, 음악의 요점은 계속 발전하면서 나아지는 것도, 피날레에 도달하는 것도 아니다. 오히려 그 요점은 매 순간마다 발견된다. 왓츠는 삶이 이미 그 곳에 있기 때문에 아무 데도 가지 않는다고 말한다(1969a, 210). 그는 만약 우리가 우리의 인생을 언제나 향상시키려 시도한다면, 우리는 살아가는 것을 잊어버릴지도 모른다고 말했다. 그러므로 인생은 결과를 덜 강조하고, 노는 것(play)처럼 살아야 한다고 말한다. 일상의 이 현재의 경험은 우주의 존재이다(1967, 13).

자발성

왓츠는 우리가 본성의 자발적인 행동을 믿지 않는다고 보았다. 우리는 우리 몸을 두려워하고 그것의 본성적 성향과 싸워야 한다고 배워 왔다. 왓츠가 말했듯이, 우리는 통제하는 상위 부분과 통제당하는 하위 부분으로 분리되어 있다. 우리는 사회 법칙이나 신의 법칙과 같이 우리 바깥에서 행동의 길잡이를 찾는다. 그런 다음 우리는 스스로에게 내려오는 지시에 순응하도록 명령한다. 그러나 그런 이중 구속은 통하지 않는다. 자아(ego)의 작용이 아닌 자발성(spontaneity)은 자아의 사회적 통제 메커니즘에 의해 억제되지 않는 작용이다(1969a, 172). 우리는 우리 본성의 선악에 대해 자신감이 없는 것처럼 보인다(1967, 84). 우리는 긍정적인 면은 유지하려고 노력하지만, 불신하는 부정적인 면과는 거리를 두려고 노력한다. 한편, 우리가 어떻게 우리의 불신을 믿을지에 대한 답은 결코 나오지 않는다.

왓츠는 우리가 만든 분열을 극복하기 위해서는 자발성이 아니라 통제자가 통제되어야 한다는 것을 깨달아야 한다고 믿는다(1970, 88). 우리는 자아(ego)가 처음부터 결코 효과적인 대리인이 아니라는 것을 발견해야 한다(1964, 126). 우리는 우리 자신을 받아들여야 하고, 본성을 거스르기보다는 함께 흘러가야 한다. 우리는 우리의 두뇌를 신뢰하는 법을 배워야 하는데, 우리의 두뇌는 우리의 말과 규칙이 아니며, 우리의 마음이나 지적 능력보다 헤아릴 수 없이 더 똑똑하다(1971, 73; 1973, 237). 가장 중요한 과학적 통찰은 생각지도 않고, 노력하지도 않는 의식의 형태를 통해 나오는 것으로 보인다. 인간의 행동은 눈이 내리고 물이 흐르는 것처럼, 그냥 내버려 두면 그들 자신에게 저절로 일어난다(1973, 190). 예컨대, 뇌에 기회를 주면, 의식적인 노력을 통해 기억하지 못했던 사람의 이름을 갑자기 떠올릴 수 있다.

왓츠는 본성은 실수를 하지 않는다고 언급했다. 필요한 것은 본성과의 협력, 그리고 본성에 대한 긍정과 수용이다. 선(Zen)의 목적은 각성, 즉 자기 통제에 대한 이원론적 생각이 가져온 이중적 구속으로부터의 탈출이다(1967, 67).

도교의 도는 노력하지 않음 또는 인위적으로 만들지 않음을 뜻하는 중국식 표현인 무위(wu-wei)에 의해 행해진다. 도교는 본성적 형태가 생산되는 것이 아니라 자라나는 것으로 본다(1970, 39). 세계는 기계적이지 않고, 안에서 유기적으로 자라난다(1970, 45). 세계에 속하는 무위에 의해 세계를 자라게 하는 도는 세상의 일부이다 (1957, 16; 1970, 40). 이것은 외부의 대리인이 아니다.

왓츠는 자발성은 완전히 진실하다는 것을 의미한다고 말한다(1970, 112). 이것은 의심 없는 관여이다. 그러나 자발성은 애쓰지 않으며 힘이 들지 않는다. 자발성은 자신을 조종하지 않는다. 사과나무는 무리하지 않는다. 사과나무는 외부의 법칙이나 원칙이 아니라 내부로부터 자라나는 내부의 자발성에 따라 움직인다. 왓츠는 본성의 자발성은 물질의 비활성에 대한 우리의 일반적인 믿음과 반대된다고 말한다(1966, 55-56). 그러나 자연이 스스로 움직인다고 생각하면 외적인 통일의 개념은 무의미해진다.

왓츠는 우리에게서도 역시 태양 주변 행성들의 움직임만큼이나 자발적인 내부 활동을 찾을 수 있다고 말한다(1951, 56). 우리 신경계의 구성과 마찬가지로, 또한 실제 유기체 전체와 마찬가지로 그것은 저절로 일어난다. 이 그 자신은 진짜 나 자신이라고 말할 수 있다(1967, 89). 왓츠는 여기에는 실수도 불안도 없다고 말한다. 그러므로 우리가 살든 죽든, 옳든 그르든 간에 그것은 아무런 문제가 없는 것으로 보인다.

죽음

왓츠는 죽는 것은 자아(ego)라고 언급한다. 그러나 자아는 사회적 압박에서 생겨난 기억의 추상적 개념으로 보인다. 자아는 본질적으로 중요하지 않다. 자아와 동일시하면 유기체와 그 역사를 혼동하게 되고, 기억이 제공하는 부정확하고 불완전한 과거의 기록에서 자신에 대한 삶의 가이드를 찾게 된다. 죽음(death)에서 잃어버린다고 하는 것은 바로 이것, 사회적으로 강요된 기억의 추상화이다. 죽는 것은 기억, 행동, 역할 그리고 소유의 집단이다(1970, 116). 의식은 죽지 않는다. 탄생이 없었기 때문에 거기엔 죽음이 없다. 분리된 개인이라는 의미에서, 자신의 정체성을 갖고 세상에 나온다는 것은 우리의 진정한 정체성을 망각하는 것이다(1966, 35). 신을 보기 위해서는 우리의 잘못된 정체성, 즉 자아와의 동일시의 죽음을 통과해야 한다. 우리의 진정한 정체성은 태어나지도 죽지도 않는다(1964, 203).

왓츠는 우주 에너지의 전체적인 움직임 속에 생명이 살고 있다고 말한다. 개인이 오고 가는 것은 하나의 영원한 우주 에너지 시스템의 진동이며, 이는 식물이 꽃을 재배하는 방식으로 사람을 성장시킨다. 나는 일어나고 또 일어난다. 이것은 항상 같지만, 항상 새롭다. 한 아이가 태어날 때, 다른 세상의 중심에 있는 것과 같은 경험이 태어난다. 무한의 현실이 아이처럼 태어날 때마다, 그것은 길을 잃고 새로운 자신을 찾아야만 한다.

왓츠의 관점에서 생명의 부활을 가능하게 하는 것은 바로 죽음이다. 각각의 새로운 인생과 함께, 나는 정돈된 기억과 함께 다시 태어난다. 생명의 경이로움은 그로 인해 끊임없이 회복된다. 우리는 탄생하면서 깨어나는 것으로 보인다. 죽음에서 우리는 잠들고, 태어나기 전에 존재했던 미지의 상태로 돌아간다.

왓츠는 죽음을 탄생 이상의 아픔으로 보지 않는다. 죽음은 단순하게 인생의 자연스러운 끝이다. 시체는 더 이상 자아(ego)와 동일시되지 않는 사라질 흔적이다(1966, 73). 우리는 우리가 우주의 전체 과정과 동일하다는 점에서 죽음을 초월한다. 우리는 기억의 체계로서 살아남지 않는다. 기억은 죽는다. 왓츠의 관점에서, 자아로부터의 해방은 죽음을 완전히 받아들이는 것과 같다. 영원히 사는 것은 견딜 수 없는 짐이며, 영원히 살게 되면 단조로움과 기억의 과부하가 발생할 것이라 주장한다. 몸은 원할 때 닳아서 못쓰게 되고, 지쳤을 때 죽는다고 한다(1951, 66-67).

악

세계 안에 있는 모든 것은 다른 모든 것과 관계가 있기 때문에, 상반되는 것도 그것의 특징 안에서 특성상 관계적이다. 왓츠의 관점에서 선과 악, 빛과 어둠, 켜짐과 꺼짐 등은 같은 대상(조화로운 하나의 우주 에너지 시스템)의 여러 측면이다(1966, 30). 이러한 상반되는 것은 더 큰 영역 속의 극과 극이다(1972a, xiv). 언어에서 분리된 것은 사실 하나라고 여겨진다.

선은 악과 관계 안에 있을 때만 존재할 수 있다. 선과 악은 서로를 정의한다. 서로를 만든다. 악 없이는 선을 경험할 수 없고, 선도 없을 것이다. 왓츠는 서양 사람은 이것을 믿지 못한다고 지적했다. 그러나 그는 선에 대한 악의 상대성을 수용함으로써 어떤 것의 영원한 계획에 긍정적인 중요성 없이는 죄나 고통이 없을 것이라고 확언하는 것이 가능해진다고 말한다. 겉으로 보이는 인간의 고통은 신이 그 자체를 내적으로 포기하는 것이다(1964, 135). 왓츠는 선과 악의 중요한 양극성에는 결함이 없다고 말한다. 왜냐하면 영원함의 관점에 따르면, 이 서로 상반되는 것은 다른 하나와 함께 구성되는 매우 아름다운 조화 안에서 경험되기 때문이다(1969a, 57). 어둠은 빛을 모든 광명 안에서 두드러지게 만들어 준다. 환상의 아름다움은 때가 되면 최악의 악을 무한히 가치 있게 만들고, 따라서 받아들여질 수 있도록 만든다.

우리의 영원한 상태에서 선과 악은 하나의 묘사할 수 없는 조화, 최고의 조화, 아름다운 디자인의 부분을 구성한다(1969a, 57; 1972b, 114-121). 세계는 단어의 모든 의미에서 완전한 사랑의 놀이라고 말할 수 있다(1967, 38). 그러나 시간 내에서의 관점에서 보면 조화는 보이지 않는다. 사물을 있는 그대로 받아들지 못하는 그리스도교인은 악을 제거하고 더 선한 것을 만들기 위해 최선을 다한다. 역사는 정말로 선이 악을 완전히 정복하는 과정으로 여겨진다. 모든 것이 지금과 같은 상태가 되어야 하고, 악이 사물의 질서에 필요한 위치를 갖고 있다는 신비로운 인식은 그리스도교에서 문제가 된다.

선한 신이라는 서양적 개념에서 부정적인 것은 차지할 자리가 없다. 이 관점에 따르면, 아담이 죄를 짓지 않았다면 악은 그럴 필요도 없었고, 그럴 수도 없었을 것이다. 궁극적으로 악은 현실의 일부가 아니라 일종의 부재나 비존재로 간주된다. 이 진정한 개념은 악을 문제로 만든다(1970, 89-91). 독립적인 삶은 악마의 형태로 부정적인 삶에 부여되어 왔다(1969b, 134). 또한 악마와 신은 그리스도교 교리에서 결코 같은 입장을 공유할 수 없다(1969b, 33). 악은 이런 식으로 그 자체의 권력과 생명을 가진 것으로 절대화되었다. 왓츠는 생각이 불가분의 것을 분리시킬 때, 사람들은 죽음과 악에 대한 승리, 죽음이 없는 삶, 악이 없는 선을 꿈꿀 수 있다고 말한다. 그러나 그의 관점에서 실제로 일어나는 일은 죽음과 악이 풀 수 없는 문제가 되어 끝이 없는 불행의 원인이 된다. 어느 한쪽의 편을 드는 것은 다른 한쪽을 좀먹는 일일 뿐이다.

반대로 동양적 생각은 서로를 제외하기보다는 상반되는 것이 서로 합치하는 단계로 향한다. 악의 세계를 제거해야 한다는 것에 대해 동양에서는 의문을 제기한다.

인식과 수행

왓츠는 우리가 악이라고 부르는 대부분의 행동은 분열된 마음에서 비롯된다고 주장한다(1951, 126-127; 1972b, 124). 악의 두 가지 즉각적인 원인은 불안과 자만이라고 말할 수 있다. 만약 우리가 불안을 느낀다면, 우리는 훔칠 수 있고 속이고 거짓말하고 현실을 회피하는 반면, 기쁨을 붙잡으려고 한다. 그리고 자만은 항상 가장 큰 죄로 간주되어 왔다. 그러나 왓츠는 만약 우리가 무한한 현재와 함께한다는 것을 안다면 불안과 자만은 사라진다고 말한다(1972b, 124). 신 안에서 우리의 안정을 찾기 위해 인생에서의 욕심을 부릴 필요가 없을 것이다. 그리고 만약 신이 신의 것이라면, 우리는 자만을 가질 이유가 없다. 신과 함께한 우리의 기본적인 정체성을 깨닫는 것은 악의 다양한 발생 요인을 약화시키는 것으로 보인다.

왓츠는 인간의 잔혹성과 공격성이 우리의 본성에서가 아니라 우리의 사회적 제도 안에서 나온 결과라고 생각한다. 전쟁과 혁명들은 억압으로부터의 해방에서 비롯되는 것이 아니라, 억압적인 문명이 분노를 위해 대비해야 하는 배출구이다(1969a, 195).

분명히, 최고의 정체성에 대한 깨달음은 인생의 수련, 친절함, 자선, 기쁨, 평화, 연합을 가져온다고 말할 수 있다. 왓츠는 분열된 마음이 필연적으로 갈등과 분열된 행동으로 가득한 인생을 초래하는 것과 마찬가지로, 사물을 신비롭게 경험하는 개인의 삶은 타인에게 봉사하는 삶이라고 주장한다.

진정한 도덕성은 도덕성의 시도가 아닌 자발적인 도덕성이다. 신은 자기 자신과 타인을 선하게 만들려고 하지 않는다. 진정한 도덕성은 더 나아가서, 책에 의해 사는 것이 아니라, 순간의 요구들에 따르는 것이다. 도덕성은 외부의 규칙에 따르는 것이 아니라 신과 다른 이들을 사랑하는 것이다.

왓츠는 사랑이 세계를 통합된 세계와 커뮤니티를 만드는 하나의 조직 원리라고 말한다. 세계는 그것의 전체와 모든 부분인 사랑의 놀이 안에 있다(1967, 38). 신비로운 경험은 우리에게 사랑이라는 것을 보여 준다고 말한다. 사랑은 분리되지 않는 마음에 의해 살아가는 통합의 인생과 행동들 안에서 보인다고 말할 수 있다. 사물들은 무한한 자포자기를 통해 생겨났기 때문에 사랑을 받는다. 그러므로 우리가 얻을 수 있는 것을 위해서가 아니라, 신이 하는 것처럼 있는 그대로를 위해서 무언가를 사랑하는 것은 그들이 번성하기를 원하게 하고, 그들을 발전시키고 싶게 만든다.

평가와 결론

왓츠는 더 많은 서양 대중이 동양 철학과 종교를 접할 수 있게 함으로써 진정한 봉사를 수행해 왔다. 동시에, 서구의 심리정신적 상태에 대한 그의 날카로운 비판은 우리를 잠시 생각에 잠기게 한다. 그는 무엇보다도 원자주의(atomism)라는 서구의 전통에서 문제를 찾는다. 원자주의에서 보면, 전체는 부분의 합이다. 원자주의는 자아(ego)의 실질성과 영속성을 강조하며, 우리는 말과 개념에 매혹당한다. 또한 우리는 외부의 통제(법과 질서)에 의존하고, 본성과 신체를 믿지 않으며, 진보에 매혹당한 채, 우리의 삶을 결코 도착할 수 없는 미래로 미뤄 버린다. 왓츠는 이러한 전통적 입장을 생명의 유기적이고 자발적인 패턴에 대한 신뢰, 사물의 옳음에 대한 신비주의적 개방성, 변화를 위한 준비, 전체의 원시성과 모든 사물의 상호 연결적인 경향, 살아 있는 신적인 경험으로 대체할 것을 제안한다. 왓츠는 융과 마찬가지로 신화에 대한 새로운 존경을 장려한다. 신화적 인식은 우리가 개별적인 사물에 매료되게 하여 잃어버린 마법과 경이로움을 회복하는 데 도움을 줄 수 있다고 왓츠는 말한다. 우상숭배에 가까운 문제 그대로의, 행동적 종교에 대한 왓츠의 비판은 도발적인 것이다.

제임스, 매슬로 그리고 왓츠까지 모두 종교의 기원에 궁극적인 현실의 직접적이고 해석되지 않는 경험이 있다고 주장한다. 언어의 영역을 벗어나 어디에서나 동일한 신에 대한 순수한 경험은 그저 뒤따르는 것이고, 부차적인 것일 뿐인 언어적 형성의 독특함을 불러일으킨다. 세계 종교의 신학 체계와 신화에서 두드러지게 보이는 언어적 다양성은 많은 이야기가 하나의 이야기로 선언되기 때문에 우발적인 것으로 간주된다. 시카고대학교의 종교학자 데이빗 트레이시(David Tracy)는 무엇보다도, 모든 종교의 궁극적인 신비스러운 일체성이라는 이 관념에 이의를 제기했다. "다른 모든 경험과 마찬가지로 신비한 경험은 해석이며, 다른 모든 해석과 마찬가지로 신비주의는 매우 특별한 전통과 사회의 담론에 속한다. ……종교의 역사에서 역사와 담론으로부터 통제받지 않는 자유로운 자연 종교는 없다."(1987, 91-92, 108) 1장에서 언급한 석가모니의 경험은 예수의 경험이 아니다. 궁극의 현실의 경험은 특정한 관습에 의해 두 개의 경우로 만들어졌다. 신비로운 경험 안에서의 유사성은, 트레이시가 말하길, 차이점 안에서의 유사성이다.

왓츠가 주장하길, 신화는 형언할 수 없는 미스테리의 상징적인 표현이고 글자 그대로 받아들일 수 없다. 그리스도교인은 그들 종교의 상징적 진리를 문자 그대로의 사실로 바꾸면서 잘못된 길로 들어섰다고 여겨진다. 왓츠가 말하길, 그리스도교의 상징적 진실은 브라만 세상의 신성 속에 있는 최고의 정체성이다.

영원한 존재에 몰두하는 것의 위험성은 우리의 행동과 미래에 대한 일상적 가치와 책임을 받아들이는 데 실패한 것이다. 진실하고 궁극적인 현실이 영원한 지식(브라만)이라고 주장함으로써 왓츠는 알려진 것, 일반적으로 받아들여지는 인간의 일상적 의미를 환상의 상태로 격하시킨다. 만약 모든 것이 이미 완벽하다면, 더 나아가서 왜, 어떤 목표를 위해 일하고, 왜 폭압과 억압에 맞서 싸우는가? 정말로 개개인의 차이를 만들어 내는 것은 무엇인가? 마침내, 왓츠는 우주의 전체의 거대한 구성과 놀이와 계몽에 대한 가능성의 관점 안에서 악과 고통을 용납한 것으로 보인다.

참고문헌

Tracy, D. *Plurality and Ambiguity: Hermeneutics, Religion, Hope*. New York: Harper and Row, 1987.

Watts, A. W. *The Wisdom of Insecurity*. New York: Random House, 1951.

Watts, A. W. *The Way of Zen*. New York: Random House, 1957.

Watts, A. W. *Beyond Theology: The Art of Godmanship*. Cleveland, OH: World, 1964.

Watts, A. W. *The Book: On the Taboo against Knowing Who You Are*. Toronto: Collier-Macmillan Canada, 1966.

Watts, A. W. *This Is It*. Toronto: Collier-Macmillan Canada Ltd., 1967.

Watts, A. W. *Myth and Ritual in Christianity*. Boston: Beacon Press, 1968.

Watts, A. W. *Psychotherapy East and West*. New York: Ballantine, 1969a.

Watts, A. W. *The Two Hands of God*. Toronto: Collier-Macmillan Canada, 1969b.

Watts, A. W. *Nature, Man, and Woman*. New York: Random House, 1970.

Watts, A. W. *Does It Matter? Essays on Mans Relation to Materiality*. New York: Random House, 1971.

Watts, A. W. *Behold the Spirit*. New York: Random House, 1972a.

Watts, A. W. *The Supreme Identity*. New York: Random House, 1972b.

Watts, A. W. *In My Own Way: An Autobiography*. New York: Random House, 1973.

Watts, A. W. *Tao: The Watercourse Way*. New York: Random House, 1975.

에리히
프롬

Erich Fromm

만약 한 사람이 자신의 모든 에너지를 더 나은 자신을 만드는 데 사용하지 못한다면, 그는 그 에너지를 낮은 목표에 쏟게 된다. 그는 오로지 더 좋거나 나쁜, 더 높거나 낮은, 충족시키거나 부수어 버리는 식의 종교와 철학을 선택한다.

—에리히 프롬

07
에리히 프롬

에리히 프롬(Erich Fromm, 1900~1980)은 독일에서 태어나 사회생활의 전반을 그곳에서 보냈고, 1934년에 미국으로 이주했다. 비록 프롬은 이십 대에 그의 유대교 사상을 버렸지만, 그의 관념은 여러 저명한 탈무드 학자에게서 배운 종교적 교육의 영향을 받았다. 그는 특히 성서의 예언적 전통과 구절에서 서술하는 인간의 구원에 관한 연민과 약속에 감명받았다. 하지만 그가 성장기 시절에 본 인간의 탐욕과 전쟁, 불의는 그에게 강한 반감을 남기게 되었다. 프롬은 지그문트 프로이트와 칼 마르크스에게 많은 영향을 받았다. 환상(illusion)을 통해 보는 시도는 그가 프로이트로부터 영향을 받은 부분임을 보여 준다(예컨대, 1962). 프롬은 정신분석학과 사회심리학의 연결고리를 구축해 낸 신프로이트(neo-Freudian) 학파로 분류된다. 인간의 힘을 펼쳐 내는 혁명적 가능성에 대한 그의 강조는 마르크스로부터 물려받은 유산에 속한다(1961 참조). 마르크스는 성서의 전통과 구절에 영향을 받았다. 실존적 현상학과의 유사성 또한 그의 작품에서 입증되었다. 프롬은 정신분석(humanistic psychoanalysis) 관점으로 인간의 변화에 필요한 인간 상태와 측정에 대해 폭넓게 작업했다. 프롬은 『Psycholoanalysis and Religion』(1967)[1]에 종교와 관련된 문제를 자세하게 서술해 놓았다.

---

1) 역자 주: 한국어 번역본의 제목은 '정신분석과 종교'이다.

프롬의 핵심 주제는 인류가 그들에게 내재된 가능성을 실제화시키고 완벽한 자유와 의식에 도달할 수 있는 능력에 대한 것이다. 프롬은 그 자신을 인간의 생명보다 더 우월한 힘은 없다고 믿는 급진적 인본주의자(radical humanist)라고 칭한다. 그는 인간의 바깥에 영적인 영지는 없기 때문에 인간의 생명 위에 신(God)은 없다고 명확히 말한다(1956, 72). 그는 인생에서 찾을 수 있는 유일한 의미는 사람들이 인생에 부여하는 의미라고 말한다. 공공연한 무신론자이면서도 프롬은 종교가 사람의 인생에 널리 퍼져 있다는 것을 발견한다. 그는 인간은 자연으로부터의 단절을 극복하고 싶다는 욕망으로 인해 종교를 향한 갈망을 갖는다고 말한다. 즉, 프롬은 종교를 인간 생애의 모순을 해결하려는 노력이라고 간주한다. 그 모순은 인간은 자연에 속하지만, 의식을 통해 자연을 초월한다는 사실이다.

하지만 모든 종교가 다 같은 것은 아니다. 프롬은 인본주의적 종교와 권위주의적 종교를 분명하게 구분 짓고 있다. 인본주의적 종교는 인간의 모든 능력을 끌어내는 것과 모든 인류가 도달할 수 있는 상징인 신(God)에 헌신하는 것을 포함한다. 권위주의적 종교는 외부의 힘에 굴복하고, 또 모든 이의 맹목적 순종을 바라는 신(God)에게 굴복한다.

프롬은 우리가 신봉하는 환상, 우상, 이데올로기를 깨부숴야 한다고 말한다. 결론적으로, 그는 지성 뒤편에 있는 인류의 현실을 파고든다. 그 과정에서 그는 그와 같이 다양한 개념체계를 강조하는 권위주의적 관점(authoritarian)과 인본주의적 관점(humanistic)을 찾아낸다. 프롬은 중요한 것은 신자와 불신자 사이의 차이가 아니라 관심이 있는 사람과 그렇지 아니한 사람 사이의 차이점이라는 아베 피에르(Abbé Pierre)의 의견에 동의한다.

현재 인류 상황

프롬은 세계의 거대 종교들이 공통적인 인생의 목적과 삶의 척도를 제시한다는 것을 발견한다. 그 종교들은 대체적으로 진리, 고통의 감소, 자율성, 책임감, 사랑과 이성을 위한 인간의 힘의 발현, 그리고 우리의 높은 본성의 발전을 강조한다(1967, 18-19). 하지만 프롬은 이 목적과 기준은 오늘날 사람들의 것이 아니라고 말한다. 우리는 오히려 영적 장애와 혼란의 시대에 있다(1967, 2). 우리는 만족하지도, 타인을 사랑하지도, 행복하지도 않다. 또한 우리는 살아갈 때나 현실을 관통하여 진리를 밝힐 때 필요한 척도를 검증하는 인간의 사고력을 더 이상 믿지 않는다. 대신 지성은 타인과 자연을 통제하는 데 중요한 도구가 되었다. 이 부분에서, 심리학은 핵심 요소, 즉 영혼(soul)이 빠진 하나의 과학이 된 것처럼 보인다. 사랑, 이성, 양심, 가치가 사라지고 방어기제, 습관, 본능과 같은 것으로 가득해진 것이다(1967, 6).

프롬은 심리적 장애를 도덕적인 문제로 이해해야 한다고 믿었다. 환자가 그렇게 된 것은 환자가 영혼의 요구를 무시했기 때문이라고 했다. 프롬은 자신이 심리치료사로서 신학과 철학에서 계속해서 고심해 왔던 인간의 영혼과 영혼의 회복을 다루고 있는 것을 발견했다. 우리가 알듯이(최소한 서양에서 관습적으로 분명히 해 왔듯이), 프롬은 신(God)을 믿지 않는다. 그는 인간의 영혼을 다루기 위해서 꼭 신을 믿어야 하는 것은 아니라고 주장한다. 또한 영혼이 반드시 초자연적인 물질이라고 여겨질 필요가 없다고도 주장한다. 프롬은 정신분석가가 종교의 상징체계, 즉 기호(사고 개념)의 체계 뒤에 있는 인간 현실을 연구할 수 있다고 주장한다('사고 개념과 영적 경험' 참조). 프롬은 한 사람이 사랑 가득한 삶을 살고 진리를 생각한다면 상징의 체계(믿음)는 부차적이고, 만약 어떤 사람이 이러한 방식대로 살고 있지 않다면, 그의 상징은 무가치한 것이라고 말한다(1967, 9).

프롬의 불신론적인 급진 인본주의는 인간 자신의 힘의 발전, 내적 조화, 평화로운 세계의 건립을 가능하게 하는 인류의 완전한 조화와 인간의 능력에 강조를 두는 세계적 철학이다(1966, 10, 14-15). 이 인본주의는 인생의 목표가 완전한 자유와 독립이라고 여긴다. 이 목표는 사람들이 그동안 집요하게 집착했던 허구와 환상을 꿰뚫고 현실에 대한 완전한 의식을 성취할 것을 요구한다.

인간의 탄생

프롬은 그가 인간을 바라보는 일반적인 관점에서 성서 이야기 속 인간의 타락과 에덴동산에서의 추방을 해석해 보았다. 에덴동산에서 인간의 생명은 모든 면에서 안전했던 것으로 보인다. 아담과 하와는 동물로서 자연과 하나였다. 그들은 선과 악을 분별할 지식이 부족했다. 그들의 눈은 가려져 있었다. 그들은 피와 토양에 밀접하게 묶여 있었다(1966, 57). 인류의 역사는 불순종으로부터 시작된다. 아담은 신에게 도전하고 선악과를 먹었다. 이 순간이 인간의 자유와 변별(discrimination)이 시작된 시점이다. 불순종으로 인해, 인간의 생명은 자연과의 연결고리가 끊어졌고 개별화(individuation)의 과정이 시작되었다.

프롬의 관점에서 이 자연으로부터의 깨어짐, 즉 독립과 의식에 대한 발현의 중요성은 처음으로 물질, 생명, 동물의 존재가 출현하였던 때와 비견할 만한 것이었다(1965, 29-30). 프롬은 이것이 인간의 타락에 관한 얘기가 아닌 인류 최초의 자각을 향한 여정의 시작이라고 말한다(1966, 57). 동물이 자연을 넘어설 때 동물 중 가장 무력한 인류가 태어났다(1965, 30). 이 사건으로 인해 생명은 그 자신을 자각할 수 있게 되었다.

그러나 자연과 우리가 본래 연결되어 있던 끈이 단절되면서, 우리는 자연과 본래의 조화를 잃어버렸다(1966, 57). 그 결과, 분쟁과 고통이 우리의 평화롭고 잔잔하던 존재 상태를 대신하게 되었다. 자연으로부터 분리되면서 현재 인간은 혼자가 되었다. 하지만 프롬은 인류가 자연뿐만 아닌 타인과 그 자신으로부터도 분리되었다고 한다(1966, 70). 인간의 타락이 인간 소외(alienation)의 시작이었던 것이다. 헤겔과 마르크스를 따라, 프롬은 소외됨의 의미를 설명했다. (1) 자연, 물체, 다른 것, 그리고 그들의 자아가 인간으로부터 이질적인 것이 되었다. 그리고 (2) 사람은 자신의 행동의 주체로서 자신을 경험하지 않고, 그들이 창조한 것들에서만 자신을 경험한다. 즉, 인간이 외부화된 창조물을 통해서 자신의 힘의 외부화된 표현에 굴복하는 정도까지만 자신과 만난다(1962, 44).

프롬은 불순종과 의식의 증가로 인해 잃어버릴 수밖에 없던 평온하고 편안한 집, 즉 자연으로 돌아가려는 인간의 가장 열정적인 욕구를 발견한다. 프롬이 말하길, 인간은 이성, 자기지각, 선택을 포기하기 위한 모든 것을 원한다. 우리는 자궁, 즉 대지의 품으로 돌아가기를 원한다. 우리는 양심과 책임감의 무게로부터 벗어나려고 한다. 또한 우리는 새로 찾아낸 자유로움으로부터 벗어나고 우리를 인간답게 만들어주는 깨달음을 치워 버리고자 한다. 인간의 본질로부터 벗어나고자 하는 것이다. 프롬은 인간의 삶에서 가장 중심적인 열정은 우리가 매일 하는 우상숭배의 여러 형태(국가에 대한 복종, 생산과 소비에 대한 복종, 소유, 권력, 명성에 대한 갈망)에서 나타난다고 말한다. 프롬은 실로 인간의 역사가 기본적으로 우상숭배의 이야기라고 믿는다(1966, 37). 그는 하지만 그곳에 되감기는 없다고 주장한다(1966, 70-71). 자각심과 선과 악에 대한 지식은 돌이킬 수 없다. 그렇기에 인간의 본성은 미완성적이다.

그러므로 인간은 역사에서 스스로를 만드는 것으로 간주된다(1966, 97). 우리의 역사는 인류를 처음으로 정의한 우리의 첫 자유행동인 불순종으로 시작된다. 인류의 운명은 소외 그 자체를 극복하고 이겨내고 있다. 프롬은 헤겔(Hegel)과 마르크스(Marx) 역시 소외를 반드시 이겨내고 견뎌 내야 한다는 이 의견에 동의한다고 소견을 냈다(1962, 57). 우리는 우리가 자연, 타인, 그리고 우리 자체에게 낯선 사람이 되어 버린 지금 이 상황을 경험해 봐야만 한다(1996, 71). 우리는 미래의 목표인 자연과 새로운 조화를 향해 책임감을 갖고 노력해야 한다. 프롬이 말하길, 우리는 우리가 이 상황에 남겨져 있다고 말한다. 아무도 우리가 하지 않는 일을 우리를 위해서 해 줄 리 없다. 인간의 삶은 그 자신의 역사를 만들어 냈다. 우리는 자유롭게 우리 자신이 갈 길을 선택하고 반드시 그 결정에 대한 결과를 받아들여야 한다. 프롬은 우리가 이런 삶의 방식을 통해 신(God)과 같은 존재가 될 가능성, 정확하게는 에덴동산에서 뱀이 "넌 신(gods)처럼 될 것이다."라고 우리에게 보장한 우리의 신격화를 이룰 수 있다고 생각한다(1966, 97).

프롬은 인류 역사의 시작이 집, 즉 에덴으로부터의 독립이라고 생각한다. 자연과의 본래의 조화는 깨어졌고 분리가 이루어졌다. 이를 프롬은 사람을 땅과 부모로 이어 주던 일차적 관계의 절단이라고 여긴다. 일차적 관계는 완전한 개별화가 이루어지기 전에 갖고 있는 관계이다. 일차적 관계는 어머니와 자녀, 중세 신도와 교회, 그리고 원시와 부족을 묶어 주던 것이다(1941, 25). 이 관계는 보호를 제공하지만 자유를 배제한다. 결국 일차적 관계의 해체는 자유를 가져온다. 그들의 해체는 자유를 의미한다. 일차적 유대로부터의 자유, 특히 인간 행동의 본능적인 결정으로부터의 자유이다(1941, 32). 일차적 관계로부터 자유로워지고, 사람은 집의 편안함을 떠난다. 개별화가 된 후, 우리는 위협적이고 압도적인 세상에 홀로서기를 한다(1941, 29). 우리는 모든 것에 대한 의심에 물들고, 외로움과 고립, 위험에서 공포를 느껴 불안에 떤다. 일차적 관계로부터의 자유, 그러나 이 자유는 우리에게 짐이 된다.

그 결과, 우리는 자유로부터, 그것이 가져오는 무력함과 고독감에서 벗어나기 위해 우리를 세상 속에 은폐하고 개별성을 포기하려는 충동을 느낀다(1941). 우리가 가장 강하게 느끼는 이러한 충동을 프롬은 이차적 관계을 향한 충동이라고 칭한다. 이차적 관계는 잃어버린 일차적 관계의 대체물로 기능한다(1941, 141). 이차적 관계의 본질은 그것이 무엇이든지 그것을 향한 복종에 기초한다(1941, 30). 사람은 자신보다 강한 힘(사람, 단체, 신, 국가, 양심, 또는 정신적 강요 등) 뒤로 자신을 숨긴다(1941, 155). 즉, 보호와 안락함을 위해 인간 자신의 인간성을 희생시킨다.

프롬의 관점에서, 이차적 유대관계에 대한 인류의 항복에 대항하는 유일한 생산적인 해결책은 모든 인간과의 활동적 연대와 자발적인 사랑과 노동이다(1941, 36). 자발적인 활동은 일차적 관계가 아닌 자율적인 개개인으로서 우리를 세상과 재결합 시켜 준다(1941, 36). 프롬이 우리에게 제시한 가능한 대안은 일차적 관계와 이차적 관계의 항복으로부터 도망하는 것[자유로부터의 도피는 부정적(또는 소극적) 자유] 또는 생산적이고 인간 운명의 충만한 의식과 책임으로부터 자유로워지는 것[긍정적(또는 적극적) 자유]이다. 이차적 관계로서 자기 붕괴를 맞이하거나 아니면 생산적인 지향을 성취해서 새로운 조화를 향해 나아가는 것이다(1926, 174-182).

다음으로, 우리의 선택 중 하나는 망상과 얕은 수면으로부터 자유롭고, 악과 선을 구분할 수 있게 깨우친 인류의 조화를 위해 미래로 나아가는 것이다. 다시 말해서, 프롬은 우리에게 잠재적으로 될 수 있는 그 무언가가 될 수 있다고 말한다. 더 나아가, 그는 그 무언가가 신(God)이라고 말한다. 그러면 우리는 우리가 꾸는 꿈에서 깨어날 것이며(Marx) 그리고 완전히 태어날 것이다. 그때 다시 우리는 세상에서 우리의 집을 찾아낼 것이다. 프롬은 이것이 우리 역사의 끝이 아닌 새로운 업적이 될 것이라고 한다.

종교적 욕구

프롬은 서양인에게 종교(religion)란 우주를 다스리는 신(God)을 의미한다고 말한다. 그러나 불교(Buddhism)와 같이 신(God)을 받들지 않는 종교 또한 존재한다. 그러므로 종교는 이러한 종교까지 포함할 수 있는 충분히 포괄적인 의미를 갖고 있어야 한다. 프롬은 종교를 신자들에게 있어 지향 체제와 숭배할 수 있는 대상을 제시해 주는 사상과 행위의 공유된 집합체라고 정의한다(1967, 22). 이 정의에 따르면, 모든 문화는 종교를 갖고 있다고 프롬은 말한다. 그의 관점에서 종교는 인간 존재 그 자체에 깊이 뿌리내리고 있다. 타락의 직접적인 결과, 즉 인간 의식과 자유의 발현이다.

프롬에 따르면, 인간 존재는 분열로 특징지어진다. 우리는 자연 속에 있지만, 의식의 이성에 의해 초월된다(예컨대, 1967, 48-58). 인간의 자각, 이성, 상상력은 동물이 여전히 존재하고 있는 본래의 조화로운 상태를 깨트렸다(1967, 22-23). 우리는 자연의 일부이고, 약하며, 죽음을 피할 수 없다. 그러나 우리는 우리 외의 자연을 초월했다. 따라서 큰 축복이기도 한 인간의 이성을 저주로도 볼 수 있다(1965, 30). 의식을 성취하면서 인류는 인간이 균형을 잃었다는 걸 알아낸다. 어떻게 살아갈 것인지에 대한 고민은 지구상의 모든 생물 중 유일하게 인간만이 갖고 있는 고민이다. 우리는 우리를 이끌어 갈 본능을 갖고 있지 않으므로, 우리에게 존재는 해결해야 하는 문제로 남게 된다. 프롬의 견해에 따르면, 돌아갈 방법은 없으므로 우리는 새로운 조화를 찾을 때까지 이성에 의지하여 계속 앞으로 나아가는 방법밖에 없다.

프롬은 분열이 우리가 우리 자신, 주변 사람, 자연과의 평화를 얻기 위한 방법을 찾는 동기라고 생각한다(1965, 31). 현재 우리는 갈라져 있다. 분열은 분쟁과 고통을 유발하고, 그로 인해 우리는 그것을 해결하기 위한 새로운 방법을 찾는다. 아직 해결 방법을 찾지 못했다는 사실에 우리는 자극받고, 고민하며, 방법을 찾기 위해 더욱 노력한다. 이 때문에 프롬은 우리를 움직이게 만드는 이 사실을 인간 존재의 모순이라고 주장한다(1967, 29). 낙원(paradise)을 잃어버린 지금, 인간은 여행하고 있는 것으로 보인다. 오직 앞으로만 갈 수 있고 시간을 거스를 수 없다. 프롬의 관점에서 인간은 알 수 없는 것을 기록하고 그 앞에 펼쳐질 미래에서 그들의 존재를 찾아야 할 것이다.

그러므로 인간은 그들 사이의 분열을 극복하고 완전한 인간이 되어야 할 것이다. 반드시 그들은 그저 동물이었던 시절의 자연과의 일차적 관계가 아닌 완전한 자유와 의식을 얻은 창조물로서 더 높은 차원의 통일과 화합을 이루어 내야 한다. 이러한 이유로 프롬은 자연으로부터의 분열이 오직 인간만이 가진 잃어버린 통합과 균형을 복구하려는, 반드시 해야 하는 추동(drive)을 창조해 냈다고 주장한다(1967, 24). 프롬은 인생이 통합을 찾는 과정이라고 생각한다.

프롬이 종교를 찾는 것은 새로운 통일과 균형을 추구하는 인간의 맥락이다. 프롬의 견해로는 섬길 가치가 있는 인간을 능가한 무언가, 즉 사상 또는 신을 찾아다니는 것이 새로운 완벽함을 위한 균형의 필요성을 표출하는 것이다. 우리는 우리의 본능을 잃어버린 탓에 우리의 모든 노력과 가치에 집중할 수 있는 어떤 대상, 그리고 온 마음을 다해 섬길 대상이 필요하다. 우리는 에너지의 통합, 고립된 우리 존재의 초월, 삶의 이유에 도달하기 위해 그러한 섬길 대상이 필요하다(1981, 124). 그러므로 지향 체제와 섬길 대상을 위한 종교의 필요성은 지금 우리의 불균형한 존재 안에 내재된 것이다. 프롬은 우리의 삶에 종교적 욕구보다 강한 에너지와 움직임의 원천은 존재하지 않는다고 생각한다. 그 결과 우리에게 이상(ideal) 말고 다른 선택지는 없다는 것이다. 하지만 어떤 이상을 선택할지는 우리에게 달려 있다. 힘과 파괴를 섬길 것인지, 아니면 이성과 사랑을 섬길 것인지 말이다(1967, 25).

이러한 이유로 프롬은 우리가 필연적으로 집과 안식처 외의 것을 필요로 하는 이상주의자(idealist)라고 주장한다. 어쩔 수 없이 이상을 추구하는 것이다. 그러므로 우리가 이상을 갖고 있는지 없는지가 아니라 우리가 가진 이상에 대한 진실한 가치, 그 가치가 있는 것인지 아닌지에 대한 것이 중요하다. 최고와 최악의 인간 행동은 모두 이상주의로부터 유발된 것으로 보인다. 프롬은 필요에 의한 질문을 표현하는 세속적인 이데올로기의 진실 가치를 포함한 모든 이상은 검증받아야 한다고 말한다. 과연 인간의 발달을 방해할지 또는 촉진할지를 알기 위해서는, 즉 이것이 인간 존재의 분열을 해결할 진짜 해법인지 아닌지를 알아내기 위해서는 우리는 모든 이상을 찾아야 한다.

프롬의 견해에 따르면, 모든 인간은 이상주의자이다. 즉, 인류는 종교적 욕구를 갖고 있다(1967, 25). 어느 사람이 종교를 가졌는지 아닌지가 아닌 그것의 실질적 가치가 논점이 된다(1967, 26). 숭배의 대상이 무엇인가, 종교의 가치관이 사랑인가 아니면 파괴인가? 그것이 새로운 조화 탐구에 발전을 가져다줄 것인가? 또는 우리의 힘을 절감시킬 것인가? 프롬에게는 이러한 질문이 진실된 문제가 된다. 사람들에게 그들이 믿는 종교가 어떤 것인지에 대하여 생각하는 것은 별 관계가 없고, 그 종교가 실제로 무엇인지가 중요하다. 또한 그들이 신(God)을 믿고 있는지 아닌지는 별 상관이 없고, 그들이 실제로 어떠한 소유물이나 힘을 숭배하고 있다는 사실이 중요하다. 프롬은 한 종교가 인간을 위한 것이든 아니든 간에, 사람들이 실제로 실천하는 종교의 가치에 관심이 있다.

프롬은 종교의 보편성이라는 사실이 지향의 틀과 헌신의 대상을 가지기 위해 인간 존재에 내재된 욕구의 현실을 입증한다고 지적한다. 즉, 종교적 욕구의 현실을 입증한다는 것이다. 프롬은 심리치료를 행하며 여러 증거를 추가적으로 발견한다. 정신분석학자가 신경증을 탐구하는 것은 사실 종교를 연구하는 것이다(1967, 27). 프롬은 프로이트가 그 연결고리를 보았다고 말한다. 신경증은 사실 원시 단계의 강한 믿음, 즉 개인의 종교로 간주할 수 있다. 프롬의 견해에 따르면, 인생의 기본 목적은 독립, 사랑, 진리, 그리고 생산적 존재의 성취이다. 신경증 환자는 이러한 목표를 잃어버린 사람이다. 인생의 목표를 잃어버린 사람은 누구나 신경증에 걸리는 것으로 보인다. 인간은 마냥 살아가지 않는다. 더 높은 목표에 도달하지 못하면, 그 열정은 더 낮은 단계의 경로로 가게 된다. 우리는 오로지 더 좋거나 나쁜, 더 높거나 낮은, 충족시키거나 부수어 버리는 식의 종교나 철학이라는 선택지만을 갖고 있다(1967, 28). 만약 사람들이 대략적인 올바른 세계관을 갖고 있지 않다면, 그들은 그들이 온 힘을 다해 매달리는 환상에 기초하여 상황을 받아들이게 된다고 프롬은 말한다.

종교성에 대한 형태

프롬은 현대의 그리스도교와 많은 무신론적 철학과 불가지론 철학이 오래전 원시 시대의 종교에 얇은 판을 둘러놓은 것이라고 논평한다(1967, 28). 현재 서양에서는 엄청난 양의 우상숭배가, 심지어 유일신주의라고 주장하는 종교 안에서도 이루어지고 있다. 프롬은 힘, 성공, 시장(marketplace)을 숭배하는 것은 이미 널리 퍼져 있고, 영향력 있는 현대 우상숭배의 형태라고 지적한다. 이러한 우상을 숭배하는 종교의 통합적 형태에 덧붙여 많은 수의 다양한 원시적 종교가 존재한다. 많은 수가 신경증이라는 이름으로 불리지만, 프롬은 우리가 그것에게도 종교적 명칭을 붙여 주어야 한다고 주장한다. 조상숭배, 토테미즘, 의식주의, 물신숭배, 순결숭배라는 식의 이름 말이다.

예컨대, 조상숭배는 널리 퍼져 있는 현대의 종교 형태이다. 프롬은 천부적 재능을 가진 여성의 예를 인용했는데, 그녀는 그림과 그녀의 아버지 외에는 그 어떤 흥미도 없었다(1967, 29). 그녀의 아버지가 죽었을 때, 아버지 곁에 묻어 달라는 말만을 남기고 그녀는 스스로 목숨을 끊었다. 그녀의 모든 삶은 숭배의 대상이면서 지향 체제를 제시했던 조상에게 얽매여 있었다. 프롬의 정의에 따르면, 이것 또한 종교이다. 프롬은 이 여성이 더 높은 차원의 종교를 얻기 위해서 심오한 인격의 변화가 필요했었을 것이라고 말한다. 어느 한 사람이 종교적 형태의 조상숭배에서 자유로워지려면 우선 생각하고 사랑하는 것에 있어 자유로워져야만 하는 것이다.

프롬은 토테미즘이 우리의 문화 안에서 굉장히 강하고 대중적인 종교라고 얘기한다. 누구든지 그 자신을 어느 기관이나 집단에 온전히 바친다면, 그 믿음에 기대 판단을 내리는 것이고, 집단의 깃발을 숭배한다면, 그것은 토템 종교를 갖는 것이다(1967, 31). 프롬은 나치즘(Nazism)과 스탈린주의(Stalinism)를 이러한 종교의 예로 든다. 수백만 명이 그들의 국가는 잘못할 리 없다는 믿음 아래서 그들의 모든 것을 바칠 준비가 되어 있었다. 프롬은 이러한 국수주의(nationalism)를 보며 우리의 근친상간의 형태, 우리의 우상숭배, 애국심은 이를 추종하는 이들이라고 말한다(1965, 60). 프롬은 순결의 종교 또한 비슷하게 설명한다. 몇몇 사람은 청결함과 단정함을 준거로 남을 판단하는 데 사용한다. 그는 또한 강박적인 사람은 그들만의 종교적 형태의 의례를 보여 주는 것이라고 지적한다. 프로이트처럼 프롬은 신경증적 종교의 형태의 추가적 단점으로 고립을 언급한다. 그 집단의 행위나 믿음이 얼마나 악하거나 비논리적인지에 상관없이 어느 집단 안에 속하는 것은 안락함을 선사하기 때문이다.

이로 인해, 원시적인 종교성으로 회귀하려는 많은 현대 사례들이 프롬의 해석학적인 접근을 통해 밝혀졌다. 그는 유일신주의가 오직 그들의 이상을 이룩하는 것에만 성공했었더라면 이러한 회귀를 피하는 데 도움을 주었을 것이라고 언급한다(1967, 33). 하지만 역사를 보면 종교가 사람의 공익을 저버리고 세속적인 힘과 자주 타협하고 힘을 모았다는 것을 알 수 있다. 종교는 너무나도 자주 힘 그 자체와 협력해 왔다. 더욱이 과거에 조직화된 종교는 사랑의 실천보다 교리적인 의식행위를 더 강조하는 경향이 있었기 때문이다.

권위주의적 종교

프롬은 종교에 대해 말할 때 종교를 권위주의와 인본주의, 이 두 가지의 형태로 구별해야만 한다고 주장한다. 이 구분은 유신론적인 종교와 무신론적인 종교를 구분할 때도 해당된다. 더 나아가, 인본주의적 종교의 형태나 권위주의적 종교(authoritarian religion)의 형태는 같은 종교 안에 존재한다고 볼 수 있다(1967, 41). 프롬은 유대교(Judaism)와 그리스도교(Christianity)의 두 가지 추세를 역사 안에서 볼 수 있다고 설명한다.

권위주의적 종교

권위주의적 종교는 사람들을 다스리는 어느 고차원적 힘에 대한 복종과 숭배에 중점을 두는 것으로 보인다(1967, 34-36). 복종은 권위주의적 종교의 핵심이다. 최고의 미덕은 순종이고, 최악의 죄는 불복이다(1967, 35). 사람들은 권위자가 시키는 대로 그저 믿을 뿐이다. 권위주의적인 종교에서의 신(God)은 힘, 폭력, 지배의 상징이자 전부이고, 인간은 절대적 신을 향해 복종해야만 힘을 얻을 수 있는 무력하고, 하찮은 존재가 된다. 외로움과 유한함으로부터 벗어나 보호와 안도감을 제공하는 이러한 종류의 굴복은 이차 관계의 곤경에서 안도감과 안락함을 가져다준다. 그러나 그 굴복으로 인해 자주성과 진실성은 사라지게 된다. 즉, 자유로부터의 도피로 가는 것이다(1941). 권위주의적 종교의 감성은 슬픔과 죄책감이다. 프롬은 대체로 권위주의적 종교의 이상(ideal)이 난해하고 현실감 없다고 얘기한다. 사후세계나 인류의 미래 등을 바라보며, 사람들은 현재의 행복을 부정하고 심지어 목숨을 잃기도 했다.

프롬은 개신교의 개혁자 마틴 루터(Marin Luther)와 신(God) 사이의 사랑이 넘치고 헌신적이었던 관계의 본질을 이야기하면서, 사실은 그가 신에게 굴복한 것이라고 말한다. 루터와 신과의 관계는 모든 감정을 넘어선 무력감(powerlessness)과 악의(wickedness)로 특징지을 수 있다(1941, 68). 루터는 인간 본성을 무력하고, 부도덕하고, 썩은 것으로 바라봤으며, 신(God)에게 굴복함으로써 압도적이고 강한 외부의 힘을 통해 자신의 구원을 확인하고 확신했다고 말했다(1941, 74-75, 78, 81). 신을 향한 사랑, 그 이전에는 존경 안에서 루터는 자신의 하찮음을 강조하고 그 자신을 낮추었다. 그의 믿음은 '항복을 조건으로 얻는 사랑에 대한 확신'이었다(1941, 81). 프롬은 또한 세상의 권위주의적 종교에 대해서도 설명한다(1941, 207-239). 그는 또 다른 예로 나치를 든다. 히틀러가 숭배의 대상(신)이었을 때, 개개인은 자신의 삶에 고유한 가치를 부정했을 때를 제외하고는 무가치했다. 나치즘과 같이 독재자를 향한 복종은 신을 향한 루터의 복종과 같은 것이다.

권위주의적 종교의 역동

프롬은 투사를 권위주의적 종교의 가장 중요한 요소라고 본다(1967, 49-50). 그는 사랑, 진실, 정의가 인간의 공간을 특징짓고 있다고 보았지만, 권위주의적 종교에서는 오직 신(God) 안에서만 발견된다고 말한다. 원래 우리의 것이었던 인간의 이성적 사고와 사랑의 능력을 신에게 투사시켰다. 인간의 생애에서 가장 값진 가치를 신의 것이라고 본다면 인간에게는 정말 아무것도 남아 있지 않는다(1967, 49). 인간의 궁핍화에 반비례하여 신의 위상은 높아진다. 신이 강해질수록 인간은 약해진다. 신은 우상(idol)이자 우리가 만든 것으로서 우리의 모든 힘을 투사하고 이를 우리가 복종하는 것이다(1981, 30). 프롬은 우리가 이에 복종함으로써 우리 자신을 인간의 자유와 이성의 힘으로부터 멀어진 존재로 만든다고 얘기한다. 이에 우리의 힘이 투사되는 것은 우리를 궁핍하게 만든다. 또한 신에게 복종하게 되면 우리는 소외된 형태로 우리 자신을 만나게 된다(1981, 30).

프롬은 이러한 투사의 과정이 세속적인 권위주의적 종교에서도 일어난다고 단언한다. 단 하나, 신(God)이 아닌 정치가가 절대적인 자리의 주체가 된다는 것만이 다르다. 프롬은 권위주의적 종교에서 행동하는 것을 소외된 요소라고 특정 짓는다. 우리의 제일 좋은 것은 외부 신이나 지도자 안에서 발견된다고 볼 수 있다. 즉, 우리는 우리 자신, 우리 스스로의 인생으로부터 멀어져 있다. 결국 우리는 아무것도 아니라고 느낀다. 우리 스스로가 원래 우리 자신의 것들을 서로 연결시키기 위해서 우리는 우리가 투사된 신을 거쳐 가야만 한다(1967, 49). 우리가 우리의 분열과 투사된 부분에 접촉하려면 신에게 절대적으로 복종해야만 한다. 우리는 신의 자비 아래 있다. 사랑을 할 수 있는 능력을 오직 신만이 사랑할 수 있는 능력이 있다고 투사해 버렸기 때문에, 우리는 우리 자신이 사랑할 수 없다고 생각한다. 신으로부터 사랑을 받기 위해서 우리는 신에게 우리가 얼마나 사랑이 없는지에 대해 증명해야만 한다. 즉, 권위주의적 종교 내에서는 우리는 무한히 절대적인 신에게 의지하게 된다.

프롬은 이러한 우리로부터 멀어짐이 우리를 악화시킨다고 말한다. 우리는 우리 안의 힘이나 타인의 능력을 신뢰하지 못한다. 우리는 우리를 사랑하고 생각할 수 있는 능력을 경험해 보지 못한다. 이 모든 것의 종착점은 속세에서 벗어나 거룩함으로 가는 것이라고 말한다. 이 속세에서 우리는 사랑이 없이 살아간다. 이 생각은 우리를 마치 죄인인 것처럼 만든다. 프롬은 이것이 그 문제의 정확한 진실이라고 꼬집는다. 우리의 잃어버린 힘을 찾기 위해 우리는 신에게 돌아가야 하고, 용서를 얻기 위해 우리는 우리가 얼마나 무가치한지를 선언해야 한다. 하지만 프롬은 이런 주장이 문제를 더 악화시킨다고 설명한다. 애초에 우리의 죄, 전적 무가치함, 사랑의 부재는 우리가 사랑이 없는 천한 죄인이라고 받아들이는 잘못된 인식의 결과이기 때문이다. 즉, 고귀한 신은 숭배를 받고, 낮은 인간은 더 큰 죄인이 된다.

프롬은 여기서 루드비히 포이어바흐(Ludwig Feuerbach, 1804~1872)의 인간의 힘이 신에게 전달되는 것에 대한 이론을 인용한다. 신이 더욱 강하고 전능해질수록 인간은 더 약해지고 보잘 것 없어진다(1962, 44). 신을 더욱 추앙할수록 우리는 더 낮아지고, 우리가 더 낮아질수록 우리는 더욱 죄인이 되며, 그에 따라 신을 더 찬양하고 추앙할 필요성을 느끼게 된다. 이로 인해 우리는 더욱 우리 자신으로부터 멀어지게 되고, 우리 자신을 찾을 수 없게 된다.

프롬은 소수 집단이 대중을 지배할 때, 그에 예속된 집단은 자율적이고 강력한 감정을 느낄 수 없게 된다고 주장한다. 그들이 섬기는 것이 신이든 어느 사람이든 그들의 종교는 결국 권위주의적 종교의 특징을 갖게 될 것이다. 즉, 사람들이 어느 종류의 종교를 접하는지는 사회구조에 달려 있다고 할 수 있다. 더욱이 세속의 힘에 동일선상을 맞출 때 종교가 권위주의적으로 된다고 할 수 있다. 혐오와 이교에 대한 편협함은 권위주의적 종교의 심장에 있는 굴복에 대한 보상으로 보인다. 프롬은 역사적으로 인류가 그들 자신으로부터 스스로 등을 돌렸고, 앞서 언급했듯이 더 높은 차원의 힘에게 굴복한 이유는 이차적 관계에 있다고 믿는다. 인간보다 우월한 어떤 종류의 힘을 숭배하는 것은 그의 관점에서 마조히스트적이고, 파괴적이며, 자기비하적인 것이다.

인본주의적 종교

권위주의적 종교와는 큰 차이를 보이는 인본주의적 종교(humanistic religion)는 인간의 삶과 그것의 내재된 힘과 능력에 초점을 맞춘다(1967, 36). 우리는 우리의 이성의 힘, 우리 존재 의의와 가능성, 한계를 이해할 수 있는 능력으로도 성장할 수 있다고 본다(1967, 36-37). 우리는 우리 자신, 타인, 인류를 전체적으로 사랑할 수 있는 우리의 능력 안에서 성장할 수 있다. 우리는 우리가 맞춰 살아갈 기준을 찾을 수 있을 것으로 본다. 인본주의적 종교의 목표는 가능한 만큼 강해지는 것이다. 가장 큰 미덕은 자신을 아는 것이다. 프롬에 따르면, 인본주의적 종교의 종교적 경험은 전체와의 통합의 경험과 세상으로부터의 관련성에 기초를 두고 있다. 인본주의적 종교는 개개인이 자유로워지고 그들 개인에게 책임을 질 때 번영하는 것으로 보인다(1967, 51). 프롬은 인본주의적 종교가 유신론적 형태를 취할 때, 신(God)은 인간이 갖는 힘의 상징이 된다(1967, 37). 신은 우리가 이러한 힘 안에서 성장해 가면서 다가가는 이상인 것이다. 세속의 종교가 권위주의적으로 될 수 있듯이, 인본주의적으로 될 수도 있다.

존재 대 소유

프롬은 후의 업적에서 존재(being)와 소유(having)에 분명한 차이를 두고 있다 (1981). 사람에게 초점을 맞추어 존재에 집중하는 지향과 물질에 초점을 맞추어 소유에 집중하는 지향이 있다. 소유 지향은 돈, 명예, 힘을 갈구하는 형태로, 서양의 산업 문명을 지배하고 있는 것으로 보인다(1981, 7). 존재의 방식은 살아 있음과 진정한 세상과의 연관성을 의미한다(1981, 12). 소유 방식은 자신을 포함한 모든 것과 모든 사람을 자신의 소유로 만들기를 바라는 것, 즉 보유하고 소유하는 것을 의미한다. 욕망은 소유 지향에 대한 자연스러운 결과물이다(1981, 99).

소유의 관점에서, 행복은 정복, 약탈, 살해할 수 있는 상태, 남보다 우위를 점하는 것에 있다(1981, 68). 존재의 기준에서 행복은 사랑, 나눔, 베풂에 있다. 존재 방식은 자율성과 비판적 사고로 구분된다. 그리고 존재의 근본적 특징은 인간의 힘의 생산적인 사용을 말한다(1981, 76). 존재 방식은 개선, 성장, 자아(ego)를 초월함, 그리고 주변 세계에 대한 흥미를 갖게 됨을 의미한다. 프롬에 따르면, 인간에게는 자기 자신을 표출하고, 관계를 맺으며, 이기심이라는 감옥에서 벗어나고자 하는 깊이 내재된 바람이 있다(1981, 88).

소유 지향은 그들 자신이 아닌 물체를 대하는 특정한 태도이다(1981, 52). 무엇이든, 신마저도 갈망의 대상이 될 수 있다. 소유는 소유에 해당하는 모든 것을 죽음으로 바꾸고, 힘을 행사할 대상으로 변화시킨다(1981, 64). 나는 그것을 갖고 있음을 의미하는 동시에 그것이 나를 갖고 있다는 의미가 될 수 있다. 즉, 나와 그것 둘 다 물체가 되는 것이다. '나는 내 소유이다.'라는 사상에서는 나의 소유를 잃어버릴 때 나는 파괴될 것이다(1981, 65). 반면, '나는 나이다.'라는 사상에서는 아무것도 나를 파괴할 수 없다(1981, 97). 만일 생명이 소유물이라면, 그것은 우리가 매달려야 할 무언가

일 것이다. 소유의 관점에서 산다는 것은 필연적으로 죽음에 대한 공포를 의미한다(1981, 112).

소유에서의 믿음이란 완벽한 확실성을 내재한 정답을 갖고 있다(1981, 30). 우리는 그것을 공식화하는 타인으로부터 해답을 얻고, 그것을 우리의 소비를 위해 전달한다. 소유 방식에서의 믿음은 이러한 남들과 그들의 답에 굴복하는 것이다. 그들의 위신을 유지해 온 믿음을 우리는 계속해서 믿는다. 그러나 존재 방식에서는 믿음이란 경험에 기초한 확신을 믿는 내적 지향(inner orientation)처럼 특정한 몇몇 사상을 무작정 믿지 않는 것이다(1981, 31). 그런 믿음은 자기(self), 신(God), 타인에 대한 행동과 창조이다. 존재 방식에서 신을 향한 믿음이란 계속되고 능동적인 자기 창조의 과정이다. 그러한 신은 주머니 안에 넣고 다닐 수 없으며, 개인의 변덕이나 이익에 의해 조종당하지 않는다. 소유 방식에서의 사랑이란 한 사람의 사랑(love)의 대상을 조종하거나 자신에게 얽매는 것을 포함한다(1981, 33). 존재 방식에서의 사랑이란 타인의 성장(growth)과 번영(enrichment)을 바라는 한 사람의 선물이다.

프롬은 구약 성서의 핵심이 남겨진 것을 떠나 자유로워지고 존재가 되는 것이라고 설명한다(1981, 37). 프롬은 신약 성서에 대해서는 초기 유대교보다 구조화되는 것을 더욱 반대한다고 한다(1981, 42). 예컨대, 예수가 시험에 드는 이야기에서 예수와 사탄은 완전히 다른 개념이다. 사탄은 물질의 소비와 자연과 인류를 넘은 힘을 의미한다(1981, 45). 예수는 존재, 즉 무소유는 존재의 전제 조건이라는 사상을 의미한다(1981, 46). 예수는 사랑의 영웅, 존재의 영웅, 그 무엇도 원치 않은, 힘을 바라지 않고 무력을 사용하지 않은 영웅이다(1981, 127).

프롬은 같은 방법으로 다른 지도자를 소개하며, 부처(Buddha)는 소유하고, 바라며, 소비하는 것이 인간을 불행하게 만든다고 말한다(1981, 91). 마이스터 에크하르트(Meister Eckhart)는 우리가 우리의 소유와 신과도 우리 자신을 연결하지 말 것을 주장했다. 프롬은 에크하르트가 신(God)에게 신(god)을 그만두길 기도까지 했다고 부연 설명했다(1981, 51). 마지막으로, 마르크스는 개인 소유가 우리를 편파적이고 바보로 만들었으며, 우리가 갖고 있어야만 우리 것이라고 기술했다. 그리고 덜 존재적이고 자신의 삶을 덜 표출하면 당신은 더욱 가질 수 있으며, 당신의 소외된 삶은 더욱 훌륭해질 것이라고 말한다(1961).

믿음

프롬은 믿음을 무언가를 향한 믿음으로 생각하기보다 하나의 특질(trait), 성격(특성)이라고 생각한다(1947, 200-212). 프롬은 믿음을 합리적인 것과 비합리적인 것, 이두 가지로 분류한다. 합리적 믿음은 한 사람이 현실을 환상 없이 긍정적으로 마주할수 있게 해 주는 사람이 일생 동안 취하는 기본 태도라고 정의한다(1947, 201). 이성적(인본주의) 믿음은 생산적 지능과 감성적 활동에 기반을 둔 신념의 확신이다. 신념의 확신은 개인 경험의 기반이다(1947, 207; 1967, 37). 예컨대, 과학은 맹목적인 것이아닌, 관점(비전)의 방향으로 진행되는 것이다. 과학의 역사는 진실의 관점과 이성에대한 믿음의 예로 가득 차 있다(1947, 207). 프롬은 다른 것에 대한 이성적 믿음을 모든 중요한 인간관계에서 없어서는 안 될 것이라고 확신한다(1947, 208). 우리 자신에대한 믿음 없이 타인과 유익한 관계를 맺을 수 없다. 그리고 중요한 인류의 믿음(faith in humanity)이 있다(1947, 209). 합리적 믿음의 기초는 우리의 활동적인 힘과 능력을행사하는 것, 즉 생산성(productiveness)이다(1947, 210).

반면, 비합리적 믿음은 개인의 경험이 아닌 비합리적인 권위에 대한 감정의 굴복을 통해 나타나는 사람, 사상이나 상징에 대한 믿음이다(1947, 204). 이러한 믿음은복종에 근원을 둔 광신적(fanatic) 믿음이다. 비합리적 믿음의 예로 독재자 히틀러를향한 믿음을 들 수 있다. 프롬은 무언가를 지배한다는 개념에서 힘(power)과 합리적믿음(rational faith)은 상호배타적이라고 설명한다. 합리적 믿음이었다 하더라도 힘에의지하게 되면 종교는 분해된다(1947, 211). 프롬은 사람들이 믿음 없이는 살아갈 수없다고 말한다. 문제가 되는 건 그 문제의 믿음이 합리적인 것인지 비합리적인지에대한 문제이다(1947, 212).

사랑

사랑은 단지 빠져들 수 있는 행운을 잡았다는 좋은 감정 정도가 아닌 지식과 노력을 필요로 하는 하나의 예술이다(1956, 1). 사랑은 받는 것이 아닌 주로 주는 것으로 능동적이다(1956, 22). 베풂처럼 사랑은 우리의 살아 있음을 표현하는 것으로 그로 인해 상대에게 기쁨을 채워 준다(1956, 25). 사랑은 타인의 삶이나 성장에 적극적인 걱정을 하는 것으로 남을 신경 쓰고 걱정하는 능력이다(1962, 26; 1967, 84). 프롬은 사랑이라는 예술의 대가가 되기 위해서라면 우선 자기 자신을 사랑에 바쳐야 한다고 말한다(1962, 110). 이것은 개인의 삶에서부터의 훈련의 노력이 필요하다(1962, 110). 사랑은 약함이 아닌 강함에서 비롯되는 것으로 보인다.

프롬의 관점에서 사고체계가 아니라 개념의 근본적인 태도, 근본적인 인간의 현실이 사고 체계에서 중요하다(1967, 37). 인간의 생산적인 사랑을 할 수 있는 능력, 다시 말해 굴복과 욕심 없는 사랑, 사람의 완전함으로부터 나오는 사랑은 인본주의적 종교 안에 있는 신에 대한 사랑의 개념에 근거한 인간 현실이다(1967, 84). 프롬은 그리스도교에서 말하는 나를 사랑하듯 이웃을 사랑하는 것과 불교에서 말하는 지각이 있는 모든 것에 대한 연민 모두가 인본주의적 종교 내 가르침의 정수라고 말한다(1967, 83). 그는 정신분석학이 이 가르침을 입증한다고 설명한다(1967, 83-84). 프롬은 신경증 환자를 치료하다 보면 사랑은 삶의 규율에서 가장 중요한 요소이고, 삶의 규율을 어기는 것은 불행과 심리적 장애를 유발하는 근본적인 이유라는 것을 알 수 있다고 설명한다.

이러한 이유로 신경증적인 불만은 사랑의 무능력으로부터 기인한다고 말할 수 있다. 프롬은 심리치료가 기본적으로 이러한 무능력을 극복하는 것, 환자가 사랑할 수 있는 능력을 얻거나 다시 되찾는 것을 돕는 시도라고 설명한다(1967, 84). 또한 프롬은 사랑에 대해 사람과 그 중심을 오염시키는 분열의 해결책이라고 말한다. 즉, 우리가 가장 필요로 하는 것은 우리가 갇혀 있는 고독감(aloneness)을 극복하는 것이다(1956, 9). 타인과 융합하려는 갈망은 우리의 가장 큰 노력이자 가장 기본적인 열정, 통일의 힘이다(1956, 18).

의례

프롬은 정신분석학에서 충동은 무의식에서 유발된다고 본다고 설명한다. 그러나 종교를 다룰 때 정신분석학은 종교 의례(ritual)와 충동의 유사성에 놀라게 된다. 연구자들은 그 둘 뒤에 같은 무의식적 메커니즘이 있을 거라고 생각한다(2장, '보편적인 강박신경증으로서의 종교' 비교). 프롬은 비합리적인 종교 의례가 실제로 억압과 그것의 결과에서 유발된 것이라고 본다. 그러나 합리적인 종교 의례 또한 존재하고 그것들은 억압과는 아무 관련이 없다고 주장한다.

프롬은 종교 의례가 모든 종교에서 중요한 요소라고 생각한다(1967, 103). 프롬에 따르면, 우리 인간은 타인과 공유하려는 행동 안에서 우리의 종교적 헌신을 표출해야 할 필요가 있다. 종교 의례는 공유된 가치에 기초를 둔 노력을 보여 주는 공유된 행동이라고 정의된다(1967, 105). 행동을 통해 생각과 느낌을 상징적으로 보여 주는 것이다. 프롬은 합리적인 종교 의례가 억압된 욕구로부터 보호받기 위한 방어 체계가 아닌 가치 있는 헌신을 표현하기 위한 것이라고 주장한다. 그 안에 충동적인 성질이 존재하지 않는다는 것은 불안감을 뒤따라 합리적인 종교의 생략이 이루어지지 않는다는 것을 통해 입증되었다.

금식(fasting)은 종교적인 합리적 의례의 한 예로 여겨진다(1967, 106). 죽음 앞에서 행해지는 서로 간의 인사, 박수, 존경 같은 우리의 행위는 세속적이고, 이성적 의식의 예로 여겨진다. 프롬은 오늘날에는 헌신 행위가 타인과 공유되는 경우가 상당히 적다고 말한다(1967, 106-108). 무엇이든지 이러한 종류의 의례는 결과적으로 굉장히 큰 호소력을 갖고 있는 것으로 보인다. 우리는 많은 의미 있는 의례를 갖고 있지 못한 반면, 한편으로는 우리는 공유된 상징적인 행위가 필요하다. 프롬에 따르면, 이러한 필요성이 대단히 과소평가되어 있다. 그러나 의례는 의지로 만들어질 수 있는 것이 아니다. 의미 있는 합리적 의례들이 만들어지기 전, 우선 공유된 가치가 존재하여야만 한다.

심리학과 윤리

프롬은 철학과 심리학은 결코 떨어질 수 없다고 단언한다(1947, vii). 프롬은 정신분석가로서의 그의 경험은 특히 성격을 공부하는 것이 윤리적 문제와 뗄 수 없음을 제시했다. 정신건강(mental health)은 도덕적 판단에 따른 우리의 행동에 의존한다. 인본주의적 윤리학에서는 성숙하고 통합된 성격 형성의 실패를 도덕적 실패라고 판단한다(1947, 226). 프롬은 이를 신경증에 대한 도덕적 실패의 증상이라고 말한다.

객관적 윤리

프롬의 관점에서 보았을 때, 인생에서 겪는 문제에 대한 해결책 중에는 제대로 된 것도 있고 틀린 것도 있다. 프롬은 이 가정에 기초하여 규범적 인본주의를 제시한다(1965, 22-23). 그는 심리학이 객관적이고 타당한 행동 규범 수립의 기초가 될 수 있다고 말한다. 프롬은 객관적인 규범을 강조하며, 그는 그가 절대적인 규범을 말하고 있는 것은 아니라고 언급한다. 윤리 영역에서는 절대적인 것은 아무것도 없다고 말한다(1947, 25-26).

프롬의 관점에 따르면, 객관적이고 타당한 규범의 출처는 인간의 본성이 되어야 한다. 인류는 백지상태가 아니다. 행복, 사랑, 친밀감, 자유를 향한 갈망은 인간의 본성에 내재되어 있다(1962, 81). 한때는 규준이었던, 이러한 욕구를 위반하는 행위는 정신적 그리고 감정적 붕괴를 초래한다(1962, 17; 5장 '기본적 욕구' 비교). 인간 본성의 법을 따라서 한 사람이 완벽한 성숙함을 이룬다면, 프롬은 그들이 정신건강을 얻은 것이라고 설명한다. 만약 그렇지 않다면, 역설적으로 정신건강이 그들을 거부했다고 프롬은 말한다(1965, 23). 이런 종류의 정신건강 척도는 모든 인류에게 타당한 것으로 보인다. 즉, 프롬은 이를 위반할 시에는 피할 수 없는 결과를 부르는 도덕적 법이 있다고 주장하는 자들의 편을 들은 것이다. 인생의 목적은 본능의 법칙을 따라 우리의 능력을 펼쳐 내는 것으로 보인다(1947, 29). 이렇게 하여 프롬은 윤리적 상대주의를 부정한 것이다.

인본주의적 윤리와 권위주의적 윤리

프롬은 권위주의적 종교와 인본주의적 종교를 대조했던 것과 비슷하게 권위주의적 윤리(authoritarian ethic)와 인본주의적 윤리(humanistic ethic)를 구분 짓는다. 권위주의적 윤리에서는 인간 위에 있는 일부 기관이 행동 규범을 규정한다. 권위주의적 윤리에서 비합리적인 힘이 사람을 지배한다. 어떤 것은 힘을 지배한다(1947, 19). 이 우월한 주체에 대한 어느 비판도 허용되지 않는다. 권위주의적 윤리는 억압이 선행을 향한 가장 빠른 길이라고 여기며 그것에 의존한다(1947, 228-229). 권위주의적 윤리는 사람들이 자신의 힘으로 무엇이 옳고 그른지 분별할 수 있다는 것을 부정한다(1947, 20). 오히려 권위자가 홀로 선과 악을 구분 짓는다. 프롬은 권위자가 지배받는 사람을 위하기보다는 자신의 이익만을 위해 이 능력을 사용한다고 말한다. 권위자가 사람을 착취하는 것이다. 그는 양심을 제외시키고, 존경심을 불러일으키며, 복종을 유도함으로써 이 일을 한다. "다 그런 것이다. 우리는 알 수 있는 상태에 있다. 당신의 유익을 위한 것이다. 우리를 믿어라."라고 그들은 자신들의 방식으로 말한다. 이러한 윤리의 가장 큰 죄는 반항이다(1947, 22). 우상숭배는 항상 소외되고 권위주의적인 윤리에 관여되어 있다(1966, 46).

반면, 인본주의적 윤리에서는 인간이 도덕 규범의 출처이자 소재이다. 인본주의적 윤리는 선행과 악행의 기준을 오직 인간 자신만이 규정할 수 있다는 관념에 기초한다(1947, 22). 선(good)은 인류와 그들의 발전에 유익한 것이고, 악은 해로운 것이다. 인류의 복지만 기준이 된다. 가치는 인간 존재에 뿌리를 내리고 있으며, 프롬은 윤리적 행동을 초월적인 힘으로 적용할 필요가 없다고 설명한다. 가치의 판단은 높은 차원의 규범이 아닌 인류에 알맞게 기반되어야 한다. 예컨대, 이웃 사랑은 인간에게 속해 있다. 기본적인 필요와 실천의 길로써 빛나는 것이다. 또한 인본주의적 종교에서 인간 존재의 지식은 가치의 토대로 사용된다(1947, 34). 이런 종류의 윤리에서 선행은 우리 존재와 인간 법칙의 책임이고 악행은 무책임이다. 선행은 우리의 내재된 욕구를 성취하는 것이고, 우리의 관심은 진실한 비이기적인 자기관심이다(1947, 138-45). 악덕은 여기에 포함되지 않는다.

프롬은 인본주의적 종교에서 인간은 우주의 중심이라고 상정하지 않는다고 지적한다. 그러나 인본주의에서는 인간보다 더 위엄 있고 높은 존재는 없다고 주장하고 있다(1947, 23). 더 나아가 생산 지향은 자유, 선행, 행복의 기반으로 보인다(1947, 231). 인본주의적 윤리는 사고방식에서 동떨어져 있지도 맹목적으로 숭배하지도 않는다(1966, 46).

양심

외부의 영향력과 관련이 없는 인본주의적 양심은 권위자의 것이 아니라 우리 자신의 목소리이다(1947, 162). 프롬은 인본주의적 양심이 성장과 삶의 요구를 표출하는 완전한 성격의 목소리라고 생각한다(1967, 85). 양심은 인간으로서 맞게 또는 그렇지 않게 기능하는 것에 대한 우리의 완전한 자기(self)적 반응이다. 프롬은 양심이 우리가 우리의 이상에서 벗어날 때를 알려 준다고 말한다. 그러므로 죄(sin)는 첫 번째 예에서 신에 대한 것이 아니라 우리 자신에 대한 것이며, 우리의 진정한 사리사욕과 청렴에 대한 것이다.

프롬은 인본주의적 양심을 감정적 특성과 결부해 지식(knowledge)이라고 말한다(1947, 162). 우리의 안녕을 촉진하는 우리의 품행은 내면의 감정으로 인도한다(1947, 162). 반면, 우리 자신에게 해로운 품행은 불편한 감정을 만들어 낸다. 양심은 곧 우리 자신 위의 우리 자신의 재행동이다. 그것은 우리의 모습으로 다시 부른다. 가능성이 있는 우리가 되도록 말이다(1947, 163). 프롬은 행복이 우리가 인간 존재의 문제의 해답을 찾기 위해 올바른 길로 나가는 지표라고 설명한다(1947, 192). 프롬은 행복이 삶에서 뛰어남의 기준이 되어야 한다고 말한다. 반면, 행복의 반대인 우울(depression)은 내면의 빈곤(sterility)과 비생산성(unproductiveness)에서 생겨난다.

어렵기도 하고 많은 연습이 필요하겠지만, 우리는 양심의 의사소통을 이해하기 위해 우리 자신에게 귀를 기울이는 법을 배워야 한다(1947, 164-165). 프롬은 어떻게 살아가야 하는지를 책을 통해 배우는 것이 가능하다고 생각하지 않는다. 오히려 우리는 우리 양심의 목소리를 듣는 법을 배워 그것을 듣고 따라야 한다(1967, 89-90). 한 사람이 규범을 지키며 살아가는 데 실패하는 것은 혐오가 아닌 인본주의적 종교에 대한 이해력을 갖고 바라봐야 한다. 죄책감(guilt)은 자기혐오를 느끼게 하려는 것이 아닌 미래의 발전을 촉진하기 위해 느끼는 것이다. 프롬은 인본주의적 종교 안에 사랑이 퍼져 있다고 말한다. 이 사랑은 우리의 이웃만을 위해서가 아니라 우리 자신을 위해서도 기능한다(1947, 163). 프롬은 우리 자신을 양심의 목소리로부터 단절시키는 것이 가능하다고 말한다. 하지만 잠에 들었을 때는 그렇지 않다. 꿈은 다른 방법으로는 듣지 못하고, 우리의 위협당하거나 훼손된 진실성에 대한 메시지를 전해 준다(1947, 168-169). 프롬은 우리의 더 나은 자신이 다른 증상, 예컨대 현기증 같은 것을 통해 말할 수 있다고 설명한다(1947, 226).

권위주의적 양심(authoritarian conscience)은 외부 권위자의 목소리가 내면화된 것이다(1947, 148). 프롬은 권위주의적 양심이 프로이트의 초자아(superego)와 관련 있다고 설명한다. 권위주의적 종교가 지배할 때에는, 처방과 금지가 우리 위의 권위로부터 생겨난다. 권위주의적 양심의 요구에 대한 타당성은 개개인의 판단과는 아무 상관없이 오직 권위자에게 달려 있다.

즉, 권위주의적 양심에 지배받는 사람은 공생관계로 그 사람보다 더 위대하고 강한 외부의 권위들과 그들의 내면화된 메아리에 종속된다(1947, 149, 151). 권위자에 대한 공포(fear)와 존경(admiration)이 팽배하다. 절대적인 복종을 요구하는 권위자는 언제나 지배당하는 입장에 있어야 하는 대상을 착취한다(1947, 152-153). 권위주의적 양심에 지배받는 개개인은 이를 기대한다고 할 수 있다. 그들은 권위자가 무엇을 명령하든 간에 복종하는 것을 의무라고 여긴다. 물론 이는 권위자들이 악을 명령할 때 큰 문제가 된다. 의무와 양심의 이름으로 행해지지 않은 범죄는 없다고 프롬은 말한다.

권위주의적 양심에서 선한(good) 양심은 한 사람이 권위자를 기쁘게 하고 있다는 감정으로, 그 사람이 안전하고 좋다고 느끼게 만든다(1947, 150). 반면, 권위주의적 양심에서 부정적인 측면인 나쁘거나 죄책감에 빠진 양심, 권위자를 불쾌하게 만들고 있다는 것을 인지하는 것은 한 사람이 그의 알맞은 개성을 주장함으로부터 생겨난다(1947, 150, 154). 죄, 즉 강한 권위자의 법령을 어기는 행위는 속죄를 요구한다. 죄인(sinner)은 심판을 두려워한다. 죄인은 그가 불순종을 저질렀고 그의 실수를 만회하기 위해선 지금부터 더 많은 복종의 행위를 해야 한다고 느끼게 된다. 또한 그가 저

지른 역겨운 행위로 인해 그 자신을 증오하게 된다. 그는 도덕적으로 약화되고, 다시 죄를 저지를 것이다. 즉, 권위자는 용서(forgiveness)에 대한 모든 방법을 통제하면서 자신의 힘을 증가시킨다(1947, 159).

영적 경험

프롬은 인간이 가진 힘의 실재와 인간과 신의 근본적인 정체성을 경험했던 신비주의자를 찾아낸다. 즉, 신비로운 경험은 신이 그 상징이 되는, 인간 힘의 확증으로 이끈다. 더욱이 신비주의자는 우리에게 신이 필요하듯, 신 또한 우리를 필요로 하는 것을 보았다고 한다. 프롬은 신비주의를 이성의 모순이 아닌 종교적 사고 안에서 가장 높은 단계의 깨우침이라고 설명한다. 프롬은 영적 경험이 초자연적인 현상이 아닌 인간의 현상이라고 생각하며, 유신론이든 무신론이든 반유신론이든 관계없이 특정한 사고 체계의 공통적인 기초를 이룬다고 생각한다(1966, 46-47). 문제가 되는 사고 체계의 경험적 핵심은 어디에서나 같다고 하지만, 단어와 개념에서의 표현은 다른 것으로 밝혀졌다. 프롬은 특별히 동양과 서양의 신비한 태도 간의 본질적 정체성에 주목한다. 그는 정신적 질환에 의한 거짓 영적 경험과 화합과 사랑의 건강한 영적 경험을 구분 지을 필요가 있다고 지적한다.

영적 경험의 일반적 특성

프롬은 신비로운 경험의 몇 가지 공통된 특징을 보여 준다(1967, 91-92). 이 중 하나는 경외이고, 다른 하나는 인생의 의미와 일에 대한 '궁극적 관심사'(Paul Tillich)이다. 더 나아가 공통분모는 분명한 가치의 계급화 경험이다. 가장 높은 차원의 가치는 이성, 사랑, 연민, 용기로 인간이 찾아야 하는 것이다. 세속적인 업적은 이러한 영적 가치의 계급에 종속된다. 인간의 삶은 오직 하나의 목적으로서 느끼는 것이지 다른 그 어떤 것을 위한 수단으로는 경험되지 않는다. 모든 것은 우리가 더 강해지고, 세심해지고, 더욱 사람다워지게 올바른 방향으로 이끄는지 또는 그렇지 않은지의 관점에서 볼 수 있다. 신비주의자는 우리가 세상에 있는 이유는 그것을 바꾸기 위해서가 아니라 우리 자신의 끊임없는 자기 변화를 위해 있는 것을 깨닫기 위함이라고 말한다. 세상은 우리가 우리 자신과 세상의 현실을 밝히는 데 장애물이 아닌 하나의 매개체로서 경험되는 것이다.

신비롭거나 영적인 경험의 또 다른 특징은 한 사람의 자아(ego), 욕심, 공포가 자연스럽게 흘러가게 두는 것이다(1966, 48-49). 자아는 더 이상 파괴할 수 없는 분리된 독립체 또는 물질로서 매달려 있는 것이 아니다. 오히려 한 사람이 그 자신을 세상에 열 때 그 사람은 그것으로 충만해지고 그것을 사랑하게 된다. 신비함, 즉 자아를 초월하는 것은 이기심과 분리(소외)의 감옥을 떠나게 된다. 마지막 공통된 특징은 모든 인류와 생명과 전 세계를 끌어안는 내면의 하나 됨의 태도이다(1967, 92). 그러나 개성을 잃는 것은 아니다. 자신의 존재에 대한 완전한 감각과 만인에 대한 감각이 동시에 존재한다. 프롬은 영적 경험이 개성과 전체 사이의 극성으로부터 나온다고 본다. 그 경험은 자부심인 동시에 겸손(humility)이다.

프롬은 신비로운 경험이 우리 사이의 모든 유대감과 인간의 자유와 성장을 가리킨다고 설명한다. 개인은 자신이 모든 파괴성과 죽음에 대한 사랑을 포기하도록 바뀌었다는 것을 발견한다. 신비로운 경험 안에서 삶의 목적은 살아났다. 삶의 목표는 프로이트가 이야기했던 죽음이 아니라 살아 있음이다. 삶은 사랑받아야 할 것으로 경험되어야 한다. 프롬은 미래에 고도로 발전된 심리학적 과학이 영적 경험의 본질적인 정확함을 입증해 낼 것이라 생각한다(1966, 50).

심리치료와 영적 경험

프롬은 심리치료와 영적 경험 사이의 유사점을 집어낸다. 심리치료의 임무는 개인의 자아(ego)가 무의식 안에 있는 자신의 분리된 부분에 접촉할 수 있게 해 주는 것이다(1967, 93). 목적은 영적 경험의 전부와 같은 무엇인가이다. 프롬은 무의식을 확립된 자아로부터 제외된 것으로 여긴다. 분열과 자아 밖은 모두 인간의 잠재력, 사실 인류 전체의 잠재력이라고 한다(1967, 94). 개인이 무의식에 접촉할 때 자아는 무제한적인 삶의 버전으로 경험된다. 프롬은 억압이 자아와 삶 사이의 연결을 단절시키는 법칙과 명령의 힘의 매개체라고 얘기한다. 억압은 성장의 끝(end)을 초래한다. 반면, 억압이 풀렸을 때, 우리는 삶에 다시 접촉하고 명령보다는 오히려 억압을 인정하게 된다. 이후 통합(integration)과 충만함(permeation)이 억압을 대신한다. 프롬은 무의식이 최상의 것과 최악의 것 둘 다 포함한다고 경고한다(1967, 93). 우리는 이러한 우리 자신의 다른 부분을 향해 두려움도 존경심도 아닌 겸손하게 다가가야 한다.

사고 체계와 영적 경험

프롬은 정신분석가가 종교와 상징 체계 뒤편의 인간 실상에 대해 연구할 준비를 전반적으로 갖추었다고 말한다(1967, 9, 60). 정신분석은 생각이 실제로 무엇을 표현해 내는지를 밝혀내려고 노력한다. 그것의 태도가 한 사람의 내면 상태를 실제로 나타내는지 아니면 반대의 태도를 숨기려는 합리화(rationalization)인지 알아내려고 한다.

프롬은 신(God)에 대한 서양의 개념이 역사적으로 조건부가 된 영적 체험의 표출이라고 믿는다(1966, 18). 근동 지역(Near East)에서의 신은 그들 사회에서 절대적인 힘을 가진 존재로 묘사된다고 말할 수 있다. 영적 경험은 따라서 절대적인 족장이나 왕의 개념에서 표현되었다. 이로 인해 지배자로서의 신은 유대교, 그리스도교, 이슬람교에서 지역의 사회구조에 뿌리박힌 절대적인 개념이 되었다. 인도의 불교에서는 신을 절대적인 지배자로 여길 필요가 없기 때문에 다른 형태로 경험을 표현할 수 있었다(1966, 178).

우상숭배에 맞선 전쟁은 구약 성서의 창세기(Genesis)부터 이사야(Isaiah)와 예레미야(Jeremiah)까지 아우르는 가장 중요한 종교 주제라고 보인다(1966, 36). 프롬은 우상을 사람의 중심에 있는 욕구, 다시 말해 흙으로 돌아가려는 바람과 그 바람을 힘과 소유로서 갈망하는 것이라고 정의한다(1966, 36). 프롬은 인간이 그들을 대표하게 되는 우상을 향해 그들의 열정을 쏟는다고 말한다(1966, 37). 우상은 인생의 어느 한 측면이 표면화된 물체이다. 반면, 신은 살아 있다. 최종적인 분석에 따르면, 그 둘의 차이는 죽음에 대한 사랑과 삶에 대한 사랑이라고 말할 수 있다(1966, 37).

프롬은 구약 성서에서 신은 인간의 삶에 최고 가치와 목표를 대표한다고 말한다. 특히 사랑과 이성이라는 인간적 능력의 완전한 개발을 통해 세상과 연합한다(1966, 20-21). 우리는 프롬이 신을 그 자체로 현실로 보지 않는다는 점에서 그가 유신론자가 아니라고 생각한다. 그러나 그는 신을 거론하는 것에 이점이 있다고 한다. 왜냐하면 신이란 단어는 많은 역사가 공유한 것의 경험이기 때문이다. 반대로 불이익 또한 존재한다. 신이라는 개념이 그것이 참조하는 경험에 따라 분리될 수 있고, 스스로 존속하는 자연의 법칙을 뛰어넘어 그 위에 있는 절대적인 존재가 될 수 있다는 측면 때문이다.

프롬이 말하길, 사랑과 이성이라는 인간 힘의 성장으로 인해 도달할 수 있는 조화를 처음으로 경험했을 때, 그 경험은 브라만(Brahman), 도(Tao), 니르바나(Nirvana) 또는 하나님(God)이라는 이름이 된다. 이런 경험은 기원전 1500년부터 기원전 500년까지 온 세상에 성황했다고 전해진다(1966, 20). 인간의 가능성에 대한 그 경험은 바로 스스로의 완전한 위치에 바뀌었으나, 보통의 시각은 사라졌다. 왜냐하면 중요하지 않은 것이 전부 허구의 부가물(fictitious additions)로 고정되어 버렸기 때문이다. 여러 이데올로기가 생겼다. 프롬은 이데올로기를 경험할 참조와 구체적인 실체가 없는 사고 체계라고 정의한다(1966, 17-18). 프롬은 하나의 사고 체계가 조직의 핵심이 될 때 관료들이 몰려든다고 말한다. 힘과 통제를 유지하기 위해, 관료들은 그들 자신과 다른 조직체의 유사점보다는 오히려 허구의 부가물을 강조한다. 즉, 중요하지 않은 차이점이 본래의 경험만큼 또는 그보다 더 중요하게 되어 버린다. 그러므로 프롬은 자신이 종교적 지향이라고 부르는 높은 종교의 핵심에 있는 경험이 그들의 발전 과정에서 매우 크게 왜곡되었다고 바라봤다(1981, 124).

프롬에게 신(God)이란 인본주의 내의 가장 높은 가치를 시적으로 표현한 것이다. 그는 자신의 관점을 무신론적인 신비주의라고 칭한다(1966, 18). 프롬은 유대교 성서 시대의 논리에 맞는 다음 단계가 전부 신을 포기하고 인간이 세상에 홀로 있지만, 그들 주위의 자연, 사람들과의 올바른 관계를 통해 평화를 이룩할 수 있다는 사상을 구상해 내는 것이라고 믿는다(1966, 178). 즉, 프롬은 신에 대한 개념을 우리 외부를 보여 주는 것이 아닌 인간 현실 자체로 인도하는 신호로 보고 있다. 우리가 말하는 종교적 태도는 인간의 사랑과 이성의 진행되는 발전으로서 인간이 찾을 수 있는 화합의 경험이다(1966, 41). 신자와 불신자는 같은 목적을 공유한다는 전제에서 자유와 삶의 깨어남이 목적이라면, 프롬은 그들이 우상 타파라는 공통된 전투에 힘을 합칠 수 있다고 말한다(1966, 41). 소외되지 않는 방식으로 신을 섬기는 개인이나 순전한 인간 언어로 같은 목표를 위해 분투하는 사람의 사고 체계는 그들 뒤편의 현실에 비하면 부차적인 것이라는 것을 깨닫는다.

프롬은 종교가 커지고 조직화되며 관료적으로 변할 때 자유에 대한 종교의 이상을 어기려 한다고 설명한다. 커진 종교는 사람을 구속시키려 한다. 신이 아니라 오히려 그 집단이 추앙받는다. 더욱 많은 신도가 우상숭배를 한다고 얘기할 수 있다. 그들의 믿음은 세상에 힘을 행사하는 자와 동맹을 맺은 전지전능한 세력에 있다. 또한 한편으로는 많은 불신자 또한 성공과 물질적 부유함, 성적 쾌락, 국기 등을 숭배하며 우상숭배를 한다. 프롬의 관점으로는 산업화된 사회의 많은 사람은 진정한 인간의 목표를 위해 노력하지 않는다는 것이 사실이다. 그들은 불안에 떨고, 공허하며, 고립되어 있다. 삶에 질려 버린 그들은 낙심할 때 보상받기 위해서 물질을 쫓는다. 그들에게는 물질적 도구가 인생보다 더 멋지고 매력적인 것이다. 그들은 자신들이 그냥 많은 것이 되는 것보단 더 많이 갖고 더 많이 쓰길 원한다.

정신분석학자는 여러 종교에 대해 같은 태도를 찾으려 한다(1967, 62). 사랑, 진리, 정의는 소크라테스, 예수, 부처, 이사야 같은 위인에게 있는 현실이다. 힘에 대한 굴복, 사랑과 인간에 대한 존중의 부족 등은, 예컨대 칼빈의 신학이나 권위주의 정부에 있는 현실이다. 다양한 종교로부터 만들어진 결과는 그들의 말과 믿음 뒤편에 있는 현재에 대한 하나의 시험을 제공한다. 프롬은 어느 종교의 가르침이 자율성과 행복, 신앙인의 자유에 대한 한 부분을 향해 나아가는 것이라면 그러한 가르침은 근본적인 사랑으로부터 나온 것이라고 결론지을 수 있다고 말한다. 반면, 만약 어느 종교의 가르침이 나약함, 노예제도, 불만족을 향한 것이라면 그 가르침은 사랑으로부터 흘러나온 것이 아니라고 결론지을 수 있다. 그럼에도 사랑을 많이 말하곤 한다.

인본주의적 목표

프롬은 많은 종교와 철학이 진리를 추구하는 이성에 대한 힘의 개발을 통해 완전한 사람으로 거듭날 수 있다는 데 동의한다고 지적한다. 많은 종교와 철학에서는 우리가 진리와 떼려야 뗄 수 없는 자유와 독립을 성취할 수 있다고 가르친다. 그들은 인생이 오직 목적을 위한 수단이라고 주장한다. 인류는 자신과 남을 향한 사랑에 도달할 수 있을 것으로 보인다. 우리는 선과 악을 판단할 수 있고, 양심의 메시지를 들을 수 있으며, 그것을 따라갈 수 있다고 본다. 프롬에 따르면, 인본주의와 심리치료는 둘 다 같은 목표를 갖고 있다. 심리치료의 목표는 환자가 권위주의적이 아닌 인본주의적 종교적 태도를 개발하게 돕는 것이라고 한다(1967, 90).

프롬은 근친상간이라는 주제에 대한 프로이트의 위대한 발견이 문자 그대로의 용어로 묘사한 것에 가려졌다고 생각한다. 프롬은 근친상간이 실제 어머니를 향한 성적 욕구가 아닌 어떠한 특정한 인물에 의해 보호받는 아기로 남아 있길 바라는 것이라고 생각한다. 단지 어머니라는 존재가 첫째로 그 인물이 되고 오랜 시간 동안 가장 중요한 사람이 되었을 뿐이다(1967, 77-79). 프롬에게 있어서 근친상간이란 자연과 어머니, 피와 토양의 정서적 묶음인 것이다. 프롬이 보기에 사람이 가족과의 일차적 관계로부터 심리적으로 분리되는 것은 인생에 있어 매우 중요한 도전이다. 국가, 인종, 계급 등은 대부분의 사람에게 집과 가족이 되어 준다(1967, 78). 사람들은 국가, 인종, 계급 등과 이차적 관계로 묶인다. 이는 필연적으로 애국심과 인종차별로 이어진다. 이러한 이차적 관계 또한 가족과의 일차적 관계와 마찬가지로 절단되어야 한다.

프롬은 대부분의 사람이 잘 적응되었다고 생각하는데, 왜냐하면 그들이 완전한 인간이 되기 위한 노력을 포기했기 때문이다. 그 자신을 규합해 다수가 됨으로써, 그들은 불안감으로부터 벗어났다. 인간의 목표의 현실화의 관점에서 보았을 때, 프롬에게 잘 적응된 다수는 신경증 환자보다 더 병든 것으로 보인다(1967, 80). 프롬은 신경증 환자는 완전한 인간이 되기 위한 노력을 포기하지 않았다고 말한다. 요약하면, 모든 근친의 관계는 우리가 인류로서 번창하기 위해 전부 깨져야 한다. 프롬은 인류 발전의 진짜 이야기, 실재 인간의 역사는 인류가 근친상간으로부터 자유로 발전하는 것이라고 단언한다(1967, 78-79).

종교를 향한 위협

프롬은 자연과학이 종교적 감성의 위협이라고 보지 않는다(1967, 97). 오히려 그는 현대인의 일상 행동에서 인본주의적 종교에 대한 위협을 발견한다(1967, 97). 그들은 스스로 인생의 목적을 찾는 일을 그만두고 그들 자신을 경제 기구의 톱니바퀴로 만들어 가장 높은 호가를 부른 사람에게 팔리는 상품으로 전락해 버렸다. 프롬의 생각에 따르면, 성공이 가장 큰 가치가 될 때 사람들은 그리스도교의 사랑과 진리, 정의에 대한 이상을 주장하고 그들이 신을 숭배하고 있다고 생각한다. 하지만 그들은 사실상 우상을 섬기고 있다. 진짜 목적은 시장 안에 있는 것이다. 한 종교에서 주장하는 바가 그 사람을 종교적으로 만들지 못한다.

신의 존재

프롬은 더 근본적인 사람들의 태도에 시간을 들이기보다는 오히려 신의 존재에 너무 많은 시간을 들인 것이 불행이라고 생각한다(1967, 109-115). 신의 존재에 대한 토론은 보통 그저 말뿐인 논쟁으로 변한다. 그저 사람들을 갈라놓고 끝나 버리게 만드는 논쟁 말이다. 경험에 대한 진실은 결코 나타나지 않는다. 프롬은 신의 존재에 집중하는 것이 실제로 인본주의적 종교의 태도 형성에 방해가 될 수 있다고 말한다. 신에 대해 논하는 것을 멈추고 대신 현대 우상의 형태에 대해 밝혀내기 위해서 힘을 합칠 때라고 그는 생각한다(1967, 115).

우리는 프롬으로부터 자신이 신을 믿는다고 말하는 많은 사람이 실제로는 그들의 인간 태도를 우상숭배하고 있다고 들었다(1967, 110). 반면, 많은 무신론자가 그들의 삶을 사람들을 위해 바침으로써 깊은 종교적 태도를 보여 주고 있는 것으로 보인다. 프롬은 진짜 갈등은 유신론자와 무신론자 사이의 갈등이 아니라 인본주의적 태도와 우상숭배적 태도 사이에 있다고 말한다(1967, 111). 어떤 형태로 변장을 하였든, 얼마나 영광스럽게 단어를 꾸미든 간에, 우상숭배는 우상숭배이다. 우상숭배는 어느 사물이나 현재의 한 부분을 신으로 만들어 사람들이 우상에 굴복하게 만드는 태도이다. 과학, 법규, 타인의 의견, 상태, 상징, 어머니, 그 무엇이든 우상이 될 수 있다(1966, 40). 그의 축복을 그가 가장 좋아하는 나라와 군대에 부어 주면서, 신(God)은 그 자신이 우상 중의 하나로 변해 버렸다(1962, 155-156). 프롬은 신이 공식적인 숭배의 대상이기 때문에 종종 인간의 실제 숭배 대상의 눈에 감지되지 않는다고 말한다.

신은 죽었나

프롬은 왕도에 대한 사상이나 아리스토텔레스의 사상 둘 중 누구에게도 지배받지 않는 현대의 세계에서 전통적인 신(God)에 대한 개념은 그것의 사회적 그리고 철학적 지지를 잃어버렸다고 언급한다. 그리고 많은 사람에게서 신에 대한 확실한 개념이 확실히 사라졌다고 한다. 영적 경험에 대해 말하자면, 만약 그것이 죽었을 때 우리는 신이 죽었는지 아닌지가 아니라 도리어 인류가 죽었는지 아닌지에 대해 질문해야 한다고 말한다(1966, 180). 프롬에게 있어, 이것은 가장 중요한 문제이다. 우리 인간은 한낱 불과한 것이 될 수도, 점점 더 소원해질 수도, 인간 존재의 진짜 문제에 대한 시야를 잃을지도 모르는 위험 안에서 살고 있다. 만약 우리가 계속 이런 방향으로 나아간다면, 프롬은 우리가 실제로 죽을 것이라고 생각한다. 그 후 신에 대한 모든 문제는 더 이상 우리를 괴롭히지 않을 것이다. 프롬의 관점에서 오늘날의 가장 중요한 이슈는 이러한 위험성을 깨닫고 우리를 다시 삶으로 돌려보내 줄 상태를 위해 분투하는 것이다. 우리는 경험적 가치의 현재에 초점을 맞추는 인본주의의 부활이 필요하다. 프롬은 신에 대한 개념이 죽을 수 있을지는 몰라도 그 개념 뒤편의 경험적 현재는 살아 있다고 말한다(1966, 180).

평가와 결론

프롬의 심리학은 폭넓고 일반적인 질문을 던지고, 그에 대한 폭넓고 일반적인 대답을 제공한다. 이것은 이익과 불이익을 둘 다 갖고 있다. 그의 질문은 인류의 성공과 생존에 관련되어 있다. 그의 대답은 사랑, 이성, 진리, 자유, 독립, 생산성, 용기, 공동체, 정의와 평화이다. 정확히 말해 이는 훌륭한 해법들이지만, 프롬은 그것을 성취하기 위한 방법인가에 대해서는 애매한 입장을 취한다. 프롬은 그것의 성취를 구체화하는 것보다 이상적인 인간의 성취를 일반화시키는 것에 초점을 두었다. 그러다 보니 종교에 대한 프롬의 설명은 이처럼 모호하다. 이 논리에 따르면, 모든 사람은 종교적이다.

정확한 것은 여기에 있다. 프롬은 보편적으로 종교와 삶에 대해 기여한 것처럼 보인다. 왜냐하면 프롬은 종교와 삶을 구별시켰기 때문이다. 한편으로 인간의 삶을 비하하고 축소시키는 종교와 삶의 형태에 의심의 해석학(Ricoeur, 1970, 32)을 적용하고, 다른 한편으로는 인간의 삶에 존엄성을 더하는 기억의 해석학(Ricoeur, 1970, 28)을 적용한다. 프롬은 우리가 선택해야 하는 양자택일의 시스템을 제시한다. 이 시스템은 존재 대 소유, 합리 대 비합리적 의례, 자유 대 근친상간, 이성 대 합리화, 진리 대 환상, 합리적 대 비합리적 믿음, 인본주의 대 권위주의적 종교, 객관적 대 주관적 윤리, 능동적 대 수동적 사랑, 인본주의 대 권위주의적 양심, 생산적 지향 대 이차적 관계, 삶에 대한 사랑 대 죽음에 대한 사랑, 신을 인간 힘의 모델인 것 대신의 권위적 형상, 마지막으로 평화 대 폭력이다. 프롬의 대담한 심리학적 모험에서 프롬이 한 명의 철학자, 심리치료자 그리고 심리학자로서 관여했던 인간 존재에 대한 이중적 설명의 전개에 확실히 의지하고 있는 것으로 보인다.

프롬의 무신론적 급진적 인본주의에서는 인간보다 높은 존재는 없다고 주장한다. 프롬의 말에 따르면, 인간 본성의 최선을 위해 분투하는 사람은 그 자신을 신이 인간인 것처럼 신은 나라고 말할 수 있다(1956, 70). 이러한 점에서 현실의 전체를 정의하는 프롬의 입장은 형이상학적 입장이다. 비록 심리학에 형이상학적 입장이 많지만, 예컨대 광범위한 객관주의(물리적-인과관계=현실)는 이 접근과 어울리지 않는다.

참고문헌

Fromm, E. *Escape from Freedom*. New York: Holt, Rinehart, and Winston, 1941.

Fromm, E. *Man for Himself*. Greenwich, CT: Fawcett, 1947.

Fromm, E. *The Art of Loving*. New York: Harper and Row, 1956.

Fromm, E. *Marxs Concept of Man*. New York: Ungar, 1961.

Fromm, E. *Beyond the Chains of Illusion*. New York: Simon and Schuster, 1962.

Fromm, E. *The Sane Society*. Greenwich, CT: Fawcett, 1965.

Fromm, E. *You Shall Be as Gods*. Greenwich, CT: Fawcett, 1966.

Fromm, E. *Psychoanalysis and Religion*. New York: Bantam, 1967.

Fromm, E. *To Have or to Be*. New York: Bantam, 1981.

Ricoeur, P. *Freud and Philosophy: An Essay on Interpretation*. New Haven, CT: Yale University Press, 1970.

Suzuki, D. T., E. Fromm, and R. DeMartino. *Zen Buddhism and Psychoanalysis*. New York: Harper and Row, 1960.

빅터
프랭클

Viktor Frankl

행복의 발생에 이유가 있다면, 이는 행복이 무의식적으로나 자발적으로 계속되기 때문이다.

—빅터 프랭클

08
빅터 프랭클

오스트리아 빈의 정신의학자인 빅터 프랭클(Viktor E. Frankl, 1905~1997)은 그가 청소년기였을 때 유럽에서 번성했던 현상학적 철학으로부터 결정적인 영향을 받았다. 특히 막스 셸러(Max Scheler)와 막스 셸러의 가치관, 즐거움의 이차적 성격, 그중에서도 인간 삶의 인간적 성격에 대한 견해가 프랭클에게 크게 영향을 미쳤다.

프랭클이 제2차 세계대전 당시 포로수용소에서 수감자로 수년간 있었다는 사실은 그의 실화가 담긴 책인 『Mans Search for Meaning』(1963)[1]을 통해 널리 알려져 있다. 책에 따르면, 그는 자신의 견해에 대한 주요 공개작인 『The Doctor and the Soul』(1962)의 완성된 원고가 자신이 아우슈비츠에 있을 때 압수당했다고 진술했고, 수감 생활을 하는 동안 종이 쪼가리 몇 장에 분실된 원고의 일부를 복구했다고 진술했다(1963, 165). 그러므로 프랭클의 포로수용소에서의 경험이 이미 발달의 성숙 단계에 있던 단일 심리학적 관점을 증명하고 심화시킨 사례이다.

프랭클이 이름 붙인 의미치료(logo therapy)라는 정신의학적 접근법은 인간이 삶의 진정한 의미와 존재 이유를 되찾도록 돕는 시도이다. 프랭클에 따르면, 인생 전체는 더 낮은 차원으로 쪼개질 수 없을 만큼 중요하고, 삶의 의미는 항상 발견하기 나름이

---

1) 역자 주: 한국어 번역본의 제목은 '죽음의 수용소에서'이다.

라고 설명한다. 하긴, 나치 포로수용소의 공포에서조차 삶의 의미를 찾을 수 있다면 어디서든 못 찾을까? 프랭클의 견해에서, 삶의 의미는 항상 존재해 왔기 때문에 인간은 평생 그 의미에 책임을 져야 하고, 결국 궁극적 존재(신)와 궁극적 의미에도 책임이 있다고 볼 수 있다. 이 책에서 살펴봤던 종교심리학자 중 프랭클은 일반적인 성격보다 초성격(superpersonal)이라고 하는 신의 존재를 더 강조하고 있다.

대다수가 프로이트의 개념에 감탄하고 채택하는 동안 프랭클은, 예컨대 억압의 유해한 영향, 그리고 꿈분석 같은 기법에서 프로이트의 환원주의에 이의를 제기한다. 특히 인생의 더 높은 영적 차원에 대한 믿음은 동물적 본능에 불과하다고 한 점에 이의를 제기한다. 이와 유사하게, 프랭클은 무의식의 경건함에 대해 설명한 융을 찬미하면서도 융의 심리주의도 비판한다. 프랭클은 현상학적 이유로 프로이트와 융, 그리고 인간의 삶에 대한 그들의 관념에 대해 도전한다(2장과 3장 '평가와 결론' 비교). 프랭클에게 있어서 의미, 즉 삶의 이유는 바로 그 어떤 심리학적 작용보다도 우선된다.

존재의 본질

프랭클은 심리학에서 현상학적 접근법을 옹호하는 학자이다. 현상학(phenomenology)은 해석의 선입견이 담긴 패턴을 배제하거나 제외하는 방법의 하나이며, 결국 '사물 그 자체'(Edmund Husserl)라는 것이다. 실제 인생 경험의 직접적인 자료, 일상생활에서 의욕적인 연대성을 가진 인간의 자기 이해에 대한 자각이다(1967, 2n, 14). 현상학은 엄격하고 체계적인 관점에서 인간 삶의 자기현상을 설명하고 충실하게 묘사하는 것을 목표로 한다. 현상학의 주된 특징은 인간 존재의 구체적이고 독자적인 인간성에 초점을 두고 있다(1967, 73).

현상학적 방법론에 전념한 프랭클은 본능적인 관점에서 인간 행동의 범위를 설명하려는 심리학적 접근을 거부한다. 그는 인간 현상을 있는 그대로 전혀 설명하지 않는 프로이트의 이러한 접근에 비판적이다(1967, 7). 프랭클은 프로이트의 그런 선입견이 담긴 패턴의 해석은 왜곡된 형태로 인간 존재를 그릴 수밖에 없다고 주장한다. 프로이트의 설명은 환원주의(reductionism)의 한 방식으로 인용되는데, 환원주의란 인간보다 낮은 차원의 존재에게서 나타나는 인간 행동의 과정을 설명해 주는 절차이다(1975, 115). 인간 존재의 풍부하고 다채로운 현상을 있는 그대로 이해하고 높은 차원에서 일어나는 현상으로부터 적절한 개념을 찾기보다 환원주의는 현상을 낮은 차원으로 낮춘다. 최소 공분모로 쪼갠다. 그래서 프랭클은 환원주의를 인간 이하(subhumanism)의 수준이라고 설명한다(1978, 17).

환원주의의 정반대인 현상학은 인간 존재의 현상을 찾는다. 그 자체로 존재하는 인간의 삶을 묘사함으로써 현상학은 동물에게 존재하지도 않고 동물로부터 확인될 수도 없고 쪼개질 수 없는 인간의 감정과 인간 존재의 본질을 밝히고자 노력한다. 그러므로 프랭클이 심리학에서 채택했으면 하는 현상학적 방법은 인간이 지닌 인간적인 것을 보존하려는 시도이다. 프랭클은 마음의 관점에서 심리학과 심리치료법을 소개한다(1962, 12).

인생의 정신적인 차원

현상학적인 방법론을 통해서 프랭클은 본능적인 영역과 특별히 인간에게서 나타나는 영역 사이에 인간 존재의 구성에서 날카로운 경계를 발견한다(1975, 26). 프랭클에 따르면, 한쪽은 육체적이고 본능적인 사실이고, 다른 한쪽은 특성상 세상에 대한 인간의 개방성이라고 설명한다. 프랭클의 목표는 프로이트의 중요한 발견을 인간 존재의 특수한 차원으로 보충하는 것과 인생을 단순하게 제한시키지 않고 인류 전체로 넓혀 가는 비전을 통해 자신의 이론을 완성하는 것이다. 이러한 특수한 인간의 차원은 초월적인 것이자 인생의 본능적이고 육체적인 차원을 수용하는 것이다. 이런 고차적인 차원을 프랭클은 정신적 차원 또는 인식론적이라고 부른다(1967, 3; 1978, 47). 인식론(noetic)과 정신적(noological)이란 용어는 마음의 영역을 지칭한다.

지향성과 자기초월

프랭클은 인간 존재의 관점에서 인간이 현상학적으로 설명될 때, 인간 존재의 근본적인 특징을 자기초월(self-transcendence)이라고 한다. 그러한 자기초월은 인간의 삶이 어디에 위치하건, 인간의 삶을 주변 어디서나 있는 의미의 영역으로 향하게 하는 것이다. 마음(mind)의 정신적인(noological) 차원은 개인적 정신상태의 내적 영역이 아니라 자기표현의 가치와 의미를 향해서 자신을 넘어서는 상태에 대한 방향이다. 프랭클은 인간의 자기초월에 대해 자기 자신이 아닌 타자와 관계된 인생에 적용되며 이행되어야 할 의미 또는 인간이 맞서야 하는 것이라고 설명한다(1978, 47). 이런 관점에서 보면 인생의 의미(meaning of life)는 가능한 한 많은 긍정적인 가치나 의미를 깨닫는 것이다.

프랭클의 자기초월 개념은 인간 행동에 대한 지향성(intentionality)의 현상학적 이론을 고쳐 말하는 것이다(4장 '지향성과 종교적 행동' 비교). 지향성이론에 따르면, 인간 행동은 모든 경우에 의미를 초월하고, 의도적인 대상을 초월하며, 정신은 영원히 그 자신을 초월하고 비정신적인 것과 직접 접촉한다. 따라서 행동의 의도는 다른 것, 즉 생각, 기억, 사람, 목표 또는 그 어떤 것으로 그 자신을 넘어 다른 관심사로 향하는 것이다. 그렇다면 현상학의 기본 원칙은 인간의 삶이 내적 심리상태에 전혀 관여하지 않고 마음의 주관적 변화에 관여한다는 것이다. 지각(perceiving)은 항상 무언가를 인지하고 있고, 기억은 모든 경우에 무언가를 기억하는 것이고, 떠올리는 것은 무언가를 떠올리는 것이다((Fuller, 1990, 37-38).

그러므로 인간의 삶은 마음(mind)의 상태에 국한되어 있지 않다는 것을 주장함으로써 인생은 생활 세계에 해당하는 모든 경우와 연관되어 있고(Husserl), 지향성의 현상학적 이론은 일반적인 심리학과 철학의 관점에 이의를 제기한다. 프랭클은 어떤 사물의 인지 과정이 목적에 도달하면 목적은 사물, 정신적 이미지나 표현의 일부가 되는 것이 아닌 명확히 다른 것, 비정신적인 것으로 남는다고 설명한다(1967, 48). 인간 존재는 본질적인 타자나 객관성에 대한 개방성이다('의미의 객관성' 참조).

프랭클은 그의 의도적 자기초월의 개념에서 일반적인 인생에 대한 특유의 철학적 접근, 특히 심리치료적 경험론을 제안한다(1969, 25, 30). 이러한 접근은 내적이나 외적 환경에 상관없이, 인생에 의미를 찾는 것과 의미 있는 삶을 찾아가며 사는 인간의 능력에 중점을 둔다. 프랭클은 의도적인 자기초월은 정신적(noological) 차원에서만 찾을 수 있다고 주장한다.

인간 존재의 정신적 자기초월에 따르면, 프랭클은 프로이트나 융과 달리 인간의 삶은 무의식에 속박되어 있지도 않고, 본질적으로 정신 내적 특징을 갖고 있지도 않다고 말한다. 중점적으로 중요한 것은 더 이상 우리 마음에서 비롯되고 작용하는 것이 아닌 마음 저편에서 권한을 갖고 보전된다는 것이다. 프랭클은 만약 의미가 우리를 넘어서지 않는다면, 의미가 심리학의 본능적 또는 원형적 행동의 산물 이외의 것이 아니라면, 우리는 결코 그 자체를 위해 의미나 사람에게 헌신할 수 없다고 주장한다(1967, 64). 프랭클은 자기초월에 대해 모든 인간의 현상 중에 가장 필수적이고, 존재하는 그 자체의 행동이라고 설명한다.

전통 심리학은 오늘날까지 인간이 스스로를 폐쇄하고 의미의 주변 세계에 직접 접근할 수 없는 자족적 통일체 또는 '단자'(monad)(Gottfried Leibniz)라고 주장하는 고대의 단자론적(monadological) 철학에 속박되어 있는 걸로 보인다(1978, 67; Fuller, 1990, ch. 1 비교). 프랭클은 이러한 철학이 초월적인 것을 다루고 의심하는 세계에 대한 반응으로서 인간 행동을 그리는 데 실패했다고 꾸짖는다. 인간 행동을 세상에 대한 이유에 의한 것으로 이해하기보다는 19세기 물리학을 토대로 한 전통 심리학은 인간 행동을 공간적인 연장의 절대 구역 안에 있는 원인에 의해 결정된다고 본다(데카르트의 res extensa).[2] 이러한 심리학은 인생의 정신적 차원과는 맞물리기 어려운데 그 이유를 보면 정신적 차원은 인간행동이 심리적이거나 심리적인 원인을 가진다고 말하기보다는 세상에 대한 의미의 일종으로 이유를 갖고 있기 때문이다(1978, 69).

의지에 대한 자유

의지에 대한 자유(freedom of the will)는 인간의 독특한 특성이며, 정신적 차원의

---

2) 역자 주: 데카르트에게 인간이란 생각하는 것(정신, res cogitans)과 연장된 것(몸, res extensa)이라는 두 실체의 결합이다.

특성이라고 알려져 있다. 현실에는 인간의 삶과 자유를 제한하는 여러 조건이 생물학적 · 사회적 · 심리적으로 존재한다. 하지만 인간은 이런 조건에 의해 완전히 좌우될 수도 예측될 수도 없다. 조건은 원인이 아니다. 사물은 인과 관계적으로 서로를 한정시키는 반면, 인간은 자신을 자유롭게 결정한다(1963, 213). 프랭클의 관점에서 보면, 인간은 항상 그들의 삶을 제한하고 운명 짓는 여러 상황으로부터 항거할 수 있다(1962, 85-108; 1969, 16-17). 프랭클은 우리가 불리한 세습 또는 환경적인 요인 같은 상황에 굴복할지, 아니면 인간의 차원을 참고 견뎌 내는 상황으로 끌어올려서 정신적 공간으로 올릴 수 있는지는 우리에게 달려 있다고 설명한다(1978, 47).

　그렇다면 프랭클이 보는 바와 같이 상황에 대한 중요한 점은 우리가 상황에 대해 취하는 태도이다. 상황은 단지 우리가 어떤 사람이 될지 끊임없이 결정하는 데 있어 해결해야 할 원자재이다(1967, 110). 그러므로 감정과 관련하여 결정적인 것은, 예컨대 우리의 분노, 두려움, 증오 그 자체가 아니라 우리가 그것에 어떻게 대처하고 살아가느냐이다. 즉, 인간이 정신적 공간에 자신을 두기로 결정하면, 더 이상 힘이나 어떤 현실, 본능적이고 신체적인 차원에 완전히 좌우되지 않는다(1967, 59). 프랭클은 인간이 결정을 피하고, 따라서 그들 자신에 대해 결정하는 것을 피하는 방법은 없다고 말한다(1967, 35). 결국 자신이 무엇인지, 자신이 무엇이 되고자 하는지에 대한 책임은 인간 스스로에게 있는 것이다.

　우리가 앞서 보았듯이, 조건이나 상황은 원인이 아니다. 지옥 같은 상황에서조차 인간의 자유는 남겨져 있다. 예컨대, 프랭클은 환자 성격의 가장 깊은 핵심부는 정신병마저도 건드릴 수 없다고 말한다(1963, 211). 박해의 망상적인 관념으로 고통받는 정신이상자가 당연하게 여겨지는 적을 죽이는 경우도 있지만, 인간성을 끌어올려 애써 아픔에 맞서며 적을 용서하면서도 비슷하게 고통받는 다른 유형의 정신이상자도 있다. 어떤 우울증 환자는 자살하는 반면, 다른 이는 자살 충동을 극복하는 방법을 원인이나 사람에 대한 책임에서 찾아낸다(1978, 49). 자유는 운명과 마주할 때만 존재한다. 즉, 자유는 운명을 향한 자유로운 행위이다(1962, 86).

　프랭클은 단 한 가지를 제외하고 인간에게서 모든 것을 빼앗아 갈 수 있다고 하였는데, 그 한 가지는 상황이 어떻든 그 상황을 대하는 개인 고유의 방식을 선택하는 자유이다. 존재하는 인간에겐 항상 그들 고유의 본질을 선택할 수 있는 자유가 있다

(1962, 88). 인간은 그들이 정신적으로 그리고 영적으로 무엇이 되어야 할지를 결정할 수 있다. 심지어 최악의 상황에서도 말이다(1963, 105).

자유는 그들을 자유롭게 할 수 있는 자유를 의미한다. 하지만 프랭클은 책임감이 없는 자유를 독단적인 것으로 본다. 필요한 행동의 사슬로부터 해방되는 것(무언가로부터의 자유 또는 부정적 자유)은 사람들이 무엇을 하기 위해 해방되었는지(무언가를 향한 자유 또는 긍정적 자유)를 알려 주지 않는다(1962, 265-266). 부정적 자유는 인생 과제의 적극적인 결정을 열거해 주지 않는다. 프랭클이 보기에, 그러한 인생 과제는 긍정적이든 부정적이든 그 자체로 자유에 의해 정해지는 것이 아니다. 그것은 인간의 삶과 인간의 결정과 관련된 일이 될 것이고, 따라서 그 내용이 임의적일 것이기 때문이다. 프랭클은 우리의 인생 과제는 머나먼 저편에서 주어지는 것이라고 주장한다. 우리가 사는 이유, 즉 의미는 우리의 자유가 그것을 앞장서서 선택하거나 거부하라고 한다. 우리의 인생 과제는 지향적 자기초월에 입각한다.

의미에 대한 의지

자기초월적 존재로서 인간은 자기 자신을 넘어서서 세상에 열려 있다(1969, 8, 31). 그러나 프랭클이 주장하길, 신경증적으로 왜곡된 상태에서 인간 존재는 충족되어야 할 의미나, 사랑으로 마주봐야 할 타인이 아닌 다른 어떤 것에 항상 지향되어 있다(1975, 78). 사람이 구성하거나 결정하지 않는 마음의 성분이 아닌 의미는 우리가 사는 세계의 범위를 넘어서 있다(1963, 175).

의미는 바로 의미이다. 즉, 누군가 우리에게 질문을 하거나 어떤 상황이 우리에게 대답을 요하는 질문을 할 때 답해야 한다고 프랭클은 말한다(1969, 62). 프랭클은 삶이 모두에게 질문한다고 생각한다. 삶은 항상 무언가를 요구한다(1975, 23-24). 그리고 그가 생각하길, 우리는 삶에 책임을 짐으로써 그 질문에 대답할 수 있다. 삶이 우리에게 주는 각 질문에는 오직 하나의 정답이 존재한다고 한다. 즉, 삶의 여러 상황마다 정확히 한 가지의 유효한 의미가 존재하는 것이다(1962, 47-48). 우리 모두에게는 지정된 특별한 가치에 대한 잠재력이 있는데, 이는 우리가 이행해야 하는 과제이다. 프랭클은 이 가치에 대한 잠재력의 현실화는 삶을 살아가는 이유, 즉 삶의 의미라고 말한다(1962, 10). 삶의 각 상황은 우리를 위해 기다리고 있는 의미에 대해서 들어야 하고 답해야 할 부름이다(1978, 60).

프랭클은 의미 찾는 것(search)을 가장 기본적이고 대표적인 것이라고 여기며, 가장 인간다운 현상이라고 여긴다(1962, x). 의미에 대한 의지, 즉 의미와 목적을 찾아 이행하려고 노력하는 것은 인간의 삶에 동기를 부여하는 것이다(1969, 35). 인간의 근본적인 동기는 가능한 한 많은 의미를 삶에 부여하고 상황이 허락하는 한 많은 긍정적인 가치를 실현하는 거라고 말한다(1962, x). 스스로를 넘어서서 의미를 지향하는 것, 자기초월은 사랑과 양심의 현상 중 가장 두드러지게 보인다고 여겨진다('의식' 참조). 구체적으로 말하면, 인간은 다른 사람과 마주치고 성취해야 할 의미를 찾는 존재이다. 인간의 존재는 의미에 대한 의지이다. 인간 존재는 의도적 재발견(intentional referent)으로서 의미에 지향되어 있다(1978, 66). 우리가 되어야 하는 것은 의미 실현의 중심에 있다. 프랭클은 긴장감에 대해서 (의미에 대한 의지로서) 인간 존재와 의미 실현 사이의 긴장, 그리고 무엇이냐와 무엇이 되어야 하느냐 사이의 긴장을 이야기한다고 설명한다(1969, 51). 현실과 이상, 즉 인간(의미에 대한 의지)과 나타나야 할 의미(의미 실현)는 절대 동시에 일어나지 않는다.

앞서 살펴봤듯이, 인간의 행동은 세상에 존재하는 이유 때문이다(1978, 69). 예컨대, 공격성은 신체 세포 전체에서부터 튀어나오는 부정적인 심리적 에너지가 아니다.우리가 현재 우리 자신에게, 현재 우리 아버지에게, 현재 타인에게 상처 주는 행동을 하도록 강요하는 부정적인 에너지이다(1978, 70). 프랭클은 공격성의 목표를 고려하지 않고서 공격성을 제대로 이해할 수 없다고 설명한다. 침략의 모든 상황은 누군가 또는 무언가에 대한 침략이다. 그러므로 심리학은 실제 인간의 삶을 심리내적인 차원으로 한정시켜서는 안 된다.

우리의 삶보다 앞서서 이성은 성취감을 의미하는 미래에 속한다. 원인은 우리 뒤에, 그리고 과거에 속한다. 이성은 끌어낸다. 원인은 밀어낸다. 예컨대, 성적인 친밀감은 파트너 자신이나 상대에게 이유 있는 사랑을 구체화시킨다. 프랭클은 인간의 성행위를 정신적 차원의 필수적인 부분으로 보고, 성행위는 사랑을 표현하는 역할을 하기 때문에 더 이상 단순한 본능적 또는 육체적 사실과 다르다고 설명한다

(1975, 86).

프랭클에 따르면, 우리 앞에는 언제나 이상이 있고, 우리에게 요구되고 실현해야 하는 의미가 있다. 우리는 물론 인생의 부름에 응답하지 않기를 선택할 수도 있고, 우리에게 지향된 문제에 대답하지 않기를 선택할 수도 있다. 우리에게는 항상 주어진 상황에서 실현될 가치를 받아들이거나 거부할 자유가 있다(1969, 57). 거부는 자유의 선택권 중 하나이다. 우리가 삶에 의해 지정된 의미를 질문으로써 실현할지, 우리가 적절한 답을 할지 여부는 항상 선택의 문제이다. 그렇기에 의미의 실현은 항상 우리의 결정을 의미한다.

의미의 객관성

프랭클은 우리가 살면서 의미를 지향하는 것은 단지 자기표현이나 자기주장의 자유를 넘어선 것이라고 주장한다. 점점 증가하는 명백한 항의에도 불구하고, 프랭클은 의미가 인간 주관성(subjectivity)의 자유로운 창조물이라는 개념을 거부한다. 오히려 그는 의미가 세상 안에서 발견되는 것으로 객관성(objectivity)을 가진다는 것에 수긍한다(1969, 60-61; 1975, 113). 이것은 상황의 요구 특성(Kurt Levin) 또는 필요조건이 객관적인 본질(Max Wertheimer)이라고 하는 발언과 같은 것이다. 따라서 프랭클은 객관성이 본능적으로 의미에 속해 있다고 믿는 전통적 게슈탈트심리학에 합류한다. 프랭클은 제임스 C. 크럼보(James C. Crumbaugh)의 업적을 인용하며 의미의 발견은 게슈탈트 조직의 법칙과 관계가 있는데, 이 법칙은 중요하고 통합된 게슈탈트를 형성하려고 애쓰는 무지몽매한 이를 나타낸다(1975, 114-115).

따라서 프랭클은 다른 이들의 타자성(otherness) 또는 객관성을 강조한다. 객관성이 유지되어야만 의미는 그것을 받아들여지도록 해 주는 본질적(내재적) 요구(Wolfgang Koehler)를 발휘할 수 있다(긍정적 요구 특성). 단지 우리 자신의 표현이 아닌 의미만이 우리를 도전시킬 수 있다고 한다. 의미(이상)는 인간 존재(현실)와 같아서는 안 되고 앞쪽에 있어야 하며, 인생의 속도를 조정해야 한다(1967, 12). 타자성으로 유발되는 긴장은 그 타자성을 가진 대상과 주관적 인식체 사이에 작용해야 한다

(1969, 51).

그렇다면 인간 존재는 세계를 향해 있고, 세계(우리가 가진 모든 의미의 네트워크)는 객관적인 의미를 갖고 있다. 인생의 진정한 의미는 그러한 세계에 존재한다. 우리의 행동은 객관적으로 빛을 가져다주는(밝혀내는 것) 행위를 초월한다(1962, 46-47). 따라서 프랭클은 대상의 객관성이나 타자성은 인간의 삶과 동기를 논할 때 없어서는 안 된다고 주장한다. 모든 진정한 인지적 행위는 그러한 객관성을 얻는 것을 의미하고, 그 밖의 의미하는 것(어떤 것이 가능한지)을 알 수 있으며, 그 자체로부터 다른 것에 도달할 수 있는 이유이다(1967, 48-49).

자기초월은 우리 자신을 넘어 객관적인 현실로 향하는 것이다. 객관적인 의미는 우리가 사는 이유이며, 삶의 의미를 만들어 준다(1962, 49). 우리가 이행해야 하는 의미만이 우리를 효과적으로 도전시킬 수 있다. 만약 그게 우리가 창조했다기보다 우리가 발견한 것이라면. 자기 발견은 자기 안에서 성찰한다고 이뤄지는 것이 아니다. 프랭클은 "당신의 의무를 다하면 곧 당신은 당신의 존재를 알게 될 것이다."라는 요한 괴테(Johann Goethe)의 말에 동의한다. 우리의 의무는 이행과 함께 저 너머에 있다.

프랭클은 우리가 우리만의 유리한 위치에서 세계를 주관적으로 인식하는 것이 당연하다고 인정한다. 관점의 현실은 우리가 보거나 볼 수 있는 모든 것에 어떤 제한을 둔다. 그러나 프랭클의 관점에서 보면, 인간의 주관성은 현실의 객관성을 감소시키지 않는다(1969, 59). 프랭클은 관점을 통해 보이는 것은 객관적인 세계라고 설명한다(1969, 60). 우리는 항상 양자택일의 가능성 중에서 선택을 하지만, 우리는 객관적인 세계에서 주관적 선택을 한다(1967, 49). 객관성은 주관적 렌즈를 통해 보인다. 그 반대는 될 수 없다. 인간은 본질적으로 선택적인 주관성을 통하지 않고서는 객관적 현실에 접근할 수 없다.

인간이 세계와 의미에 주관적인 관점을 갖는다는 것은 우리 각자가 적절하게 개별적인 객관성을 발견하는 것이다. 다양한 객관성은 다양한 개체를 발생시킨다. 객관적 의미는 개인 일상의 실상과 일치하는 구체적인 의무이다(1962, 47). 우리는 각자 고유한 일생의 임무가 있고, 이런 일생의 임무는 우리 각자 삶의 잡다한 상황에서 이행되어야 하는 특별한 의미로 구성되어 있다. 의미는 특별하다. 각 경우에서 일생의 임무는 독특하다. 그럼에도 불구하고 주관성을 통해 얻어진 객관성은 항상 객관성으로 남아 있다. 의미는 영원히 발견해야 할 대상으로 저 너머에 있다. 프랭클은 의미와 가치의 당대 이론, 좀 더 확실히 말하자면 일반적인 삶의 당대 이론에 성행하는 주관론(subjectivism)과 상대론(relativism)을 비난한다. 따라서 우리는 프랭클이 기계론의 객관성과 환원과학 둘 다, 그리고 우리 문화의 주관성과 사회과학적 가치 이론 둘 다에 이의를 제기하는 것을 들어 왔다. 프랭클은 현대성의 두 가지 역병(plagues) 모두를 거부한다.

삶의 의미

프랭클은 의지에 대한 자유, 의미에 대한 의지, 그리고 삶의 의미(meaning of life)를 그의 심리학에서 세 가지 기본 가설이라고 설명한다. 처음 두 가지는 앞에서 다루었고, 이제 우리는 세 번째로 넘어갈 것이다. 프랭클은 삶은 절대 의미를 보관하거나 보유하기를 멈추지 않는다고 말한다(1967, 14). 삶은 세 가지 방식으로 의미 있다. (1) 우리가 창조하거나 삶에 부여하는 방식을 통해 의미가 있다. 주로 이 차원은 우리 삶의 일과 관련이 되어 있다. (2) 삶이 우리에게 제시하는 가치(선, 아름다움, 진실 등)를 통해 의미가 있다. 그리고 (3) 바꿀 수 없는 인간의 모진 운명(특히 고통)을 직면했을 때 취할 수 있는 태도를 통해 삶은 의미가 있다.

삶은 항상 의미가 있다. 우리 모두에게 독특한 사명 또는 이행해야 할 인생의 임무, 인생의 여러 상황에서 실현해야 할 어떤 의미가 있다. 게다가 우리가 심지어 일하지 못하거나 삶의 미덕에 감사할 수 없을 때, 예컨대 우리가 삶에 더하고 뺄 어떤 것도 남아 있지 않을 때마저도 삶의 의미를 찾을 수 있다는 사실은 삶의 의미에 대한 항상성을 웅변하는 증거를 담고 있다. 고통이 얼마나 강렬하건 간에, 심지어 우리가 죽음의 문턱에 있어도 우리는 항상 어떠한 태도를 취하고 의미를 찾을 수 있다.

프랭클은 고통, 죄책감, 죽음을 인간 존재의 3대 비극이라고 부른다(1967, 24). 프랭클이 말하기를, 삶이 의미를 갖고 있는 것은 이 세 가지로 드러난 인생의 유한함 때문이 아니라 정확히 타고난 그 결점과 한계, 그리고 우리가 고통, 실패, 죽음을 수용하므로 삶은 의미가 나타난다. 프랭클은 다른 학자들과 달리 삶의 가장 깊은 의미에 고통을 둔다(1962, 121-133). 고통의 감춰진 의미는 인생의 깊은 중심부에서 오는 수행을 통해 찾을 수 있다. 그렇기에 프랭클은 고통의 감춰진 의미를 발견하지 못하면 절망이 찾아온다고 설명한다(1975, 137).

프랭클이 말하길, 실패와 죄책감은 우리가 놓친 것, 잘못된 방향으로 가 버린 것을 인식할 때 나타난다(1967, 30). 그리고 마지막으로 죽음은 우리가 이 세상에 한정된 시간 동안 머무른다는 사실을 직면할 때 인식할 수 있다. 우리가 절대 죽지 않는다면 모든 것은 다 연기될 것이다(1962, 72-79). 따라서 프랭클은 삶의 의미를 무조건적이라고 결론짓는다. 그렇기에 삶은 절망적인 상황에서 속수무책인 사람에게도, 실패와 죄가 있는 상황, 죽음의 순간까지도 의미가 있다(1962, xii; 1978, 39). 우리는 우리의 삶이 의미를 가질 수 있도록 의식을 유지해야 할 책임이 있다(1967, 50).

쾌락과 권력

프랭클은 프로이트의 쾌락에 대한 의지(will to pleasure)와 알프레드 아들러(Alfred Adler)의 권력에 대한 의지(will to power)를 좌절된 의미에 대한 의지에 대한 인간의 실질적인 대체물이라고 보고 있다(1967, 6; 1969, 35-36, 96). 프랭클은 자기 자신, 쾌락, 권력에 집중한 사람은 삶의 의미를 찾을 수 없다고 말한다. 프랭클은 쾌락, 자기실현, 행복, 절정경험 같은 것은 의미를 이행했을 때 나타나는 부산물이라고 지적한다(1975, 85). 경험은 목적과 관련이 있다(인생의 지향적 자기초월). 따라서 이행의 만족스러운 상태는 원인이 되는 목적과 이유의 측면에서 이해되고 평가되어야 한다(1969, 40). 말하자면, 프랭클은 전반성적(prereflective) 삶에서 우리는 그 자체로 만족스러운 심리 상태를 추구하거나 즐기지 않는다고 말한다. 오히려 직접적으로 추구되는 이러한 주관적인 상태를 가져오는 사람과는 다른 의미일 것이다. 따라서 사람들은 본질적으로 만족이 아닌, 그들이 속해 있는 것의 본질적(intrinsic)인 내재적 가치에 관심이 있다. 사람들은 최소한 그들이 존재의 의미를 적절히 즐기고 있을 때, 단순히 객관적인 것의 초월적인 영역을 구성하는 가치를 원한다(1962, 46).

쾌락에 대한 의지

마음(mind)의 상태는 주체에 속하므로, 프랭클의 견해로 보면, 가치관이 아니며 이는 정의상 모든 주관적 행위와 상태를 초월한 상태를 말한다. 쾌락은 객관적인 의미가 충족됨으로써 수반되는 결과인 주관적인 상태이지 목적이 아니다. 프로이트는 인간 행동이 본질적으로 쾌락을 추구한다는 동기이론을 채택했다. 프랭클은 프로이트의 탐색 자체에 종말을 예견하며 쾌락을 인생의 목표로 설정하는 것은 신경질적이고 자기 파괴적인 것으로 본다. 프로이트는 쾌락원칙을 죽음의 본능에서 논리학적인 결론으로 끌고 갔다. 그러나 프랭클은 의미가 좌절되지 않아서 삶이 이미 신경증적이지 않는 이상, 사람은 쾌락원칙에서 살지 않는다고 설명한다. 쾌락원칙은 신경증적인 개인이 되려고 애쓰는 모델이 출현한 이후의 심리학에서 창조된 동기 이론이다 (1969, 36). 프랭클의 관점에서 사람들은 쾌락을 원하지 않는다. 그들은 단지 그들이 원하는 것을 원한다(1962, 41).

만약 사람들이 의미를 추구하면, 쾌락, 행복, 그리고 그 비슷한 심리 상태들이 자발적으로 따라온다. 행복에 대한 이유가 존재할 때 행복은 생겨난다. 사람들이 자신의 자기초월, 자신의 원인에 대한 임무, 또는 어떤 이에 대한 사랑을 위해 살아갈 때를 말한다(1969, 34; 1978, 83). 쾌락은 의미가 이행되면 언제든 자동적으로 발생한다 (1967, 40). 행복과 쾌락은 당신이 최소한의 기대를 하고 있을 때 슬며시 다가간다. 반면, 행복과 쾌락의 상태를 적극적으로 추구하면 행복과 쾌락은 거리를 두려는 경향을 보일 것이다. 그렇다면 역설적일지 모르지만, 실현과 행복으로 가는 길은 실현과 행복을 단념함으로써, 실현과 행복을 멀리함으로써, 가치 있는 것을 추구함으로써 도달할 수 있다. 사람, 예술 작품, 자연, 원인 같은 것들 말이다. 이러한 태도로 살게 되면, 용기가 생기고 충만한 마음 상태가 찾아온다.

프랭클에 따르면, 자기실현은 인간 존재의 자기초월적 지향성을 성공적으로 수행했을 때 수반된다(1969, 38). 자기 자신을 실현하려고 추구하지 않고, 자기 자신을 잊고 자기 자신에게 초점화된 것을 외부로 돌려 가치를 지향할 때 비로소 자기실현이 일어난다(1978, 34). 따라서 자기실현은 특정 행동 양식의 부산물, 의미 실현에 바치는 삶에 의도되지 않게 수반되는 일로 보인다(1969, 38-39). 삶의 본질은 인간이 영원히 의미를 찾는 것이지 자기를 찾는 것이 아니다. 의미 있는 삶은 절대 내부에서 찾을 수 없다(1969, 50-79). 대체로 자기실현을 인생의 목표로 설정하는 것은 프랭클의 관점에서 보면 파멸을 초래하고 자멸적인 것이다(1978, 35).

화학적 원인(LSD 같은)에 의해 유발된 체험의 가치에 관해서, 프랭클은 문자 그대로 그러한 체험에는 이유가 없다고 말한다(1969, 40). 더구나 화학적으로 유발된 흥분은 여러 종류의 심각한 문제를 야기할 수 있다.

권력에 대한 의지

프랭클은 권력에 대한 의지에 관해서 권력은 목적을 이루는 수단이라고 언급한다(1967, 6). 일정한 정도의 권력은 의미 실현이 되기 전에 일반적으로 필요하다. 쾌락에 대한 의지가 목적을 위한 결과라고 잘못 이해하는 반면, 권력에 대한 의지는 목적 그 자체를 위한 수단이라고 잘못 이해한다. 그렇기에 쾌락에 대한 의지와 권력에 대한 의지는 근본적으로 잘못된 방향으로 지향된 것이라고 볼 수 있다. 둘 다 초월적인 의미보다는 마음 상태의 달성을 노린다. 둘 다 인간의 삶보다 앞선 의미의 세계를 목표로 하기보다는 우리 자신을 목표로 하고 그 속도를 설정한다. 둘 다 의미에 대한 의지라기보다는 자신에 대한 의지이다.

실존적 공허

프랭클은 현대 사회의 무의미함(meaninglessness)과 공허함(emptiness)을 실존적 공허(existential vacuum)라고 부른다(1969, 83-98). 이런 인간성의 좌절, 즉 인간의 의미 추구의 좌절 상태를 정신적 신경증(noogenic neurosis)이라고 부른다(1967, 43). 정신적 신경증은 인간 존재의 차원에서 나타나는 갈등, 문제, 위기이다. 실존적 공허는 집단 신경증 3대 요소인 우울, 공격성, 중독뿐만 아니라 비인격화와 비인간화를 가져오는 현대 사회의 집단 신경증(mass neurosis)이라고도 불린다(1963, 204; 1978, 15, 26). 프랭클에 따르면, 사람들은 정신 내부의 공격적인 에너지가 지배해서 다른 이를 겨냥할 때 살인을 하는 것이 아니라 그들의 삶이 무의미해졌을 때 살인을 한다(1978, 97-98).

의미치료

우리가 봐 왔던 의미치료(logotherapy)는 프랭클이 1930년대에 정신적 신경증을 치료하기 위해 고안한 심리치료적 접근에 붙인 이름이다. 의미치료는 책임감의 차원에서 인간 존재를 분석한다. 달리 말하자면, 인간 존재를 넘어서서 인간 행동의 이유와 동기가 되는 의도 대상을 다루는 분석이다(1978, 53). 따라서 의미나 로고스의 차원과 관련해서 의미치료는 문자 그대로 의미를 통한 치료이다(1967, 66; 1978, 19). 의미치료의 목표는 의미에 대한 의지를 인식시키고 환자에게 미래에 실현해야 할 것, 즉 삶의 의미를 발견하도록 조력하는 것이다(1975, 131). 의미 중심적인 의미치료는 미래지향적이며 환자가 실현해야 할 미래의 의미를 다룬다(1963, 153). 프랭클은 나치 포로수용소에서 살아남은 이들은 미래지향적이고, 그들이 실현하고자 하는 임무를 위해 살아가거나 그들을 기다리는 이들을 위해 살아가는 수감자들이었다고 설명한다(1978, 20).

우리가 봐 왔던 의미는 프랭클에게는 절대적이다. 삶에서는 절대 의미가 결여될 수 없다(1962, 50). 심지어 죽음조차도 삶의 의미에서 떨어질 수 없다. 우리에게 필요하다고 여겨지는 것은 조건 없는 의미에 대한 조건 없는 믿음이다.

프랭클의 관점에서, 인간이 삶의 상황에서 아무것도 할 수 없는 운명이라고 여기는 것은 매우 신경증적이다. 그러한 신경증적 운명론은 인간이 삶의 임무에 대한 완전한 자각에서 벗어나려고 하는 위장된 책임감 회피와 같은 전략이다(1962, 99). 의미치료자는 실존적이고 인간적인 것을 모아 운명에 대항하게 한다. 달리 말하면, 의미치료자의 목적은 인간이 자유와 책임감을 자각하도록 만드는 것이다. 따라서 인간의 본질적인 인간성의 자각은 신경증적 운명론과 반대된다(1975, 28). 프랭클의 의미치료는 비참한 자아(ego)가 잔인한 원초아(id)와 초자아(superego) 사이에서 분리되었다고 보는 정신분석적 해석에 이의를 제기한다(1978, 60).

의미에 집중함으로써, 의미치료는 신경증 환자의 특징적인 자기중심성을 부서뜨리려고 한다(1963, 153). 인간에게 필요한 것은 긴장 없는 상태가 아니라 목표를 향한 가치 있는 투쟁이다(1963, 66). 모든 것을 고려해 본 결과, 의미치료는 책임감을 향한 훈련이다(1962, xv, 29). 인간은 항상 그들 자신에게 더 많은 것을 요구해야 한다. 프랭클은 의미치료의 관념론적 특징이 참된 관념론이라고 믿는다(1975, 83). 그는 "인간이 대접받고 싶은 만큼 대하는 것이 그들이 대접받을 수 있도록 해 준다."는 괴테의 의견에 동의한다.

의미치료는 인간 정신의 고뇌를 폭로하고 이러한 고뇌를 완화하는 것에 관여한다(1962, 12). 삶의 의미와 가치에 대한 혼란, 그러한 절망의 최고조는 프랭클의 관점으로 보면 영적 고뇌이다(1963, 163). 프랭클은 편견을 갖고 있지 않은 사람은 자신의 삶에 대한 전반성적(prereflective) 이해를 통해 인간 존재가 삶의 다양한 상황에 녹아 있는 의미를 실현할 책임을 의미하고 있음을 알고 있다고 믿는다(1975, 125-131). 프랭클이 말하길, 현상학의 임무는 이 마음속의 지혜를 과학의 정밀하고 체계적인 언어로 옮기는 것이다(1975, 129). 프랭클은 평범한 인간도 본인의 일상 경험을 기반으로 참된 윤리적 선생이 될 수 있다고 설명한다.

프랭클은 의미치료의 진짜 관심사는 심리주의(psychologism), 허위의 과학 절차에 대한 심리치료법을 제거하는 것인데, 이는 온전히 심리 행동을 원래의 심리학적 상태의 면에서 분석하고 판단하는 것이라고 설명한다(1962, 17-22). 프로이트는 숨어 있는 동기를 밝혀내는 것에 목적이 있다. 프랭클은 프로이트가 신경중적인 점을 밝혀냈다는 것에 존경을 표하지만, 정신분석학의 발견은 진정한 인간(정신적)에 도달했을 때 멈춰야 하고 의미를 향한 탐색, 삶을 가능한 한 의미 있게 만들려는 욕구를 찾아야 한다고 설명한다(1963, 156; 1978, 14).

허무주의는 인간에게 의미가 없다는 학설로 정의된다(1967, 121). 그의 마지막 분석에서, 프랭클은 나치 대학살이 허무주의적 과학자와 철학자의 생각과 강의를 바탕으로 설계되었으며(1962, xxi), 가스 처형실은 인간이 단지 환경과 유전의 산출물에 지나지 않는다는 믿음의 필연적인 결과라고 생각한다.

실존의 본질로서의 책임감

책임감(responsibleness)은 기꺼이 내가 해야 할 것으로서 주관적인 차원인 자유를 완성시켜 주는 객관적인 차원이다(1967, 63-64). 프랭클은 인간 존재의 주관성과 의미의 객관성은 하나의 총체적인 현상으로 합쳐질 수 있다고 본다. 주관적인 자유와 객관적인 의미에 대한 책임감, 좀 더 정확히 말하자면, 객관적인 의미에 대한 인간의 책임감은 확고하게 연결되어 있다. 우리는 유일무이한 상황이 우리에게 주는 질문에 올바른 응답을 할 책임이 있다(1969, 62). 세상에 존재하는 의미는 우리에게 대답을 요구하고 강요한다. 책임감은 삶의 의미를 지지하는 결정이다. 우리는 자유로운 동시에 책임을 지고 있고, 자유롭게 책임질 수 있다. 자유는 객관적 의미에 부합할 운명이다.

의미치료는 실존 분석(existential analysis), 즉 인간 존재를 분석하는 것이다(1975, 23). 의미치료는 원초아(id)를 자각하는 자아(ego)를 만들고자 애쓰는 게 아니라, 통일된 전체를 자기 자신의 의식 속으로 가져오고 그것의 개인적인 핵심을 자기 자신에게 끌어들이기 위해 노력한다. 따라서 프로이트에 의해 본능(instinct)과 변화(vicissitude)의 부수 현상이라고 여겨지는 정신적 차원은 이를 토대로 만들어졌다. 이상(의미)을 지향하는 인간 실제의 본질에 대한 실존분석적 발견을 통해 책임감은 인간 존재의 본질로 드러난다(1967, 13). 프랭클은 인간이 되는 것은 현실 또는 실제(인간 존재: 의식, 자유)와 이상(인간 존재의 본질: 실현해야 할 의미에 대한 책임감) 간의 긴장을 인식해야 하고 책임져야 하고 품고 사는 것이라고 말한다(1962, 5; 1967, 10). 실존 분석의 특별한 목표는 환자가 자신의 책임을 자각하도록 도움을 주는 것이다(1962, 268). 책임감은 세상에 대한 지향적 자기초월의 핵심을 형성한다.

프랭클의 관점에서 우리가 의미에 대해 부르는 반응으로 볼 때, 개인의 삶과 주어진 상황의 명확성은 필연적으로 연관되어 있다. 의미는 항상 맥락(context)과 연관된다. 삶이 우리에게 건네는 질문은 우리가 이해할 수 없는 우리 삶의 전체적 의미가 아니라 개별적 상황의 고유한 의미에 관한 것이다(1969, 55). 과업은 우리에게 한 번에 한 개씩 온다. 우리가 들어왔던 삶의 각 상황에는 정확히 하나의 옳은 질문과 하나의 정답만이 있다. 이것을 바로 프랭클은 각 삶의 과업이 절대적이라고 하는 이유이다.

따라서 삶이란 각각 우리가 적절한 답을 발견하려는 책임을 지는 것에 대한 질문의 굴레로 묘사될 수 있다(1967, 17). 프랭클은 하나의 그리고 유일무이한 행보가 우리 각자에게 표시되었다고 말한다(1962, 63). 이러한 행보를 발견하고 따라가는 것은 우리의 최대 개인적 잠재력의 실현으로 이끈다(1962, 63). 우리 모두는 각자의 삶의 목표가 있고, 그 목표에 다다르려면 오직 하나의 길만이 존재한다. 프랭클의 말에 따르면, 우리 삶의 과업, 우리 삶의 이런 사명감의 유일무이성이 인간 존재를 의미 있게 만드는 것이다. 어디에서부터 의미를 찾기 시작해야 하냐고 묻는다면, 인간은 오직 현재 상황의 필요에서부터 시작할 수 있다고 프랭클은 답한다.

우리 삶의 책임은 가치를 현실로 만든다. 그러한 가치 실현의 기회는 끊임없이 변화한다고 한다. 매 순간이 구체적인 수요와 개인적인 자극을 가져온다.

현상학과 종교

프랭클의 관점에 따르면, 종교는 정신적(noological) 현상이기 때문에 종교현상은 더 낮은 차원으로 쪼개어 설명될 수 없다. 따라서 현상학이 종교 자체의 더 낮은 차원으로 쪼개질 수 없는 인간적 특징을 탐구하는 데 적절한 접근법이다. 프랭클의 심리학에서는 의미를 추구하는 것이 모든 현상 중 가장 인간적이다. 이러한 관점에서, 종교는 궁극적인 의미에 대한 추구, 즉 인간이 삶의 무조건적 의미에 대한 최종적 이유를 추구하는 것이다(1975, 13). 궁극적인 존재(신)에 대한 믿음을 바탕으로 하는 믿음은 궁극적인 의미에 대한 믿음이라고 여겨진다. 프랭클은 심리학이 종교적인 믿음의 대상을 파악할 수는 없지만, 종교현상의 인간적인 측면을 조사할 수 있다고 주장한다. 종교란 궁극적 의미를 찾는 것이라는 프랭클의 정의에 따르면, 인간은 기본적으로 종교적이다. 프랭클은 인간의 잠재적 깊이 속에 깊숙이 뿌리박힌 종교적 감각의 존재를 발견한다(1975, 10). 정신병도 강제적 구속도 이 감각을 소멸시킬 수 없는데, 이 감각은 둘 다의 상황을 예상외로 극복해 나갈 수 있다고 알려졌기 때문이다(1975, 11-12).

특별한 인간의 무의식

프랭클은 모든 인간의 현상이 육체적이건, 본능적이건, 또는 특징상 개인적이건 무의식(unconscious), 전의식(preconscious), 또는 의식(conscious) 단계에 존재할 수 있다고 한다(1975, 25-32). 이는 무엇보다도 본능적인 무의식뿐만 아니라 인간적인 무의식의 존재를 의미한다. 프랭클이 보기에, 진정한 인간행동의 최종 기준은 의식이나 무의식이 아니고, 단지 본능적인 것에 반대되는 그것의 정신적 특징이다. 다시 말하면, 인간다워지는 것은 자신이 무엇이 될 것인지를 결정하는 것이다.

인간 존재에 대한 성찰의 접근적 어려움

프랭클은 모든 인간의 현상의 심연이 무의식적이라고 말한다. 이는 특히나 심층에 있는 인간적인 것은 무의식적이란 것을 의미한다. 특히나 인간적인 행위의 집행자로서 인간은 그 실행 자체에 너무 빠져 들어가 그가 근본적으로 무엇인지를 성찰하지 못한다(1975, 30). 실존은 성찰로 존재하는 것이 아니라 행위로 존재하는 것이다. 행위가 오로지 자기 성찰이나 회상에서 비롯되는 반면, 성찰은 개인의 중심점에 관여하는데, 이런 행위의 중심부는 성찰로 접근할 수 없도록 되어 있다.

따라서 본인을 관찰하는 게 불가능하다. 정신적 차원은 근원적이고 인간의 기원이 되는 영역인데, 이는 맹점(blind spot)과도 같다(1975, 31). 프랭클은 인도의 베다 경전(Vedanta)의 구절, "보는 것은 보일 수 없다."에 동의한다. 심층에 존재하면서 기원이 되는 실존은 본질적으로 무의식적이고 그 자체를 완전히 의식화할 수 없다(1975, 26).

진정한 사람(authentic person)은 자신의 본질에서 반사적으로 책임 있는 결정을 내린다고 말한다(1975, 31). 결정하고 식별(변별)하는 것은 특히나 인간적인 행위이다. 그들은 이미 지적된 의미에서 무의식적이다. 즉, 그들의 본질은 성찰로 획득될 수 없다. 프랭클은 어떤 것을 의식화하느냐 무의식 상태로 내버려두느냐를 결정하는 일은 무의식 자체가 된다고 말한다. 감시자가 어떤 경험이 의식적일지 무의식으로 남아 있을지를 결정하려면 일반적으로 의식에만 속하는 것을 구분할 수 있어야만 한다. 따라서 인생에 근거하는 무의식적 깊이는 고유의 의식을 갖고 있다. 무의식적 결정은 특수한 인간적 차원에서 일어난다.

따라서 프랭클은 의미에 대한 지향도 인간 심층의 무의식적 차원에 근거한다고 본다. 인간의 위대한 결정이 내려지는 곳은 바로 이 깊은 곳, 인간 삶의 깊은 본질이다. 유사하게, 인간의 책임감은 의식적인 책임감뿐만 아니라 무의식적 책임감으로 도달하는 것이라고 여겨진다. 인간 실존이 완전히 설명될 수 없다면, 완전히 분석될 수도 없다. 의미치료는 실존과 그 본질, 즉 의식과 책임감을 위한 분석이라고 할 수 있다. 인류 출현 이전의 본능에 관해 인간 존재의 철저한 기록을 표현하는 특성을 갖는 정신분석학은 인생의 자기표현 현상에 뿌리박혀 있는 것이 아니라, 프랭클의 견해에 따르면, 과학적인 전제에 박혀 있다.

본능이나 이유 어느 것에도 근거하지 않는 인간 존재

바로 이전 문단에서는 프랭클이 왜 프로이트의 원초아(id) 개념이 무의식의 실체에 적절하지 않은지를 고찰하는가에 대해 보여 주고 있다. 단연코 무의식은 본능을 초월한다. 반면, 일방적이고 자부심이 강한 합리주의도 마찬가지로 인간 존재를 설명하기에는 부족하다고 말한다. 무의식이 원초아를 초월하는 것과 같이, 인간의 삶도 이유를 초월한다. 의미치료는 본능이나 이성을 이상화하는 견해에 거부한다.

양심

프랭클의 심리학은 인간의 삶에서 중요한 역할을 하는 것은 양심(conscience)이라고 말한다. 즉, 의미를 밝은 곳으로 데려오는 것이다(1969, 63-67; 1975, 115-119). 양심은 삶의 고유한 상황과 주어진 상황의 요구 사항에 잠재되어 있는 고유한 의미 패턴을 직관(직접 파악)하고 의미 탐색을 이끌고 안내한다(1969, 63). 양심은 인생에서 더 이상 축소될 수 없다. 그 뒤에는 그것을 떠오르게 하거나 기억을 더듬을 수 있는 철학적 기계론(일체화 같은)이 없다. 양심은 그야말로 그 자체이며, 인간 삶의 정신적 차원에 속하고, 그것만이 할 수 있는 역할을 수행한다. 프랭클은 인간의 동기부여가 처벌의 두려움이나 보상에 대한 희망을 외적으로 바탕을 두고 있는 한 양심은 이에 대해 언급할 말이 없다고 말한다.

양심과 인간 무의식

양심은 무의식적 토대에서 나오고, 인간 존재의 전성찰적 심층에까지 뻗어 있다. 양심의 무의식은 특히나 인간 무의식과도 같다. 전개인적(prepersonal)이나 비인격적이라기보다는 탁월하게 개인적이다. 양심은 그 자체로 무의식적인데, 그것은 사람이 인식하기 어려운 깊은 곳과 활동에 속하기 때문이다. 프랭클은 중요하고 믿을 만한 인간의 결정은 온전히 인생 경험의 단계에서 발생한다고 본다. 양심은 성찰이 접근하지 못하는 수준에서 인간이 도덕적인 판단을 무의식적으로 내리는 것이다. 양심은 모든 논리와 개념적인 논쟁에 선행한다. 이성의 관점에서 설명되거나 정당화되지 못한다(1975, 33). 프랭클은 양심을 인간의 무의식을 잘 설명해 줄 수 있는 모델로 바라본다(1975, 33-39).

양심의 직관적 특징

양심은 주어진 상황에서 의미를 발견할 수 있는 인간의 직관적 능력이다. 의식에 드러난 것은 있는 것이지만, 양심으로 나타난 것은 있어야 할 것을 뜻한다. 존재해야 할 것은 실재 자체가 아니라 실현시켜야 할 것이다. 즉, 양심에 나타난 것은 현실이 아니라 가능성이다. 가능성의 영역에 속해 있어야 할 것은 그럼에도 불구하고 필요한 것으로 여겨진다. 이를 도덕적 필요성이라고 한다. 양심은 아직 존재하지 않지만 실현해야 할 것을 예상할 때 그것을 직관하는 것이다(1975, 34). 양심의 과업은 유일무이하고 꼭 필요한 의미를 밝히는 것이다(1969, 19; 1975, 35). 양심은 우리가 책임져야 하고, 우리가 인생 각각의 상황에서 답해야만 하는 것이며, 실현해야 할 유일무이한 의미를 발견하게 만든다. 프랭클은 양심이 실현해야 할 것이라고 밝히는 것은 책임감보다 앞선다고 말한다. 양심에 의해 드러난 해야 할 것은 우리에게서부터 자유로운 것이다(해야 할 것으로부터의 자유).

프랭클은 의미가 각 상황에 놓인 개인에게 특별하고 유일무이하기 때문에, 우리는 어떤 보편적 법칙에서도 답을 찾을 수 없다고 말한다. 양심은 단독으로 주어진 상황에서 무엇이 행해져야 하고 어떻게 행해져야 하는지를 발견하는 데 도움이 될 수 있다. 프랭클은 전통적 가치의 퇴색과 무의미로 특징지어지는 우리 시대에는 교육이 약간의 정보를 전달하는 것 이상을 해야 한다고 생각한다. 교육은 젊은이들 개개인의 양심이 성숙해지도록, 즉 인생에 가치 있고 객관적으로 타당한 의미를 발견하는 능력을 발전시키도록 조력해야 한다(1975, 120).

양심과 사랑

프랭클은 양심과 사랑(love)의 비슷한 점을 설명한다(1975, 34). 사랑의 의미는 타인 경험의 유일함을 품는 것에 있다(1962, 149-183; 1978, 67). 프랭클의 관점에서 보면, 사랑은 단지 정서나 심리내적 조건이 아니라, 우리 자신을 초월할 때 인간으로서 타인의 본질에 도달하는 의도적인 행위이다. 사랑은 죽음을 넘어서도 계속될 수 있는 특징을 갖는 영원불멸한 행위이다(1962, 154). 아직 실재하지 않은 것을 상상하면서 사랑은 양심과 같이 그 목적을 반영한다. 하지만 사랑이 나타나는 것(의도적인 지시 대상)은 도덕적 필연성이 아니라 개인적인 가능성이다. 사랑은 아직 진실이 되지 않은 다른 이에 대한 존재의 가능성을 드러낸다.

사랑과 양심 둘 다 절대로 유일무이한 것이라고 한다(1975, 36). 양심은 우리가 상황의 유일무이한 의미를 찾도록 해 주고, 어떤 상황에서 우리에게 필요한 유일한 것을 발견하도록 해 준다. 반면, 사랑은 사랑받는 사람에게서 타고난 유일무이한 잠재력과 사랑받는 사람의 유일무이함을 발견하도록 해 준다. 프랭클에게 의미는 이상적이면서 우리를 앞서가지만, 아직 진실한 것이 아닌 유일무이한 것이다. 사랑도 양심과 마찬가지로 더 이상 축소시킬 수 없는 인간 현상이며, 인간 무의식적인 직관의 심층에 존재한다. 사랑과 양심 둘 다 삶의 의미가 속해 있는 인간 존재의 본질적 자기 초월과 연결되어 있다.

프랭클은 나치 포로수용소에서 그의 아내의 형상을 상상하고 생각하는 동안 아내는 자신과 함께 거기에 있었다고 말한다. 처음으로 프랭클은 사랑이 인간에게 있어 궁극적으로 열망할 수 있는 최고의 목표라는 사실을 스스로 발견했다(1963, 58-59, 63). 우리의 구원(salvation)은 사람을 통해서 그리고 사랑에 빠짐을 통해서 가능하다고 한다(1963, 59). 예술가의 예술적 영감도 양심과 사랑의 직관적인 특징으로 설명될 수 있다(1975, 37). 모든 특별히 인간적인 활동은 무의식적 원천으로부터 나온다. 특별히 인간적인 자신은 무의식적 심층에 몰입할 때, 양심, 사랑, 예술이 발생한다(1975, 39).

양심의 초월적 특성

현상학적 분석은 또한 양심의 더 깊은 특성을 드러낸다. 프랭클은 만약 우리가 양심을 적극적으로 행사하고 그것을 섬기도록 부름받았다는 데 동의한다면, 우리가 누구를 섬기고 있는지, 누가 부름을 행했는지 물어볼 수 있을 것이라고 말했다. 프랭클은 이 누구가 우리 자신보다 더 높은 존재일 수도 있다고 말한다. 프랭클은 양심이 우리의 삶을 초월하는 현상이 아닌 한, 양심이 다른 현실의 매개자가 되지 않는 한 우리가 진정으로 양심의 종이 될 수 없다고 주장한다(1975, 52-59). 인간은 스스로 자기 자신의 입법자가 될 수 없다(1975, 57). 오히려 양심의 현상에서 초인간적인 동인은 양심을 통해서 소리 낸다고 할 수 있다(1975, 53).

따라서 프랭클은 우리 자신에게 단독으로 책임이 있는 것이 아니라고 주장한다. 대신에 우리보다 더 높은 존재에게 우리의 삶에서 생기는 요구의 타당성에 대한 책임이 있다. 우리는 자유로워졌을 뿐만 아니라 책임감 또한 언급되는 이유를 갖고 있어야 한다. 자유가 어떤 것에 대한 그리고 의미에 대한 자유로만 설명되듯이, 책임감 또한 어떤 것에 대한 책임감, 초월에 대한 책임감으로만 완전히 이해된다. 자유가 그것을 선행하는 의미에 대한 어떤 것을 필요로 하는 것과 마찬가지로 책임감도 그것을 선행하는 초월의 어떤 것을 필요로 한다.

양심의 기원에 대한 관심이 신이 아닌 인간에게 맞춰져 있기 때문에, 프랭클의 분야는 심리학이지 신학이 아니기 때문에 프랭클은 초인격적(superpersonal) 동인과 인간이 궁극적으로 책임져야 할 것에 대해 별로 할 말이 없다. 하지만 그는 이 동인이 필연적으로 개인적이며, 더 정확히 말해서 초인격적(superpersonal)이고, 인간은 일종의 초인격적 동인의 이미지라고 강조한다(1975, 53-54). 양심과 책임의 무엇(에게)이 누구(에게)가 된다. 이런 방식으로 인간 무의식의 표본으로 선택한 양심은 특별히 인간 무의식 심층의 본질적인 초월을 초인격적 차원에 공개한다. 양심은 자아를 초월한 높은 차원의 인간에게서 드러난다.

인간 존재만이 자신을 의미로 초월하는 것이 아니라 더 높은 초인격적 차원으로도 초월할 수 있다. 초월성은 양심을 통해 말한다. 초월의 목소리로 양심은 스스로 초월적이라고 인식되어야 한다(1975, 54-55). 양심을 통해 말하는 목소리의 초월적 특징을 인지하기는 쉽지 않기에 프랭클은 어떤 이들이 이 목소리를 단지 인간의 성격이라고 하는 것이 놀랍지 않다고 설명한다. 그럼에도 불구하고 사람들은 양심이 있고 양심에 반응한다. 그러나 확실한 근거에 머무르고 그 너머의 불확실성에 모험하지 않는 것을 선호하는 사람들은 양심에 대한 책임감을 멈춘다.

프랭클의 견해로 본다면, 양심은 초월성의 더 높은 차원을 지향할 뿐 아니라 초월성으로부터 기인하기도 한다(1975, 56). 이 사실은 양심의 환원불가적 특성을 대변한다. 프랭클은 초자아로 내사된 아버지 이미지, 즉 초자아로 양심을 줄이려는 시도는 헛수고라고 주장한다. 예컨대, 양심이 초자아의 전통적 기준에 도전하는 것은 드문일이 아니기 때문이다. 양심은 종종 의무가 되는 개인의 규범을 위반하는 길을 택한다(1969, 63). 양심을 더 낮은 차원으로 깎아내리려는 시도는 해명할 수도 없고 생략할 수도 없다. 따라서 프랭클은 양심이 초인간적인 기원을 나타내는 더 이상 쪼개질수 없는 인간의 현상이라고 본다.

숨어 있는 신

인간과 신(초월적 존재)은 마치 동물과 인간이 그러하듯, 다른 차원에 속해 있다(1969, 142-157). 신의 방향은 하늘이 땅보다 위에 있기에 인간의 방향보다 훨씬 위에 있다. 그럼에도 불구하고 인간은 궁극적 존재인 신을 믿을 수 있고, 궁극적인 의미를 믿을 수 있다. 프랭클에게 있어서 궁극적인 의미에 대한 믿음은 궁극적 존재에 대한 신뢰가 선행되어야 한다. 인간은 어떠한 방식으로든 동물을 이해할 수 있지만, 동물은 인간을 이해할 수 없다(1969, 144-145). 동물은 그들 자신의 고통조차도 이해할 수 없는데, 그 고통은 오직 인간 차원에서만 이해할 수 있다. 더 높은 초인간적 차원, 즉 초월성의 차원('양심의 초월적 특성' 참조)에서 인간 존재의 궁극적인 의미에 대한 답을 찾을 수 있을지도 모른다. 고유 정신적 단계에서는 답에 접근할 수 없다. 더 높은 차원은 신학적(theological) 세계, 궁극적인 존재의 세계, 신의 세계라고 여겨진다.

어떤 사람들은 신은 볼 수 있어야 한다고 주장한다. 하지만 프랭클은 무대 위에 있는 배우는 위에서 비치는 조명 때문에 눈이 부셔서 무대 아래에 있는 관객을 보지 못한다고 지적한다(1969, 152-153). 우리는 삶의 무대에 서서 우리의 파트를 연기하고 누구에게 적절한 연기에 대한 책임을 감당하기 전까진 볼 수가 없다. 일상의 전경에서 일어나는 눈부심 앞에서 인간은 자기가 관찰당하고 있다는 사실을 잊어버린다. 궁극적인 의미와 관련해서 의미가 더 포괄적일수록 의미는 덜 포괄적이게 된다(1978, 59). 유한의 존재는 무한의 의미를 파악할 위치에 있지 않다.

인간과 신(God)의 차원이 다르기 때문에 신을 말할 수 없다. 프랭클은 신에 대해 말하는 것은 모든 것을 초월한 존재 그 자체를 실존하는 것으로 바꾸는 것이라고 말한다(1969, 146). 프랑스의 철학자 가브리엘 마르셀(Gabriel Marcel)의 격언을 비교하자면, 우리가 신을 말할 때, 우리가 말하는 것은 신에 대한 것이 아니다(1964, 36). 그러나 프랭클은 우리가 기도하면 신을 증명할 수 있을지 모른다고 설명한다.

프랭클은 어쩌면 우리 시대의 신은 죽은 게 아니라 늘 그랬듯 조용히 숨어 있는 것이라고 말한다(1969, 154).

무의식의 종교성

프랭클은 대체로 현상학적 분석을 통해 인간에 내재된 초월성의 잠재적인 관계, 즉 무의식의 종교성(unconscious religiousness)을 밝혀냈다고 설명한다(1975, 60-70). 우리가 봐 왔던 그런 종교성의 한 가지 접근법은 양심의 현상을 통해서이다. 무의식의 종교성은 인간적인 나(I)와 인간의 본성을 넘어서 당신 사이의 관계라고 생각할 수 있다. 프랭클은 우리가 궁극적인 의미에 대한 기본적인 신뢰로 우리 존재의 깊은 곳에 포화되지 않으면 손가락 하나 까딱할 수 없다고 말한다(1969, 150-151). 그러한 신뢰가 없이는 숨도 못 쉴 것이다. 프랭클은 인간이 의미에 대한 신뢰 없이 살 수 없다고 설명한다.

인간은 종종 그들이 생각하는 것보다 훨씬 종교적이라고 프랭클은 여긴다(1962, xx). 그러한 무의식적 관계가 지향하는 대상을 궁극적 존재라고 본다면, 프랭클이 말하길, 우리는 무의식적 신을 증명할 수 있다(1975, 61-62). 그러나 프랭클은 신이 무의식적 존재라는 뜻이 아니고, 인간과 신의 관계가 무의식에서 이루어질 수 있다는 뜻이라고 설명한다. 따라서 무의식적 신이라는 표현은 우리의 숨은 신과 은밀하게 맺는 관계를 말하는 것이다.

프랭클은 신이 무의식적이라는 견해를 거부할 뿐 아니라, 또한 무의식적인 신이거나 신의 특성을 가진 것이라고 하는 다신교의 개념을 거부한다. 따라서 프랭클은 우리가 신과 무의식적 관계를 맺고 있다는 것이 우리 안에 신이 있다는 의미가 아니라고 말한다(1975, 63). 무의식적 신은 특성상 매우 개인적이며, 인간 안에서 활동하는 비인격적 힘이나 본능이 아니다(1975, 63). 프랭클은 융을 무의식 안에서 종교적 요소를 명백하게 드러내었다는 점에서 신뢰하긴 하지만, 융은 무의식적 신의 탁월하게 개인적인 특성을 놓쳤다. 융은 신을 본능과 원형 사이에 놓았는데, 명백히 그에게 표현할 수 있는 본능이라고 정의했다. 따라서 신은 정신에서 독자적인 힘이라고 여겨졌다.

따라서 융은 개인적 결정을 넘어서는 무의식적인 종교성, 즉 자아(ego)를 신에게 강요하는 집단무의식 속의 종교적 추진력을 고수하는 것으로 설명할 수 있다. 하지만 프랭클은 인간의 종교성은 매우 개인적인 결단이고, 집단적이고 유형적이면서 비인격적인 집단무의식에서 생길 수 없다고 말한다(1975, 64). 인간과 신의 관계는 융이 주장하듯 정신에서 발생하는 것이 아니라 오히려 초월과 연관 있고, 원래는 인간의 삶과 그 아래 차원에 있는 타인과 연관이 있다.

그렇다면 프랭클에게 있어서 종교성은 인격적인 결단의 질문이지 비인격적인 강요가 아니다(1975, 64). 융에게 있어서(프로이트도), 자아(ego) 밖에 존재하는 무의식이 대체로 자아를 결정짓는다. 프랭클에게 있어서 무의식적인 뿌리까지 깊이 연결되어 있는 개인적인 그 자기(self)는 결정적인 자기이다. 융에게 있어서(프로이트에게도 마찬가지로) 종교성은 심리적인 상태의 사건이다. 프랭클에게 종교성은 당연히 정신적 차원에 속해 있다. 프랭클의 인간의 무의식적 종교성은 무의식적인 요인이라기보다는 실존의 동인이다(1975, 65).

그렇다면 프랭클의 무의식적 종교성은 인간이 공유하는 비인격적 이미지에서 나오는 자율적 힘에서 비롯된 것이 아니라 개인에게서 비롯된 것이다(1975, 65). 따라서 종교는 무의식의 단계에서 생겨남에도 불구하고, 인간 결정의 가장 인격적인 것을 포함한다고 볼 수 있다. 무의식, 그리고 심지어 종교적인 면은 종교적 무의식이 결정한다. 프랭클은 개인적인 종교성이 선재의 문화적 형태에 의해 구체화된다고 한다. 우리가 태어날 때 상징의 세계로 입문하는데, 그곳은 우리가 받아들이고 순응하는 곳이다(1975, 66). 그 누구도 신(God)을 발명할 필요는 없다.

인간의 삶에 내재된 종교성은 처음에는 전혀 의식적이지 않을 수도 있다(1975, 67-70). 하지만 의식에서 생겨났으므로 의식에서 물러나게 될지도 모른다. 인간의 종교성은 억압될 수도 있다. 억압된다고 하는 것들은 본능(성욕)이 아니고 정신적 의미이다. 즉, 에로스가 아닌 로고스이다(1967, 87; 1975, 130). 그러나 무의식에 깊이 박혀 있어도, 억압된 초월은 마음의 불안으로 나타나게 되어 있다. 프랭클은 억압된 종교를 다시 상기시키는 것이 치료의 과제라고 말한다.

프랭클은 프로이트가 성욕의 영역에서 발견한 것이 종교적 범위에서도 효력이 있다고 하고, 실로 보편적인 인간의 삶에서도 효력이 있다고 한다. 억압은 강박적 신경증으로 마무리된다. 따라서 신경증적 존재의 기본은 때때로 초월의 억압에서 존재한다. 프랭클은 강박적 신경증이 병든 상태에서는 종교성을 띨 수도 있다고 암시하는 분석적인 증거를 인용한다(1975, 69; 2장 '보편적인 강박적 신경증' 프로이트의 견해와 비교). 우리 안에 있는 천사가 억압될 때 우리는 악마로 변하며, 억압된 종교가 미신으로 전락할 수 있다(억압된 것의 재발). 오늘날의 종교는 신에 의해 만들어진 이성의 억압적 구조에 희생되고 고상함의 망상이 특징인 기술에 희생되어 왔다(1975, 70). 이 초월의 희생은 우리 현재 상황의 많은 부분을 설명해 준다. 이것은 인간의 보편적인 강박적 신경증과 닮은 모습이다. 프랭클은 신이 복수심이 강하다고 한다. 왜냐하면 신경증은 때때로 우리가 초월에 관계하여 능력이 뒤떨어진 것에 대한 대가이기 때문이다(1975, 70).

심리치료 시, 프랭클은 그가 무의식적 믿음, 즉 보이지 않는 종교성과 우연히 마주한다고 한다. 심지어 눈에 띄게 반종교적인 사람에게서도 말이다. 이는 단지 환자가 아직 무의식의 신에 대해 의식적인 상태가 되지 않았기 때문이다. 어떤 경우에서든 진정한 종교성은 강요되어서는 안 되고, 고유의 발전할 수 있는 시간이 필요하며 자유롭게 선택되어야 한다. 치료는 개인적 자발성에 대한 가능성을 열어 둬야 한다(1975, 71-72). 프랭클은 사람들이 그들 안에 초월에 대한 억압된 관계, 즉 억압된 천사가 있다는 걸 깨닫게 되면, 종교가 다루기 힘든 본능의 승화이자 승화된 동물이라는 것을 믿지 않기 시작할 것이라고 한다(1975, 59). 프랭클은 나치 수용소의 많은 죄수들이 종교적 개종을 거쳤고, 심지어 가장 힘든 상황에서도 종교적 교체를 겪었으며, 그들의 억압된 관계는 "어둠에서 빛은 반짝인다."라고 말했다(1963, 63-64; 1967, 99). 무의식적 종교성은 또한 정신이상자의 삶에 예기치 않게 나타난다.

궁극적인 의미는 이성적 사고에서 얻어질 수 없다(1969, 145-146). 인간의 이성은 상당이 제한적이기에 자기초월과 궁극적 의미를 설명할 수 없다. 궁극적 의미는 우리의 몸을 넘어선, 말하자면 믿음의 차원을 통해 설명될 수 있다는 것이다(1969, 145). 현실에서의 궁극적 의미는 이성적 생각으로 대체되는 게 아니라 강한 실존적 믿음으로 설명될 수 있다. 우리는 우리가 이끄는 삶을 통해 궁극적 부조리와 궁극적 의미의 양자택일 사이에서 선택하도록 요구되었다(1967, 33). 우리는 결정의 순간마다 우리 스스로 결정한다. 다시 한번 말하면, 우리가 무엇이 되는가는 우리가 무엇을 선택하느냐에 따라 달려 있다.

꿈과 특별한 인간 무의식

꿈은 무의식의 진정한 창조라고 말한다. 정신분석학은 무의식의 본능적인 과정을 의식적으로 알기 위해서 꿈을 분석한다. 프랭클은 그런 노력을 인간 무의식에까지 확장한다(1975, 40-51). 그는 프로이트의 방법론을 정신적 공간으로 적용한 것에 성공했다고 보고한다. 인간 무의식 요소는 실로 의식과 책임감의 통합으로 나아가게 된다고 밝혀졌다.

어떤 꿈은 자발적으로 억압된 종교성을 드러낸다. 인간은 때때로 명백하게 반종교적인 개인의 꿈에서 뻔히 드러나게 종교적인 동인을 찾는다(1975, 48). 따라서 잠재적인 신앙은 심리치료법으로 표출되고, 환자의 삶을 더 나아지도록 명확하게 변화시킨다(1967, 166). 어떤 종교적인 꿈은 그것이 가져오는 황홀한 축복을 공격하는데, 깨어 있는 삶에서 알려지지 않은 축복이다. 종교가 없는 한 사람이 우연히 꿈에서 엄청난 빛과 신에 속해 있다는 것을 마주쳤는데, 꿈을 통해 기쁨, 겸손, 사랑, 보호받음이라는 굉장한 감정을 경험했다면(1967, 178), 꿈 분석을 통해 억압된 본능뿐만 아니라 억압된 종교성도 찾게 된다고 프랭클은 설명한다.

종교의 미래

프랭클은 심지어 유대인 대학살 이후에도 종교가 죽어 간다거나 신이 죽었다고 보지 않는다. 그의 견해에 따르면, 신에 대한 믿음은 절대적이어야 하고, 그렇지 않다면 명성에 걸맞지 않는다(1975, 15). 우리는 믿음을 버릴 수 있는 인간 비극의 문턱을 설정할 수 없다. 문제의 진실은 아우슈비츠의 공포를 겪은 사람 중 훨씬 더 많은 사람이 종교성을 포기하기보다 종교적인 면에서 성장했다는 것이다. 파멸은 약한 믿음을 더욱 약하게 만들지만 강한 믿음은 더욱 강하게 만든다(1975, 15). 프랭클은 종교가 분명히 없어질 수 없다고 말한다. 심지어 정신병에 의해서도 말이다. 프로이트식 정신분석학은 신을 객관화된 아버지라고 본다(1975, 58). 이에 비해 프랭클은 어떤 사람들은 나쁜 아버지상을 갖고 있어서, 절대로 좋은 신이란 이미지를 구축할 수 없음을 말한다. 사실상, 깊은 종교적 생활은 단지 나쁜 아버지 이미지를 극복하는 데 필요한 수단을 제공하고 본인의 아버지에 대한 증오는 여전히 남아 있다(1963, 210).

프랭클은 종교를 가능한 넓은 의미로 이해한다. 따라서 가장 넓은 의미의 종교 개념은 종파적이고 제도적인 종교의 대변자들이 선포한 근시안적 신의 개념을 뛰어넘는 것이다(1975, 13). 프랭클은 짜증을 부리는 어린아이 같은 신에게는 관심이 없다. 그런 신이야말로 투사(projection)적이다. 프랭클은 신을 획일적인 종교의 많은 대표자들이 실제로 묘사하는 방식으로 표현해서는 안 된다고 생각한다. 거의 모든 것이 믿어지길 바라는 사람, 그리고 인간에게 표현되는 기관의 일원이 되도록 요구하는 그런 대표자들 말이다. 프랭클은 종교로부터 그러한 추세를 찾는 건 아니지만, 서로를 공격하는 데 여념이 없고 그들이 항상 맞다고 하는 그런 종파로부터 이를 찾는다. 프랭클이 생각하는 추세는 교회 사이의 차이를 강조하는 것과는 거리가 있다.

교묘한 속임수는 믿음, 희망, 자비가 존재하도록 명령할 수 있는 모든 시도의 기초가 되는 것으로 보인다(1975, 14). 믿음, 희망, 자비는 의도적인 행동이고, 타의에 의해 믿을 수 없고, 희망하거나 사랑할 수 없고, 지향할 수 없다. 예컨대, 믿음은 초월에 대해 신뢰 관계이지, 우리가 붙잡을 수 있는 것이 아니다. 우리는 우리가 믿음을 가져야 한다고 얼마나 단호한 말을 듣건, 얼마나 열심히 노력하건 간에 믿음을 얻을 수 없다. 프랭클은 우리가 누군가를 격려하길 원하면, 상대에게 웃으라고 명령하면 안

되며 농담하라고 한다. 종교에서도 똑같다(1975, 14-15). 사람들이 신에 대한 믿음을 가지게 하려면 특정한 종교적 노선에 따라 설교하는 것으로는 부족하다. 오히려 신을 믿을 만한 분으로서 제시해 줘야 하며, 설교자 자신도 스스로 믿을 만한 사람으로 처신해야 한다.

종교도 언어와 마찬가지로 상징 체계이다. 아무도 자기가 사용하는 특정한 언어가 다른 언어보다 우월하다고 주장할 수 없다. 프랭클이 주장하길, 종교도 마찬가지이다(1969, 153). 프랭클은 추세를 보편적인 종교로 향한다고 여기지 않고 심오하게 개인화된 종교로 향한다고 본다. 프랭클은 어느 누구라도 궁극적 존재에 자기 자신을 열어 보일 때 자기 자신의 언어로 이야기할 수 있어야 한다고 설명한다(1969, 154). 진정한 종교성은 공공의 관점에서 벗어나 그 자체를 감추는 것이다(1975, 47).

결국 종교는 비단편적인 것과 비관련성에 관한 우리의 단편성과 관련성의 경험이라고 말할 수 있을지 모른다. 이런 단편성과 관련성의 경험은 종교적인 개인의 보호되고 안전한 기분이라고 말할 수 있다. 구도자가 찾아왔던 것은 항상 거기에 있다고 할 수 있고 구도자에게 주어진 것은 무엇에 있는 것이 아니라 순수한 통성(通性) 원리(thatness)에 있다. 우리는 항상 우리 자신 너머를 향하도록 되어 있다. 우리는 항상 저 너머로 끌려간다. 프랭클이 진술하길, 종교적 인간은 항상 신에게 지향되어 있지만, 신은 항상 그 너머에 있다. 신은 종교적인 사람의 부름을 받지만, 언제나 침묵한다.

평가와 결론

심리학은 아직 심리적 행동과 비심리적 의미 사이에서 프랭클(현상학)의 비판적 차이를 다루지 않았다. 데카르트의 전통에 충실한 정통 심리학은 의미가 의식의 내적이고, 폐쇄되어 있으며, 개인적인 영역을 차지하는 이미지라고 계속 여긴다. 인간의 육체와 뇌를 포함하는 세계는 순수한 공간의 확장의 영역이라고 여긴다.

의식이 더 이상 정신의 내적 영역이 아닌 상태에서 무의식도 그러한 내적 마음의 밑이나 아래에 있는 마음이 아니다. 마음 뒤에 있는 마음이다. 그래서 세상의 의미에 관여되어 있는 것은 그것의 고유한 기원에 접근할 수 없는 인간의 삶을 의미한다. 따라서 프랭클의 중요한 무의식에 대한 재정의는 의미에 대한 인간관계의 근접할 수 없는 심층이자 인간의 다른 것에 대한 저 너머에 숨어 있는 것이다. 본질적으로 개인적이고, 무의식은 자연의 비인격적인 힘이 아니다.

정통 심리학은 인간 행동을 과학적인 근거에서 보려고 시도하였고, 그 과정에서 많은 기계론적 인식을 야기했다. 프랭클이 반대하는 인간의 삶은 힘이나 그 어떤 것으로도 기계적으로 지배되지 않는다. 생물학적으로, 심리학적으로, 환경적으로도 말이다. 프랭클은 행동의 기계론적 인과관계가 아니라 개인적 행동의 표현을 요구한다. 특히 주목할 만한 가치가 있는 것은 그의 동기부여의 긴장 감소 표본에 대한 비평이다. 프랭클은 욕구가 객관적인 유기체의 표한이 아니라 의미에 대한 강한 개인적 관계라고 주장한다.

일반적으로 현상학을 기반으로 한 프랭클은 심리주의의 철학적 예상을 거부한다. 심리주의란 의미를 지배하는 법규가 정신에 속해 있다는 믿음인데, 이는 정통 심리학의 본질적인 특징이다. 미, 진실, 선함과 같은 것은 뇌와 정신의 구조라고 정의된다. 이러한 허무주의에 반대하여, 프랭클은 고유의 본질적인 법규, 즉 본질적 요청 또는 가치를 소유하는 의미는 저 너머 세상의 그들만의 위치에서 우리에게 대답을 요구한다고 설명한다.

프랭클은 종교는 궁극적인 의미의 추구이며 삶의 무조건적 의미의 마지막 이유를 찾는 곳이라고 말한다. 모든 인간은 최소 그들의 무의식의 심층에서 궁극적인 존재와 관계를 맺고 있다. 프랭클이 갖고 있는 정신적 무의식과 무의식의 신에 대한 개인적 관계의 개념은 도발적인 것인데, 그의 무의식적 종교성의 임상적 발견에 대한 보고서도 그러하다.

프랭클은 주어진 어떤 상황에서도 발견이나 선택을 위해 미리 정해진 오직 한 가지 의미만을 본다. 이러한 입장은 많은 여러 가지 태도에 이의를 제기하는 것에 개방되어 있다. 실존주의적 현상학자, 예컨대 마르틴 하이데거(Martin Heidegger)와 모리스 메를로 퐁티(Maurice Merleau-Ponty) 같은 이들은 의미에 대해 역사상 그리고 공동의 위치에 있는 인간의 행동을 통해 어느 정도는 실존에 작용한다고 인식되어 왔다. 그러므로 프랭클이 주장하는 것처럼 의미는 미리 주어진 것으로 비추어지지 않으며, 시간에서 드러나고 동시에 서로를 정의하는 것처럼 의미의 출현에는 한 인간의 삶이 드러난다. 반면, 오늘날의 경향은 의미의 완전한 주관화이고, 프랭클의 의미의 객관성에 대한 주장(적절히 이해되고 어떤 종류의 운명론도 사라지는)은 많은 이들에게 신선한 공기의 숨결처럼 보일 수 있다.

참고문헌

Frankl, V. E. *The Doctor and the Soul: An Introduction to Logotherapy*. New York: Alfred A. Knopf, 1962.

Frankl, V. E. *Mans Search for Meaning: An Introduction to Logotherapy*. New York: Washington Square Press, 1963.

Frankl, V. E. *Psychotherapy and Existentialism: Selected Papers on Logotherapy*. New York: Simon and Schuster, 1967.

Frankl, V. E. *The Will to Meaning: Foundations and Applications of Logotherapy*. New York: World, 1969.

Frankl, V. E. *The Unconscious God: Psychotherapy and Theology*. New York: Simon and Schuster, 1975.

Frankl, V. E. *The Unheard Cry for Meaning: Psychotherapy and Humanism*. New York: Simon and Schuster, 1978.

Fuller, A. R. *Insight into Value: An Exploration of the Premises of a Phenomenological Psychology*. Albany: State University of New York Press, 1990.

Marcel, G. *Creative Fidelity*. New York: Farrar, Straus, 1964.

종교심리학의
여러 접근

성서의 진리와 다윈의 진리(그리고 다른 진리들도 마찬가지로)가 각각 특정한 관점과 특정한 언어의 놀이터 안에서만 기능하는 것이 분명하지 않은가?

—폴 프루이저

09
종교심리학의 여러 접근

이 장에서는 8장에서 다룬 연구에 이어 종교심리학의 여러 발달 과정을 살펴본다. 대상관계와 신 표상에 대한 글을 쓴 도널드 위니컷(Donal W. Winnicott), 폴 프루이저(Paul W. Pruyser), 안나-마리아 리주토(Ana-Maria Rizzuto), 앙투안 베르고트(Antoine Vergote), 종교 척도를 다룬 버나드 스필카(Bernard Spilka)와 다니엘 베이트슨(C. Daniel Batson), 현대적 의식연구와 경험적[홀로트로픽(holotropic)] 심리치료를 다룬 스타니슬라프 그로프(Stanislav Grof)를 다룬다.

도널드 위니컷

프로이트에 따르면, 인간의 삶은 본질적으로 정신 내부에서 긴장 완화를 목적으로 운영된다. 이 관점에 따르면, 감소가 필요한 긴장과 환경적 대상은 근본적으로 우발적인 관계에 있다. 하지만 오래지 않아 많은 정신분석 이론가들은 추동(drive)과 만족을 주는 대상 사이의 관계가 우발적이지 않고 본질적이라고 주장하면서 프로이트의 관점에 도전했다. 따라서 에너지의 내부 경제라는 기계론적 설명은 중요한 타인과의 관계를 다룬 대인관계적 설명으로 대체되었다. 이에 따라 정신분석학 전통에서 대상관계(object relations)가 탄생했다.

영국의 정신분석학자이자 소아과 의사인 도널드 위니컷(Donald W. Winnicott)은 대상관계 이론의 선구자로 잘 알려져 있다. 위니컷은 아이가 한 명의 분리된 인간으로 발달하면서 대상의 외부 현실을 인식해야 하는 골치 아픈 과제를 안게 된다고 지적한다. 위니컷은 자신의 권리를 가진 존재로서 대상을 받아들이기 위해서는 아이가 그 대상을 자신의 전능한 통제 바깥에 두어야 하며, 이는 가장 어려운 일이자 인생 초기에 겪는 실패 중 가장 성가신 것으로 여겨지는 발달이라고 말한다(1971, 89). 위니컷의 독창성은 대상에 대한 전능한 통제력이 특징인 유아기 최초의 창조성과 현실검증에 근거한 객관적 인식 사이에 있는 중간적인 경험 영역에 있다. 이 영역은 유아가 사는 주관적(또는 개념적) 세상과 객관적 지각 사이에 있다(1971, 2, 11). 이행 현상(transitional phenomena)과 이행 대상(transitional object)은 이러한 경험의 중간영역을 나타낸다. 곰 인형이나 애착 이불과 같은 이행 대상은 아이가 내적인 독립 상태(환각의 형태로 만족스러운 대상을 다루는 것)에서 외적 대상을 실제 다루는 상태로 편하게 이동할 수 있도록 한다. 이행 대상은 내부에서 발생하는 것도 외부에서 발생하는 것도 아니다. 이것은 내적 대상도 아니고, 아이의 통제 아래에 있는 개념도 아니다. 위니컷에 따르면, 이행 대상은 소유, 즉 원래의 내가 아닌 소유(original not-me possession)이다(1971, 4). 이것은 외부 대상도 아니다. 오히려 이행 대상은 내적 경험과 외적 경험, 내적 현실과 외적 현실의 중간 지점을 차지한다. 내적 영역과 외적 영역에 모두 공헌하는 가운데, 이행 대상은 전자에서 후자로의 중요한 이행, 즉 아동이 힘든 현실을 받아들이는 것을 돕는다. 이러한 지원은 이행 대상이 제공하는 위안을 통해 이뤄진다. 위니컷은 이행 대상이 아이에게 매우 중요하다고 지적한다. 부모들은 이를 인식하고, 예컨대 휴가 때 이행 대상을 챙겨 간다.

위니컷은 이행 대상이 일반적으로 엄마의 가슴을 의미한다고 말한다. 유아에게 곰 인형이나 담요는 엄마(엄마의 가슴)와 결합되는 상징이다. 이 상징은 어머니와 하나된 존재였던 유아가 어머니를 별개의 존재로 인식하는 이행이 발생하는 바로 그 지점에서 발생한다고 여겨진다. 따라서 이행 대상은 이제는 분리된 엄마와 유아의 결합을 상징한다(1971, 96-97).

위니컷은 유아가 처음에는 엄마의 가슴이 자기 몸의 일부인 것으로 착각하고 있으며, 필요에 따라 몇 번이고 젖을 만들어 낼 수 있다는 마법 같은 전능한 통제 아래에 있다는 착각에 빠져 있다고 말한다. 위니컷은 엄마가 바로 이러한 착각을 일으킨다고 말한다. 엄마는 유아가 젖을 만들 준비가 된 바로 그때 그 장소에서 젖을 주기 때문이다. 유아는 젖이 돌게 만들지만, 그 전에 엄마의 가슴이 없었다면 젖은 만들어지지 않았을 것이다. 위니컷의 말에 따르면, 가슴은 주관적 현상이자 주관적 대상이다. 한편, 이 대상은 유아의 첫 번째 관계 대상이다. 그러나 다른 한편으로 그것은 외부 현실이 아니라 유아 자신의 일부로서 경험된다. 따라서 엄마의 가슴은 엄마의 가슴이 초래하는 이행 대상과는 구별된다. 주관적 대상은 아직 내가 아닌 현상(not-me phenomenon)이 아니다(1971, 80-81).

완전히 객관적이지 않은, 주관적인 대상은 착각을 조성하는 엄마를 통해 객관적으로 인식되는 대상과 점차 연관성을 갖게 된다(1971, 71). 유아가 엄마의 젖을 만들어 낸다는 엄마가 유아의 마음속에 일으키는 착각은 외부의 실제 대상과의 관계발달에 매우 중요하다고 위니컷은 말한다(1971, 1). 이행 대상은 엄마와 유아의 결합을 보여 주는 상징이다. 곰 인형이나 담요는 분리되어 있던 것을 착각의 방식으로 통합시킨다. 이행 대상은 대상이 유아에 의해서 창조된 것이 아님을 유아가 처음부터 알 필요가 없도록 세상을 제시하는 엄마의 능력을 나타낸다(1971, 81). 유아가 나타나는 것만으로도 만들어지는, 즉 유아가 만들어 내는 엄마의 젖가슴과 마찬가지로 이행 대상은 착각의 문제이다. 착각은 유아의 무능함과 현실을 인식하고 받아들이는 능력의 성장 사이에 있는 중간 상태이다(1971, 3). 이행 대상, 즉 유아가 맞이하는 첫 번째 내가 아닌 소유는 험난한 현실로 가는 길을 부드럽게 만들어 준다. 내적 개념과 달리 이행 대상은 결코 아이의 전능한 통제 아래 있지 않으며, 오히려 아이가 마법적 통제에서 사용을 통한 통제로 넘어가는 것을 상징한다.

대상에 대한 전능한 통제력 상실이 유아에 미치는 타격을 완화하는 것은 바로 착각을 불러일으키는 이행 대상의 특성이다. 곰 인형은 아이의 것으로, 누구도 도전하지 않을 것이라는 마음을 진정시키는 착각을 불러일으킨다. 아무도 아이에게 "네가 곰 인형을 마음속으로 상상했니? 또는 선물받은 것이니?"라고 물어보지 않을 것이다(1971, 12). 위니컷의 언어로 표현하면, 경험의 중간영역은 내적 현실과 외적 현실을 구분하면서도 상호 연결을 유지해야 하는 영원한 과업에 임하는 개인들의 휴식처이며, 경험의 중간영역에 속한 아이는 이와 관련된 환상에서 깨지 않을 것이다(1971, 2). 따라서 유아는 이행 대상과 관련된 바로 그 지점에서는 주관적인 것과 객관적인 것의 차이를 구분해야 하는 시험에 들지 않는다. 대체로, 주관적인 대상(엄마의 가슴)과 이행 대상(곰 인형이나 포근한 담요)인 이행 현상(transitional phenomena)은 전능함의 상실로 인한 엄청난 충격에 대처하는 것을 가능하게 한다(1971, 71).

위니컷은 내면의 정신적 현실과 이행 현상이 놀이의 하나로 시작되는 실제 세계 사이에 있는 중간영역을 특징짓는다. 이행 대상은 놀이의 첫 번째 예시를 보여 준다(1971, 96). 유아와 엄마의 연결과 분리, 경험의 중간영역은 결국 창조적 삶과 우리의 문화생활 전체로 확대된다(1971, 102). 따라서 위니컷이 보기에 창조성과 문화는 내적 현실과 외적 현실 사이의 중간 지대, 즉 엄마와 아이가 분리되고 아이가 객관적 현실을 수용한 그 순간 엄마와 아이 사이를 가득 채우는 잠재적 공간에 속한다(1971, 107). 위니컷은 분리의 무한한 영역은 이제 놀이와 상징, 공유된 문화적 삶으로 가득하다고 말한다(1971, 108). 그러므로 중간적 경험은 엄마와 유아의 분리를 무효화한다.

그래서 위니컷은 창조적 활동이 처음으로 놀이처럼 드러나는 잠재적 공간에서 문화가 비롯되었다고 본다. 객관적 현실을 받아들이는 일은 절대 끝나지 않는다. 도전받지 않는 경험의 중간영역(일반적으로 문화)은 내적 현실과 외적 현실을 영원히 연관시켜야 하는 부담을 줄여 준다(1971, 13).

위니컷은 예술과 종교를 아동의 이동 대상으로부터 일반적인 문화로 확대되는 이행 현상의 결과로 인용한다. 우리는 이행 대상에 대해서는 유아에게 도전하는 사람이 아무도 없다는 것을 살펴보았다. 즉, 아무도 곰 인형이 주관적으로 상상된 것인지, 객관적으로 제시된 것인지 묻지 않는다. 이러한 도전받지 않는 특성은 예술과 종교(그리고 창조적인 문화생활)에서 분명하게 나타나는 강렬한 경험 속에 그대로 남아 있다. 따라서 유아기에 허용된 착각은 성인기에도 계속된다. 위니컷이 보기에 종교는 이행 현상, 즉 내적 현실과 외적 현실 사이의 중간영역에서 작동하는 환상이다.

다른 학자들은 종교심리학에 대한 위니컷의 도발적인 주장에 대해 자세히 설명했다('폴 프루이저' '안나-마리아 리주토' 참조; 위니컷과 프루이저, 리주토에 대한 절은 서로를 조명하고 있으며, 서로에 비추어볼 때 가장 도움이 된다. 예컨대, 프루이저 섹션은 위니컷의 어려운 착각 개념을 이해하는 데 특히 도움이 된다). 착각의 기원에서 어머니의 중추적인 역할을 주장하는 위니컷의 관점을 고려하면, 위니컷은 한편으로는 종교를 착각의 관점에서 정의하였고, 다른 한편으로는 종교의 기원에 있어 아버지와의 관계가 갖는 배타적 역할을 주장한 프로이트의 시각에서 상당히 벗어난 것으로 볼 수 있다.

폴 프루이저

폴 프루이저(Paul W. Pruyser)는 제임스, 프로이트, 위니컷의 영향을 많이 받았으며, 최근 수십 년간 종교에 대한 정신분석 접근에서 중요한 인물이었다. 프루이저는 심리학이 신과 인간의 대상관계, 신의 개념과 형상 그리고 이것들의 발달에 관심을 가져야 한다고 주장한다. 신과의 대상관계에 대한 프루이저의 성찰은 그가 쓴 세 권의 책인 『A Dynamic Psychology of Religion』(1968), 『Between Belief and Unbelief』(1974), 『The Play of the Imagination: Toward a Psychoanalysis of Culture』(1983)에 담겨 있다. 후자의 두 작품은 특히 위니컷의 놀이라는 중간영역과 착각을 다룬다.

프루이저는 정신분석을 통해 신과 인간 사이의 새로운 관련성이 드러났다고 지적한다(1968). 가족관계가 우리가 가진 신 이미지를 형성하고, 우리가 신에게 지어준 이름들이 신과 인간 사이의 심리적 거리를 좁혔다. 더구나 프루이저는 대체로 우리의 정신 조직, 지각, 사고, 소망, 기분은 우리의 신념 형성에 관여한다고 지적한다(1968, 8). 따라서 종교는 위에서 아래로 내려오는 것이 아니라, 우리 자신, 부모, 세상에 대한 우리의 경험과 뒤섞여 있는 것이다. 따라서 종교 사상은 필연적으로 왜곡되어 있으며 완벽에 가깝다.

프루이저는 "인간의 모든 삶은 욕망을 중심으로 돌아간다."라는 고든 올포트의 격언에 동의한다(1968, 201). 프루이저는 인간의 욕망을 받아들이는 법을 배우는 것이 종교의 중요한 기능이라고 지적한다. 종교는 때로 욕망을 충족시키고, 때로는 욕망을 수정하며, 때로는 욕망의 표현을 허용하고, 때로는 다른 욕망의 표현을 금지하며, 때로는 욕망을 상당히 의심하기도 한다. 욕망의 관점에서 대상관계를 고려해 보면, 대상은 자기 자신을 위해서가 아니라 욕망의 충족자로서 추구된다고 프루이저는 말한다(1968, 222). 한 개인이 대상과 맺는 관계, 즉 타인과의 관계는 적극적으로 표현을 추구하는 욕망에서 비롯되고 유지된다. 프루이저는 대상에게는 수동적인 인간을 강제할 내적인 힘이 없다고 말한다. 이는 신(God)이라는 대상과 우리 사이의 관계에도 적용된다. 인간과 신이 맺는 모든 관계에 욕구와 소망, 갈망이 관여한다. 사람들은 신이 끌어당기는 무적의 힘 때문에 어쩔 수 없이 신에게로 향하지 않는다(1968, 223). 오히려 주체와 대상은 모두 모든 유대관계에서 역동적인 파트너로 묘사된다. 프루이저는 우리의 추동과 욕구가 대상에 대한 우리의 힘에 기여한다는 것을 깨달음으로써, 우리가 그 힘을 줄이고 대상을 선택할 때 유연성을 얻음으로써 성숙해진다고 말한다.

성숙은 타인에 대한 의존도 감소와 관련이 있다. 프루이저는 그럼에도 불구하고 한 개인으로서 성인(adult)이 신(God)에 의존하는 것이 허용될 뿐만 아니라 때로는 장려될 수도 있다고 지적한다(1968, 224). 신에 대한 의존이 지속되고 심지어 증가하는 것은 타인에 대한 유아적 의존을 포기한 것에 대한 보상으로 설명될 수 있다. 프루이저는 그럼에도 불구하고 자신의 삶을 영위하고자 하는 일부 사람들에게는 성장과 온전한 자립이 행복이라고 지적한다(1968, 225). 따라서 타인과의 관계와 신과의 관계 사이에 유사점이 발견되기도 한다. 즉, 가끔은 신에 대한 의존이 타인에 대한 의존과 같은 속도로 성장한다.

정신분석을 통해 야기된 인간과 신(divine) 사이의 심리적 거리 단축에 대한 문헌이 있다. 하지만 프루이저는 우리와 타인, 우리와 신(God) 사이에는 유사점뿐만 아니라 차이점도 존재한다고 지적한다. 첫째, 대상의 본성에서 나타나는 차이와 관련하여, 부모와의 관계가 창조자와의 관계는 아니다. 프루이저는 창조자와 피조물은 전자가 허구이든 아니든 비교할 수 없는 차원의 것이라고 썼다(1968, 225). 다음으로, 목적에서 나타나는 차이와 관련하여 인간과 인간의 관계에서 목적은 성적(sexual) 용어로 묘사되는 반면, 인간과 신의 관계에서 목적은 훨씬 더 인지적·도덕적·미적이다 (1968, 227). 마지막으로, 만족도에서 나타나는 차이와 관련하여, 신과의 관계에서 나타나는 만족은 타인과의 관계로 인한 만족보다 훨씬 더 공개적이다. 다른 사람이 돌봐 주고, 껴안아 주고, 웃어 주고, 찾아 주며, 편하게 해 주는 행복한 상태는 신기하고 놀라운 것과 마주한, 개인의 이해력을 넘어서는 긴장되고 대담한 상황과는 차이가 있다(1968, 227).

앞서 제시한 내용은 종교의 지각적·지적·언어적·정서적 과정, 종교와 운동신경 체계, 사물과 사상, 자아와의 관계를 다룬 프루이저의 『A Dynamic Psychology of Religion』의 일부 내용에 불과하다. 프루이저는 인용된 다른 두 연구에서 위니컷이 정의한 착각과 환상의 영역을 확장했다(1974, 1983). 프루이저는 착각의 형성이 상상력에서 비롯된 독특한 과정이라고 말한다(1983, 165). 상상력이 만들어 낸 환상의 결과물이 성공적일 때 외부 세계의 현실과 보편적인 인간 내부 세계의 단층이 형식적으로는 구분되지만 서로 연결된다(1983, 166). 진지하고 완전한 헌신으로 연결되는 동안, 중간적인 착각의 영역은 재미와 흥미, 모험을 선택한다(1974, 240). 착각(프루이저는 문화적 현상을 지칭하기 위해 이 용어를 사용했다)은 문학, 음악, 회화, 연극, 종교 사상, 윤리적 명제와 같은 것들로 우리를 풍요롭게 한다(1974, 166). 대체로, 프루이저는 착각의 영역을 성장과 문화의 매트릭스이자 인간 정신의 시작이라고 말한다(1974, 240).

종교의 두 가지 핵심 용어는 신비로움과 초월이며, 프루이저는 위니컷의 착각의 영역에서 미스터리와 초월뿐 아니라 거룩함으로 가는 유망한 접근을 발견한다(1974, 108). 아이는 자신의 소유이며, 자신의 소중한 상징인 이행 대상(곰 인형, 포근한 담요)과 특별한 관계에 있다(1974, 111). 프루이저에 따르면, 이행 대상은 초월적이다. 즉, 이행 대상은 마음 자체가 만들어 내는 정신적 이미지와 감각 시스템의 자극을 유발하는 현실 세계가 만들어 낸 지각적 이미지 사이의 구분을 초월한다(1974, 111). 프루이저는 착각은 초월적일 뿐 아니라 신비로움 또한 수반한다고 지적한다. 이행 대상은 개인이 의문을 품지 않는 수많은 잉여 가치를 갖는다(1974, 111). 마지막으로, 착각은 거룩함을 수반한다. 이행 대상은 특별하며, 실제로 신성하다고 여겨진다(1974, 111). 외부의 대상도 내적 허구도 아닌, 거룩하고, 초월적이며, 신비로운 것이 정확히 중간적 이행 영역에서 발생한다고 프루이저는 말한다. 위니컷에 따르면, 이행 영역은 놀이(프루이저에 따르면, 마음과 세계의 무한한 놀이적 관계)의 시작이며, 그리고 무엇보다도 종교의 시작을 나타낸다.

프루이저는 종교가 외부 세계에서 주어지는 존재도, 내부의 표현할 수 없는 사적 성격의 존재도 다루지 않는다고 말한다. 한편으로 종교는 분명한 실체가 있는 세상이 아니라 궁극적인 실제 세계, 즉 '보이지 않는 현실'에 열중하는 반면, 다른 한편으로 종교는 이 땅의 모습을 바꿔 온 가시적인 공적 사건이다(1983, 152-153). 종교는 실제로 환상적이고 탁월한 대규모 사업이라는 특징을 가진다(1983, 152).

프루이저는 폴 틸리히(Paul Tillich)와 함께 그들이 지적하는 것에 속한 동적 표현이 될 상징을 찾고자 한다(1983, 154). 상징은 드러냄과 동시에 은폐함으로써 보이는 것과 보이지 않는 것 사이를 중재한다. 상징은 구체적인 세상에 한쪽 다리를 걸치고 아직 완전히 파악되지 않은 진실을 드러낼 가능성이 있다. 환상의 영역에서 적절한 기능을 행사하는 것으로 여겨지는 상징은 문화적 규범 아래서 일차적 과정을 불러일으킨다. 프루이저에 따르면, 따라서 특정한 판타지들은 한 문화에서 객관성을 얻는다. 신, 열반, 인간의 존엄성과 같은 종교적 상징이 이행 영역을 정교하게 만들고, 공유된 문화적 이상이라는 옷을 입게 된다. 프루이저의 관점에서 프로이트는 환상을 쾌락 지향적인 소원 성취로 너무 좁게 생각했다. 프루이저는 환상이란 이상적인 것이며, 단순한 소원 성취가 아니라 특정 목표를 달성하려는 요구를 강요한다고 지적한다. 문화의 살아 있는 상징 속에는 우수성 또는 완전성이라는 공통된 가치가 있다(1974, 201).

종교는 인간의 경험을 상상적이고 환상적인 독특한 개념으로 변화시킨다(1983, 165). 죽음, 죄책감, 악과 마주한 개인은 자신의 본질적인 한계와 맞닥뜨리게 되고, 종종 말문이 막힌다. 프루이저는 사람들이 이성보다 종교의 상징을 통해 이러한 경험을 더 잘 받아들일 수 있다고 쓰고 있다. 논의 중인 경험의 범위에 적합한 환상의 결과를 만드는 일은 오직 세련된 상상력만이 할 수 있는 것으로 보인다(1983, 178).

프루이저에 따르면, 믿음은 내적 현실과 외적 현실을 한데 모으는 놀이에서 생겨난다. 프루이저에게 가장 위대한 선물은 놀이와 믿음이 생기는 것이다(1974, 269). 세 번째 환상의 영역에서 개인은 불타는 덤불과 제단, 부적, 아버지와 같은 보살핌에 더는 국한되지 않는 존재의 토양, 신들의 신, 성스러운 것을 생각하게 되지만, 별과 세포에서, 진화에서 그리고 특정 과학 공식의 아름다움에서 이를 찾게 된다(1974, 241).

프루이저는 환상의 타당성이 다른 곳에 있는 것이 아니라 이행 대상과의 만남 그 자체에 있다고 본다. 예술과 마찬가지로, 종교는 그 자체에서 생겨나고, 그 자체이며, 그 자체를 생겨나게 한다(1974, 229). 프루이저는 환상 영역의 장난스럽고, 창의적이며, 통찰력 있는 사고방식은 자신만의 합의된 타당성을 갖는다고 말한다(1974, 217-218). 게다가 빈약하거나 풍부한 환상, 유치하고 세련된 종교, 나쁘고 좋은 예술이 있다. 이것은 그들 자신을 근거로 판단되어야 한다. 즉, 환상, 신화, 상상력, 상징, 예술, 종교는 다른 것과의 비교가 아니라 각각의 활동에서 발달하는 기준에 의해서 평가되어야 할 것이다(1974, 194).

프루이저는 종교적 상징으로 가득한 종교라는 환상의 영역은 자기 폐쇄적인 방향으로 또 현실적인 방향으로 왜곡되기 쉽다고 지적한다. 현실의 위험은 종교의 착각적인 사상이나 실체가 외부 현실에 속하는 것으로 취급하는 데 내재한다(1983, 166). 자기 폐쇄적인 위험은 구름 위에 앉아 인간의 행동을 감시하는 뱀파이어나 악마, 신들(gods)에 대한 이야기를 지어내는 날뛰는 종교적 상상력에 내재한다. 많은 신도가 매우 유치하고, 충동적이고, 자기 추구적이다(1974, 227). 프루이저는 자기 폐쇄적인 세상의 무한하고도 위험한 충동성을 저지하기 위해 필요에 따라 현실 지향성을 본다(1983, 176). 반면, 실증주의적 현실주의는 제3의 환상의 영역이 갖는 적절한 기능을 고려하지 못했고, 따라서 환상을 착오, 왜곡, 실수로 간주함으로써 상상력을 억누르고 인간의 잠재력을 잘라 내는 경향이 있다(1983, 176).

안나-마리아 리주토

안나-마리아 리주토(Ana-Maria Rizzuto)는 아르헨티나에서 태어나 교육받은 정신분석학자로, 자신의 저서 『The Birth of the Living God』(1979)[1]이 대상관계, 특히 신이라는 특별한 대상과의 관계에 관한 것이라고 말한다. 이 책은 주로 사례 자료를 통해 인간 삶의 과정에서 나타나는 신 표상의 후생학적 및 발달적 형성, 변형, 사용을 연구한다(1979, 182). 리주토는 신 표상(God representation)이라는 용어가 상징을 사용할 수 있는 능력을 지닌 인간이 신이라는 이름으로 모여 개인의 삶에서 얻은 경험

---

1) 역자 주: 한국어 번역본의 제목은 '살아 있는 신의 탄생'이다.

적 수준의 총체를 의미하며, 표상은 언제나 본능적이고, 자기 수용적이며, 감각적·지각적·직관적·개념적 요소를 포함한다고 말한다(1980, 122-123). 리주토는 신이 아무리 문화적으로 널리 공유되더라도, 필연적으로 부모나 다른 주요 대상과의 초기 관계로 돌아가야 한다고 제안한다. 위니컷이 이행 공간이라고 불렀던 환상의 영역에서 신은 대상 표상의 특수한 유형으로서 처음 나타난다(1979, 177). 심리학적으로 신은 환상적인 이행 대상이다. 신이 특히 두드러지게 나타나는 우리의 환상은 살아갈 쉼터를 찾기 위해 나 자신과 대상 사이에 만들어 놓은 우리 각자의 이행 공간을 조명한다(1979, 209).

리주토는 아이가 부모와의 관계를 유지하고 최소한의 유대관계와 희망을 유지하기 위해 신 표상을 적극적으로 사용한다고 말한다(1979, 202). 이러한 신 표상의 사용에서 아이는 신의 존재를 거부하기도 하는데, 이는 정확한 신 표상이 아니라 심적 이미지이며, 때로는 신에게 더 가까이 다가가기도 한다(1979, 202). 이행 대상 표상으로서 신은 더 깊이 수용되든 거부되든 영원히 그곳에 계신다(1979, 179). 리주토에 따르면, 신 표상의 정신적 유용성은 개인의 자기존중과 더불어 개인이 일차적 대상과 맺는 최소한의 관계를 보호하는 능력으로 인해 나타난다. 신 표상은 평생 우리와 함께 하며, 나아가 우리 자신과 타인, 삶 그 자체를 다룸에 있어 우리를 위해 봉사한다. 리주토에 따르면, 신은 오랫동안 본질적으로 무시될 수 있지만, 위기 중에 다시 받아들여지거나 거부될 수 있다. 따라서 신 표상은 활동적이든 휴면을 취하고 있든 정신적 통합의 지속적인 과정을 위해 영원히 이용 가능한 상태로 남아 있다(1979, 80).

리주토는 자녀들이 부모의 결점을 완화하기 위해서 신 표상을 사용하기도 한다고 지적한다. 예컨대, 부모의 비현실적인 기대를 충족시키지 못하면 아이들은 자기 자신이 잘못되었다는 느낌을 마음 깊은 곳에서 발달시킬 수 있다. 따라서 아이들은 자신을 미워하는 신의 모습을 만들어 낼 수 있으며, 이러한 방식으로 이상화된 부모의 이미지를 온전하게 보존할 수 있다. 이러한 아이들은 놀이 공간도, 자신의 판타지와 함께 쉴 수 있는 기회도 박탈당한다(Winnicott). 대신, 이 아이들의 부모는 이들에게만 열려 있는 좁은 통로 속에 아이들을 감금한다(1979, 190). 다행히 리주토는 이러한 아이들을 예외로 여긴다. 대부분의 아이들은 자신의 이행 공간을 매력적인 창조물(그중에서도 신)로 가득 채울 수 있다(1979, 190).

사회적 계급, 또래, 제도적 종교 등 다양한 요인들은 개인이(성인이든 아동이든) 자신의 신 표상에 부여하는 의미와 형태, 잠재적 사용에 영향을 미친다. 따라서 신 표상은 다양한 원천에서 비롯되지만, 신 표상의 주된 원천은 부모이다. 아이는 정말로 자신의 부모와 조용히 주고받는 상호작용 안에서 자신의 신을 창조한다(1979, 210). 신 표상의 특징은 발달 과정에서 경험하는 주 양육자와의 현실, 소망, 환상에서 찾을 수 있다(1980, 123). 따라서 곰 인형 같은 다른 이행 대상과는 달리, 신은 주로 부모를 대표하는 자료에서 창조된다(1979, 178). 예컨대, 어린아이는 성인에게 하나님이 얼마나 위대하신 분인지를 듣게 되면, 언급된 대상에 가까운 단 하나의 표상, 즉 위대한 부모라는 표상을 찾을 수 있다. 게다가 이 아이는 자신의 필요에 따라 자신의 신을 만들고 수정하는 과정에서 부모가 하는 말과 부모의 행동을 따온다(1979, 210). 리주토에 따르면, 대체로 신 표상은 부모의 특성을 많이 갖고 있으며, 그 운명은 부모와의 관계 특성에 따라 달라진다. 다른 이행 대상과 달리 아이는 신의 의미를 잃지 않고, 오히려 신은 아이에게 점점 더 중요해져서 오이디푸스 콤플렉스 경험의 절정기에 신의 호소력이 가장 높아진다고 리주토는 말한다. 신 표상은 오이디푸스 위기의 시기에 발생하지는 않지만, 이 중요한 시기에 부모의 표상이나 자신의 표상과 마찬가지로 변화를 겪는다고 한다.

또한 이는 신 표상이 겪게 되는 마지막 발달도 아니다. 끝나지 않는 내적 현실과 외적 현실을 연결하는 긴장을 생각해 볼 때(Winnicott), 신을 창조하고 찾아가는 정신적인 과정은 인생 주기 전체로 확장된다(1979, 179). 따라서 신 표상이 개인의 삶의 과정에서 종종 복잡한 방식으로 진화하며, 환상적인 이행 대상(Winnicott)으로서 유용성을 유지하고, 심지어 유용성을 획득한다고 리주토는 말한다. 실제로, 만약 신 표상이 갱신되지 않는다면, 시대에 뒤떨어지고 적응하지 못하게 되며, 어처구니없는 것이나 나와 무관한 것, 위협적인 것, 위험한 것으로 경험된다(1979, 200). 리주토는 삶에서 겪는 모든 주요한 위기, 자기 표상의 모든 주요한 변화가 신 표상을 수정할 기회를 제공한다고 말한다.

리주토는 오이디푸스 단계가 끝날 쯤이 되면 신 표상이 이별의 충격을 부드럽게 하는 데 유용함을 알게 된다. 신은 언제나 외로운 자를 위해 그곳에 계신다. 게다가, 아이는 부모보다 더 좋고 더 강력한 동맹자를 기도에 응답할 수 있는 신 안에서 발견한다(1979, 199). 청소년기는 신 표상의 힘을 극단적으로 시험한다(1979, 202). 이 시기에 많은 사람이 자신의 신을 거부한다. 자신의 신념을 지키는 사람 중에는 시대착오적인 신 표상을 고수하는 사람도 있다고 한다. 다른 이들은 자신의 욕구에 맞는 신 표상을 겨우겨우 지지하고, 따라서 발달과 양립할 수 있는 신념을 유지한다(1979, 203). 만약 신이 믿음직한 존재로 남아 있으려면, 각 발달적 위기와 함께 신 표상이 재창조되어야만 한다고 말한다. 삶이 계속 펼쳐질수록, 변해 가는 타인과의 관계에 따라 달라지는 자기 표상에 맞추어 신 표상도 이상적으로 변화한다. 리주토에 따르면, 마침내 죽음의 순간에 신 표상은 다시 돌아와 믿음의 은혜를 얻거나 마지막으로 쫓겨난다(1979, 201).

개인이 신 표상을 항상 믿는 것은 아니라는 주장은 이미 제시되었다. 신에 대한 믿음이나 불신은 삶에 적응하는 과정에서 실제로 성취하는 내적-외적 균형을 나타낸다. 리주토가 보기에 믿음과 불신은 모두 자신과 부모에 대한 자신의 이미지에 대한 충성을 표현하는데, 불신은 의심스러운 신 표상에 반하여 이러한 충성을 표현한다. 리주토에 따르면, 믿거나 믿지 않는 것은 항상 자기 자신에 대한, 또한 과거나 현재에 빚을 진 존재에 대해 갖는 우리의 정신적 표상에 대한 충성 행동이다(1980, 117).

리주토는 프로이트가 신의 기원을 부모의 표상에서 찾은 것이 옳았음을 자신의 연구가 보여 준다고 말한다. 그러나 리주토는 신 표상의 성격을 결정하는 것이 아버지만이 아님을 발견하면서 프로이트와 결별한다. 조부모, 형제자매와 마찬가지로, 어머니도 신 표상의 형성에 기여한다. 더욱이, 리주토는 신 표상의 형성에서 오이디푸스적 위기의 중추적인 역할에 동의하면서도 오이디푸스 발달 단계가 유일한 결정 요소라고 생각하지 않는다. 성숙한 대상관계를 위해 개인은 일생동안 거듭해서 보다 적절한 신 형상을 개발해야 한다. 마지막으로, 리주토는 신이 성숙한 성인도 성장할 것이라는 소원을 충족시키는 환상일 뿐이라는 프로이트의 의견에 동의하지 않는다. 심리적 현실은 놀이나 환상을 위한 이행 공간 없이는 일어날 수 없다. 오이디푸스적 해결이 잠재적으로 적합한 대상이 된 이후, 각 발달적 위기 동안 신이 발달에 맞게 변화한다면, 신은 성숙과 남은 삶을 통해서 그렇게 남아 있을 수 있다(1979, 209).

리주토는 자신의 저서 『Why Did Freud Reject God? A Psychodynamic Interpretation』(1998)에서 프로이트의 종교적 신념을 철저하게 연구했다. 이 책에서 리주

토는 다소 전통적인 믿음을 가진 소년부터 무신론인 성인에 이르기까지 프로이트의 종교적 발달을 추적한다. 리주토는 프로이트의 가족 배경과 부모에 대한 풍부한 정보를 제공하며, 프로이트와 아버지, 어머니와의 관계가 프로이트의 종교적 발달, 그리고 그의 무신론적 신념에 어떻게 영향을 미쳤는지 보여 준다. 리주토는 개인의 신 표상이 대부분 부모-자녀 관계에서 비롯되고 부모의 이미지에서 형성된다는 프로이트의 정신역동적 이론을 그대로 프로이트에게 적용함으로써, 프로이트가 어린 시절에 앞날을 내다보고 돌봄을 제공하는 신적인 존재를 믿을 수 있는 정신적 가능성을 배제했다는 결론에 도달한다.

앙투안 베르고트

벨기에의 종교심리학자인 앙투안 베르고트(Antoine Vergote)는 1962년으로 거슬러 올라가는, 부모의 형상과 신 표상의 관계에 대한 프로젝트를 착수했다. 이 프로젝트는 베르고트와 그의 동료 타마요(A. Tamayo)가 수행한 일련의 연구들로 이루어져 있으며, 『The Parental Figures and the Representation of God: A Psychological and Cross-Cultural Study』(1981)에 보고되었다. 각 18가지의 고정관념적인 모성과 부성 목록으로 구성된 부모의 의미론적 차이 척도(Semantic Differential Parental Scale)는 부모의 각 형상과 신 표상 간의 대응성을 연구하기 위해 고안되었다. 이 도구는 피험자들이 부모의 자질에 대한 36개 문항뿐 아니라 자신의 신 표상에 대해 생각해 보고 7점 척도에 따라 응답하기를 요구한다.

베르고트와 타마요의 다양한 연구는 다음과 같은 결과를 보여 준다(1981, 185-225). 아버지와 어머니는 서로 다른 차원과 서로 다른 수준의 인물 자질을 가진다. 상징적 모성 형상의 근본 요소는 언제나 곁에 있는 것, 무엇이든 이해해 주는 것, 부드러운 것이다. 어머니는 조건 없는 사랑을 표상한다(1981, 186). 조현병 환자와 범죄자 표본만이 어머니를 언제나 곁에 있는 존재로 특징짓지 않는다. 아버지 형상의 구체적 자질인 권위는 거의 항상 어머니 덕분이지만, 결코 일차적인 방식으로 그리 여겨지지는 않는다.

상징적 부성 형상의 구성요소 중 가장 중요한 것은 법과 권위 요소이다. 아버지는 법의 대리인이자 관리자이다(1981, 191-192). 하지만 조현병 환자, 범죄자, 힌두교도는 이런 식으로 아버지를 특징짓지 않는다. 일반적으로 아버지의 특징으로 여겨지는 권위는 권위주의적 성격과는 다르다. 언제나 곁에 있는 어머니의 구체적 자질은 아버지 형상에게는 부차적이다. 상징적인 부모 기능은 남녀 모두에게 동일하다고 지적된다(1981, 193). 베르고트는 아버지와 어머니가 서로 다른 특성을 가진다는 생각은 아이에 대한 두 부모의 기능이 서로 보완적임을 나타내는 것으로 보인다는 일반적인 결론을 도출한다(1981, 185).

사실상 모든 모성 문항은 근본적으로 정서적이고 언제나 곁에 있어 주는 모성 테마의 변형이다. 신 표상과 아버지 형상에서도 똑같은 모성 구조가 발견된다는 사실은 또한 모성 차원의 구조적 단순성을 드러낸다(1981, 200). 반면, 부성 문항은 권위, 동적인 힘, 지식이라는 세 차원으로 나타난다(1981, 201).

부모 형상이 신 표상을 어느 정도로 매개하는가? 베르고트는 종교 집단과 병리적 집단, 힌두교 집단을 제외하고, 신 표상 속에 놀라운 보편성이 있다고 말한다. 신 표상은 부모의 두 차원을 높은 정도로 통합한다고 보고한다. 이는 두 부모 차원을 긴장하게 하는 복잡한 통합이다(1981, 205-207). 신 표상을 형성하는 두 요인 중 모성 요인인 언제나 곁에 있음은 모든 집단에서 매우 높은 비율의 분산을 설명하는 것으로 밝혀진 반면, 아버지 요인인 법과 권위는 매우 낮은 비율을 설명하는 것으로 밝혀졌다(1981, 206). (한 집단을 제외하고) 부성적 자질보다 모성적 자질을 강조하는 신 표상은 따라서 부성적이기보다는 모성적이라고 말할 수 있다(1981, 206). 이 결과는 신이 높으신 아버지에 불과하다고 보는 프로이트의 관점과 정반대이다.

신 표상에서 가장 중요한 요소가 언제나 곁에 있어 주는 모성적 요인이라는 요인 분석적 발견에도 불구하고, 베르고트는 어머니 형상은 신 표상의 영광스러운 상징이라는 성급한 결론에 반대한다(1981, 217). 수행된 연구의 맥락에서, 베르고트는 상징화에서 부모 중 한 사람의 특권적 역량에 대해서는 최종 결정을 내릴 수 없다고 말한다. 어떤 면에서, 언제나 곁에 있는 특징을 가진 신 표상은 모성적이지만, 다른 측면에서는 신 표상이 갖는 법과 권위가 아버지 형상과 직접적으로 연결되므로 신 표상은 부성적이다. 전반적으로 베르고트는 이 질문에 대해 부모의 자질이 전이됨으로써 신 표상이 구성되기 때문에 신 표상의 복잡한 의미를 적절하게 설명하기 위해서는 더 정교한 방법이 필요하다고 결론짓는다(1981, 217).

버나드 스필카

버나드 스필카(Bernard Spilka)는 미국인의 종교행동에 대한 경험 연구를 오랫동안 주도해 왔다. 첫째, 벤슨(L. Benson)과 스필카는 신 이미지와 관련하여 신자들이 선택하는 신의 유형이 자존감과 일치한다고 믿었고, 자존감은 신 이미지를 사랑하는 것과 정적인 상관을 가질 것이며, 신 이미지를 사랑하지 않거나 거부하는 것과 부적 상관을 가질 것이라고 예측했다(1977, 210). 가톨릭 고등학교 남학생 128명이 참여한 연구에서 두 가설이 모두 확인되었다. 저자들은 이 자료가 자존감이 신 이미지의 주요 결정 요소라는 설명에 어느 정도 근거를 제공한다고 결론짓는다(1977, 220). 전 생애 주기에 걸쳐 발달하는 자기 표상이 신 표상에 영향을 미친다는 리주토(1979)의 발견과 함께, 본 연구 결과는 신 이미지를 형성하는 데 있어 부모와의 초기 경험 이외의 요소들도 고려해야 함을 시사한다.

4장에서 올포트-로스 종교 지향성 척도(Allport-Ross religious orientation scale)와 내재적-외재적 종교성 척도(intrinsic and extrinsic scales)로 측정한 내재적 종교성과 외재적 종교성 간의 대조를 언급했다. 알렌(R. O. Allen)과 스필카(1967)는 이와 비슷하게 합의-헌신적 척도(consensual and committed scale)를 통해 측정된 합의적 종교성과 헌신적 종교성을 대조한다. 합의적 종교성은 사회적으로 받아들여지는 종교의 형태를 의미하며, 헌신적 종교성은 종교의 개인적 형태를 말한다. 알렌과 스필카는 개종은 둘 중 어느 형태든 될 수 있다고 말한다. 예컨대, 합의적 개종은 그저 개신교 소속의 변화일 뿐이며, 헌신적 개종은 내재적인 태도의 변화일 뿐이다. 저자들의 연구는 종교성의 유형과 편견 사이의 연관성에 대한 앞선 연구 결과를 확인시켜 준다. 합의적 종교성은 편견의 증가와 관련이 있으며, 헌신적 종교성은 편견의 감소와 관련이 있다(4장 '종교와 편견' 참조). 더욱이, 스필카와 베르메(P. H. Werme)(1971)는 합의적 종교성 점수가 높은 사람은 무능력감과 불안 점수가 높고, 헌신적 종교성 점수가 높은 사람은 그렇지 않다고 제안한다. 저자들은 정신병리를 종교와 전반적으로 연결하기보다는 병리학의 여러 유형을 종교의 형태와 연관시키는 것이 더 현명하다고 결론 내린다.

베이트슨(Batson)과 숀레이드(P. Schoenrade), 벤티스(W. L. Ventis)는 올포트-로스 내재적 척도가 성숙한 종교에 대해 올포트가 원래 강조했던 유연성, 절대주의적 사고에 대한 회의와 저항 개념의 많은 부분을 놓치고 있다고 주장한다(1993, 161). 저자들은 정말로 내재적 종교성이 올포트의 성숙한 종교 개념에서처럼 에릭 호퍼(Erik Hoffer, 1951)의 진정한 신앙인 개념과 많은 공통점을 가질 수 있다고 제안한다(1993, 163). 따라서 내재적 종교성 척도는 정통적 신념과 실천에 대한 강렬한, 어쩌면 경직되기까지 한 헌신을 측정할 가능성이 있다(Batson, Schoenrade, & Ventis, 1993, 163). 저자들이 보기에 스필카의 종교적 관점 척도의 발달 과정에서 헌신적 종교와 관련하여 이와 비슷한 일이 발생했다. 이들은 복잡성, 유연성, 자기비판 등 헌신적 종교의 초기 개념에서 강조했던 많은 부분이 상실되었다고 주장한다(1993, 165).

올포트와 로스의 내재적 종교성 척도와 스필카의 헌신적 종교성 척도 간의 높은 정적 상관관계가 실제로 발견되었다. 베이트슨과 동료들은 내재적 종교성 척도의 9개 항목 중 7개가 헌신적 종교를 측정하는 15개 항목에 포함되어 있다는 사실을 생각하면 이러한 상관관계가 놀랍지 않다고 지적한다(1993, 165). 베이트슨과 동료들은 내재적 종교성 척도와 헌신적 종교성 척도가 명백히 동일한 것을 측정하고 있으며, 따라서 스필카 자신이 그러했던 것처럼 내재적-헌신적 지향성이라고 칭하는 것이 적절하다고 결론 내린다. 내재적 종교성 척도와 관련된 어려움을 고려하면, 베이트슨과 동료들은 이것이 양호한 발달은 아니라고 여긴다. 이들은 내재적 종교성 척도와 마찬가지로 헌신적 종교성 척도는 정통적 종교 신념에 대한 강렬한 헌신을 측정하는 척도인 것 같다고 언급한다(1993, 165-166).

다니엘 베이트슨

올포트-로스의 종교적 지향성 척도와 스필카의 종교적 관점 척도와 관련하여 제기된 문제를 고려하여, 베이트슨(C. Daniel Batson)은 추가적으로 설문 척도를 개발했다(Batson, Schoenrade, Ventis, 1993, 166-188).[2] 이 두 척도는 올포트의 내재적-외재적 종교의 구별에 기초한다. 첫째, 외부적 척도(external scale)는 다른 자기충족적 목적을 위한 수단으로서 종교를 측정하고자 한다(1993, 168). 둘째, 내부적 척도(internal scale)는 그 자체로 궁극적 목적이 되는 종교를 측정하기 위해 만들어졌다. 셋째, 새로운 척도인 탐색 척도(quest scale)는 삶의 실존적 질문에 대한 전면적인 고군분투로서의 종교를 측정하기 위한 것이다(1993, 169). 탐색 척도는 올포트-로스 내재적 종교성 척도와 스필카의 헌신적 종교성 척도에서 누락된 것으로 여겨지던 올포트의 성숙한 종교 측면을 포함하도록 고안되었다. 성숙한 종교는 복잡한 인생에서 삶의 모순과 비극에 맞설 준비가 되어 있는 것, 변화에 대한 개방성, 종교적 의심과 자기비판에 대한 긍정적 수용을 포함한다. 넷째, 새로운 척도인 정통성 척도(orthodoxy scale)는 전통 종교 교리에 대한 믿음의 정도를 측정하기 위한 것이다.

올포트의 내재적 종교성 척도와 탐색 척도 간에는 나타나지 않았지만, 내재적 종교성 척도와 정통성 척도 사이에서 정적 상관이 발견되었다. 이러한 사실은 내재적 종교성 척도가 정통파에 대한 독실한(아마도 경직된) 믿음을 측정한다는 베이트슨의 믿음을 확인하는 것으로 받아들여진다(1993, 172). 6가지 척도(올포트-로스의 내재적-외재적 종교성 척도, 베이트슨의 새로운 내부적, 외부적, 정통성, 탐색 척도)에 대한 응답을 추가로 분석한 결과, 세 가지의 독립적 차원을 밝혀냈다. (1) 주로 외재적 종교성 척도에 의해 정의되는 수단으로서의 종교 차원(외부적 척도에 의해서는 정의되지 않으며, 예상과 달리 외부적 척도와 내부적 척도는 외부적 척도와 외재적 종교성 척도보다 더 높은 정적 상관이 발견되었다), (2) 주로 탐색 척도로 정의되는 탐색으로서의 종교 차원, (3) 나머지 네 가지 척도(내재적 종교성, 외부적, 내부적, 정통성 척도)로 정의되는 목적

---

2) 역자 주: 올포트의 종교성에서는 내재적(intrinsic), 외재적(extrinsic)으로 번역하고, 베이트슨의 종교성의 경우는 내부적(internal), 외부적(external)으로 번역하였다.

으로서의 종교 차원이다.

탐색 척도와 관련하여 다음과 같은 경험적 결과가 보고되었다. 예상한 대로, 베이트슨과 레이너-프린스(L. Raynor-Prince)(1983)는 종교에 관심이 있는 학부생 35명을 대상으로 한 연구에서 인지 구조의 복잡성과 탐색 차원 사이의 유의미한 정적 상관을 발견했다. 샙과 존스(Sapp & Jones, 1986)는 도덕적 판단 수준과 탐색 차원 사이에서 유의미한 정적 상관을 발견했다. 베이트슨과 숀레이드, 벤티스는 일반적으로 정신 건강과 탐색 차원 사이에 정적 상관관계가 발견된다고 지적한다(1993, 289). 베이트슨과 동료들은 이어서 자기-제시 문제(편견이 없는 것처럼 보이도록 질문에 응답하는 문제)의 제거를 시도한 연구들이 탐색 차원과 편견 감소가 관련되어 있음을 보여 준다고 덧붙인다(1993, 329). 마지막으로, 저자들은 탐색 차원은 타인의 요구에 대한 관용과 민감성의 증가와 관련이 있다는 요약된 결론을 도출한다. 특히 탐색 차원 점수가 높은 사람은 자신을 멋있게 보이도록 하거나 자기 이익을 위해서가 아니라 타인의 안녕을 위해서 다른 사람에게 도움을 주었다고 지적한다. 내재적 종교성과 목적 종교성 점수가 높은 사람들은 자신을 멋있어 보이도록 만들기 위해서 또는 자기 이익을 위해서 타인을 돕는 특징이 나타났다(1993, 363-364).

탐색 척도는 원래 탐색 척도가 측정하고자 하는 바를 측정하고 있는가? 베이트슨과 동료들은 여러 증거들이 이 척도가 원래 측정하기 위해 고안된 것과 가까운 무언가를 실제로 측정하고 있다는 가능성을 놀랍도록 지지한다고 주장한다(1993, 180). 그러나 의견은 분분하다. 울프(D. M. Wulff)는 탐색 척도 요인 분석 결과 두 가지의 요인이 드러났다고 지적한다. 하나는 정체성 요인으로 내재적 종교성 척도 및 심리적 적응 척도와 정적 상관이 있는 것으로 밝혀졌으며, 다른 하나는 의심 요인으로 내재적 종교성 척도 및 부적응 척도와 부적 상관이 있는 것으로 밝혀졌다(1991, 237-241). 울프는 의심과 정체성에 대한 강조를 생각해 보면, 탐색 척도는 베이트슨이 자신의 연구 대부분에서 연구 대상으로 삼은 학부생들의 견해를 상당히 잘 대변할 수 있었을 것이다. 이들의 전망을 조작하는 데 있어 베이트슨이 이 분야에 진정한 지속적인 기여를 했음은 의심의 여지가 없다고 평했다(1991, 238).

왓슨(J. Watson)과 동료들(1988)은 한편으로는 탐색 척도의 점수가 나이 들수록 감소하고, 다른 한편으로는 내재적 종교성 척도의 점수는 나이 들수록 증가하는 경향이 있음을 발견했다. 이는 (삶의 실존적 질문에 대해 평안을 이룬 사람들의) 내재적 지향성과 (실존적 질문으로 여전히 어려움을 겪고 있는 사람들의) 탐색 지향성이 종교 발달의 두 단계를 나타낸다는 후드(R. W. Hood)와 모리스(R. J. Morris)(1985)의 제안을 뒷받침하는 것으로 해석된다. 따라서 탐색 지향성은 개인들이 다른 무언가를 위해 거쳐 가는 단계일 수 있다.

도나휴(M. J. Donahue, 1985)는 탐색 척도가 다른 종교성 척도와 상관관계가 없다고 지적하면서, 이 척도가 종교성을 측정하는 것이 아니라 아마도 불가지론이나 미숙한 의심을 측정하고 있다고 주장한다. 이에 대해 베이트슨과 동료들은 부분적으로 탐색 척도가 사실 불가지론 척도였으며, 탐색 척도와 정통성 척도 사이에 강한 부적 관계가 존재해야 하지만 그렇지 않다고 응수한다(1993, 170). 스필카, 코제틴(B. A. Kojetin)과 매킨토시(D. McIntosh)(1985)는 탐색 척도가 실존적 질문과 의도된 열린 결말의 대립을 측정하는 것이 아니라, 사실은 불안을 동반하는 종교적 갈등을 측정하는 것일 수 있다고 제안했다. 베이트슨과 동료들은 종교적 갈등과 탐색 차원은 서로 연결되어 있지만 동일하지는 않다고 지적하는데, 이러한 연관성은 탐색 척도의 원래 목적과 일치함을 보여 준다(1993, 180).

스타니슬라프 그로프와 현대 의식 연구

정신의학자이자 의식 연구자인 스타니슬라프 그로프(Stanislav Grof)는 LSD에 대한 개인적인 경험이 우주 의식의 심오한 경험을 유도해 비범한 의식상태에 대한 깊은 관심을 갖게 되었다고 말한다. 그 경험 이후, 그로프의 임상 작업과 연구는 이러한 상태의 (치료적·변형적·진화적) 잠재력을 체계적으로 탐구하는 데 집중되어 있다(2000, ix). 그로프는 이러한 상태를 의식의 홀로트로픽(holotropic) 상태라고 부르며 치료사로서 이 주제와 함께 수년 동안 일하고, 이 주제에 대해 폭넓게 글 쓰고 말했다.

홀로트로픽 의식상태

홀로트로픽 상태는 평범하지 않은 의식상태이다. 그로프는 홀로트로픽이란 완전성으로 향하거나 나아가는 것, 존재의 전체성을 목표로 하는 것을 의미한다고 말한다(2000, 2-3). 홀로트로픽 상태는 의식의 심화라고 표현된다. 이 상태에서는 황홀감과 깊은 행복, 공포감과 깊은 고통이 번갈아 가며 지배할 수 있다. 사람들은 자신과자연, 우주, 철학적 문제, 정신적 문제에 대한 깊은 통찰력을 얻을 수 있다. 심리적 죽음과 부활의 경험이 있을지도 모른다. 원형적·비현실적 형상과 영역이 나타날 수있다(3장 '원형과 신화' '신의 원형' 참조). 간단히 말해서, 개인은 종종 홀로그로픽 의식상태에서 다른 정신적 차원을 만난다.

그로프는 홀로트로픽 상태가 샤머니즘과 원주민 부족의 성스러운 의식에서 세계의 위대한 종교에 이르기까지 인류의 의례와 영적인 삶을 이해하는 열쇠라고 말한다(2000, 3-4). 그로프는 홀로트로픽 상태가 원형적 영역, 신, 신화, 자연의 신비로운 힘과의 직접적인 경험적 접촉을 중재하며, 우주와 존재의 영적 본성을 설명하는 우주론, 신화, 철학, 종교 체계의 주요 기원이라고 믿는다(2000, 3-4). 그로프는 고대 문화와 토착 문화가 이러한 의식상태를 가장 높이 평가해 왔으며, 이러한 의식상태를 만들어 내기 위한 안전하고 효과적인 신성한 기술을 개발하기 위해 모든 노력을 기울였다고 말한다. 이러한 마음을 바꾸는 기술은 드럼, 구호, 리듬 댄스의 조합을 사용한다. 세계의 대종교들도 마찬가지로 홀로트로픽 상태를 끌어내기 위한 신성한 기술을 개발해 왔다(2003). 이 점에서 특히 주목할 것은 요가, 선, 티베트 불교 명상 등 다양한 기술이다(2000, 12). 그로프에 따르면, 홀로트로픽 상태로 의식을 변화시키는데 특히 효과적인 것은 페요테³⁾와 같은 환각을 일으키는 식물과 물질의 의례적 사용이었다. 홀로트로픽 상태로 만드는 것은 샤머니즘의 주요 특징이며, 그로프는 이를인류의 가장 오래된 영적 체계이자 치유 예술이라고 특징짓는다(2000, 7). 또 다른 종류의 심리영적 변화는 통과의례에서 발견되는데, 이는 초심자를 다른 사람으로 변화시키려는 광범위한 관행이다(2000, 4-5).

---

3) 역자 주: 페요테 선인장에서 채취한 마약

또한 홀로트로픽 의식상태는 자발적으로 일어난다(1998, xiii). 이러한 자발적인 상태는 그로프와 그의 아내 크리스티나(Christina)가 영적인 비상상황이라고 칭한 것 중하나이다(1989). 영적 비상상황은 심리영적 위기 또는 변혁의 위기로 묘사되는데, 이를 존중하고 적절하게 지원하면 급진적인 성격 변화, 자기 발견, 치유, 일상적 기능의 향상으로 이어질 수 있다(1988, 2-3; 2000, 177). 그로프는 어렵고 도전적인 영적 비상상황이 실재하며, 이는 정신이 가진 특유의 성질이라고 믿는다. 또한 그로프는 사람들이 이러한 경험에 굴복하고 그 경험을 통해 융합되는 무의식적 자료를 완전히 지지할 것을 장려한다(2000, 19, 137). 전기적 경험, 주산기[4] 경험, 개인의 한계를 초월하는 경험들의 조합은 영적 비상상황에서 발생한다(2000, 142-143).

그로프는 영적 비상상황이 변혁을 위한 영적 여정에 필수적이라고 생각한다. 그러나 주류 정신의학은 이를 정신병으로 진단하고 약물치료를 통해 억제하고자 한다(2000, 215). 그로프는 현대의 물질주의적 과학이 오늘날 패러다임적 세계관으로서주류 심리이론과 정신의학 이론을 지배하고 있다고 지적한다. 이 관점에 따르면, 관찰할 수 있는 물질만이 실재하고, 의식은 물질적인 뇌 과정의 하찮은 부산물이나 부수적인 현상이며, 홀로트로픽 상태는 그저 환상이나 환각에 불과하므로 영성과 영적인 삶은 실제로는 존재하지 않는다(1984, 3-23). 그로프는 주류 정신의학이 경험과연구들이 제공하는 홀로트로픽 의식상태의 효과와 긍정적인 변혁의 힘에 대한 풍부한 증거를 무시함으로써 심각하게 잘못된 길을 가고 있다고 말하며, 물질주의적 가정을 단호히 거부한다. 그로프는 그 기원과 성격에 병리학적이고 의학적 개입이 필요한 평범치 않은 경험이 있음을 쉽게 인정한다. 그러나 그로프는 자발적으로 발생하는 영적 비상상황은 정신병적인 상태가 아니며, 이 경험의 영적이고 변혁적인 성격이 존중받아야 한다고 주장한다(2000, 140).

---

4) 역자 주: 임신 20주 이후부터 분만 28일 사이

홀로트로픽 상태의 계시적 힘

지금까지 홀로트로픽 경험이 의례를 통해 만들어지고, 자발적으로 발생하며, 환각 약물을 통해 화학적으로 유도될 수 있다는 그로프의 발견을 살펴보았다. 또한 홀로트로픽 경험은 홀로트로픽 호흡 치료를 통해 치료적으로 유도될 수 있다. 그로프는 자기 탐구와 영적 치유를 위해 약물 기술과 비약물 기술을 모두 사용하여 홀로트로픽 상태를 치료적으로 유도하고자 광범위하게 연구해 왔다. 이러한 연구를 통해 그로프는 의식이 존재의 일차적 속성이라는 취지의 충분한 증거를 확보했다고 주장한다(1988, 238-249, 265-273; 1998; 2000, 300). 그로프는 이와 같은 의식적 경험의 원초성에 대한 주장을 뒷받침하기 위해 홀로트로픽 상태에서 일어나는 초월적인 경험을 인용한다. 이러한 초월적 경험에는 신과의 동일시, 다른 사람과 인류 전체와의 동일시, 다른 형태의 생명체와 모든 생명과의 동일시, 더 나아가서는 비유기적인 과정과 전체 행성과의 동일시, 신화의 영역과 환상적인 풍경으로의 방문, 다양한 문화의 신과 악마, 전설적 영웅, 영혼의 지도자와의 만남 등이 있다(2000, 57, 62-63, 231). 그로프에 따르면, 홀로트로픽 상태는 우주가 우월한 우주 지능, 절대 의식(absolute consciousness) 또는 보편 정신이 생성되고 스며드는 무한히 복잡한 가상 현실이라는 비전을 제공한다(2000, 270). 그로프는 절대자는 거대하고 형언할 수 없는 의식의 영역이라고 논평한다(2000, 274; 6장 '인식과 수행' 참조). 간단히 말해서, 깊은 홀로트로픽 경험은 고대 우주 이미지의 심오한 진실을 드러낸다. 그로프는 이 진실이 대안적 현실의 진정한 경험에 바탕을 두고 있으며, 환각, 마법적 사고, 미신에서 비롯되는 것이 아니라고 주장한다(2000, 271).

그로프는 개인을 초월하는 경험의 스펙트럼은 지극히 풍부하고, 여러 갈래로 뻗어 있으며, 다양한 종류로 이루어져 있을 뿐 아니라 일상적인 현실을 지배하는 것과는 다른 형태의 법칙과 원칙에 의해 지배되는 현실의 차원을 포함한다고 썼다(1988, 40). 그로프는 평범한 의식상태는 그저 특정 범위의 현실에만 도달할 수 있다고 말한다. 반면, 홀로트로픽 의식상태는 현실의 나머지 측면에 도달할 수 있으며, 다른 차원의 존재 속에 든 내용물을 우리에게 보여 줄 수 있다(1988, 38-39). 우리는 스스로를 껍데기 속 내면을 가진 분리된 사람으로 생각하고, 시공간적으로 정해진 경계를 가진 육체에 묶여 있으며, 감각을 통해 저 밖의 물리적인 세계를 뛰어다닐 수 있다고 본다(1984, 18; 6장 '자아' 참조). 따라서 그로프는 우리가 홀로트로픽 상태에 있을 때 우리의 비좁은 신체와 자아(ego) 사이의 동일시를 느슨하게 하고 우리의 완전한 정체성, 즉 신성한 내면을 되찾아 올 능력이 생긴다고 본다(2000, 2, 209, 270, 290-291). 자아초월 심리학(transpersonal psychology)은 의식이 개인의 단순한 소유물이 아니며 개인이 자아를 초월하여 의식에 속한다고 가르친다. 그로프는 따라서 공간, 시간, 평범한 인과관계를 초월한 의식 안에 속한 개인이 우주 전체에 접근할 수 있는 잠재력을 갖고 있으며, 어떤 의미에서는 우주 전체라고 말한다(2000, 69). 따라서 우리가 깊은 자아탐구를 할 때, 우리에게는 분리된 자아가 없으며, 우리의 진정한 정체성은 우주적 근원, 절대자, 우리의 신성한 본성과의 동일시에 있음을 깨달을 수 있다. 그로프의 생각에, 홀로트로픽 상태의 계시적 힘의 절정은 이 우주적 관계, 즉 우주 의식(cosmic consciousness)을 경험하고 살아가는 데 있다.

인간 정신의 지도

그로프는 학문적 정신의학이 개인의 중요한 삶의 역사를 출생 이후 개인의 전기적 사건과 프로이트적 개인 무의식으로 제한했다고 논평한다(2000, 20). 하지만 이미 제안하였듯이, 그로프는 홀로트로픽 상태의 경험과 관련된 관찰 기록을 설명하기 위해서 인간 정신에 대해 훨씬 더 광범위한 관점을 취해야 할 뿐만 아니라 의식에 대한 이해를 근본적으로 수정할 필요가 있다고 생각한다. 이를 위해 그로프는 인간 정신의 지도를 고안(cartography)했는데, 이 지도는 출생 후 전기적 차원의 영역뿐 아니라 생물학적 차원을 초월하는 두 개의 영역을 그려 낸다. 주산기 영역은 출생 및 심각한 출생 트라우마와 관련된 영역이며, 자아초월 영역은 자연과 개인의 다양한 경험적 동일시를 설명하고, 개인의 일생을 넘어서서 닿게 되는 기억뿐 아니라 원형적 존재와 신화적 환상의 원천이 되는 영역이다(1988, 1-169; 2000, 20-69).

정신의 출생 후 전기적 차원

전통적 정신의학이 독점적으로 다루고 있는 정신의 출생 후 전기적(biographical) 영역은 태어난 이후 삶의 기억으로 구성되며, 개인 무의식을 구성하는 잊혀지거나 능동적으로 억압된 삶의 자료들과 매우 일치한다(2000, 21-22). 그러나 홀로트로픽 상태를 다룬 그로프의 연구는 언어 심리치료를 사용하여 조사자가 일반적으로 간과하는 개인 전기의 측면, 즉 의미 있는 삶의 사건과 관련된 원래의 감정과 감각, 인식을 새롭게 경험(익사할 뻔했던 사건 등 신체적 외상의 재경험을 포함)하는 측면을 포함함으로써 이러한 전기적 수준을 확장할 필요가 있다고 보았다.

정신의 주산기 차원

정신의 주산기(perinatal) 차원을 주로 구성하는 것은 출생과 죽음이라는 쌍둥이 같은 현상이다(1988, 6). 그로프에 따르면, 홀로트로픽 상태를 유도하여 진행되는 경험적 심리치료는 생물학적 출생이 우리의 기억에 자세히 저장되어 있으며, 생물학적 출생이 우리의 전체 심리 발달에 깊이 영향을 미치는 중요한 심리영적 사건, 즉 우리 생애 가장 깊은 트라우마를 구성하고 있음을 보여 준다(2000, 31-32). 따라서 이 충격적인 사건을 새롭게 경험하고 우리의 삶에 통합하는 것은 경험적 심리치료와 자기 발견을 위한 모험에 있어서 매우 중요한 것으로 보인다. 그로프는 이러한 재경험이 단순히 과거의 사건을 정신적으로 되새기는 것이 아니며 오히려 죽음과 부활이라는 실제적인 정신적 사건이라고 말한다. 이 사건은 격렬한 감정과 육체적 감각(생물학적 탄생 시 겪는 불안, 생물학적 분노, 육체적 고통, 질식, 태어나기 위해 고군분투하며 겪는 삶의 고통과 위협)을 수반하는 것으로 묘사된다(2000, 29-32, 52).

죽고 태어나는 이 심리영적 사건들에서 자아(ego)는 죽는다(2000, 52-54). 그로프는 우리 자신의 정체성과 세상의 성질에 대한 오래된 관념, 즉 우리의 오래된 프로그램이자 우리 인생의 오래된 매트릭스가 죽는다고 말한다. 그로프는 우리의 오래된 자아(ego)가 우리의 진짜 자기(self)로 가장한 것이며, 실제로는 거짓이라고 말한다. 이 자아의 죽음, 즉 우리가 알고 지내 온 모든 것의 죽음은 무섭지만 깊은 치유이기도 하다. 우리는 심리영적 죽음 이후 다시 태어나 영적 개방과 황홀함을 겪으며, 새로운 신성한 본성과 우주적 지위를 얻은 느낌을 갖게 된다(2000, 33, 54).

그로프는 정서적 · 심리적 · 정신병적 장애 증상의 깊은 뿌리가 출생 후 전기적 영역과 자아초월 영역의 복잡한 상호작용과 주산기 영역에 있다고 말한다(언급된 정신적 증상과 정신적, 신체적 장애로는 공포증, 전환 히스테리, 강박 신경증, 우울증, 성적 장애가 있다)(2000, 73-136). 주산기 영역뿐 아니라 자아초월 영역에도 있는 이러한 증상의 복잡한 뿌리는 증상의 내용과 강력한 힘을 설명한다. 악의적 공격성과 만족할 줄 모르는 탐욕은 모두 어린 시절의 트라우마와 좌절로 거슬러 올라갈 뿐만 아니라 정신의 주산기 차원과도 상당한 관련이 있음을 현대 의식 연구가 보여 주고 있다고 그로프는 덧붙인다(2001, 92, 94).

정신의 자아초월 차원

그로프는 홀로트로픽 상태가 진지하게 고려될 때 전기적 영역과 주산기 영역 너머에 인간 정신의 지도에 포함되어야 할 정신의 또 다른 주요 영역이 있다고 보았으며, 이를 자아초월(transpersonal) 영역이라고 불렀다(1988, 37; 3장 '집단무의식' 참조). 자아초월 심리학은 영적 경험의 실체를 그 자체로 인정할 뿐만 아니라 그것이 우리 삶에 매우 중요하며 우리가 그러한 경험에 대한 근본적인 욕구를 가진다고 주장한다(1998, 237; 2000, 217). 자아초월적 상태의 특징은 크게 향상된 인식과 감정, 철학적 통찰력, 영적 본성에 대한 통찰력, 명확한 사고이다(2000, 110-111). 그로프는 이러한 비범한 상태가 환각제의 영향 아래에서, 경험적 심리치료에서, 죽음에 가까운 경험에서, 영적 비상상황에서, 명상에서 일어난다고 말한다(2000, 68). 정의에 따르면, 자아초월 경험은 문화적 관습과 현대 정신의학에서 정의되는 평범하고 정상적인 경험과는 대조적이다. 이러한 경험이 우리 자신과 전체적인 현실에 대해 드러내는 것의 요지는 앞에서 설명하였다.

그로프는 정신의 자아초월적 차원이 언제나 바람직한 결과와 연관되는 것은 아니라고 지적한다. 예컨대, 자아초월적 차원은 정신적 · 신체적 장애의 기저를 이루며, 신과 악마, 외계 존재가 개인을 만나는 정신병 상태의 원인임이 밝혀졌다(2000, 135-36). 그로프는 신비주의자와 정신병자의 차이는 자아초월적 경험의 성질과 내용이 아니라 이러한 경험에 대한 개인의 성격과 태도에 있다고 덧붙인다. 신비주의자에게 자아초월 경험은 영적 여정에 대한 도전이지만, 정신병자에게는 공포이다.

홀로트로픽 상태의 잠재적 치유력

우리가 살펴보았듯이, 홀로트로픽 의식상태는 영적인 것이 실재하며 영적인 것이 인간 정신과 전체 우주의 본질적인 특징임을 그로프에게 보여 준다. 그로프는 이러한 통찰이 정신의학 이론과 실제에 지대한 영향을 미치며, 광범위한 응용을 보증한다고 말한다(1988, 249-265). 실제로, 그로프는 홀로트로픽 치료의 주요 공헌이 비정상적인 의식상태의 치유적·변형적·진화적 잠재력에 대한 인식에 있다고 본다(1988, 267). 그로프는 개인적 치유든 집단적 치유든 치유는 심리 장애가 주산기 영역과 자아초월 영역에 뿌리를 두고 있는 정도까지, 치료 메커니즘이 작동하는 것으로 보이는 정도까지 이 영역에 깊이 들어가는 것이라고 언급한다(2000, 130).

그로프는 홀로트로픽 작업의 큰 치유 가능성을 고려하여 다수의 효과적인 심리치료법이 개발되었다고 말한다(1988, 250; 2000, 178-183, 231). 그로프는 고대와 원주민 형태 영적 치유의 현대적 버전과 같은 치료법을 통해 홀로트로픽 상태를 유도한다(2000, 18). 그로프는 언어 심리치료로는 개인의 전기와 개인 무의식에 국한되어 그들이 치료하고자 하는 문제의 더 깊은 뿌리에 도달할 수 없다고 주장한다(2000, 178). 언어 교류와 지적 분석이 아니라 경험적 치료법이 감정의 직접 경험과 표현을 강조하는 것으로 묘사된다. 여기서 사용되는 기술의 목적은 우선 무의식을 활성화하고 정서적·심리적·신체적 증상에 묶여 있는 에너지를 해방한 다음 방출된 에너지를 흘러가는 경험으로 변환하는 것이다(1988, 166).

그로프에 따르면, 홀로트로픽 치료의 기본 원리는 사람들이 자연적으로 완전성을 지향한다는 것이다. 즉, 사람들은 원래 자연적으로 홀로트로픽 지향적이지만, 우리의 문화가 이들의 진정한 잠재력 중 일부만을 실현하도록 촉진한다는 것이다(2000, 181-82). 따라서 홀로트로픽 치료는 유기체가 자연적으로 전체가 되는 것을 추구한다고 여기기 때문에, 정서적·심리적·신체적 증상을 유기체가 스스로를 치유하기 위한 시도로 간주한다(2000, 179). 그로프는 홀로트로픽 작업의 일반적인 전략은 신체에 내재한 지혜에 신뢰를 두고 내면의 단서를 따라 치유 과정의 자율성과 자발성에 대한 존중을 키우는 것이라고 논한다(2000, 185). 그러므로 경험적 치료는 내면의 치유자를 활성화하려고 한다. 치료사는 기본적으로 자발적으로 발생하는 과정을 지원하고 수용하는 촉진자 역할과 적절한 내용을 선택하기 위해 내담자의 내적 레이더에 의존하는 역할을 맡는다(2000, 28). 그로프는 "홀로트로픽 치료의 본질은······ 과정 그 자체가 각 회기에서 그 시간에 정서적으로 가장 관련 있는 소재를 자동으로 선택하는 것이다(1988, 206)."라고 쓴다. 그로프는 정신의 주산기 차원과 자아초월 차원의 뚜껑을 벗겨내는 것은 바로 이 소재의 자동적 선택이라고 말한다.

홀로트로픽 치료는 큰 효과가 있으며, 단 몇 시간 만에 상당한 변화를 가져오는 것으로 나타났다. 다음은 그로프가 경험적 심리치료에서 발생하는 주요 치료 효과 중 일부를 강조한다. 홀로트로픽 치료는 많은 정신적 문제를 개선하는 것으로 밝혀졌다(2000, 181). 경험적 심리치료는 다양한 정신질환의 극적이고 지속적인 개선으로 이어진다(2000, 130). 신체적 트라우마, 특히 출생 트라우마의 재경험은 매우 효과적인 치유 메커니즘으로 나타났다. 죽음과 부활이라는 심리영적인 사건은 개인의 출생 후 전기적 차원에 초점을 맞춘 모든 심리치료에 저항했던 정서적·심리적·신체적·대인관계적 문제에 극적인 개선을 가져왔다(1988, 234). 주산기 차원과 자아초월 차원에서의 깊은 내면의 자기 탐구는 공격적 충동과 자기 파괴적 충동을 모두 크게 감소시켰다(2003, 104). 홀로트로픽 치료는 연민과 관용, 생명에 대한 존경, 환경에 대한 민감성을 키웠다.

홀로트로픽 호흡 치료

홀로트로픽 호흡 치료는 그로프와 그의 아내가 개발한 일종의 경험적 심리치료법이다(1988, 165-219; 2000, 183-205). 비범한 의식상태에 정통한 중독 치료사 카일라 테일러(Kylea Taylor)는 "호흡 치료는 자발적 치유를 위해 우리의 몸과 마음, 영혼을 동원하고자 사용되는 다양한 기술과 결합된 호흡을 사용하는 시스템을 현대적으로 일컫는 용어이다."(1994, 3)라고 쓰고 있다. 그로프는 홀로트로픽 호흡 치료란 빠르게 확장된 호흡, 좋은 생각을 불러일으키는 음악, 필요한 경우에는 회기를 마치기 위한 신체 활동의 조합을 통해 강력한 홀로트로픽 상태를 유도하는 것이라고 설명한다(2000, 183).

그로프는 의식이 요가나 불교 명상에서 발견할 수 있는 특정한 호흡 기법에 영향을 받을 수 있음은 오래전부터 알려진 사실이라고 말한다. 더 빠르고 효과적인 호흡은 비정상적인 의식상태를 유도하며, 그로프는 이러한 상태가 효과적으로 스트레스를 줄이고 정서적·심리적·신체적 치유를 촉진하는 것으로 밝혀졌다고 말한다. 홀로트로픽 호흡 치료는 방어를 느슨하게 하여 막힌 에너지를 방출하고, 무의식적이고 초의식적인 소재를 표면으로 끌어올린다(1988, 170-184; 2000, 188-203). 호흡 치료 중 적절한 음악은 억압된 기억과 관련된 감정을 자극하여 이를 밖으로 끌어내는 데 도움을 준다. 개인이 자연스럽고 단순한 방식으로 음악에 굴복하고, 음악이 끄집어내는 것을 완전히 표현하고, 음악의 흐름과 호흡 리듬, 떠오르는 모든 경험을 분석하려 하거나 바꾸려 하지 않고 과정을 신뢰하며 이에 굴복할 것을 독려한다(1988, 186, 208). 그로프는 음악과 빠른 호흡의 결합이 마음을 바꾸고 치유하는 데 두드러진 효과가 있다고 말한다. 유의해야 할 점은 훈련된 치료사 없이는 홀로트로픽 호흡 치료를 수행할 수 없다는 것이다.

참고문헌

Allen, R. O., and B. Spilka. "Committed and Consensual Religion: A Specification of Religion-Prejudice Relationships." *Journal for the Scientific Study of Religion* 6 (1967): 191-206.

Batson, C. D., and L. Raynor-Prince. "Religious Orientation and Complexity of Thought about Existential Concerns." *Journal for the Scientific Study of Religion* 22 (1983): 38-50.

Batson, C. D., P. Schoenrade, and W. L. Ventis. *The Religious Experience: A Social-Psychological Perspective*. New York: Oxford University Press, 1993.

Benson, L., and B. P. Spilka. "God-Image as a Function of Self-Esteem and Locus of Control." In *Current Perspectives in the Psychology of Religion*, ed. H. N. Malony, 209-24. Grand Rapids, MI: Eerdmans, 1977.

Donahue, M. J. "Intrinsic and Extrinsic Religiousness: Review and Meta-Analysis." *Journal of Personality and Social Psychology* 48 (1985): 400-19.

Grof, S. (ed.). *Ancient Wisdom and Modern Science*. Albany: State University of New York

Press, 1984.

Grof, S. *The Adventure of Self-Discovery*. Albany: State University of New York Press, 1988.

Grof, S. *The Cosmic Game: Explorations of the Frontiers of Human Consciousness*. Albany: State University of New York Press, 1998.

Grof, S. *Psychology of the Future: Lessons from Modern Consciousness Research*. Albany: State University of New York Press, 2000.

Grof, S. "Consciousness Evolution and Planetary Survival: Psychological Roots of Human Violence and Greed." *International Journal of Humanities and Peace* 17 (2001): 89-99.

Grof, S. "Technologies of the Sacred, Part Three." *International Journal of Humanities and Peace* 19 (2003): 104-106.

Grof, S., and C. Grof (eds.). *Spiritual Emergency: When Personal Transformation Becomes a Crisis*. Los Angeles: J. P. Tarcher, 1989.

Grof, S. *Between Belief and Unbelief*. New York: Harper and Row, 1974.

Grof, S. *The Play of the Imagination: Toward a Psychoanalysis of Culture*. New York: International Universities Press, 1983.

Grof, S. "The Psychological Foundations of Belief in God." In *Toward Moral and Religious Maturity*, ed. C. Brusselmans, 115-35. Morristown, NJ: Silver Burdett, 1980.

Grof, S. *Why Did Freud Reject God? A Psychodynamic Interpretation*. New Haven, CT: Yale University Press, 1998.

Hoffer, E. *The True Believer*. New York: Harper and Row, 1951. Hood, R. W., Jr., and R. J. Morris. "Conceptualization of Quest: A Critical Rejoinder to Batson." *Review of Religious Research* 26 (1985): 391-97.

Pruyser, W. *A Dynamic Psychology of Religion*. New York: Harper and Row, 1968.

Rizzuto, A.-M. *The Birth of the Living God: A Psychoanalytic Study*. Chicago: University of Chicago Press, 1979.

Sapp, G. L., and L. Jones. "Religious Orientation and Moral Judgment." *Journal for the Scientific Study of Religion* 25 (1986): 208-14.

Spilka, B., B. A. Kojetin, and D. McIntosh. "Forms and Measures of Personal Faith: Question, Correlates and Distinctions." *Journal for the Scientific Study of Religion* 24 (1985): 437-42.

Spilka, B., and P. H. Werme. "Religion and Mental Disorder: A Research Perspective." In *Research on Religious Development: A Comprehensive Handbook*, ed. M. P. Strommen, 461-81. New York: Hawthorne, 1971.

Taylor, K. *The Breathwork Experience: Exploration and Healing in Nonordinary States of Consciousness*. Santa Cruz, CA: Hanford Mead Publishers, 1994.

Vergote, A. "The Dynamics of the Family and Its Significance for Moral and Religious Development." In *Toward Moral and Religious Maturity*, ed. C. Brusselmans, 90-114. Morristown, NJ: Silver Burdett, 1980.

Vergote, A., and A. Tamayo (eds.). *The Parental Figures and the Representation of God: A Psychological and Cross-Cultural Study*. New York: Mouton, 1981.

Watson, J., R. Howard, R. W. Hood Jr., and R. J. Morris. "Age and Religious Orientation." *Review of Religious Research* 29 (1988): 271-80.

Winnicott, D. W. *Playing and Reality*. New York: Basic Books, 1971.

Wulff, D. M. *Psychology and Religion: Classic and Contemporary Views*. New York: Wiley, 1991.

10

여성주의
종교심리학

10
여성주의 종교심리학

이 장에서는 종교심리학 내의 광범위한 페미니즘적 접근을 다룬다. 특히 주의 깊게 살펴봐야 할 주요 주제는 종교와 특정 심리학의 남성중심적/여성혐오적 편견에 대한 비평, 여성의 목소리를 듣는 것의 중요성, 에릭 에릭슨(Erik Erikson)의 여성적 성적 양식(feminine sexual mode)에 대한 선호, 페미니즘 발전에서 지그문트 프로이트가 제시한 물리주의의 역할, 그리고 일부 페미니스트들이 강조하는 대상관계 이론이다.

다이앤 종파세: 페미니스트 비평가, 포용주의자, 분석가

산타 클라라 대학교의 종교심리학 교수인 다이앤 종파세(Diane Jonte-Pace)는 자신의 종교심리학 페미니스트 연구 보고서에서 페미니스트 이론과 종교심리학 방법론이 최근 수십 년간 번창해 왔고, 또 널리 인정받아 왔다고 말한다(2001, 141). 종파세는 종교심리학에서 페미니스트 연구를 세 가지로 분류하는데, 이는 바로 페미니스트 비평, 페미니스트 분석, 페미니스트 포용주의이다(2001, 129). 종파세는 페미니스트 비평가들이 남성중심적 이론과 방법론을 드러내고 이에 도전장을 내밀었다고 본다.

페미니스트 분석가는 한편으로는 문화와 종교가 어떻게 성별을 구성했는지 보여 주었고, 다른 한편으로는 성별이 종교와 문화에서 어떻게 구성되는지 보여 주었다. 그리고 페미니스트 포용주의자는 여성의 종교적 삶과 경험을 연구하기 위한 이론과 방법론을 창시했다.

종파세는 이 세 가지 연구 각각이 종교심리학의 중요 주제에 어떻게 반응했는지 조사한다. 프로이트의 도덕의 심리적 기원에 대한 연구, 칼 융의 신의 형상 재구성, 의식의 정신역동에 대한 대상관계 이론이 바로 그것이다. 종파세는 후기 구조주의학자인 줄리아 크리스테바(Julia Kristeva)의 분석적이고 포괄적인 여성주의 종교심리학 연구가 이 세 주제를 조사하는 데 어떻게 기여했는지 설명하면서 자신의 에세이를 마무리한다. 종파세는 자신이 조사한 세 종류의 페미니스트 연구가 종교를 다룬 심리적 연구에 막대한 영향을 미쳤다고 종합한다(2001, 141).

도덕에 관한 프로이트의 심리학적 기원에 대한 페미니스트의 반응

종파세가 정통적인 페미니스트 비평가라 부르는 캐롤 길리건(Carol Gilligan)은 여성은 진정한 도덕성을 가지지 못하며, 남성만이 완전한 도덕적 발달을 이룰 수 있다는 프로이트의 견해를 거부한다(2001, 130-131). 길리건은 프로이트의 남성주의적 오이디푸스 이론, 즉 남근이 도덕 발달과 문화적 발달에 매우 중요하다는 이론에서 오류를 찾아낸다. 길리건은 프로이트가 이러한 이론적 선입견에 근거하였기 때문에 여성을 남성 성기와 남성적 역사가 부재한 존재, 발달적 실패의 운명을 타고났으며, 이해할 수 없는 존재로밖에 볼 수 없었다고 말한다. 길리건의 접근은 다음 별도의 절에서 다루겠다.

저명한 페미니즘 분석가인 주디스 반 헤릭(Judith van Herik)은 문화와 종교 이론이라는 넓은 맥락에서 프로이트의 남성적이고 여성적인 논의, 즉 본질적으로 여성 혐오적인 프로이트의 관점을 분석한다(2001, 131-132). 반 헤릭은 프로이트가 한편으로 소원 성취(환상)와 그리스도교를 연관시키고, 소원 성취와 그리스도교 모두를 여성성과 연관시켰다고 지적하였으며, 또 다른 한편으로는 소원 성취의 포기(금욕)와 유대인의 도덕성을 연관시키고, 소원 성취의 포기와 유대인의 도덕성 모두를 남성성과 연관시켰다고 지적했다. 프로이트는 더 나아가 종교 이후의, 도덕적으로 금욕하는, 과학적 합리성에서 더 고귀한 남성성을 찾아냈다(2001, 132). 광범위한 문화적 패턴은 다음과 같이 구별된다. 한쪽은 소원 성취와 그리스도교라는 열등하고 여성적인 부분이고, 다른 한쪽은 금욕, 유대인의 도덕성, 과학적 합리성이라는 남성적인 삼위일체이다. 길리건은 프로이트가 단순히 여성을 이해하는 데 실패했다고 비판하는 바로 그 지점을 반 헤릭이 분석적으로 해석하여, 프로이트의 이상적 도덕성에 대한 남성성 분석은 종교와 문화에 대한 프로이트 이론 전체가 젠더화되어 있음을 드러내 보여 준다고 종파세는 말한다(2001, 132). 종파세는 제이 겔러(Jay Geller)를 또 다른 중요한 페미니스트 분석가로 분류하였는데, 겔러는 프로이트의 그리스도교의 여성화와 유대인 도덕성의 남성화를 주장했던 반 헤릭의 논지 이해를 돕는 문화적·심리적 맥락을 제공한다. 겔러는 프로이트가 반유대적이고 여성혐오적인 세상에 사는 유대인 남성, 즉 여성화된 유대인 남성이라고 말한다(2001, 132). 그녀의 관점에서, 프로이트는 소원 성취 그리스도교라는 심리적 여성성과 금욕적인 유대교 도덕성과 지성이라는 심리적 남성성을 지적함으로써 이 모든 것을 뒤집는다(2001, 132).

융의 신의 형상 재구성에 대한 페미니스트의 반응

종파세는 칼 융이 원형적인 여성(the archetypal feminine), 즉 무의식의 관계적인 에로스 측면(2001, 133-134)을 포함하기 위해 그리스도교 신 이미지의 주요한 개혁을 주창했다고 지적한다. 1980년대 후반 이전에 융 심리학은 페미니스트적 접근과 양립할 수 있는 것으로 보였다. 그 당시 학문에 여성을 포함시키려 했던 수많은 페미니스트 포용주의자들이 여성 상징에 대한 융의 견해를 지지했다. 일방적인 남성적 문화와 종교에 대한 융의 비평은 가부장적(아버지/남성이 지배하는) 문화와 남성 신 이미지에 대한 페미니스트 비평과 일치한다고 여겨진다(2001, 135). 종파세는 그러나 많은 페미니스트 비평가가 겉보기에는 포용주의적인 여성 이미지와 상징이 사실은 이원적이고, 여성혐오적이며, 성차별적인 관점을 지니고 있음을 깨달으면서 이러한 접근법이 도전받게 되었다고 말한다. 즉, 원형적 여성 개념이 실제로는 여성 열등감을 가정하고 영속화하는 것이다.

종파세는 나오미 골든버그(Naomi Goldenberg)가 융 심리학에 대한 페미니스트적 관심의 두 가지 물결 모두를 살아온 것으로 묘사한다. 그녀는 융 심리학의 포용주의, 즉 신의 형상의 여성성을 되돌리는 것에 헌신하였으나, 이후 융의 원형 이론을 신랄하게 비판했다(2001, 135-136). 골든버그는 융이 여성성에 높은 가치를 두었지만, 에로스가 여성의 고유 영역이며, 여성이 머물러야만 할 곳이라고 주장함으로써 여성을 가치 있는 존재로 여기지는 않았다고 지적한다.

의식의 심리학적 기원을 다룬 대상관계 이론에 대한 페미니스트의 반응

종파세에 따르면, 대상관계 이론은 인간의 상호관계에서 인간 발달의 중심성과 대상(object), 즉 타인과 타인에 대한 이미지의 중요성을 다루며, 특히 오이디푸스 콤플렉스가 시작되기 전인 생애 초기 몇 년 동안의 어머니와 아이 사이의 관계를 다룬다(2001, 136, 9장 '도널드 위니컷' 참조). 프로이트가 신, 의식, 도덕성의 기원을 아버지와 오이디푸스 콤플렉스에서 찾아내지만, 대상관계 이론가는 종교적 이념과 관행 뒤에 있는, 대체로 사랑을 주는 자비로운 어머니에게서 찾는다(2001, 136-137). 종교심리학에서 초기 대상관계 페미니스트들은 포용주의자로 알려졌지만, 이후 분석가로 알려져 있다. 종교에 대한 많은 대상관계 연구들은 그리스도교의 성찬식이나 미사 같은 의식을 다루었다.

정통 프로이트 정신분석의 반종교적 취지와는 대조적으로, 포용주의적 대상관계 접근은 종교가 일반적으로 가치 있고, 적응적이며, 온화하고, 믿음, 신비주의, 신 표상을 제공하는 좋은 또는 충분히 좋은 엄마와의 사랑하는 관계로 여긴다고 종파세는 말한다(2001, 137). 메리 엘렌 로스(Mary Ellen Ross)와 셰럴 린 로스(Cheryl Lynn Ross)는 이러한 긍정적 포용주의 연구에 참여하여 온화한 종교적 경험 뒤에 있는 어머니와의 온화한 관계를 찾아냈다(2001, 138). 예컨대, 그들은 성찬식에서 풍요로움, 통일성과 같은 전기 오이디푸스적 요소의 표현을 발견한다.

반면, 분석적 대상관계 접근은 어머니와의 관계에서 나타나는 불안이 종교적 환상과 파괴적이고 복수심에 불타는 여성에 대한 두려움을 낳는다고 가정한다(2001, 137). 금욕주의와 의식에서의 희생은 어머니에 대한 두려움이나 어머니의 몸에 대한 불안, 어머니 또는 어머니의 정체성과 분리되는 것에 대한 불안을 드러낸다. 분석가 윌리엄 비어스(William Beers)는 여성혐오증이 성찬식(2001, 137-138)의 근간이 된다는 것을 발견한다. 그는 성찬식을 희생으로 여기고, 희생이 남성 권력의 이익에 기여하는 것이며 여성을 지배한다고 본다. 그는 희생을 행하는 사람은 주로 남성이며, 이러한 우위가 남성 혈통을 보호한다고 지적한다(부계 계승). 윌리엄 비어스는 더 나아가서 초년에 어머니와의 관계에서 발생한 남성 불안이 성찬식에서 이뤄지는 유혈 의식(ritual bloodshed)에서 사회적으로 체계화되고 통제된 표현을 발견한다고 주장한다. 더구나 의식에서의 폭력은 남성 연대감을 강화하고 남성과 여성을 멀어지게 한다.

종파세는 켈리 라브(Kelley Raab)가 분석적이고 포괄적인 페미니즘 대상관계를 예시하고 있음을 알아냈다(2001, 138). 라브는 성찬식에서 벌어지는 성 전도(gender reversal)를 발견한다. 여기서 남성은 여성의 기능을 맡음으로써 여성과 동일시하고, 동시에 여성이 이러한 기능을 수행하는 것을 금지한다. 라브는 이러한 전도의 근원을 남성의 질투와 아이를 낳고 기르는 여성의 능력에 대한 두려움에서 찾는다. 그녀는 계속해서 여성이 사제로서 성직 서임을 하는 것과 여성이 성찬식을 집행하는 것의 정당성을 입증하고 있다.

줄리아 크리스테바의 윤리, 신의 형상과 의식

『Ethics, Ritual, and God-Image Re-examined: A Kristevan Approach』라는 제목으로 종파세는 프랑스 정신분석학자 줄리아 크리스테바(Julia Kristeva)의 종교심리학적 측면을 그린다. 여기서 줄리아 크리스테바는 분석적 연구와 포용주의적 연구를 모두 포괄하는 것으로 묘사된다(2001, 139). 종파세는 최근 수십 년 동안의 후기 구조주의 운동이 보편적이고 절대적인 진리에 대한 모든 주장을 거부하고, 대신 문화, 성별, 사고를 형성하는 데 미치는 언어의 막대한 영향을 전면에 내세운다고 말한다. 종파세는 크리스테바가 문화, 성별, 무의식, 종교가 앞에서 언급된 주제, 즉 도덕, 의식, 신의 형상에 어떤 역할을 하는지에 대한 새로운 질문을 던짐으로써 여성학 전반적인 영역뿐 아니라 특히 종교에 대한 후기 구조주의 페미니스트 연구에 영향을 미쳤다고 본다(2001, 141). 종파세는 크리스테바가 종교의 추정된 절대적인 기원보다는 개인과 사회에 미치는 종교의 기능과 영향에 더 관심이 있다고 본다. 종파세에 따르면, 대상관계 이론 분석가와 마찬가지로, 크리스테바는 의례(ritual)가 어머니에게서 자신의 모든 정체성을 돌이킬 수 없이 잃어버리는 것에 대한 두려움을 물리침으로써 어머니에 대한 원시적인 (그리고 무서운) 혐오를 억압하는 역할을 한다고 보았다(2001, 139 - 140). 신의 형상에 대해 말하자면, 포용주의적 대상관계 페미니즘과 마찬가지로 크리스테바는 모성애 그릇(maternal container)과도 같은 사랑에 관한 인간의 초기 경험에서 종교적 믿음과 정신분석적 치료의 원료를 찾는다(2001, 140). 예컨대, 크리스테바는 하나님 아버지의 형상에서 모성의 핵심을 찾는다. 마지막으로, 도덕성과 관련하여 크리스테바는 다시 포용주의적 대상관계 페미니즘 이론을 반복하며 인간 도덕성과 상호관계성을 뒷받침하는 타인에 대한 감각을 조사한다. 자기 그 자체가 아이와 엄마 둘로 이루어진 하나의 관계(two-in-one relationship)에서 비롯된 것으로 보인다.

메리 달리: 하나님 아버지 너머에 있는

신성한 남성 - 열등한 여성

급진적 페미니스트 신학자 메리 달리(Mary Daly)는 1973년 자신의 저서『Beyond God the Father: Toward a Philosophy of Women's Liberation』에서 신을 위한 전통적인 서구 상징주의의 배타적인 남성성에 초점을 맞춘다. 전통적 서구 상징주의에서 신은 아버지이고, 남성이며 그의 유일한 자식은 아들, 즉 남성이다. 해부학적으로 남성인 아들이 사람(man)이 되었다. 여성은 하나님의 아들과 같은 해부학적 남성성을 지니지 않기 때문에 성직에서 제외되었고, 지금도 여전히 금지되어 있다고 달리는 지적한다. 달리는 강력한 상징은 어디에서나 인간이 된다는 것으로서, 곧 남성이 되는 것이고 하나님의 아들이 되는 것이라고 선언하고 있음을 주장한다(1973, 138). 달리는 남성이 가부장적(아버지/남성의 지배) 환경에서 전체적인 종교적 전통, 즉 신학과 윤리 개념 체계를 정교하게 만들어 왔다고 말한다(1973, 22). 이렇게 남성이 창조한 남성 지배적인 개념과 상징 체계는 가부장적 성격의 사회적 목적을 충족시키고 보호하며, 성차별적인 남성 편향적 이익을 보장하고, 전통적인 성적 계급(남자는 하늘, 여자는 땅)을 강화한다(1973, 4).

달리는 천국의 위대한 가장이라는 하나님 아버지의 지배적인 이미지가 여성 억압을 올바르고 적절한 행위로 인정해 주는 역할을 했다고 말한다(1973, 13). 하나님 아버지께서 하늘에 있는 온순한 종들을 다스리는 것처럼, 남성은 땅 위의 인간 사회를 지배하고, 이러한 지배는 자연스러운 것으로 여겨지며, 성스러운 계획과 의지에 의한 것으로 보인다. 따라서 남성인 신이 그의 종속된 창조물을 지배하듯이 남편은 자연스럽게 순종적인 아내를 지배한다. 천국의 가부장적 통치에 기초한 문화 기반 종교 교리는 땅 위의 가부장적 사회구조와 통치를 정당화한다. 달리에 따르면, 인간의 자질은 인위적으로 가부장적 역할과 구조를 지지하는 전통적인 성적 고정관념으로 양극화된다. 영원한 남성적 고정관념은 "고도의 합리성…… 객관성, 공격성, 사람과 환경을 지배하고 조종하려는 태도를 보이며", 이와 상반되는 고정관념인 영원한 여성성은 생각이 얕고, 의지가 약하고, 매우 감정적이며, 수동적이고, 자기비하적이며 모든 자질에서 열등하다(1073, 15, 76). 요약하면, 달리는 여성이 남성 신을 대표하는 남성 표본보다 덜 자연적인 것으로 여겨진다고 본다. 달리는 신학자들이 수 세기 동안 신이 열등한 여성의 몸에서 육체가 된 것이 신의 존엄성을 해칠 수 있다고 여겨 왔으나, 학자들이 언제나 알고 있던 사실, 즉 남성이 본질적으로 우월하다는 사실을 신이 확인해 주는 역할을 하지는 않았음을 가정해 왔다고 말한다(1973, 72).

여성 희생자

달리는 여성들이 전통적으로 물질, 악, 이브(Eve)와 동일시되어 왔고, 남자를 유혹하는, 자연에 얽매인, 타락한, 악랄한 존재로 여겨져 왔다고 지적한다(1973, 76). 달리는 이러한 명명이 여성을 희생시키는 역할을 해 왔다고 말한다(1973, 76). 여성 존재에 기본 요소가 있다고 믿는 관념은 여성의 삶을 단축하고 짓밟아 온 여성에 대한 사회적 잔혹화로 이끌었다(1973, 92, 95). 여성이 악하다는 신화는 남성의 자기혐오가 여성에 투사되는 것을 정당한 것으로 만들었을 뿐만 아니라, 여성 스스로가 자신을 혐오하도록 만들기도 했다(1973, 48). 여성은 스스로를 비하하는지 알아차리지조차 못한 채 남성들이 만들어 낸 여성의 성격을 받아들였다(1973, 133). 지금까지 남성만을 생각하고 남성만을 거울로 삼았던 여성들은 그들 스스로를 주인의 골칫거리로 비춘다(1973, 197). 달리는 여성에 대한 두려움과 무서움, 혐오의 기저에 있는 여성적 악에 대한 증거를 페미스트 학자들이 계속해서 찾는다고 했다. 달리는 심지어 여성들에게 부여된 긍정적 자질(수동적이고, 순종적이고, 겸손하며, 온순하고, 희생적이고, 인내심 있고, 자기희생적이다)들조차도 희생자의 자질이라고 지적한다(1973, 77).

희생 극복하기

달리는 가부장적 종교가 언어, 즉 남성적 신과 열등한 여성의 가부장적 언어를 통해 그 특권을 행사한다고 주장한다. 그러나 달리는 성차별적 종교 언어의 해방은 여성의 해방을 요구한다고 말한다(1973, 102). 달리의 견해에서 이 해방은 자매애(sisterhood)에서 여성되기(becoming of woman)이며, 인간 영적 진화의 미래 방향을 나타낼 수 있는 타의 추종을 불허하는 반문화적 현상이다(1973, 11). 달리는 여성이 내면화한 가부장적 억압자와 함께 여성의 죄책감, 열등감, 자기혐오는 추방되어야 한다고 말한다(1973, 50). 여성은 자신을 소유하는 악마의 힘을 인식해야 하며, 자신을 인간성에 대한 남성적 기준으로부터 일탈한 존재로 대상화하는 것을 인식해야 한다(1973, 64). 여성은 수동적인 윤리를 버려야 하고, 피해자 도덕성에 '아니요'라고 말해야 하며, 자신의 독특한 존재를 긍정하기 위한 실존적 용기를 불러일으켜야만 한다(1973, 75, 104). 달리의 견해에서, 여성들이 자신의 희생에 도전하고 자신의 완전한 인간성을 확인하는 것은 무존재를 뛰어넘는 존재, 창조물, '새로운 존재'의 종교적 확인에 이르는 것일 것이다(1973, 139).

양성화되기

달리는 사회화가 인간 존재를 성별로 나눌 때 인간 영혼 그 자체가 분리된다고 주장한다(1973, 127). 달리는 성적 정의(sexual definition), 즉 인간의 성격을 성 역할에 따라 인위적으로 양극화하는 것을 거친 사람 중 절반이 인간성을 부정당했다고 주장한다(1973, 15, 35). 달리는 이 절반을 되찾아야만 한다고 말한다. 그렇게 되도록 내버려 둬야 한다. 여성에게도 남성과 마찬가지로 완전한 인간이 될 자유가 주어져야 한다. 달리는 급진적 페미니스트들이 성 역할을 완전히 없애는 것을 지지한다고 말한다(1973, 124). 달리에 따르면, 치유가 진행되기 위해서는 남성과 여성 모두 내면의 분열을 극복하고 양성적 존재로 나아가야 한다(1973, 50). 따라서 남성과 여성의 해방은 성역할 사회화에 의한 인간 대상화를 종식하는 것을 의미한다(1973, 172, 191). 고정관념적인 남성적/여성적 윤리를 넘어서는 윤리가 달성된다면, 남성적이라 판단되는 것은 '남성화되었다', 즉 자신의 절반이 사회화되었음을 의미할 것이고, 여성적이라 판단되는 것은 '여성화되었다', 즉 자신의 절반이 사회화되었음을 의미할 것이다(1973, 104). 요약하면, 여성은 성 고정관념과 분열된 자아에서 벗어나 통합되고 양성적인 인격으로 나아갈 필요가 있다(1973, 133, 158).

마젤라 프란츠만: 여성과 종교

문서에서 나타나는 여성의 종교적 경험의 소외

마젤라 프란츠만(Majella Franzmann)은 자신의 저서 『Women and Religion』에서 전통적으로 여성과 여성의 종교경험이 외부의 시선에서 연구의 대상으로 다루어져 왔음을 밝혔다(2000, 2). 여성은 말할 수 있도록 허락되지 않았으며, 여성의 목소리는 거부당해 왔다. 오히려 남성이 여성을 대신해 목소리를 냈다. 여성은 남성이 말하는 대로 정의되었다. 프란츠만은 여성의 종교 체험에 대한 묘사와 분류, 해석을 전반적으로 해 온 사람이 종교 전통 내 남성 종교전문가라고 지적한다(2000, 69). 종교의 언어에서 표준으로 받아들여지는 남성의 종교경험은 여성을 유효하거나 중요한 종교경험을 가진 사람으로 인정하지 않았다. 프란츠만의 논평에 따르면, 여성은 자신에 대해서 또 자신의 종교경험에 대해서 말할 만한 가치가 있다고 여겨지지 않았다(2000, 70). 그리하여 여성이 사용할 수 있는 언어는 종종 여성으로서 그들이 실제 경험하는 종교경험과 부합하지 않는다.

프란츠만은 종교적 전통뿐 아니라 신학이나 종교학 연구의 학문적 영역에서도 주로 남성 종교전문가들이 종교경험에 대한 글을 쓴다고 말한다(2000, 72). 규범적인 남성의 언어와 관점은 결과적으로 종교적 전통과 학문 분야를 지배한다. 또한 사회학이나 역사학, 인류학 같은 종교전문가가 아닌 학자들은 일반적으로 종교경험에 대한 정보를 남성 신자에게서 얻었다. 게다가 학계에서는 일반적으로 전통 위계적 구조 안에서 실제로 또는 추정적으로 권력을 휘두르는 사람들이 권위와 정통성을 소유한다고 보았다(이들은 주로 남성 종교전문가이다)(2000, 72). 프란츠만은 이어 그리스도교 교과서는 여성을 소외시키거나 아예 무시하며, 남성 성직자와 그들의 업적에 초점을 맞추고 있다고 말한다(2000, 73). 남성이 문서를 통제함으로써 종교 전통이 유지되고 형성되게 되면 여성은 배제되는 경향이 있다고 프란츠만은 말한다. 그리고 여성이 문서에 등장할 때 일반적으로 여성은 문제적 인물, 부도덕한 인물, 남성 폭력의 피해자 또는 침묵의 인물로 나타난다(2000, 74). 종종 여성은 그저 남성의 자기인식을 강조하기 위해 언급된다.

따라서 일반적으로 종교와 학계의 공식 문서와 발표는 여성의 종교경험을 본질적으로 보이지 않게 만든다. 여성의 종교경험이 언급될 때, 그것은 남성 경험의 규범에 비춰 다뤄지고, 실제 종교가 아니라 주변적인 것, 두렵거나 위험한 것, 미신으로 분류되고 만다(2000, 73). 더구나 권위 있는 종교 서적에서 나타나는 여성 소외는 종교 수행에서의 여성 소외의 근거가 되는 경우가 많다. 따라서 여성은 신성한 공간, 신성한 의식, 의식과 관련된 문서나 이야기에 대한 지식, 종교 전통에서 전문가적 역할에서 제외되거나 가장자리로 밀려난다(2000, 76).

여성의 종교적 표상

프란츠만은 사회가 남성과 여성을 구분 짓는 방식과 거의 같은 방식으로 종교가 남성과 여성을 구별한다고 말한다(2000, 80). 따라서 여성의 종교적 정체성과 종교적 초상은 여성의 사회적 정체성 및 사회적 초상과 일치한다(2000, 58, 82). 여성에게 사회적 차이는 종교적 차이이며, 사회에서의 소외는 종교에서의 소외를 의미한다. 여성의 사회적 기능과 종교적 기능은 모두 집안일, 결혼, 가족, 가정에 초점을 맞추고 있다고 프란츠만은 말한다. 여성의 긍정적 정체성은 아버지, 남편, 아들 등 남성의 소유에 있다. 게다가 종교적 전통은 종교전문가들이 차지하고 있는 성스러운 공간보다 가정 공간이 확실히 덜 중요하다고 판단하는 것으로 보인다. 기껏해야 여성의 정체성은 자비로운 부성애의 대상이고, 최악의 경우 물건, 소유, 소지품이라고 프란츠만은 지적한다(2000, 82).

프란츠만의 관점에 따르면, 여성에 대한 종교적 담론은 사실상 전적으로 성별과 성적 기능에 관한 것이다(2000, 84-85). 이상적인 여성은 성적으로 활발하지 않은 처녀나 과부, 성적으로 통제 아래에 있는 아내 또는 어머니를 말한다. 이러한 이상과는 대조적으로 성적으로 활동적인 여성은 가족의 통제권 밖에 있는 여성, 즉 매춘부이다. 프란츠만에 따르면, 처녀 또는 성녀인 여성과 창녀인 여성은 그리스도교에서 가장 두드러지게 나타난 여성의 모습이다.

종교는 다양한 방법으로 여성이 위험한 특성을 갖고 있다고 묘사해 왔다. 프란츠만은 특히 여성의 섹슈얼리티, 즉 생명을 주거나 죽음 또는 질병을 가져올 수 있는 능력과 관련하여 이것이 사실이라고 말한다(2000, 86). 여성으로 인한 피해를 최소화하기 위해 위험한 여성은 소외되어 왔다(2000, 88-89). 프란츠만은 여성이 의식과 신성한 공간에서 배제되는 것은 여성이 무가치하고 불순하다고 여겨졌기 때문이라고 보았다. 프란츠만은 여성의 불결함은 악, 부도덕과 동일하기 때문에 여성과 악마 또는 다른 악의적인 힘을 연결하는 것은 놀라운 일이 아니라고 했다. 그뿐만 아니라 심지어 오늘날까지도 종교와 사회가 여성의 섹슈얼리티와 생리 같은 생물학적 과정을 수치스럽게 여기는 것도 놀랍지 않다고 프란츠만은 말한다. 여성의 신체는 지금도 신비롭고 강력하다고 여겨진다(2000, 85).

무대 중앙에 오르기

우리는 여성의 소외를 다룬 프란츠만의 종교적 담론과 실천에 대한 비판적 견해를 살펴보았다. 하지만 프란츠만의 저서에는 긍정적인 포용주의적 측면도 있다. 예컨대, 프란츠만은 여성이 중앙에서 발언하도록 소외된 여성을 초대하거나 끌어들이는 기술과 현대 여성이 그러한 움직임을 만들기 위해 사용하는 많은 전략의 개요를 제시한다(2000, 134). 프란츠만은 또한 여신 영성의 가능성을 지적하는데, 이는 동물과 인간, 식물과 박테리아, 광물 등 모든 것이 하나의 위대한 살아 숨 쉬는 신체를 형성한다고 상상한다(2000, 130). 고대 그리스 대지의 여신인 가이아(Gaia)는 이 모든 것을 포용하고 신성한 생명체를 상징하기 위해 종종 언급되어 왔다. 이에 동의하는 여성 환경운동가들은 인간뿐 아니라 가부장제 아래서 고통받는 모든 생명체가 억압적 가부장제로부터 해방되기를 추구한다. 프란츠만은 "새로운 영적 정체성을 찾는 많은 사람이 전통에서 오래된 영적 흐름을 재발견하고, 신체와 정신, 정신과 자연 세계의 통합된 비전을 제공할 새로운 가능성을 찾고 있다(2000, 130)."고 쓰고 있다.

캐롤 길리건: 다른 목소리로

여성의 도덕 발달과 남성 기준

심리학자인 캐롤 길리건(Carol Gilligan)은 자신의 획기적인 저서 『In a Different Voice: Psychological Theory and Women's Development』에서 남성이 도덕발달의 규범을 이루고 있으며, 남성의 규범적인 길을 따르지 않는 여성에게 문제가 있다고 가정하고, 여성을 남성처럼 대한 심리학자들을 비판한다(1982). 이러한 접근법은 타인의 요구에 대한 배려와 민감성 등 여성의 선함이라고 전통적으로 정의되어 온 바로 그 특성이 여성의 부족한 도덕 발달의 특징이라고 본다(1982, 18). 따라서 관계에 대한 여성의 전형적인 관심은 인간의 강점이 아니라 인간의 나약함으로 취급된다 (1982, 17). 예컨대, 로렌스 콜버그(Lawrence Kohlberg)의 영향력 있는 이론은 인간 발달의 여섯 단계 중 세 번째 단계의 예시가 여성이라고 여긴다. 3단계에서 도덕은 대인관계에서 발생하며, 선함은 타인을 돕고 기쁘게 하는 것과 동일한 반면, 남성은 규칙에 종속된 관계(4단계)와 정의의 보편적 원칙의 규제(5, 6단계)라는 더 높은 단계를 향해 발달하는 것으로 보인다(1982, 18). 따라서 연민, 보살핌, 충성심은 개인의 권리와 정의에 대한 문제보다 훨씬 낮은 순위를 차지한다. 길리건은 콜버그가 여성의 도덕적 감수성을 낮게 평가한 것이 남성에 대한 지적 편견을 보여 주는 예 중 하나로 여긴다. 길리건은 도덕 발달 평가를 위해 전통적으로 사용된 범주가 남성과 청소년에 치우친 불균형한 연구 표본에서 도출된 것이며, 이것이 계속 유지되는 한 남성 규범에서 벗어나는 것은 발달적 실패로 판단될 수밖에 없다고 지적한다(1982, 69-70). 길리건은 여성 발달에 적용 가능한 기준의 누락이 콜버그로 대표되는 전통적 접근의 분명한 한계를 보여 준다고 말한다.

정체성과 도덕 판단에서의 성별 차이

길리건은 정체성과 도덕 추론에 진정한 성별 차이가 있다고 믿는다(1982, 33). 길리건은 여성이 다른 목소리를 내는 경향이 있지만, 열등하지 않다고 믿는다. 길리건은 여성적인 보살핌의 윤리와 남성적인 정의 윤리 간의 대조를 그린다. 정의는 타인과의 관계는 고려하지 않으므로 비인격적이다. 반면, 보살핌의 윤리는 타인과의 관계에 초점을 맞추므로 인격적이다.

길리건은 주어진 도덕적 목소리에 대한 생물학적 설명을 거부하고, 정의 또는 돌봄이 개인의 도덕적 판단의 기초가 되는지 결정하기 위해 자기상(self-image: 개인이 자기 자신과 자신의 정체성에 대해 갖고 있는 관점)을 찾는다(1982, 24-25; Griffin, 1991, 81-90 참조). 여자아이는 엄마와 동일시하며 자란다. 소녀는 엄마처럼 타인을 보호하고 관계를 발전시키기 위해 자신과 자기표현을 희생한다. 여성은 자신을 딸, 어머니, 친구, 아내로 인식하기 쉽다. 따라서 길리건은 뚜렷한 여성적 정체성이 인생 초기에 형성되며, 이러한 정체성으로 인해 여성이 관계를 더 많이 필요로 한다고 보았다. 자기상에서 비롯된 이러한 필요성은 돌봄 윤리의 기저를 이룬다. 남자아이는 엄마와 다르게 개인의 자유와 자기표현을 위해 관계를 버린다. 남성은 개인주의적 관점에서, 또한 자신의 뛰어난 업적의 관점에서 스스로를 언급하는 경향이 있다. 여성이 집단을 유지하는 데 관심을 둘 때, 남성은 그저 자신이 하고 싶은 일을 한다. 남성과 여성의 자기상과 정체성의 구별되는 발달의 결과는 타인과 분리되어 자신을 바라보는 남성, 삶의 연결에서 바라보는 여성으로 보인다. 분리에서는 남성을 나(I)라고 정의하고, 관계에서는 여성을 나(I)라고 정의한다.

돌봄의 여성적 윤리

길리건의 관점에서, 도덕성에 대한 여성적 접근은 타인을 돌봐야 할 책임이 있는지에 기초한다. 낙태 결정을 다룬 길리건의 연구에서 여성들이 자유롭게 선택할 수 있고, 실제 도덕적 결정에 대해 자신의 목소리를 낼 수 있을 때, 여성은 정의의 틀이 아니라 돌봄의 틀 안에서 결정을 논의함을 발견했다(1982, 73). 예컨대, 여성은 자신의 결정을 설명하기 위해 책임감, 이기심과 같은 단어를 반복적으로 사용했다.

길리건은 또한 여성의 돌봄 윤리에 대해 다음과 같이 설명한다. 돌봄은 타인의 요구에 대한 민감성, 타인의 요구에 응답해야 할 필요성, 관계와 책임에 대한 최우선적 관심이다(1982, 16-17). 여성은 타인에게 반응해야 할 필요성 측면에서 자신이 누구인지를 정의하고(여성의 정체성), 돌봄의 측면에서 자기 자신을 판단한다. 여성은 상처 입히는 것을 이기적이고 부도덕한 일로 보고, 돌봄을 표현하는 것은 도덕적 책임으로 여긴다(1982, 73). 더구나, 이렇게 여성의 연결성에 대한 지향이 크다는 것은 더 맥락적인 판단 방식을 시사하는 것으로 보인다(1982, 59). 여성은 관계의 복잡성을 보는 경향이 있고, 그래서 타인에게 판단을 전달하는 것을 꺼린다. 여성은 실제 인물과 구체적 상황에 대해 실제적 관점에서 가설적인 딜레마를 재구성하기를 선호하고, 위계질서에 따른 원리와 의사결정을 위한 공식적 절차에 따른 판단을 회피하는 경향이 있다(1982, 100-101).

돌봄 윤리와 정의 윤리: 상반성과 상호보완성

콜버그(Kohlberg)에게 보편적 원칙으로서의 정의(justice)는 가장 높은 도덕적 주장이다. 이러한 남성적 도덕 관념은 사람들이 특정한 기본권을 갖고 있으며, 우리는 이러한 권리를 존중해야 할 의무가 있다고 본다. 따라서 도덕은 정의 지향성을 가진다. 우리가 지켜야만 하는 규칙이 있으며, 규칙이 우리의 행동을 제한한다. 돌봄 윤리의 근간이 되는 논리는 관계에 대한 심리적 논리인 반면, 정의 논리를 알리는 것은 공식적인 공정 논리이다(1982, 73). 남성에게 도덕적 의무는 타인의 권리를 존중하라는 명령, 삶과 자기충족에 대한 권리로 여겨지는 반면, 여성에게 도덕적 의무는 이 세상의 현실적이고 인식 가능한 문제를 포착하고 완화할 책임인 것으로 밝혀졌다(1982, 100). 남성 도덕은 권리 경쟁의 문제로 형식적이고 추상적인 데 비해, 여성 도덕 문제는 모순되는 책임에서 비롯되며 맥락적 사고를 요구한다(1982, 19-22). 권리의 도덕은 연결보다 분리를 강조하고 관계보다는 개인을 우선시한다. 정의 윤리의 경우, 판단과 행동의 독립성이 성숙의 특징인 반면, 돌봄 윤리의 경우 타인에 대한 배려가 성숙을 정의한다(1982, 70).

두 윤리 사이의 명확한 차이에도 불구하고, 길리건은 돌봄도 정의도 하나의 성별에만 국한되어 있지 않으며, 남성과 여성 모두의 도덕 발달은 서로 다른 견해 간의 상호보완성을 발견함으로써 권리와 책임의 통합을 이루는 것으로 보인다고 주장한다(1982, 100). 최종 분석에서 남성과 여성은 정의 또는 돌봄을 바탕으로 도덕적 사안을 다룰 수 있는 능력을 동등하게 갖추었다고 간주된다.

돌봄 지향성의 발달 단계

콜버그(Kohlberg)는 도덕적 성숙을 전인습적 도덕, 인습적 도덕, 후인습적 도덕의 세 수준으로 구분한다. 길리건은 돌봄 지향성 내에서 이와 유사한 발달 단계를 발견한다(1982, 73-74).

1. 개인의 생존 지향/전인습적 여성 도덕성: 1단계에서 낙태를 고려하는 여성은 자기 이익에 초점을 맞췄다.

2. 자기희생으로서의 선함/인습적 여성 도덕성: 1단계에서 입증되는 이기주의와 대조적으로, 2단계는 이기심이 없는 것이 특징이다. 2단계에서 여성은 타인에 베푼 보살핌으로 자신의 도덕적 가치를 정의하고, 아무도 상처받지 않도록 낙태 딜레마를 해결하려고 노력했다. 여성은 타인의 조언이나 타인이 한 선택에 기초하여 결정을 내렸다.

3. 결과와 선택에 대한 책임감/후인습적 여성 도덕성: 3단계의 여성은 자신이 직면한 낙태 결정으로 인한 심각한 상처를 피할 수 없으며, 쉬운 답이란 존재하지 않음을 깨달았다. 여성은 자신이 처한 상황의 심각성을 깨닫고 모순되는 모든 책임을 고려하고자 했다. 이 단계에서 판단의 원칙으로서 돌봄은 여전히 관계에 대한 심리적 고려사항으로 남아 있지만, 이제는 상처 주지 않으려는 대상에 자기 자신을 포함시킨다.

1단계에서 여성은 자신만을 염려하였고, 2단계에서는 타인에 대한 반응에 미덕을 두는 반면, 3단계에서는 자신뿐만 아니라 타인에게도 책임을 져야 한다는 것을 깨달았다(1982, 82). 다시, 3단계에서 도덕성은 자기상에 달려 있다. 자기(self)는 이제 타인만을 위한 것이 아니라 자신을 돌봐야 할 책임감을 포함하는 것으로 간주된다. 자기 자신을 위한 이러한 새로운 책임감은 정직함을 최우선으로 요구하는 새로운 종류의 판단을 요구하는 것으로 보인다(1982, 82-83). 자신의 행동을 정직하게 인정하는 것은 스스로에 대한 책임의 전제 조건이다. 길리건은 행동에 대한 도덕성이 다른 사람에게 어떻게 보이는지가 아니라 현실에서의 의도와 그 결과에 따라 결정될 때, 판단 기준은 선함에서 진실로 바뀐다고 언급한다(1982, 83). 대체로, 이제 후인습적 여성 도덕에서 도덕적 결정의 본질은 개인의 자유로운 선택과 그 결과에 대한 개인적 책임을 지는 것이다.

낙태결정 연구

길리건은 낙태 연구가 (1) 도덕 영역에 대한 여성의 구성에서 책임과 배려 개념의 중심성, (2) 여성의 사고에서 자기 개념과 도덕 개념 사이의 밀접한 연관성, (3) 궁극적으로 여성의 목소리를 배제하지 않고 그 차이를 포함하는 확장된 발달 이론에 대한 요구를 보여 준다고 결론 내린다(1982, 101, 105).

길리건의 책에 대한 찬사와 비판이 동시에 쏟아졌다. 일부 비평가는 다르지만 같은 목소리라는 개념이 남성은 이성에 근거하여 행동하고, 여성은 감성에 근거하여 행동한다는 전통적 고정관념적 성 역할을 강화한다고 생각한다. 또 다른 사람들은 길리건의 연구가 길리건의 이론을 충분히 지지하지 못한다고 지적하기도 한다. 그러나 한편으로 길리건의 주장은 현실과 일치하며 많은 사람에게 울림을 주었다.

나오미 골든버그: 육체의 부활

인간 삶의 이중적 이미지에 대한 비판

오타와 대학교 종교학 교수 나오미 골든버그(Naomi Goldenberg)는 자신의 저서 『In Resurrecting the Body: Feminism, Religion, and Psychoanalysis』에서 육체와 영혼(마음 또는 정신)을 구분하는 전통적인 서구의 이원론에 강한 도전을 시작한다. 이원론에 따르면, 물질적 신체는 더 열등하고 나쁜 부분으로, 더 고귀하고 좋은 부분인 영혼을 위한 일시적 임시 도구에 불과하다(1993, 75, 176). 골든버그는 이러한 관점이 플라톤 이래 서구 사상과 종교를 지배해 왔으며, 나아가 우월한 영혼이 외부에 있는 우월한 어떤 것으로 나아가게 해준다고 주장해 왔음을 지적한다. 골든버그는 이러한 고귀하고 초월적인 어떤 것에 신(God), 형상(Plato), 원형(Jung) 등 다양한 이름이 붙여졌다고 말한다. 이 이론에 따르면, 영혼은 신체보다 더 좋고, 고귀하며, 더 깨끗하고, 궁극적으로 신체와 다른 성격과 성질을 지니며, 신체적·물질적 성격을 가진 모든 것을 초월하는 신성과 결합된다(1993, 177). 골든버그에 따르면, 진정으로 선한 모든 것은 본질적으로 육신을 벗어난 영혼에서 유래하는 한편, 영혼은 하찮고, 심지어 부정적인 의미(더럽고, 소모적인 죽음의 매개체)를 가진 신체를 초월하는 어떤 것으로부터 선함을 얻는다(1993, 75-76, 164). 그리스도교, 이슬람교, 유대교, 그리고 플라톤과 같은 종교철학, 융과 같은 종교심리학은 모두 이러한 이원주의적 체계를 고수한다. 즉, 물리적 육체나 자연, 물질이 한편에 있고, 다른 한편에 육체와 분리된 영혼, 마음, 정신, 초월적인 것이 있다고 본다.

하지만 이것이 전부가 아니다. 골든버그는 서구의 이원론적 전통이 여성과 육체, 여성과 자연, 여성과 물질을 동일시하고 있다고 지적한다. 즉, 여성은 열등하고 나쁜 부분과 동일시되어 왔다. 열등하고, 나쁜 부분으로 분류되었기 때문에 열등하고 나쁜 존재가 된 여성은 물질주의적이고, 유혹적이고, 탐욕스럽고, 하찮고, 욕정으로 가득하여 성욕을 자극함으로써 남성을 잘못된 길로 이끄는 것으로 묘사된다(1993, 169-170). 여성에 대한 억압과 피해에 대한 이야기도 마찬가지이다. 골든버그는 여성이 육체와 동일시되는 것을 고려할 때, 여성 혐오를 멈추기 위해서는 인간의 육체를 혐오하는 것을 멈춰야 한다고 주장하며, 육체에 대한 혐오가 발생하는 곳이 어디든 페미니스트들이 이러한 혐오를 드러내고 혐오에 도전할 것을 촉구한다. 긍정적으로 말하자면, 골든버그의 프로그램은 육체의 회복이며 언어를 육체로 되돌리는 것이다. 이 프로그램은 다음 절에서 더 자세히 다룰 것이다.

칼 융의 심리학에서 이원론적 사고

골든버그는 자신이 한때 융 심리학에 푹 빠져 살며 연구했다고 했지만, 지금은 융 심리학이 가부장적 종교의 한 형태라고 생각한다(1993, 5). 골든버그는 원형이론에서 융 심리학의 진짜 문제를 찾는데, 이는 바로 이원론적 사고 형태이다(1993, 71). 이 이론은 강력하고, 보이지 않으며, 불가해한 신과 같은 존재들(예컨대, 자아와 아니마라는 원형)이 물리적 인간 세계를 초월하고 지배한다고 주장한다(1993, 74, 97). 따라서 육체의 역할과 영향은 격하되고, 사회문화적 맥락이 제거된 육체와 분리된 힘인 원형이 인간의 사고와 상상력, 욕망을 지배한다(1993, 75). 골든버그는 우리가 어떤 방식으로든 우리 외부에 있는 존재(신이든, 형상이든, 원형이든)의 지시와 통제 아래 있다고 생각할 때마다, 우리의 세계는 왜곡되고, 우리는 비인간화된다고 말한다(1993, 111). 골든버그는 초월적 존재가 인간의 삶을 지배한다는 모든 생각이 반여성적(anti-woman)이며, 반생명적(anti-life)이라고 여긴다(1993, 116). 전반적으로, 골든버그는 융 심리학에서 반드시 꿰뚫어 보고 단절해야 하는 일종의 탈육체적 사고를 발견한다(1993, 71).

체현으로의 회귀: 언어를 육체로 되돌리기

골든버그는 영원하고 보편적인 진리라 주장하는 모든 시스템에서 볼 수 있듯, 원형적 사고는 우리가 심리적 과정을 형성하는 현재의 (생물학적 · 정치적 · 경제적 · 자녀 양육) 관행에 관심을 갖지 못하게 한다고 말한다. 원형적 사고는 우리가 우리의 행동, 아이디어, 비전을 생성하는 물질적 복잡성과 인간적 복잡성을 찾지 못하게 막는다(1993, 97, 105). 골든버그는 우리 자신을 바꾸기 위해 초월적 존재가 아니라 인간의 동인(agency)으로, 인간의 의식과 무의식 모두를 통해 우리의 세상이 어떻게 구성되어 있는지 탐색할 필요가 있다고 주장한다(1993, 104). 존재하는 것은 초월적이고 시대를 초월한 원형 또는 다른 어떤 종류의 실체가 아니라 역사, 문화적으로 놓여 있는 체현된 개인뿐이다(1993, 106).

페미니스트들은 여성이 처한 곤경을 개선하려면 인간의 물질적 · 육체적 삶에 대한 우리의 평가를 높여야 한다고 주장한다(1993, 156). 골든버그는 우리의 이론이 삶을 강화하고 지지하도록 해야 하며, 특히 육체적 삶 전반에서 여성을 비하하도록 이끄는 탈육체적 사고방식에 집착해서는 안 된다고 말한다(1993, 82). 우리는 물리적 삶에서 사상이 어떻게 태어났는지를 정확하게 드러내는 사고방식이 필요하며, 이를 통해 삶을 지지한다(1993, 83). 우리는 우리의 신체적 삶이 심리 구조, 우리의 이미지, 우리의 신화적 영역을 창조한다고 바라보는 사고방식이 필요하다. 우리는 신체를 인간의 모든 경험이 연결되는 장소로 인식하는 사고방식이 필요하다(1993, 83). 골든버그는 최고의 여성주의 글이란 우리의 육체적·감정적 삶을 기초로 합리성을 되돌려주는 글이라고 말한다(1993, 187).

페미니즘은 우리의 삶이 서로 얼마나 연결되어 있는지를 전달함으로써 인간 사회를 바꾸어 놓는 데 도움이 될 수 있다(1993, 66). 골든버그는 우리는 모두 여성의 신체에서 육체적 존재로서 삶을 시작한다고 말한다(1993, 6, 36). 남성은 자신이 더 이상 삶을 시작했던 모체 속의 신체라고 생각하지 않고, 대신 자율적인 신체라고 스스로를 표현하고 행동하는 경향이 있다. 반면, 여성은 일반적으로 자신뿐 아니라 남성도 여전히 존재하는 사회적 모체에 대해 더 잘 알고 있는 것으로 밝혀졌다. 골든버그는 남녀노소 모두가 항상 모체 속에 존재한다고 주장한다. 골든버그가 보고 싶어 하는 부활한 신체는 존재하지도 않고, 존재할 수도 없는 이상적이고, 자기 폐쇄적이며, 자기충족적인 남성적 신체가 아니라 내재된 모성적 신체이다. 골든버그는 우리의 몸은 신체적·사회적·정서적·역사적 우연성으로 복잡하게 얽혀 만들어진 우리의 모든 특정한 상황의 합으로 이해되어야만 한다고 썼다(1993, 4, 213). 골든버그는 시간이 오래 지나 언어가 육체에서 아무리 멀리 떨어져 있다고 하더라도, 언어를 육체로 되돌리고, 사고를 생각이 시작된 곳으로, 즉 구체적인 존재로 회복시키기를 원한다. 골든버그의 목적은 욕망하고 갈망하는 육체를 언어로 표현하도록 하는 것이지, 남성을 떠올리게 하는 초월적 영역이 우리의 담론과 삶을 지배하도록 놔두는 것이 아니다. 골든버그의 목표는 구체적인 육체적 존재를 부활시키는 것이다. 골든버그는 페미니즘과 프로이트 정신분석이 이 목표로 향하는 길이라고 여긴다.

프로이트 물리주의의 공헌

융과 융 이후의 종교심리를 떠난 골든버그는 회복된 육체를 추구하기 위해 고전적 프로이트와 후기 프로이트의 정신분석학을 연구한다(1993, 108). 골든버그에 따르면, 프로이트는 인간이 본질적으로 육체적 성질을 가진다고 보았다. 즉, 마음은 전적으로 육체와 육체적 본능에 의존한다(1993, 74, 83). 모든 생각과 모든 상상, 모든 가치, 즉 인간의 지성, 인간의 미적 감성, 인간의 도덕성에는 육체적 원천이 있다(1993, 87, 177). 골든버그가 간결하게 얘기했듯이, 육체는 모든 경험의 복잡한 맥락이 된다 (1993, 179). 골든버그가 볼 때, 정신분석이 전통적으로 높은 자질로 여겨졌던 마음을 육체 안에서 찾는 것은 마음의 가치를 낮추는 것이 아니라 육체의 가치를 높이는 것이다(1993, 178).

프로이트 이론은 우리를 유아기와 유년기로 되돌려 데려감으로써 경험을 심화시키고, 살아 있는 개인의 구체적이고 역사적인 현실에 근거한다(1993, 86). 그런 생각은 결코 현실적이고 인간적인 것을 벗어날 수 없다. 이러한 이유로 골든버그는 정신분석 이론이 우리 시대 일어나고 있는 비인간화에 대항하는 데 도움을 줄 수 있다고 믿는다(1993, 108). 골든버그는 비인간적 기원이 어떤 규칙이나 법, 선이나 악에 대한 성향, 어떤 지식이나 지혜에 기인할 때마다 인간 삶에 대한 현대적 경멸이 증가한다고 보았다(1993, 173). 골든버그는 우리가 더는 초월적인 신을 감당할 수 있는 위치에 있지 않다고 말한다. 골든버그는 자신의 마지막 분석에서, 마음에 대한 프로이트의 물리적 관점은 인간 삶에 더 진실되고 덜 기계적이라고 말한다(1993, 113). 골든버그는 프로이트가 우리의 생각과 동기, 우리의 이미지, 즉 우리의 정신을 해독할 수 있도록 함으로써 인간의 모습을 더 많이 볼 수 있게 되었다고 여긴다(1993, 114). 골든버그는 우리가 육체적·사회적 신체의 기초를 통해 정신을 보는 것을 멈출 때, 진정한 인간됨에서 멀어진다고 말한다. 결론적으로, 완전히 인간적인 심리학은 육체적·사회적 맥락 속에 있는 인간 존재의 경험에 정신이 의존한다고 선언한다. 따라서 골든버그는 프로이트 물리주의를 가치 있는 협력자로 본다. 한편, 골든버그는 프로이트 이론의 문제적 측면, 특히 그의 여성 혐오를 충분히 인지하고 있다.

후기 프로이트학파의 대상관계 이론가 도널드 위니컷이 정신을 신체적 부분, 느낌, 기능의 상상적 정교화, 시각화된 육체로 정의한 것은 골든버그에게 깊은 인상을 남겼다(1993, 89, 112). 위니컷에 따르면, 우리가 생각하거나 상상하는 것, 느끼는 것, 꿈꾸는 모든 것은 살아 있는 물리적인 육체의 정교화이다(1993, 182). 이러한 관점에서 볼 때, 예컨대 예술작품에서 정신을 접하는 것은 사실 육체적 경험, 체화된 욕망과 느낌, 추동의 상상적 연주를 접하는 것이라고 골든버그는 말한다(1993, 90). 그리고 신화와 관련하여, 세계의 위대한 신화는 널리 공유되고 깊이 체험된 육체적 환상이며, 이는 그들의 영속적인 힘을 설명한다고 골든버그는 말한다(1993, 90). 따라서 골든버그에 따르면, 정신에 대한 위니컷의 설명은 초월적인 신이나 원형과 같은 실체 없는 마법 같은 교묘한 책략에 의존하지 않고 신화와 예술 같은 영역의 힘을 파악하는 데 도움을 준다(1993, 91).

골든버그는 페미니스트와 정신분석 이론 사이에 다음과 같은 접점이 있다고 제시한다. 페미니스트와 정신분석은 둘 다 육체를 최우선으로 중요하게 여긴다(1993, 185). 인간 섹슈얼리티의 중요성과 다양성을 강조한다. 자기(self)와 세계의 변화를 추구한다(1993, 147). 인간 주관성의 확장을 추구한다(1993, 153). 억압된 사람을 해방시키고 공공의 영역으로 끌어들이려고 한다. 특정 종류의 대화의 발전, 즉 먼저 탐색하고 치유로 이어지는 대화를 추구하며, 대화 치유를 사용한다(1993, 149). 두 이론 모두 친밀한 대화와 현재 우리의 주류 문화에 사로잡혀 있는 삶에 대한 사고의 탐색에 관여한다(1993, 153).

여신의 귀환

골든버그는 여신운동(goddess movement)에서 페미니즘의 가능성을 본다. 골든버그는 초기 저서 『Changing of the Gods: Feminism and the End of Traditional Religion』에서 여신종교와 여신논리를 서술하고 있다(1979, 85-114). 현재 검토 중인 책에서, 골든버그는 여신운동과 가장 관련 있는 정신분석의 한 분야로 대상관계 이론을 꼽는다(1993, 192). 대상관계 이론은 인간의 상호 연결성, 즉 사람들이 항상 타인(대상)과의 관계를 추구한다는 생각을 강조한다. 골든버그는 여신종교와 대상관계 이론 둘 다 먼 과거를 강조한다고 평한다. 여신종교는 우리가 공유한 역사의 먼 과거를 강조하며, 대상관계 이론은 초기 어린 시절의 먼 과거를 강조한다. 여성의 경험이 얼마나 복잡한지 보여 주기 위해, 여성 경험의 아주 오래된 뿌리를 드러냄으로써 그 경험이 위엄 있어 보이도록 만들기 위해, 현대 여성의 경험을 현실로 만들고 정당화하기 위해 여신종교는 먼 옛날의 신화를 찾는다고 골든버그는 말한다(1993, 193). 더구나 골든버그는 우리의 공유된 종교 역사에서 자리를 차지하고 있었지만, 무시당하거나 적극적으로 억압받던 강력한 여성 인물들이 여신종교의 특징이라고 보며, 따라서 여신종교를 남성이 지배하는 가부장적 역사에 대한 도전이라고 여긴다(1993, 195). 여신운동과 대상관계 이론은 모두 처음에는 여성을 찾는다. 여신운동은 우주 전체에서, 대상관계 이론은 개인의 삶의 시작에서 여성을 발견한다. 따라서 둘 다 남성 상징에서 여성 상징으로의 이동을 촉진한다.

여신운동은 인간관계가 인간을 전반적으로 창조한다고 주장한다는 점에서 대상관계 이론과 연결된다(1993, 200). 고대 이교도에 동의하는 여신종교는 인간을 자연 전체를 포함하는 커다란 생명의 거미줄의 일부로 본다(1993, 201). 온 지구가 여신의 몸이며, 따라서 신성하다고 여겨진다. 골든버그는 모체에 대한 자신의 생각을 되새기면서 다음과 같이 주장한다. 여성은 연결에서 생명의 시작을 의미한다(1993, 202). 여성은 행성 전체를 포용한다(1993, 203). 여성은 세계의 몸으로서 모든 것에 대한 모든 것의 상호작용을 의미한다. 여성은 인간과 행성의 연결을 의미한다. 여성은 모든 인간을 만들어 내는 바탕이다(1993, 202).

여성을 중요하게 다루는 것의 이점

골든버그는 여성을 중요하게 받아들이는 사고방식이 한편으로는 초월적 존재의 인간에 대한 지배를 약화하고, 다른 한편으로는 육체와 육체 정치, 내재성과 연결성의 중요성을 고려하도록 만든다(1993, 206-207). 반대로, 여성을 학계에서 배제하는 것은 세계를 창조하고 지배하는 추상적인 존재에 대한 믿음을 불러일으켰다. 초월적 현실이라는 전통적 교리는 구체적인 삶의 맥락과 신체로부터 멀리 떨어져 있는 반면, 여성을 학문에 포함하는 것은 모든 창조와 모든 사상이 철저히 육체에 의존한다는 인식을 이끌어 낸다(1993, 207, 211).

헤티 조크: 에릭 에릭슨의 여성지향적 종교심리학

에릭 에릭슨의 공간 구성의 남성적 양식과 여성적 양식

네덜란드 그로닝겐 대학교의 신학 및 종교학 멤버인 헤티 조크(Hetty Zock)는 에릭 에릭슨 종교심리학의 여성적 양식의 우세를 다룬 글(1997)에서, 에릭슨이 개인의 발달을 항상 심리사회적인 것으로 여기지만, 심리사회적 발달을 위해 신체에 주어진 잠재력의 중요성 또한 강조한다고 지적한다. 에릭슨은 이러한 생물학적 잠재력 중에서 여성적 활동 양식(mode)과 남성적 활동 양식을 구별하고, 이를 남성과 여성의 생식 기관의 기능과 연결한다고 조크는 말한다(1997, 188-89). 조크는 에릭슨이 아동 환자 연구를 통해 놀이 방식에서 구별 가능한 패턴을 발견하였으며, 생식 기관에 대한 초기 인식을 바탕으로 남아와 여아의 공간 구성 방식이 다르다는 것을 발견했다고 평했다(1997, 189). 공간을 구성하는 대체적인 남성적 방법은 외부 공간을 중심으로 하며, 침략적인 것으로 묘사된다. 예컨대, 남아는 높은 탑을 세우고, 소리치고, 뛰면서 물리적으로 세상을 침입하고, 호기심을 통해 정신적으로 세상에 침입한다. 남성적 양식(masculine mode)은 적극적이다. 즉, 제멋대로 나아간다. 이와 대조적으로 여성적 양식(feminine mode)은 대체적으로 내부 공간을 중심으로 하며, 포괄적이다. 조크에 따르면, 여성적 양식은 생산적인 내부 공간과 내적 잠재력을 갖는다는 인식에 기초한다(1997, 190). 따라서 에릭슨에게 있어 여성적 성정체성은 외적인 성 기관의 결핍이 아니라 내적인 성 기관을 소유함으로써 구성된다. 조크는 에릭슨이 여아가 물리적으로는 놓지 않고 갖고 있음으로써, 억누르고 기다림으로써 정신적으로는 지각과 감각적 차별을 통해 포함된다는 것을 발견했다고 말한다(1997, 190). 여아는 낮은 건물, 폐쇄적인 구조와 인테리어를 지어 놀이 속에 포함된다. 여성적 양식은 수동적이다. 즉, 수동적으로 수용된다. 에릭슨은 이러한 여성적 소극성을 무능과 무력함으로 해석하지 않고, 세상을 살아가는 여성 고유의 방식이 인식하고 수용하는, 개방적이고 받아들이는 방식이라고 해석한다(1997, 190).

조크는 계속해서 에릭슨이 기본적인 신체적 성 차이로 인해 분화되는 남성적 양식과 여성적 양식을 신에 대한 서로 다른 경험과 이미지로 이어지는 신성, 즉 궁극의 신에게 다다르는 서로 다른 방법으로 보았다고 말한다(1997, 191). 남성적 양식은 시공간, 인간의 영역, 인간적으로 가능한 모든 것을 뛰어넘는 초월적 영역에 신을 위치시키는 경향이 있다. 이러한 초월적인 신은 전지전능하고, 무한하며, 영원하다고 여겨진다. 조크는 에릭슨의 여성적 양식은 이와 대조적으로 지금 여기, 내적 공간에, 가까이 있는 물질적인 신체의 세계에, 아주 가까이에 있는 내재적 영역에 신을 위치시키는 경향이 있다고 지적한다(1997, 191). 에릭슨은 남성적 양식은 종교의 제도적 차원에서 제 역할을 한다고 보았다. 하지만 에릭슨은 주로 여성적 양식과 신과의 관계를 확립하는 데 있어 여성적 양식이 맡은 역할에 관심을 가졌다. 또한 조크는 에릭슨이 분명히 남성적 양식보다 여성적 양식에 더 높은 가치를 두었다고 말한다(1997, 196).

종교 경험에서 여성적 양식의 기본 역할

에릭슨은 여성적 양식이 종교적 경험의 기저에 놓여 있다고 보았다. 에릭슨은 수동적 방식의 여성적 양식을 통해서만 개인이 신과의 관계를 수립할 수 있다고 본다(1997, 192). 따라서 여성적 양식은 종교경험의 기원에서 주요한 역할을 담당한다. 에릭슨은 심리사회적 발달에 대한 자신의 설명과 이를 연결함으로써 그 중요성을 명확히 하는 것으로 보인다. 첫 번째 발달단계(출생~1세)에서 아이는 기본적 신뢰인 신뢰감을 얻는다. 조크에 따르면, 아이는 세상에 대한 즉각적인 경험을 통해 자신이 신뢰할 수 있고 자비로운 우주 안에서 지지받고 있으며, 자신이 더 큰 전체에 속한 일부라는 것을 배운다(1997, 193). 에릭슨은 이러한 기본적 경험이 첫 번째 종교적 경험이라고 말한다. 그리고 에릭슨이 이러한 신비로운 기본적 신뢰의 경험을 시작하는 사람은 어머니와 같은 사람이라고 보았다고 조크는 지적한다(1997, 193). 에릭슨이 보기에, 여성적 양식은 종교적 존재를 전승하고, 보이지도 들리지도 않는 교감을 전달하며, 신과의 종교적 관계를 처음으로 시작하게 하는 역할을 한다(1997, 193). 대체로, 종교적인(어머니와 같은) 개인은 종교적이고, 신비한 존재를 발산하여 다른 사람들이 신의 영역과 접촉하도록 한다. 기본적 신뢰 경험에서 비롯된 이 신비로운 존재는 여성스럽고 모성적인 성격을 갖고 있지만, 이 존재가 반드시 여성일 필요는 없다.

에릭슨의 '나 이론'과 종교경험

조크는 에릭슨의 남성적 심리학을 비판하는 사람들이 종종 에릭슨의 연구에서 여성적 양식의 중추적인 역할을 간과한다고 말한다. 또한 비평가들이 자주 무시하는 부분은 에릭슨과 밀접하게 관련되고 매우 중요한 '나 이론(theory of I)'이라고 조크는 말한다. 조크는 이에 대해 『A Psychology of Ultimate Concern: Erik H. Eriksons Contribution to Psychology of Religion』에서 더 자세히 논의한다(1990, 72-77, 100-103). 우리는 에릭슨이 종교와 여성적 양식을 밀접하게 관련시키고 있음을 살펴보았으나, 에릭슨은 또한 이러한 연결에 나를 추가한다. 조크는 자신의 논쟁적인 글에서 "나는 여성과 종교 둘 다와 밀접하게 연결된다."(1997, 195-196)라고 논평했다. 에릭슨은 나를 개인 정체성의 핵심이라고 묘사하고, 자아(ego)의 실존적 대응물이라 부른다. 나는 타인과의 끊임없는 상호작용에서 확립되고 발달하며, 모성적 타인과의 상호작용을 통해 신생아 시기에 형성되었다고 한다(1997, 195). 게다가 나는 종교적 발달의 핵심인 신비한 현상으로 여겨진다. 따라서 에릭슨은 심리사회적 첫 단계에서 영아와 모성적 타자 사이의 첫 번째 상호작용에 대해 다시 한번 종교적 언어를 사용했는데, 이번에는 그의 나 이론의 맥락에서 사용된다. 초월적 신성은 인간관계의 즉시성에서 경험된다. 조크는 에릭슨의 관점에서 궁극적 타자는 기본적으로 타인을 통해, 타인 안에서 경험되는 것이며, 최종 분석에서 나에 대한 감각을 확립하는 것은 바로 이 궁극적인 타자라고 지적한다(1997, 195-196). 따라서 조크는 에릭슨이 모성적 타자와의 상호작용을 통해 우리의 핵심적인 정체성의 기원을 신성한 경험과 연결시킨다고 말한다. 에릭슨은 나 이론을 통해 심리사회적 발달과 종교적 발달에서 여성적 양식의 우세에 대한 이론적 근거를 제시한다(1997, 196).

남녀 모두에게 유효한 두 개의 양식

조크의 주장에 따르면, 에릭슨은 남성적 양식과 여성적 양식이 모두 존재하며, 남성과 여성이 둘 다 이러한 양식들을 사용할 수 있다고 보았다(1997, 190). 따라서 남녀 철학자, 예술가, 종교 지도자 모두 여성적 양식이 강력하게 발달되어 있다. 게다가, 개인과 사회가 건강한 발달을 누리려면 두 가지 양식이 모두 필요하다. 이에 따라 에릭슨은 두 양식이 모두 균형을 이루며 발달될 필요가 있다고 주장한다(1997, 190, 196). 에릭슨은 남성적 양식만 발달한 결과로 군비 경쟁과 환경오염을 언급하면서, 여성적 양식의 보존하고, 배려하고, 돌보며, 풍요롭게 하는 특성이 반드시 정치권에 재도입되어야 한다고 주장한 것으로 전해진다(1997, 190).

따라서 에릭슨의 관점에서 건강한 개인과 건강한 사회를 위해 두 가지 양식이 모두 필요하며, 또한 건강한 종교성을 위해서도 두 양식이 모두 필요하다(1997, 192). 조크에 따르면, 에릭슨은 종교 생활과 신학에서 일방적인 남성적 발달을 바로잡기 위해서는 여성적인 것, 순간적인 것, 즉각적인 것이 필요하다고 생각한다. 에릭슨은 사회적 영역과 정치적 영역에서 영적 통찰을 실현하기 위해 남성적 행동과 아버지와 같은 권력이 필요하다고 보았지만, 그럼에도 불구하고 에릭슨에게 여성적 양식은 의심할 여지없이 더 중요한 것이라고 조크는 말한다. 아버지의 권력은 어머니의 돌봄에 기초한다(1997, 194).

종교심리학에 대한 에릭슨의 공헌

조크는 페미니스트들이 에릭슨의 여성적 양식이 수동적이고, 수용적이며, 돌보고, 배려하는 등의 여성에 대한 전통적 시각을 영구화하며, 따라서 육아와 집안일과 같은 전통적인 여성의 역할로 강등시키는 것을 승인했다고 비판하였음을 언급한다(1997, 194). 이 비평의 가치가 무엇이든 간에, 조크는 에릭슨의 성적(남성적-여성적) 양식 이론이 가치 있으며 종교심리학에 중요한 기여를 했다고 본다. 조크는 현대 심리학이 종교경험과 종교행동에서 신체의 역할을 간과하는 경향이 있으며, 이 지점에서 남성적 양식과 여성적 양식에 대한 에릭슨의 이론이 신체의 역할에 대한 설명을 제공함으로써 도움을 준다고 말한다(1997, 197). 게다가 조크에 따르면, 에릭슨은 양식이론과 나 이론을 통해 개인들이 어떻게 처음으로 종교적 존재가 되는지를 이해하는 데 도움을 주었다.

참고문헌

Daly, M. *Beyond God the Father: Toward a Philosophy of Womens Liberation*. Boston: Beacon Press, 1973.

Franzmann, M. *Women and Religion*. New York: Oxford University Press, 2000.

Gilligan, C. *In a Different Voice: Psychological Theory and Womens Development*. Cambridge: Harvard University Press, 1982.

Goldenberg, N. R. *Changing of the Gods: Feminism and the End of Traditional Religion*. Boston: Beacon Press, 1979.

Goldenberg, N. R. *Resurrecting the Body: Feminism, Religion, and Psychoanalysis*. New York: Crossroad, 1993.

Griffin, E. *A First Look at Communication Theory*. New York: McGraw-Hill, 1991.

Jonte-Pace, D. "Analysts, Critics, and Inclusivists: Feminist Voices in the Psychology of Religion." In *Religion and Psychology: Mapping the Terrain*, ed. D. Jonte-Pace and W. B. Parsons, 129-46. London: Routledge, 2001.

Zock, H. *A Psychology of Ultimate Concern: Erik H. Eriksons Contribution to the Psychology of Religion*. Atlanta: Editions Rodopi, 1990.

Zock, H. "The Predominance of the Feminine Sexual Mode in Religion: Eriksons Contribution to the Sex and Gender Debate in the Psychology of Religion." *The International Journal for the Psychology of Religion* 7 (1997): 187-98.

11

신경과학과
종교

11
신경과학과 종교

신경과학은 오늘날 가장 흥미로운 연구 분야 중 하나이며, 적어도 종교심리
학자에게 신경과학에서의 흥미진진한 발전은 종교를 다루는 주제에 관해
탐구하는 것이다. 이 장에서는 로저 스페리(Roger Sperry)의 신경현상학, 효과적인 신
경과학과 티베트 불교도 명상, 그리고 제임스 오스틴(James H. Austin)의 선불교(Zen
Buddhism)와 신경과학에 대해 다룬다.

1. 저명한 신경과학자 로저 스페리는 의식이 뇌의 처리 과정, 지구의 진화, 그리고
   크게는 우주에 결정적인 역할을 하는 것으로 보고, 주관적인 인간의 가치를 세
   계 변화의 열쇠로 본다.
2. 신경현상학은 그러한 경험을 실현하는 뇌 운동 과정을 감지하고 해석하기 위해
   뇌 과정의 객관적인 측정을 수반하는 의식적 경험에 대한 보고서를 사용한다.
3. 리처드 데이비슨(Richard Davidson)은 티베트 불교 승려의 사랑과 동정심 명상
   을 통해 긍정 정서와 그 유도에 대한 신경과학을 탐구한다.
4. 제임스 오스틴은 개인적인 용어와 선불교와 신경과학의 해석에 대해서 자세히
   탐구한다.

이러한 네 가지 접근은 전형적인 신경과학과 신경과학자에게 도전이다. 다른 한

편, 이러한 접근의 개념적인 어려움은 일반 비전문가에게도 도전이다. 그러나 이러한 접근의 중요성과 과학의 확장에 대한 약속은 이해를 위해 필요한 요구를 능가하는 것으로 생각된다.

로저 스페리

인지적 진화를 해석함에 있어서, 신경과학자이며 노벨상 수상자인 로저 스페리(Roger Sperry)는 뇌의 두 반구(좌반구-우반구)에 관한 연구로 잘 알려져 있고, 특히 우반구의 독특한 역할을 다룬 연구를 통해 종교심리학의 유망한 길을 열었다. 스페리는 인지혁명이 과학 자체에서 발생하였으며 심리학의 첫 100년 동안 가장 급진적인 방향 전환이자 가장 수정가능하고 변혁적인 것으로 보았다(1993, 878). 환원적 물질주의, 즉 행동주의를 포함한 전통적인 과학의 설명적 모형은 더 이상 지지할 수 없음을 주장하면서, 스페리는 심리학이 전통적인 패러다임을 탈피하는 데 있어 과학들 사이에서 선두를 달리고 있다고 말한다.

한편으로, 인지혁명은 두뇌 기능이 순전히 객관적인 신경생물학적(neuronal-biophysical) 용어로 완전히 설명될 수 있다는 전통적인 관점의 반박을 의미할 뿐만 아니라, 물질주의(객관주의)가 우주 전체에 대해 일관성 있는 설명을 할 수 있다는 보다 일반적인 믿음을 의미하는 것으로 보인다(Sperry, 1993, 879). 다른 한편, 인지혁명은 의식의 재기를 의미하는 것으로 보인다. 주관적인 정신상태는 이제 인과관계가 작용하는 것으로 판단되므로 의식 행동의 포괄적인 설명에 필요하다. 스페리는 정신의 뉴런(신경학)에 대한 상향(upward) 결정론[상향적(bottom-up) 인과적 결정론]뿐만 아니라 뉴런에 대한 정신적 하향적(downward) 결정론[하향적(bottom-down) 인과적 결정론]이 있다고 언급했다. 뇌는 의식을 통제하지만, 의식은 뇌를 통제할 수 없는 비상한 전체다. 스페리는 미세 결정론 너머에는 총제적 속성에 의한 창발적 통제, 창발적 결정론 또는 창발적 원인이라는 새로운 관점이 있다고 말했다. 따라서 원자주의는 좀 더 총체적이고 하향적인(top-down) 견해로 대체되는 것으로 보인다. 예컨대,

일련의 생각들은 다른 방향과 마찬가지로 뇌의 신경망을 결정짓는 것으로 여겨진다.

스페리의 관점에서는 좌뇌와 우뇌가 통합된 단일 의식의 정신으로 작용하는 단일, 상위 수준의 전체를 형성하는 것으로 이해할 수 있다. 스페리는 단순히 "다른 마이크로매크로 구조에서…… 패턴 인자가 발휘되는 모든 중요한 인과 효과(필수적으로 게슈탈트 원리의 근간을 이루는 인과요소)"에 대한 설명을 제공하지 않는다(DeAngelis, 1993, 7).

스페리는 새로운 심리주의(mentalism)가 이원론(dualism)으로의 회귀가 아니라고 주장한다. 새로운 견해에 따르면, 정신상태가 결국은 행동을 지배하는데, 그러한 상태는 뇌 활동의 역동적인 창발적 속성으로 간주되며, 창발적 특성을 가진 뇌 활동과 불가분하게 융합되고 연결된다고 볼 수 있다(Sperry, 1993, 879). 마음은 물질을 통제한다는 스페리의 견해는 "마음은 물질에서 생겨나며 물질과 함께 죽는다"는 것이다(Erdmann & Stover, 1991, 43; Stover & Erdmann, 2000, 92). 요컨대, 스페리의 견해로는 주관적인 의식상태는 그 상태를 만들어 내는 뇌와 별도로 존재할 수 없다. 하지만 스페리가 말하기를, 정신상태와 뇌의 상태는 같지 않다. 창발적 속성은 종종 그들의 구성요소와 매우 다르다(1993, 880). 이러한 출현은 마치 전체가 부분의 합(원자론)인 것처럼 구성요소 자체에 속하지 않고, 구성요소들의 시공간적 유형화, 즉 게슈탈트에 속하며, 중요한 것은 여러 부품이 공간과 시간에 배열되어 있고, 부분에 대한 지식으로는 예측할 수 없는 새로운 속성을 발생시키는 방식이다(Stover & Erdmann, 2000, 84).

스페리에 따르면, 새로운 인지주의는 결정론과 자유의지를 조화시킨다. 의지는 실제로 인과적으로 결정되지만, 신경세포 활성화라는 물리화학적 법칙에 완전히 종속되지는 않는다(Sperry, 1993, 879). 그러한 하위 수준 법칙이 주관적이고 의식적인 자기(self)라는 더 상위 수준의 통제 안에 내재되어 있다. 주관적 주체는 인과관계 통제의 양자 간의 상하(양방향) 패러다임에서의 특별한 사례라고 한다(Sperry, 1993, 882).

더욱이 스페리는 인지혁명이 아마도 가치혁명이라고 불릴 것이라 지적한다. 인지혁명을 통해 오래되고, 가치가 없으며, 엄격하게 객관적이고, 무심하고, 양적이고, 원자론적 묘사가 인간 본성과 비인간 본성의 풍부하고, 환원할 수 없고, 다양하고, 가치 있고, 거시적이고, 총체적인 새로운 특성과 자질을 인식하는 설명으로 대체된다(1993, 879). 세상은 그저 무심한 물리적 힘에 의해서만 움직이지 않는다. 주관적인 인간의 가치는 결국 세계 변화의 핵심, 오늘날의 세상을 형성하는 가장 핵심적인 힘으로 취해진다(Sperry, 1991; 1993, 883). 가치와 사실, 마음과 물질, 그리고 종교와 과학을 통합하면서, 스페리는 인지혁명이 우리의 세상을 파괴하기보다 격상시킬 측정의 도덕적 기초를 제공할 것으로 본다. 스페리는 더 이상 가치를 억압하거나 인생의 의미와 가치를 부인하지 않고, 정신상태에 인과적 지위와 같은 지위를 부여한다. 그는 과학이 이제 "보편적인 가치-신념 체계, 절실히 필요한 자연주의적 세계 윤리로 가는 길을 인도할 수 있으며, …… 미래를 결정짓는 것은 현재 과학이 관심 갖고 있는 다른 어떤 인과관계 시스템보다도 인간의 가치체계의 변수"(DeAngelis, 1993, 7)라고 말한다.

스페리는 인간의 가치가 그들의 삶의 맥락 안에서 창발적으로 진화하는 동안 우리가 가치를 절대화함으로써 세상을 곤란에 빠뜨렸다고 말한다(1993, 883). 오늘날, 종말을 피하기 위해서 우리는 모든 인류가 신성함에 대한 변화된 감각, 궁극의 가치와 가장 높은 선함에 대한 변화된 감각으로의 급속한 전환이라는 새로운 전망이 필요하다(Sperry, 1993, 884). 그는 가장 신성하고, 최고의 가치인 최고의 선이 이제까지 진화해 오고 있는 존재의 특성(지속적으로 진화하는 존재의 특질)으로 구성되어 있다고 본다(1993, 884). 에드만(E. Erdmann)과 스토버(D. Stover)가 언급하기를, 스페리의 견해에서 보면 신(God)은 부인되지는 않았지만 우주의 창조적 힘과 동일시되고 있다(1991, 158). 인간의 진화는 스페리의 인과적 통제에 대한 양자 간 상하(양방향) 패러다임에 의해서 위로 작용하는 생물물리학적(biophysical) 힘에 의해서가 아니라, 아래로 향하는 의식에 의해서 지배당한다. 의식의 인과 관계적 역동성의 이유에 의해 진화(evolution)는 생물을 움직이고 지배하는 세력 사이에서 방향성, 목적, 의미가 증대되는 것이 된다(1993, 884). 스페리는 "종교와 과학이 결합하고 새로운 신념 체계를 지지할 때, 이 새로운 신념 체계는 생태계 전체의 장기적이고 진화하는 질을 보존하고 향상시킬 수 있는 정신적 지침을 제공한다."(DeAngelis, 1993, 7)라고 썼다.

신경현상학

포괄적인 인지신경과학을 향하여

개인적이고 주관적인 경험은 분명히 사람들에게 매우 중요하다. 이 경험은 그 자체로 과학에서도 의미가 있을 수 있는 잠재성을 갖고 있는가? 비교적 신생 학문인 신경현상학(neurophenomenology)은 주관적 경험이 그러한 잠재성을 갖고 있다고 본다. 개인적인 경험이 뇌 활동의 유형을 추적하고 해석할 수 있다는 믿음 안에서 이러한 과학은 신경과학과 주관적인 경험의 정밀한 연구들을 연합시킨다. 신경현상학 연구자들은 이런 부분에서 큰 희망을 갖고 있고, 약간의 진전들이 이러한 희망 안에서 이루어져 왔다. 예컨대, 장기간의 티베트 불교 명상가들과 연관된 명상의 과정, 깊이, 강도가 동기화된 감마 대역 발화(gamma-band firing)와 같은 객관적으로 측정된 변화와 함께 연관되어 있다는 사실이 밝혀져 왔다. 신경현상학자들이 지적하기를, 명상가들의 경험이 고려되지 않았더라면 뇌에서의 차별적인 변화에 대한 정보가 추적되거나, 해석되지 않았을 것이다. 그러므로 종국에 가서 종교경험은 과학에게 중요한 것을 가르쳐 줄 수 있다. 신경현상학적 접근의 생산성과 유효성을 시험하기 위해서 위스콘신 대학교의 인지과학자 앤토니 루츠(Antonie Lutz)와 그의 동료들이 수행한 깊이 지각에 대한 실험적 연구는 이와 관련된 많은 발표를 통해서 하나의 안내선 역할을 하게 될 것이다(2002).

1인칭 및 3인칭 의식 설명

현상에 대한 3인칭 설명은 물리학, 생물학, 화학과 같은 과학에서 외부 관찰자에 의해 제공되는 설명이다. 이 설명은 내부로부터 경험된 것, 내부로부터의 보고처럼 의식에 대한 주관적이고 개인적인 보고와는 대조적으로, 외부에서 목격된 자연 현상에 대한 외부로부터의 보고, 즉 객관적이고 비인격적인 보고이다(Varela & Shear,

1999, 1). 외부로부터의 3인칭 설명은 일반적으로 가능한 범위 내에서 모든 주관적이고 개인적인 요소를 제거하고자 한다. 연구자의 주관적 요소뿐 아니라, 심리학에서와 같이 인간을 연구할 때는 연구 대상자의 주관적 요소도 모두 제거하며, 전적으로 객관적인 방식으로 진행하는 것을 목표로 삼는다. 뇌와 인간 의식 사이의 관계에 대한 3인칭 신경과학적 설명은 뇌파(electroencephalogram: EEG)와 자기공명영상(magnetic resonance imaging: MRI)을 포함한다. 이런 연구들은 전형적으로 내부적인 것을 외부적·객관적으로 설명하려고 하며, 뇌의 신체적 작용에 기반하여 의식을 설명하려는 시도를 통해 주관적 경험을 다루고자 한다. 물리적 작용의 기반에 관한 의식을 설명하려는 시도에서의 주관적 경험을 추구한다. 주관적인 경험을 3인칭, 객관적 기초로 축소시키려는 시도에서, 관례적인 신경과학은 과학적인 환원주의나 또는 과학적인 물질주의의 형태로 불려 왔다(Varela & Shear, 1999, 9). 의식 연구자이자 티베트 불교 승려인 앨런 윌리스(B. Alan Wallace)는 인지과학자들 사이에서 결국 물질적인 세계가 오직 유일한 현실이고 모든 정신적인 과정들이 뇌의 기능과 가치에 지나지 않는다는 광범위한 동의가 있다고 말한다(2007, 11, 29). 과학적 환원주의자들은 정신이 생물학적 현상일 뿐이라는 것을 매우 확신해서, 그들이 이러한 믿음을 과학적 지식과 혼동하고, 그리하여 뇌가 어떻게 의식상태를 생성하는가 하는 문제만이 유일하게 남게 된다고 윌리스는 말한다(2007, 24, 62).

1990년대 초반 신경과학자들은 그들 사이에 만연해 있는 이러한 물질주의적 가정에 도전하기 시작했다. 이들은 결국 인지과학인 주관적인 의식이나 마음을 설명하려고 하는 것이므로 이를 고려 대상에서 배제되어서는 안 된다고 주장한다. 또한 살아 있는 경험은 축소될 수 없다고 주장한다. 즉, 그것은 물리적인 뇌로 축소될 수도 없고, 되어서도 안 되며, 의식이나 의식과 같은 것에 접근할 수 있는 유일한 방법은 의식 그 자체이다. 그들은 개인적 경험에 대한 자료는 그들 자신의 개인적·주관적 수준에서 접근되어야 하고, 완전하고 공정하게 다루어져야 한다고 주장한다. 이런 면에서 개인적인 자료는 모든 주관적 요소들이 독단적으로 사전에 배제되어 그들 자신의 목소리는 하나도 없는, 순수하게 물리적 기원을 향해 가는 단순한 과거로의 회귀는 아닐 것이다. 신경과학적인 설명은 의식이 개인적이라는 사실과 그것이 주체 또는 자기(self)에 속하는 문제라는 사실을 간과해서는 안 된다고 주장한다. 간략히 말해서, 의식에 대한 완전한 과학적 이해를 위해서는 1인칭 설명, 즉 주체 또는 자기 (self)가 자신의 경험을 설명하는 것, 개인의 주관적 의식에 대한 직접적인 설명이 필요하다(Varela & Shear, 1999, 1). 이는 내면으로부터의 1인칭 설명이 외부로부터의 3인칭 설명을 대체할 수 있다는 것을 의미한다는 말은 아니다. 오히려 1인칭 설명이 3인칭 설명을 보충하고 완성한다.

현상학과 신경과학의 통합: 신경현상학

현상학은 인간 의식에 대한 정밀한 설명을 통해 인간 삶의 적절한 이해를 제공하는 데 헌신하는 20세기 철학이다. 그것은 에드문트 후설(Edmund Husserl)에 의해 기초가 다져졌고, 마르틴 하이데거와 모리스 메를로-퐁티 같은 철학자들에 의해서 존재론적 방향으로 발전되었다. 현상학은 경험에서 그것들이 나타나는 그대로 정의된 사물 그 자체, 어떤 누군가에 의해서 살아진 의식적인 일, 즉 현상에 대한 연구이다(Varela & Shear, 1999). 처음 봤을 때 현상학적인 접근과 신경과학적인 접근은 서로 매우 동떨어진 것처럼 보인다. 우리가 보아 온 전형적인 신경과학자는 의식을 결과적 상태나 부작용, 후천적 현상으로 격하시키고, 전형적인 현상학자는 사물의 외부 또는 객관적 조사로부터 건강한 거리를 유지한다. 의식이라는 주관적 영역인 현상학적 영역과 뇌, 신체, 행동의 객관적 영역인 신경생물학적 영역을 구분하는 거리는 설명 격차라고 불려 왔다. 관찰 가능하고, 물리적인 것에 방향이 맞춰져 있기 때문에, 인지과학자들은 현상학적인 것과 신경생물학적인 것을 동일한 기반에 놓지 않는 것을 규칙으로 하고, 그 대신에 어떻게 신경 작용의 패턴이 주관적인 정신 과정을 생성하는지 또는 이것이 주관적 정신 과정과 어떻게 동등한지를 묻는 경향이 있다(Wallace, 2007, 14). 월리스와 같은 비평가들이 설명적 차이를 만들어 내고 영속시킨다고 말하는 것은 바로 이 물질적인 가정이며, 따라서 그 옹호자들은 이를 종결시키기 어렵다.

현상학과 신경과학 사이의 생산적인 대화는 물질주의의 추정의 대안으로 옹호되고, 현상학과 신경과학 두 가지를 결합하는 신경현상학은 설명 격차를 줄이는 데 도움이 되는 경향이 있다. 그러한 대화에 들어서기 위해서 현상학은 객관적인 견해들을 만족시키고 그러한 객관적인 견해들과 관계를 갖는 것에 대한 현상학의 거부감을 극복해야 할 것이다. 다시 말해서, 현상학은 중성화되어야 할 것이다. 그리고 현상학적 입장에서 신경과학은 모든 것들을 물리적 과정들로 환원시키는 물질주의적 전제를 제쳐 두어야 할 것이다.

현상학은 정신적인 일들이 직접적으로 관찰될 수 있다고 주장한다(Wallace, 2007, 15). 현상학은 의식적인 경험에 체계적으로 접근하여 그것의 범주적 특징을 결정함으로써 의식적 경험을 조명하려고 한다. 즉, 어떤 종류의 경험이든(말하자면, 어떤 인식이든) 적절한 조사를 통해 그 경험의 특징과 그것이 어떤 경험에 속하는지 결정한다(Lutz & Thompson, 2003, 38). 그것은 정확히 현상학의 체계적 성격, 의식적 경험의 범주적 특징에 대한 탐구, 즉 주관적 보고와 신경과학의 객관적 자료의 공동 고려를 가능하게 하는 것으로 보인다.

신경현상학은 1996년 저명한 인지신경과학자인 프랜시스코 바렐라(Francisco Varela)에 의해서 소개되고 그 이름을 얻게 되었다. 현상학 철학의 규율들과 인지과학을 조합하면서, 신경현상학은 주관적 자료, 의식적 경험에 대한 1인칭 서술적 보고와 그 범주적 또는 구조적으로 변함없는 특징에 대한 3인칭 객관적 데이터를 결합하며, 의식적 경험의 신경생리학적 실현으로 간주된다(Thompson, Lutz, & Cosmelli, 2005, 2; Varela, 1996). 우리가 보게 될 것처럼, 신경현상학은 1인칭 보고를 사용하여 이를 실현하는 3인칭 데이터로 되돌아가서 자료들을 탐색하고 해석하며, 이러한 방식으로 새로운 자료에 접근한다. 바렐라는 신경현상학 안에서 미래의 의식 연구를 위한 기초 역할을 하게 될 연구방법론을 보았다.

1인칭 도구 안에서의 훈련

신경현상학은 의식에 대한 적절한 보고들을 얻기 위해서 현상학에서 개발된 훈련된 1인칭 도구를 사용한다. 신경과학 실험의 대상자들은 자신의 경험을 주의깊게 관찰하고 정확하게 기술하는 능력을 향상하기 위해 체계적으로 이러한 현상학적 방법론을 훈련한다(Lutz & Thompson, 2003, 32-33). 실험 대상자들이 새롭게 얻은 주의 깊은 자기인식이 그렇지 않았다면 눈에 띄지 않고 말할 수 없었을 경험의 측면에 접근할 것을 희망한다(Lutz & Thompson, 2003, 33, 37). 자신의 직접적인 경험에 대한 이러한 성찰은 극적 결과를 초래하는 풍부하고 조사되지 않은 정보와 자료의 원천을 나타낸다고 한다(Varela & Shear, 1999, 4).

사람들은 일반적으로 실제적인 일상생활 경험을 성찰적으로 자각하지 못한다. 경험의 알려지지 않은 측면은, 오히려 두 번 다시 생각하지 않고 살아가는 것이다. 그러나 우리는 의식적으로 자신을 인식할 수 있고, 주의 깊게 자기인식하고, 성찰적으로 주의할 수 있는 능력을 갖고 있다(Lutz & Thompson, 2003, 37-38). 성찰적으로 자기인식하게 되는 이러한 능력은 멈춰서 생각하는 것이며, 그것은 체계적으로 가르칠 수 있고, 신경현상학적인 실험에서 사용될 수 있다. 피험자는 실험 상황에서 실제 경험에 체계적으로 주의를 기울이도록 훈련받을 수 있고, 자신 내부에서 의식적으로 진행되고 있는 것을 발견한 다음 범주별로 특성화하도록 훈련될 수 있다. 그들은 그들의 경험과 그것의 다양한 측면에 대한 새로운 통찰력에 자신을 개방하도록 훈련받을 수 있으며, 이러한 방식으로 새로운 경험, 새로운 1인칭 자료를 만들어 낸다(Rudrauf et al., 2002, 43; Varela, 1996). 그리고 그들은 그들의 발견을 정확히 연구자에게 보고하도록 훈련받을 수 있다. 실험 대상자들이 신경현상학적 1인칭 방법을 훈련받는다는 것은 3인칭 데이터와의 통합을 위한 1인칭 데이터의 수집의 길을 닦는 것으로 보인다.

뇌의 복잡성과 의식적 경험의 연결

신경현상학에서는 신경계를 스스로 상호작용하는 뉴런 패턴을 생성하는 자치 체제로 본다(Thompson, Lutz, & Cosmelli, 2005). 이처럼 스스로 생성되고 내부적으로 일어나는 뇌의 활동은 신경현상 분석이 시작되는 지점이다. 그 아이디어는 의식적인 과정이 어떻게 나타나는지 또는 그것을 통해 어떻게 실현되는지 발견하기 위해 뇌의 역동적 네트워크를 살펴보는 것이다. 그러나 이를 위해서는 정밀한(신뢰할 만하고 정확한) 의식의 1인칭 자료가 필요하다. 신경현상학의 독창성은 그러한 경험적 데이터를 엄격하고 명백하게 신경과학 조사와 통합하는 것, 이러한 1인칭 데이터의 실제적이고 관련 있는 경이적인 구조를 대규모의 자가 조직적인 신경 작용에 대한 3인칭 조사와 통합하는 것에 있다(Lutz & Thompson, 2003, 42). 이러한 목표들을 향하여 우리가 보아 온 것처럼, 실험 대상자들은 실험 과제에 참여하는 동안 적극적으로 의식적인 과정을 파악하고, 기술하고, 언어로 보고하도록 훈련을 받는다. 이 보고서들은 대규모 신경활동의 패턴을 식별하는 데 사용된다. 이런 식으로, 1인칭 구두 보고들의 해석과 신경활동의 3인칭 유형들의 연합에 의해서, 뇌의 복잡성과 주관적인 경험 사이의 엄격한 관계가 형성될 수 있다. 원래의 현상학적인 범주들(여기서 추적 중인 실험 연구의 준비 정도)은 발견되지 않은 원래의 신경역학 패턴을 탐지하기 위해 명시적으로 사용된다(Lutz & Thompson, 2003, 42). 신경현상학의 작용 가설은 정확한 1인칭 자료가 의식에 연관된 생리학적 과정들의 해석과 번역에 많은 부분 기여할 수 있다는 것이다(Lutz & Thompson, 2003, 33; Rudrauf et al., 2002, 45; Varela, 1996).

대단위 신경 통합: 동기화된 감마 밴드 신경 발화

시각적 지각의 과정은 주어진 시각적 장면을 널리 분포된 개별 뉴런에 의해 감지된 고립된 조각으로 나누는 것에서 시작하는 것으로 묘사된다. 그러나 시각적 지각은 어느 정도 이러한 조각들을 완전한 대상들로 통합하고, 서로 연결된 전체들, 또는 게슈탈트들로 시야에 나타나는 것 또는 재조립하는 것으로 발견된다. 대규모 통합 문제 또는 결합 문제는 널리 퍼져 있는 개별 뉴런의 뇌 활동을 어떻게 선택하여 통일된 인지, 예컨대 일관성 있는 시각적 전체를 생산할 수 있는 방식으로 조정하게 되는가 하는 것이다(Lutz et al., 2002). 신경계의 구성요소들 사이의 역동적인 링크는 요소들 자체가 아니라, 대규모의 통합을 이해하기 위한 중요한 것으로 여겨진다. 서로 연관된 전체 (또는 게슈탈트)에 대한 통합적이고 일관성 있는 의식은 뇌의 많은 다른 부분들이 하나가 되어 작용하는 것을 필요로 하는데, 저변에 깔린 뇌의 처리 과정에서의 일관성을 요구한다. 1990년대 초 프랑크푸르트의 막스 플랑크 연구소 소장인 울프 싱어와 다른 많은 연구진이 같은 대상의 일부에 반응하는 뉴런의 동기화된 발화를 발견하면서 대규모 통합 문제에 대한 매력적인(논란이 있기는 하지만) 이론적 해결책이 나왔다. 뉴런들의 동기화된 발화는 뉴런 간의 상호 연결된 발화, 규칙적이고 리듬이 있는 발화 활동의 유형이다(Austin, 1998, 710). 싱어(Singer, 2001)는 그렇게 동기화된 발화가 다수의, 널리 분산된 개개의 뉴런들로부터의 반응을 함께 연결하는 것에 아마도 책임이 있을 것이고, 그러한 서로의 연결이 높은 수준의 인지 과정의 저변에 깔려 있을 것이라고 주장했다. 따라서 이 이론에 따르면, 일관되고 통합된 경험의 성취는 뉴런의 동기화된 발화에 의해 야기되는 뉴런들의 협력적인 상호작용 또는 일관성에 의해 매개될 것이다. 바렐라는 이런 견해를 지지하는 것으로 인용된다. 그는 정신-인식 경험에서의 통일성을 일으키는 세포들의 발화는 정확한 우연이다(Rudrauf et al., 2002, 47-48)라고 썼다. 그가 말하기를, 동기화된 발화는 의식의 통합의 순간을 가장 잘 나타낸다.

그러나 그것이 전부가 아니다. 더 나아가 실험 연구에서 신경 발화를 효과적으로 동기화하는 역할을 하는 것은 고주파 감마 범위에서 초당 30~80 사이클의 뉴런의 발화라는 사실을 밝혀냈다. 이 이론은 이제는 뉴런들이 동기화됨으로써 서로 발화함에도 불구하고, 감마 발화가 매개체라고 주장한다. 따라서 감마파의 신경 발화는 정밀하게 동기화된 뉴런의 발화 형성을 주관하고, 그래서 그것은 아마도 대단위의 통합적인 메커니즘일 것이다(Rodriguez et al., 1999, 430-433; Lutz et al., 2002). 감마 동기화 이론은 대규모의, 서로 연결된 신경 활동들이 뇌에서 통합의 기본적인 자가조직 축을 구성하고 있는 효과에 대한 신경현상학의 기본적인 가정과 조화를 이루는 것으로 보인다(Lutz & Thompson, 2003, 40-41). 이 이론은 신경현상학적 연구가 일관성 있고 통합된 개인적 경험(전체/ 게슈탈트 상태)과 일관성 있고 통합된 신경 패턴(감마 동기화) 사이의 연관성을 찾는 데 적합하다는 것을 시사한다.

새로운 3인칭 자료 발견을 위한 최초 1인칭 자료 사용

준비 정도(현상학적 군집)에 대한 1인칭 주관적 데이터를 3인칭 신경 과정의 객관적 분석과 결합하면 뇌 반응이 보다 불투명해진다고 결론지었다(Lutz & Thompson, 2003, 45). 이러한 불투명성의 감소와 관련하여, 구두로 보고된 준비 정도와 관련된 신경 활동 측정을 고려하지 않는다면, 동일한 자극(점 패턴)에 대한 서로 다른 피험자의 반응을 보여 주는 증거의 상당 부분이 이해할 수 없는 소음으로 취급되었을 것이다. 즉, 실제 차이가 감지되지 않았을 것이다. 그러나 실험에서 신경 활동과의 관계에 있어서 준비성의 정도가 실제로 고려되었기 때문에, 증거에서 나타나는 다양성이 어느 정도는 설명되었다(Lutz & Thompson, 2003, 42-46). 이것은 중요한 고려사항이다. 의식(준비성의 정도)을 뇌 활동의 복잡성과 연관시킴으로써, 1인칭 설명은 뇌에서 진행 중인 활동(동기화된 감마 밴드 신경 발화), 즉 외부로부터의 접근법만 채택되었다면 감지되지도 해석되지도 않았을 뇌 활동을 감지하고 해석한다(Thompson, Lutz, & Cosmelli, 2005). 따라서 근원적인 1인칭 보고들은 준비된 또는 준비되지 않은 군비에 대한 뚜렷한 신경 반응이나 행동 반응과 같은 3인칭 데이터를 공개하는 역할을 한다. 동기화된 감마 밴드 신경 발화는 자신을 준비되었다고 묘사한 피험자에게서는 발견되었지만, 준비되지 않았다고 묘사한 피험자에게서는 발견되지 않았다. 따라서 일관되고 통합된 3인칭 데이터는 일관되고 통합된 1인칭 데이터를 수반하는 것으로 보이며, 이는 전자가 후자를 실현할 수 있음을 시사한다. 전반적인 결론은 이 연구가 설명 격차를 해소하는 데 도움을 주고, 신경현상학적 접근이 타당하고 유익하다는 것을 보여 준다(Lutz & Thompson, 2003, 42-46).

신경현상학과 명상

신경현상학에 대한 앞에서의 소개는 명상 경험에 대한 1인칭 구어적 보고들이 3인칭 신경생리학 자료와 상호 연관되어 있는 것으로 밝혀졌다고 지적한다. 예컨대, 장기 명상자의 높은 파동의 진폭(amplitude=power)의 감마 활동은 명상의 강도에 대한 구두보고와 관련이 있다(Lutz, Rawlings, & Davidson, 2005). 이 연구에서와 같이 경험이 많은 명상가들은 경험이 없는 미숙한 명상가들보다 정확하고 신뢰할 수 있는 1인칭 보고를 제공할 수 있으므로 이들이 신경과학 연구자들에게 명상 경험의 기초가 되는 통합 신경 과정을 결정하기 위한 더 나은 데이터를 제공할 수 있는 위치에 있다는 가설이 세워졌다(Lutz et al., 2007). 그러므로 신경과학자들은 명상을 통해 1인칭 데이터와 3인칭 데이터를 모두 고려하여 이를 실현하는 신경생리학 과정을 감지하고 해석함으로써 의식을 조명할 수 있게 되었다.

신경과학과 티베트 불교의 명상

티베트 불교와 서양 과학의 만남

티베트 불교는 의식의 근본적인 변화, 즉 의식의 과정 자체를 변화시키는 것을 목표로 한다. 명상(meditation)은 이러한 목적을 달성하기 위한 주요 도구 역할을 한다. 명상은 집중하는 습관을 재훈련하는 연습이다. 명상은 집중하는 기술을 발달시킨다(Goleman, 1991b, 95). 티베트 불교 승려와 산타바바라 의식 연구소 소장인 앨런 월리스(B. Alan Wallace)는 오랜 역사에 걸쳐서 불교는 주의력을 연마하고 자연 세계에서 의식의 기원과 본성, 그리고 그 역할을 탐구하기 위해 적용하는 엄격한 방법을 개발했다고 말한다(2007, 58). 저널리스트인 캐서린 엘리슨(Katherine Ellison)에 따르면, 불교 명상가들은 2500년 동안의 정신적 기술, 마음의 작용에 세심한 주의를 기울이는 기술, 마음을 다스리는 기술, 깨달음, 고요함, 연민과 기쁨을 기르기 위한 기술을 갖고 있다(2006, 72). 노벨상 수상자이자 티베트 불교의 영적인 지도자인, 성스러운 14대 달라이 라마는 불교가 오랫동안 인간의 마음에 내재한 변화를 위한 엄청난 잠재력을 보여 주는 사례를 만들어 왔고, 주의를 기울이는 기술은 의지와 집중력의 문제라고 말한다(2005b, 156). 그 결과, 그는 불교심리학은 마음이 고양되고 더욱 발달할 수 있다는 것을 심리법칙으로 받아들인다고 말한다.

14대 달라이 라마는 인간의 마음과 관련된 광범위한 문제에 대해 현대 과학과 티베트 불교 사이의 적극적인 협력을 계속해서 요청했다. 최근 수년간에 걸쳐, 신경과학의 급진적인 발전을 인지하면서, 그는 신경과학이 의식적인 경험에 대한 엄격한 연구와 더불어 그것의 객관적인 접근을 보충할 필요가 있다고 확신하는 입장을 유지했다. 달라이 라마는 과학이 이러한 확장을 통해 엄청난 혜택을 받을 것이라 믿고 있으며, 또 티베트 불교가 이 점에서 제공할 부분이 무척 많다고 믿는다. 달라이 라마가 주장한 신경과학과 티베트 불교 사이의 대화는 잘 진행되고 있다. 이 절에서는 이 사업에서 이루어진 몇 가지 진척 상황을 검토한다. 인지신경과학자 프란시코 바렐라(Francisco Varela)의 언급을 인용하자면, "과학과 불교 사이의 자연스러운 만남의 장은…… 오늘날 가장 활동적인 연구 개척 분야 중 하나이다. 관련된 내용은 현대의 인지적이고 정서적인 신경과학이 제공할 수 있는 경험적 기초와 인간 경험의 내적 조사를 통해 얻은 데이터를 통합하는 방법을 배우는 것이다. 그러한 1인칭 설명은 과학이 발견할 수 있는 것에 대한 단순한 확언이 아니다. …… [그것은] 필요한 보충분이다."(Harrington, 2006, 7). 그리고 월리스는 과학자들이 의식의 본질, 기원들, 그리고 잠재력에 대한 이해를 추구하는 불교 전통에 동참하기 시작했다며, 과학이 정신적 웰빙과 인간의 번영에 초점을 맞추기 시작했다고 말한다(2007, 5, 63).

명상과 신경가소성

신경가소성(neuroplasticity)은 경험과 훈련의 결과로, 구조적이고 기능적인 것 두 가지 모두에서 뇌의 변화를 언급한다. 신경가소성에 대한 연구는 최근 몇 년 동안 싹텄으며, 뇌가 정말로 인생에 걸쳐서 역동적으로 변한다는 불변의 결론에 마침내 도달했다. 캘리포니아 대학교 로스앤젤레스(UCLA) 대니얼 시겔(Daniel Siegel)의 언급을 인용하자면, "우리는 이제 신경 발화가 신경 연결의 변화를 이끌 수 있고, 경험은 신경 발화의 변화를 이끌 수 있다는 것을 안다."(Ellison, 2006, 74) 현대 과학과 불교의 접목을 진작시키기 위해서 설립된, 마음과 삶 연구소(The Mind and Life Institute)에서는 2005년 11월 12일, 워싱턴 D.C.에서 달라이 라마가 신경과학협회 35차 연례 회의에서 한 대담에 대한 논문을 웹사이트에 게재했다. 달라이 라마의 언급에 따르면 "신경과학에서의 최근의 발견들은 뇌의 타고난 가소성을 설명했는데, 시냅스 연결과 새로운 뉴런들의 탄생 두 가지 모두의 관점에서, 외부 자극에 대한 노출의 결과로…… 불교도의 전통은 암시하기를…… 정신적인 연습이 관찰 가능한 뇌에서의 시냅스와 신경의 변화들에 영향을 줄 수 있다."(2005a) 메디슨의 위스콘신 대학교 심리학과 교수인 리처드 데이비슨(Richard Davidson)은 동물 연구에 기반해서 전두엽 피질(prefrontal cortex), 편도체(amygdala), 해마(hippocampus)는 모두 적응적 변화가 일어난다고 알려진 위치라고 언급했다(2002, 122).

우리가 보아 온 티베트 불교는 명상의 변형력에 헌신하고 있다. 신경과학 연구는 이 힘이 뇌까지 확대되는 것을 발견했다. 명상은 뇌를 바꾸는 것으로 보인다. 예컨대, 장기간의 명상은 신경 네트워크를 바꿀 수 있고, 뉴런들의 동기화된 감마 밴드 발화를 증가시킴으로써 뇌의 연결성을 유도할 수 있는 것으로 보고된다. 그리고 이는 결과적으로 인지적 수행을 개선한다.

연민의 비전

달라이 라마는 "나는 가장 근본적인 수준에서 우리의 본성은 온정적이며, 갈등이 아닌 협력이 인간 존재를 지배하는 기본 원칙의 핵심에 있다고 믿는다."(2002, 68)라고 썼다. 달라이 라마는 유사하게 행복이 인간 삶에 자연스러운 것이라는 것을 발견한다. 그리고 그는 연민(compassion)과 행복 사이의 긴밀한 연결성을 보았으며, 연민이 우리를 행복하게 만든다는 것을 알게 된다(2002, 109). 달라이 라마는 연민과 행복은 명상을 통해 길러질 수 있다고 말한다. 데이비슨과 해링턴(A. Harrington)은 그들의 저서 『Visions of Compassion: Western Scientists and Tibetan Buddhists Examine Human Nature』의 서문에서 티베트 불교는 오랫동안 연민이라는 인간의 잠재력을 찬양해 왔고, 연민의 감정과 행동의 범위, 그 표현과 훈련을 연구하는 데 전념해 왔으며, 연민을 행복과 더 근본적인 영적 변화의 열쇠로 본다고 말했다(2002, v). 연민은 또 다른 감정 (지각 있는) 존재에 대한 하나의 감정적이고 인지적인 반응으로 정의된다(Harrington, 2002, 21-22). 연민은 우리가 타인의 고통에 직접 접촉하게 함으로써, 분리된 개인적인 존재로서의 우리의 감각에 도전하는 것으로 보인다. 해링턴은 원죄(original sin)와 더욱 최근에는 원초아(id)에 대한 믿음을 가진 서양인이 인간의 가능성에 대해서 비관적인 반면, 불교는 인간에게서 그 자신을 정화하고 변형할 자원들을 발견한다고 말한다. 윌리스는 연민의 개발은 불교도의 명상 수행의 모든 정수를 꿰뚫고 연결하는 비단실과 같다고 말한다(2007, 113). 간략히 말해서, 티베트 불교는 연민을 통찰과 지혜[반야, prajna(산스크리트어)]의 확고한 연합 안에서 인간 변형과 행복의 열쇠로 보고, 명상을 연민으로 향하는 길로 본다.

영향력 있는 신경과학

티베트 불교는 동정심과 행복감, 동질감, 애정, 선한 격려와 같은 긍정적인 감정을 개발함과 동시에 자기중심적인 행동을 소멸시키기 위한 특별한 명상법을 개발했다(Houshmand et al., 2002, 9). 긍정적인 정서를 조절하는 인간의 능력에 관해서는 아직 그다지 많은 과학적 연구가 수행되지 않았다. 주로 리처드 데이비슨의 긍정 정서에 관한 신경과학 연구를 통해 연구 방향이 현재 변화하고 있다. 1974년 이후의 명상가인 데이비슨은 티베트 불교 명상가들과 연관해서 긍정 정서와 연민에 관한 신경과학적 연구의 중심적인 인물이다.

데이비슨은 자신이 대학원에 있는 동안에도 동양의 명상 전통이 서양의 우리에게 제공할 뭔가 의미 있는 것들이 있다는 것을 확신했다고 하며, 서양 사회가 과학적 엄격함의 희생 없이 동양과 유익한 대화를 시작할 수 있었다고 말한다(2002, 108). 그는 계속해서 행복과 동정심을 개발하는 우리 시대의 과학의 위대한 중요성을 지적하고, 영향력 있는 신경과학의 관점에서 연민의 형성에 관한 엄격한 연구를 진행하는 것이 그의 목표라고 언급하고 있다. 데이비슨은 그의 연구에서 신경활동의 관찰된 패턴과 정서적 상태를 연관지어 왔다. 이처럼 내부적 · 주관적인 상황과 외부적 · 객관적 관찰 두 가지를 연결하고자 시도했다. 이전에는 순수하게 주관적인 성격을 갖고 있고, 과학적 연구와 관련이 없다고 생각되었던 사랑과 연민의 명상 상태와 같은 영적 경험에 대한 과학적 이해가 가능하게 되었다. 더욱이, 그는 행복이 막연하고 묘사할 수 없는 감정이라기보다는 뇌의 물리적 상태이고, 실험적으로 유추될 수 있다는 것을 보여 주었다.

감정에 있어서 전두엽 피질의 비대칭적인 역할

데이비슨은 그의 팀과 다른 이들에 의해서 수행된 수많은 연구를 기초로 정서 유발이 실험적으로 유도되었을 때, 전두엽 피질의 대여섯 부분들이 활성화된다는 것을 확인했다. 이뿐만 아니라 이러한 활성화는 비대칭적인 패턴을 보인다. 특정 긍정 정서를 유도하는 동안 왼쪽 전두엽 피질 활성화가 관찰되는 반면, 특정 부정 정서를 끌어내는 동안 상대적으로 우측에 있는 전두엽 피질이 더 크게 활성화되는 것을 관찰했다(Davidson, 2002, 100-111). 데이비슨은 EEG(electroencephalogram, 뇌파검사) 연구에서 긍정 정서는 상대적으로 왼쪽 전두엽 활성화의 증가와 관련이 있고, 부정 정서는 상대적으로 오른쪽 전두엽 활동 증가와 관련이 있다는 것을 발견했다(2002, 113; 2004, 1397). 회복력(resilient) 같은 감정은 좌측 전두엽의 높은 활성화와 연관돼 있고, 반면에 우측 전두엽의 주도적이고 높은 활성화는 슬픔, 불안과 걱정과 같은 스트레스를 주는 감정들로 향하는 경향과 관련 있었다(2004, 1395). 마지막으로, 영화를 통해 실험적으로 유도된 긍정 정서가 좌측 전두엽 활동을 증가시키는 반면, 유도된 부정 정서는 비대칭적 활동의 반대 패턴을 끌어내는 것으로 발견되었다고 보고한다(2004, 1397-1398).

명상을 통해서 인간의 행복을 이끌어냄

앨리슨(Ellison)은 불교는 영원한 행복이 타고난 권리라고 주장한다고 말한다(2006,77). 달라이 라마는 행복에 대한 욕구는 인간 본성의 중심에 놓여 있다고 주장하고, 더 나아가 정신의 체계적 훈련(행복의 함양, 긍정적인 정신상태에 대한 의도적 집중을 통한 진정한 내면의 변화, 부정적 정신상태에 대한 도전)은 뇌의 구조와 기능 때문에 가능하다고 언급했다(1988, 44-45). 사랑과 연민 명상은 어떤 특별한 대상이나 사람에 초점을 맞추지 않고, 오히려 사랑과 친절함의 강도 높고 넓게 퍼진 감정을 목표로 한다.

명상과 행복 연구는 승려가 아닌 일반인을 대상으로 다른 형태의 명상을 이용해서 실행되어 왔다. 인플루엔자 예방접종에 이어서, 8주간의 마음챙김(mindfulness) 명상 훈련을 받은 이들을 연구한 최근 연구에서 연구 참여자들은 인플루엔자 항체 자극제가 상대적으로 빠르게 증가하여 통제집단인 대조군보다 예방접종에 대한 항체 반응이 훨씬 더 크게 나타났다(Austin, 2006, 56-57). 이 연구는 불교 기법을 이용해서 하루에 30분 이내로 명상을 하는 대상이 항우울제에 의해서 생성되는 만큼이나 기분이 개선되는 경험을 많이 했음을 발견했다(Ellison, 2006, 74). 더 나아가서 명상은 전두엽 피질에서의 작용에 의해서 두려움이나 분노의 상황에서 감정적인 발현을 진정시킬 수 있다는 것이 발견되었다. 라자르와 그녀의 동료들(Lazar et al., 2005)에 의해서 수행된 한 MRI 연구는 불교 통찰, 마음챙김 명상을 사용하는 전형적인 미국 불교 수행자들과 수행자들이 아닌 통제집단을 비교한 결과를 보면, 연구자들은 이런 형태의 명상에서 활성화된 피질 부위들이 (대뇌피질의 부분들이 집중과 인지 과정에 연관되어 있다) 통제집단보다 명상가들의 경우에 더 두껍다는 것을 발견했다. 이는 명상을 뇌 구조와 연결 짓는 첫 번째 증거가 된다(피질의 두꺼워짐). 또한 이 결과는 연령이 증가함에 따라서 피질이 얇아지는 것이 명상을 통해서 경감될 수 있음을 제안하고 있다.

신경가소성과 인간의 행복

데이비슨은 신경가소성(neuralplasticity)과 감정적인 행복의 증진 사이의 연관성에 대해서 "신경가소성에 대한 연구는 우리에게 행복과 긍정 정서를 증진하기 위한 감정의 회로를 형성하는 방법에 대해 현실적 희망을 주는 새로운 정보를 제공했다……. 정서 관련 신경과학 분야는 최적의 기능을 위해 필수적인 것으로 보이는 인간 경험의 자질에 대한 중요한 새로운 통찰력을 얻을 수 있는 가능성을 제공한다."(2002, 124-125)라고 했다. 데이비슨과 그의 동료들은 특별히 최적의 기능을 위한 티베트 불교의 방법으로 그 잠재성을 보여 주었다. 오랫동안 불교 명상을 해 온 명상가를 대상으로 한 그들의 연구는 사람들이 그들의 정서를 통제하는 방법을 갖고 있고, 그들의 인지 기능을 증가시킬 수 있다는 것을 보여 주었다(Ellison, 2006, 72, 77). 매사추세츠 대학교 메디컬 센터의 스트레스 감소 클리닉의 설립자인 존 카밧-진(Jon Kabat-

Zinn)은 불교의 명상은 인간의 존재에 대한 과학의 확장을 광범위하게 이끌고 있다고 언급한다(Ellison, 2006, 73).

제임스 오스틴: 선불교와 신경과학

선불교와 신경과학의 상호연관성

임상신경학자이자 선(Zen) 수행자인 제임스 오스틴(James H. Austin)은 선불교와 뇌 연구 사이의 상호관계에 관한 정보가 풍부한 두 권의 책을 집필했다.[1] 오스틴은 장기간의 명상 훈련 과정에서의 점진적 변화뿐만 아니라 의식의 대체 상태에 대한 그의 경험에 대한 설명을 제공한다. 그는 한편으로 뇌 과학과 관련된 선에 대한 자신의 실천과 지식, 그리고 다른 한편으로는 선에 대한 최근의 신경과학적 발견의 관련성을 신중하게 고려한다(2006, xxiv). 오스틴의 기본적인 주장은 두 가지 분야, 그 두 가지 모두가 접근에 있어서 실제적이고 회의적이며, 서로가 서로를 보충하고 조명한다(2006, 23-24). 오스틴은 자신의 초기 책에서 신경학자 한 사람의 개인적인 탐구와 전문가적인 연구의 이야기라고 말했다. 이러한 두 가지의 경로들은 하나의 일관된 가설로 이끄는 길로 수렴하게 된다. 각성과 깨달음은 인간의 뇌가 실질적인 변화를 겪기 때문에 발생한다. 그것의 작용은 단번에 강화되고 단순화된다(1998, xix). 한편으로, 선 깨달음은 뇌는 마음의 기관이기 때문에 뇌에서 나와야 한다(Austin, 1998, 18). 다른 한편으로, 선 훈련은 인간 두뇌의 정신생리학을 변화시키기 위한 두뇌의 변형의 기관의 하나라고 한다(Austin, 2006, 138). 변화된 뇌는 선 깨달음을 낳지만, 선 훈련은 뇌를 변화시킨다. 오스틴의 현재 연구에서는 견성과 명상이라는 두 가지 주요 선 주제

---

1) 『Zen and the Brain: Toward an Understanding of Meditation and Consciousness』(1998). 『Zen-Brain Reflections: Reviewing Recent Developments in Meditation and States of Consciousness』(2006).

를 중심으로 구성되어 있다.

견성

통찰-지혜의 경험으로서의 견성

오스틴은 인간의 뇌 깊은 곳에서 드문 자발적인 각성이 일어난다고 말했다(1998, xix). 이러한 직접적인 경험의 정점은 거의 말로 표현하기 불가능하다. 그렇기는 하지만, 이 미약한 사건들이 여전히 우리의 문화적 발전을 형성하는 방식으로 우리의 주요 종교에 영감을 불러일으켰다고 오스틴은 말한다(1998, xix). 그는 선이 통찰-지혜라고 일컫는 이러한 깨달음들이 심오하고도 직접적인 경험적 통찰을 현실화시킨다고 한다. 초기의 특이한 통찰-지혜의 경험, 어떤 이의 진정한 본질을 들여다보는 것을 견성(kensho, 見性)이라고 부른다(Austin, 1998, 387, 530-622; 2006, 9-10). 다른 한편, 깨달음(satori)은 더 깊고 더욱 변형적인 깨달음에 대한 이름이다. 견성의 짧은 경험과 깨달음은 자기중심적인 자아의 침범 없이, 뇌의 자기의식이라는 주관적 베일 없이, 있는 그대로의 현실에 대한 완전한 이해를 실현한다(Austin, 2006, xxv, 7, 9-10). 오스틴은 선이 순수하고 객관적인 의식에서 세상이 진짜 어떤 모습인지에 대한 탐구에 불과하다고 말한다(2006, xxv). 선불교는 통찰-지혜에서, 인간 존재를 괴롭히는 근본적인 무지에 대한 지속적인 유일한 치료법을 찾는다(Austin, 2006, 9, 157, 240). 따라서 선은 사물의 중심에서 우리가 분리되고 지속되는 자아라는 우리의 무지, 즉 깊은 망상을 산산조각 내는 각성으로서 통찰-지혜의 변혁적 역할을 강조하는 것으로 보인다(Austin, 2006, 240, 448). 오스틴은 장기간에 걸친 명상연습은 견성과 깨달음을 앞선다고 말한다(2006, 9-10). 더욱이 이러한 두 가지 깨우침(enlightenment)의 상태는 순간적인 시작임에도 불구하고, 영적인 탐험을 자극하고 성격을 긍정적이고 지속적인 방법으로 변형시키는 경향이 있다(Austin, 2006, 9-10). 결국, 선은 꾸준하고 훈련된 일상적 연습의 결과로서의 이러한 경험 후에 계속해서 전개되는 개인의 변형을 핵심적인 것으로 고려한다(Austin, 2006, 10-11).

오스틴은 자신의 경험을 바탕으로 견성을 갑자기 시작해서, 정점에 이르고, 점차

작아지다가, 그리고는 그 사실 이후에 다양한 사려 깊은 탐사를 후원하는 순간적인 상태로 묘사한다(1998, 536-539; 2006, 366-367). 견성에서 오스틴이 얻은 통찰의 감각은 그의 이전의, 세상을 끼어들어서 바라보는 전적으로 자기 지시적인 방법이 기초적인 환상이라는 것이다(2006, 367). 그는 이러한 환상과 뚜렷한 대조를 이루는 것은 견성의 열린 눈을 통해 세상을 꿰뚫어 보는 짧은 시각이었다고 말한다(2006, 366). 그에게는 이러한 시각이 더욱 실제적이었던 것으로 보였다. 경험 그 자체의 과정에서와 수일이 지나서의 그의 회상에서, 오스틴은 말하기를, 견성의 총체적 관점은 일상의 것을 있는 그대로 반영하고 있는 내재적 완벽함을 진정으로 엿볼 수 있는 것임을 알게 되었다고 말한다(2006, 366). 이처럼 새롭게 얻어진 사물들이 실제 있는 방식대로의 의식은 말 그대로 실증적이고, 분명하고 객관적인 시선이다(Austin, 1999, 214). 오스틴은 그의 견성 경험의 첫 번째 파동을 묘사한다. 즉각적으로, 전체적인 장면은 세 가지 특질, 즉 절대적인 실재, 본질적인 정의, 궁극적인 완벽을 획득한다(1998, 537). 그 장면에서는 어디에도 관객은 없는데, 말 그대로 텅 비었으며, 정신적인 자기(self)의 최후의 암시까지도 벗겨내어졌으며, 통합된 나(I)-나를(Me)-나의(Mine)의 정수로서 특징지어졌다. 견성의 두 번째 파동은 오스틴에게 세 가지 개인적인 주제를 드러내 보여 주었다. 이처럼 존재하는 상태는 일들의 영원한 상태이고, 더 나아가서 할 것이 없고, 어떠한 것도 두려워할 것이 없다는 것이었다(1998, 537-38). 오스틴은 정신적 자아의 이처럼 통합된 특질들을 나(I)-나를(Me)-나의(Mine)라고 부른다. '나(I)'는 물리적인 존재를 갖고 있고, 의식이 있고, 느끼며, 생각하고, 알고 있으며, 잘못된 행동을 할 수 없다(Austin, 2006, 13). '나를(Me)'은 정신적이고 물리적인 발현을 겪는 주제라고 말한다(Austin, 2006, 13). 나를은 두렵고, 쉽게 위협을 당하고, 따라서 고통을 겪는다(Austin, 1999, 314). '나의(Mine)'는 나의 모든 생각이고, 시점이며, 육체의 기관이다. 세상 전체가 나의 자기 주변을 돌고 나의 자기는 혼자만의 주변을 돈다. 나의 지위, 사물, 그리고 다른 이에 대한 스스로의 탐욕적인 소원들은 나의의 핵심을 잡아낸다고 말해진다(Austin 2006, 14). 나의는 매력적인 일들 뒤를 부여잡고, 한때는 그들이 나의(Mine)에 붙잡혔었고 놓아주기를 거부한다(Austin, 1999, 314; 2006, 251).

명상

오스틴은 선(Zen)이 세상에서 절제되고, 도적적이며, 훈련된 삶을 통해 성격의 변화, 즉 자기(self)의 축소와 인식의 향상을 목표로 한다고 말한다(1998, 7; 2006, xxv, 229). 오스틴은 견성에서 일어나는 갑작스러운 통찰-지혜의 불빛에 더불어, 선의 길에는 절제된 매일 매일의 수행의 과정에서 전개되는 점진적 깨달음의 과정인 느린 성숙 과정이 존재한다고 한다고 말한다(2006, 446-447). 따라서 타고난 잠재력의 발전을 향한 선의 추진력은 느린 성격의 발전과 드문 차후의 짧은 통찰의 상태, 이 두 가지의 성격을 갖고 있다(Austin, 2006, 9). 오스틴은 통찰-지혜의 섬광은 결코 그 자체에 의해서 깨우침을 구성할 수 없고, 점진적인 깨달음과 급작스러운 깨달음 모두 필수적인 것으로 본다(2006, 446-447).

그의 견해에서 명상 연습은 선불교에서의 점진적인 깨달음의 기초적인 도구이다. 장기적인 명상 수행은 무수히 많은 작은 단계를 통해서 개인의 특질(trait)을 변형시키는 것으로 보인다(Austin, 2006, 262). 그 결과, 대부분 미묘하고 아마도 획득하기에 수년이 걸리는 것 또한 발견되었다(Austin, 2006, 214). 오스틴은 장기간의 명상을 통해서 수많은 성격 변화가 일어난다고 말한다. 그것은 생각을 확장시키고, 한 사람이 혐오와 기대를 내버리도록 돕고, 연민을 개발하고, 개인적인 통찰을 키운다(Austin, 2006, 296, 401). 간결하게 말하면, 오스틴은 선 명상에서 선으로 가르침을 받는다고 말한다(1998, 13, 57-145).

마음챙김 명상

오스틴은 고요함과 명료함에서 (선 명상은) 성인 지망자의 뇌를 보다 주의 깊게 집중하는 세련된 기술로 재훈련하기 시작한다고 쓴다(2006, 387). 선의 기초적인 요점은 마음챙김, 즉 이 삶을 풍요롭게 사는 것이고, 바로 이 순간, 바로 지금 여기라는 점을 강조한다(Austin, 1998, 452). 실제로, 오스틴은 선 명상을 지금 현재의 순간을 사는 것이라고 짧게 정의한다(1998, 72). 마음챙김(mindfulness)은 기초적인 선 명상적 접근이고, 지금의 순간에 주의를 기울이는 고요하고 조용한 무념의 스타일이며, 이완되고 수동적인 친절함이 없는 사고의 정체인 것이다(Austin, 1998, 57, 465; 2006, 29).

오스틴은 명상이 한 번에 한 가지 일에 집중하게 함으로써 마음을 진정시킨다고 말한다. 그는 "이제 숨을 들이마신다. 이제 숨을 내쉰다."와 같은 꽤 간단한 것을 완전히 인식하게 되는 것이 훌륭한 출발점이라고 말한다(Austin, 2006, 29). 이 조언을 따르는 것은 너무나 쉽게 기술되었으며, 꾸준한 자기 자신의 훈련을 요구한다.

오스틴은 말하기를, 마음챙김은 많은 수의 작은 통찰을 해 나가는 과정을 인식하는 것이다(1998, 465). 그는 산란하지 않은 인지가 뇌의 직관적인 기능들의 일부를 촉진할 수도 있다고 말한다(1998, 462). 마음챙김은 우리가 잠시 멈추고 우리가 진짜 누구인지 새롭게 바라볼 수 있게 해 준다. 바로 지금 이 순간 일어나고 있는 일에 적극적으로 참여하게 하고, 이후, 직접 얻은 정보에 기초하여 우리의 삶을 창의적으로 단순화시킨다(Austin, 2006, 31, 275). 오스틴은 이 아이디어가 선 명상(생각하지 않는 마음챙김)을 현재에서 현재로, 매일의 삶 속으로 옮기는 것이라고 말한다(1998, 57, 76). 마음챙김 명상의 궁극적인 목표는 사심없는(selflessness) 무아(no-I), 즉 나-나를-나의에 대한 해산 상태이다(Austin, 1998, 141). 오스틴은 명상이 진행될 때, 여러 생각이 사라지고, 육체적 자기의 감각이 감소한다고 말한다(1998, 143). 그는 이러한 경험은 너무 많은 생각과 행동으로 가득 차 산만함과 과잉 행동으로 그려지는 우리의 일상생활과 극명한 대조를 이룬다고 말한다(1998, 462). 선 명상은 모든 것을 늦춘다. 오스틴은 수많은 뇌 시스템이 더 느린 속도에서 더 효과적으로 작동하는 경우일 수 있다고 언급했다(1998, 462).

명상의 정신생리학적 효과

- 명상과 복합 생리학적 변화: 오스틴은 장기간의 명상 수행에 대한 몰입이 점진적으로 뇌의 복잡한 생리학적 변형을 초래한다고 말한다(2006, xxv).

- 명상과 나-나를-나의: 오스틴은 자기참조적인 (자기중심적) 뇌의 특정 영역이 나-나를-나의의 부적응적 측면에 관여하는 한, 오랜 기간 선 명상을 이어 온 명상가들은 이러한 부적응적 영역의 활동량이 점진적으로 감소하고 자기의 그릇된 기능도 점차적으로 사라질 것이라고 가정한다.

- 명상과 전두엽: 우리 의지의 실행(무엇인가를 하고자 하는 의도)은 전두엽에 대한 연구에 의해 연결되어 있는 실행적 기능을 의미한다(Austin, 1998, 274; 2006, 217).

오스틴은 실험 대상자들이 그들의 의지적인 자기-통제를 포기했을 때, 휴식 명상의 단계 동안에, PET 자료가 전두엽들의 어떤 주요한 역할도 보여 주지 않았다고 보고한다(2006, 217). 전념하는 명상 상태에서, 기능적 자기공명영상(fMRI)으로 모니터링한 고도로 훈련된 승려들의 안와전두피질 영역, 즉 눈의 안와 바로 위 부분에서 감소된 신호를 보여 주었다(Austin, 2006, 159).

- **명상과 편도체**: 편도체는 두려움의 관문이다(Austin, 1998, 175-179; 2006, 85). 오스틴은 편도체와 선의 관련성은 부적응 감정과 무관심 같은 중요한 문제와 관련이 있다고 말한다(2006, 94). 오스틴은 편도체가 어떻게 기능하는지를 아는 것은 우리가 수많은 선 명상의 기능을 이해하는 것을 돕는다고 한다(2006, 86).

- **명상과 스트레스 감소**: 통합적 연구에 따르면, 보통의 명상이 스트레스에 대해서 더욱 적절한 반응들과 연합되어 있다(Austin, 2006, 54). 8주간의 명상 훈련 프로그램을 경험하고, 뒤이어 인플루엔자 백신 처방을 받은 대상자들은 그들의 인플루엔자 항체가 상대적으로 급격히 증가했다. 이러한 증가는 마음챙김 명상과 공동으로 보고된, 고려할 만한 수많은 생리학적·생화학적 변화 중의 하나다(Austin, 2006, 56-57). 오스틴은 더 큰 GABA(유도 아미노산) 억제가 명상의 진정 효과에 강하게 영향을 미쳤을 것이라고 말한다(2006, 118-119).

- **명상과 EEG 결과**: 오스틴은 명상과 EEG의 결과를 확인했다(2006, 30). 사하자(Sahaja) 요가 전통의 숙련된 명상가들에 대한 연구에서, EEG 능력이 다음의 주파수대에서 증가하는 것으로 발견되었다. 세타-1(초당 4에서 6 사이클), 세타-2(초당 6에서 8 사이클), 그리고 알파-1(초당 8에서 10 사이클)(Austin, 2006, 53).

- **결론**: 오스틴의 선과 신경과학의 해석에 관한 상호관련성 연구는 그의 주요 업적이다. 그의 선 경험에 대한 신경과학적인 해석은 많은 부분이 아직 가설적인 것으로 남아 있으며, 그가 이미 인정하는 것처럼 많은 부분이 해결되어야 하는 과제로 남아 있다. 그는 우리가 선 명상 및 이와 관련된 대체 의식상태와 관련된 정신생리학적 과정을 완전히 이해하지 못하고 있으며, 두 측면에서의 발전은 다양한 뇌 영역이 어떻게 넓게 분포한 네트워크 안에서 생리적으로 작용하는지를 발견하는 것에 달려 있다고 말한다(Austin, 2006, 224).

참고문헌

Austin, J. H. *Zen and the Brain: Toward an Understanding of Meditation and Consciousness.* Cambridge, MA: MIT Press, 1998.

Austin, J. H. "Six Points to Ponder." In *The View from Within: First-Person Approaches to the Study of Consciousness*, ed. F. J. Varela and J. Shear, 213-16. Bowling Green, OH: Imprint Academic, 1999.

Austin, J. H. *Zen-Brain Reflections: Reviewing Recent Developments in Meditation and States of Consciousness.* Cambridge, MA: MIT Press, 2006.

Cosmelli, D., D. Olivier, J.-P. Lachaux, J. Martinerie, L. Garnero, B. Renault, and F. J. Varela. "Waves of Consciousness: Ongoing Cortical Patterns during Binocular Rivalry." *Neuroimage* 23 (2004): 128-40.

Davidson, R. J. "Toward a Biology of Positive Affect and Compassion." In *Visions of Compassion: Western Scientists and Tibetan Buddhists Examine Human Nature*, ed. R. J. Davidson and A. Harrington, 107-30. New York: Oxford University Press, 2002.

Davidson, R. J. "Well-being and Affective Style: Neural Substrates and Biobehavioral Correlates." *Philosophical Transactions of the Royal Society (London)* 359 (2004): 1395-1411.

Davidson, R. J., and A. Harrington. "Preface." In *Visions of Compassion: Western Scientists and Tibetan Buddhists Examine Human Nature*, ed. R. J. Davidson and A. Harrington, v-viii. New York: Oxford University Press, 2002.

DeAngelis, Tori. "Sperry Plumbs Science for Values and Solutions." *The APA Monitor* (August 1993): 6-7.

Ellison, K. "Mastering Your Own Mind." *Psychology Today*, October 2006, 70-77.

Erdmann, E., and D. Stover. *Beyond a World Divided: Human Values in the Brain-Mind Science of Roger Sperry.* Boston: Shambhala, 1991.

Goleman, D. "AWestern Perspective." In *MindScience: An East-West Dialogue*, ed. D. Goleman and R. A. F. Thurman, 3-6. Boston: Wisdom Publications, 1991a.

Goleman, D. "Tibetan and Western Models of Mental Health." In *MindScience: An East-West Dialogue*, ed. D. Goleman and R. A. F. Thurman, 89-102. Boston: Wisdom Publications, 1991b.

Goleman, D. *Destructive Emotions: A Scientific Dialogue with the Dalai Lama.* New York: Bantam Books, 2003.

Harrington, A. "A Science of Compassion or a Compassionate Science?" In *Visions of*

Compassion: Western Scientists and Tibetan Buddhists Examine Human Nature, ed. R. J. Davidson and A. Harrington, 18-30. New York: Oxford University Press, 2002.

Harrington, A. "Introduction." In *The Dalai Lama at MIT*, ed. A. Harrington and A. Zajonc, 3-17. Cambridge: Harvard University Press, 2006.

His Holiness the Fourteenth Dalai Lama. *The Art of Happiness: A Handbook for Living*. New York: Riverhead Books, 1988.

His Holiness the Fourteenth Dalai Lama. "Understanding our Fundamental Nature." *Visions of Compassion: Western Scientists and Tibetan Buddhists Examine Human Nature* ed. In R. J. Davidson and A. Harrington, 66-80. New York: Oxford University Press, 2002.

His Holiness the Fourteenth Dalai Lama. "Science at the Crossroads." *Annual Meeting of the Society for Neuroscience*, 2005a (available online at www.mindandlife.org/dalai.lama.sfndc.html).

His Holiness the Fourteenth Dalai Lama. *The Universe in a Single Atom: The Convergence of Science and Spirituality*. New York: Random House, 2005b.

Houshmand, Z., A. Harrington, C. Saron, and R. J. Davidson. "Training the Mind: First Steps in a Cross-Cultural Collaboration in Neuroscientific Research." In *Visions of Compassion: Western Scientists and Tibetan Buddhists Examine Human Nature*, ed. R. J. Davidson and A. Harrington, 3-17. New York: Oxford University Press, 2002.

Lazar, S. W., C. Kerr, R. Wasserman, J. R. Gray, M. McGarvey, B. T. Quinn, J. A. Dusek, H. Benson, S. L. Rauch, C. I. Moore, and B. Fischl. "Meditation Experience Is Associated with Increased Cortical Thickness." Program No. 355.10. *2005. Abstract Viewer/Itinerary Planner*. Washington, DC: Society for Neuroscience. 2005 (available online at www.sfn.scholarone.com).

Lutz, A., D. D. Dunne, and R. J. Davidson. "Meditation and the Neuroscience of Consciousness." In *The Cambridge Handbook of Consciousness*, ed. P. Zelaso, M. Moscovitch, and E. Thompson. New York: Cambridge University Press, 2007.

Lutz, A., L. L. Greischar, N. B. Rawlings, M. Ricard, and R. J. Davidson. "Longterm Meditators Self-Induce High Amplitude Gamma Synchrony during Mental Practice." *Proceedings of the National Academy of Sciences* 101 (2004): 16369-73.

Lutz, A., J.-P. Lachaux, J. Martinerie, and F. J. Varela. "Guiding the Study of Brain Dynamics by Using First-Person Data: Synchrony Patterns Correlate with Ongoing Conscious States during a Simple Visual Task." *Proceedings of the National Academy of Sciences* 99 (2002): 1586-91.

Lutz, A., N. B. Rawlings, and R. J. Davidson. "Changes in the Tonic High-Amplitude Gamma Oscillations during Meditation Correlates with Long-Term Practitioners Verbal Reports." Program No. 536.9. *2005 Abstract Viewer/Itinerary Planner*. Washington, DC: Society for Neuroscience, 2005 (available online at www.sfn.scholarone.com).

Lutz, A., and E. Thompson. "Neurophenomenology: Integrating Subjective Experience and Brain Dynamics in the Neuroscience of Consciousness." *Journal of Consciousness Studies* 10 (2003): 31-52.

Rodriguez, E., N. George, J.-P. Lachaux, J. Martinerie, B. Renault, and F. J. Varela. "Perceptions Shadow: Long-Distance Synchronization of Human Brain Activity." *Nature* 397 (1999): 430-33.

Rudrauf, D., A. Lutz, D. Cosmelli, J.-P. Lachaux, and M. Le Van Quyen. "From Autopoiesis to Neurophenomenology." *Biological Research* 36 (2002): 27-66.

Singer, W. "Consciousness and the Binding Problem." *Annals of the New York Academy of Science* 929 (2001): 123-46.

Sperry, R. W. "Search for Beliefs to Live by Consistent with Science." *Zygon: Journal of Religion and Science* 26 (1991): 237-58.

Sperry, R. W. "The Impact and Promise of the Cognitive Revolution." *American Psychologist* (August 1993): 878-85.

Stover, D., and E. Erdmann. *A Mind for Tomorrow: Facts, Values, and the Future*. Westport, CT: Praeger, 2000.

Thompson, E., A. Lutz, and D. Cosmelli. "Neurophenomenology: An Introduction for Neurophilosophers." In *Cognition and the Brain: The Philosophy and Neuroscience Movement*, ed. A. Brook and K. Akin, 40-97. New York: Cambridge University Press, 2005.

Varela, F. J. "Neurophenomenology: AMethodological Remedy for the Hard Problem." *Journal of Consciousness Studies* 3 (1996): 330-49.

Varela, F. J., and J. Shear. "First-Person Accounts: Why, What, and How?" In *The View from Within: First-Person Approaches to the Study of Consciousness*, ed. F. J. Varela and J. Shear, 1-14. Bowling Green, OH: Imprint Academic, 1999.

Wallace, B. A. *Contemplative Science: Where Buddhism and Neuroscience Converge*. New York: Columbia University Press, 2007.

Zajonc, A. "Reflections on Investigating the Mind." In *The Dalai Lama at MIT*, ed. A. Harrington and A. Zajonc, 219-41. Cambridge, MA: Harvard University Press, 2006.

12

종교와
진화심리학

12
종교와 진화심리학

학자들은 종교연구에 진화(evolutionary)의 원리를 점점 더 많이 적용하고 있다. 많은 학자가 모두 종교적 개념의 기원과 전달을 설명하기 위해서 문화적 진화의 중요한 결정요인으로 심리학적·문화적 요인을 인용한다. 이 장에서는 종교의 문화적 진화에 설명력 있는 두 지지자, 파스칼 보이어(Pascal Boyer)와 다니엘 데넷(Daniel Dennett)을 살펴볼 것이다. 보이어는 초자연적인 존재와 사건에 대한 표상 또는 개념의 문화적 선택, 즉 습득(acquisition)과 전달(transmission)의 중요한 심리학적 요인으로 인지추론체계(cognitive inference system)를 지적한다. 데넷은 자신의 이론을 통해 보이어의 심리학적 접근을 통합하면서 밈(Meme)이라는 문화적 단위 자체의 역할과 종교적 재현 그 차제가 획득하고 인간의 정신과 행동에 행사하게 되는 권력을 강조한다. 즉, 보이어는 종교적 개념의 문화적 진화에서 심리적 요소에, 데넷은 문화적 진화(cultural evolution)의 문화적 요소에 초점을 맞춘다. 두 학자 모두 자신의 관심사를 인간사에 개입하는 초자연적인 존재를 특징으로 하는 사회적 기업이라는 특정한 종류의 종교에 제한한다.

파스칼 보이어: 설명된 종교

왜 사람들은 유전적·문화적 선택을 믿는가

파스칼 보이어(Pascal Boyer)는 인지인류학자이자 진화이론가로, 현재의 과학이 초자연적인 존재와 초자연적인 사건의 개념이 인간의 마음과 뇌에서 어떻게 획득되고 조직되는지를 이해한다고 주장한다. 또한 사람들이 왜 물적 증거가 없어도 신(gods)과 정령을 믿는지를 현재의 과학이 설명할 수 있다고 본다(2001b, 297). 과거에는 단지 불가해한 미스테리였던 종교가 이제는 어렵지만 다룰 수 있는 문제가 된 것이다. 그는 인류학 연구에서 인지심리학, 진화생물학, 언어학은 문화적 진화 뒤에서 작동하고 있던 요인을 밝혀내었으며, 문화적 진화는 종교의 기원에 있음을 주장한다. 실험연구와 인류학적 현장 연구에 기초하여 보이어는 종교의 문화적 진화에 대한 정당성을 입증하고 어떻게 다양한 인지 요인이 그것을 유발할 수 있는지를 수많은 논문(1996, 2000, 2001a)과 특히 그의 저서 『Religion Explained: The Evolutionary Origin of Religious Thought』(2001b)에서 설명한다.

보이어는 사람들이 어느 지역에 있건 유일신(God)이나 다신(gods), 정령, 선조와 같은 형태의 초자연적 존재, 우월한 권력과 지식을 가진 특별한 존재에 대한 개념을 갖고 있다는 데에 주목한다. 보이어의 종교적 개념이라는 용어는 인간의 삶에 중요한 초자연적 존재의 개념이다(2001b, 137). 우리 주변에서 우리를 지켜보고, 특정한 행동을 금지하거나 다른 사람에게 명령을 하고, 결과에 따라 보상 또는 처벌을 하는 선조라는 개념은 종교적 개념의 한 사례이다. 이는 초자연적 행위자 개념이자 중요한 개념이며 보이어는 이를 문화적 진화의 메커니즘을 통해서 설명하고자 했다.

흔히 종교는 근대적 마음과 함께 등장했다고 여겨지며, 근대적 마음은 타인과의 상호작용에서 다양하게 특화된 인지추론체계를 구성한다(2001b, 322). 보이어는 원칙적으로 이러한 인지추론체계에 종교적 개념의 문화적 진화에 대한 원인이 있다고 주장한다(2001b, 322-23). 다시 말하면, 이 체계가 문화적 과정에서 문화적 선택, 습득, 전달을 통한 초자연적 개념의 진화적 발달에 주요한 원인이라는 것이다. 그의 관점에서, 이런 추론체계는 문화적이라기보다는 생물학적으로 진화해 왔다. 즉, 추론체계는 생물학적 과정에서 유전적 선택, 습득, 전달을 통해서 인간의 뇌에 구조화되어 온 것이다.

보이어는 앞서 언급했던 특화된 인지추론체계(2001b, 3)에서와 같이, 자연선택은 우리의 특정한 정신적 성향을 만들어 놓기 때문에 오늘날 우리의 뇌는 관련된 환경적 정보를 다루기 위해서 미리 준비되어 있다고 주장한다. 우리의 뇌는 생존과 재생산을 위해서 행동하고 반응하는 유전적 선택을 통해서 진화했다. 인간 진화의 역사는 우리의 선조가 반복적으로 직면해 온 문제들에 대한 인지적 반응으로서의 이러한 목적에 맞게 우리의 추론체계를 형성했다. 이러한 반복되는 문제는 인간이 항상 마주해야만 했던 환경적 요구이다. 한편으로는 적과 주변을 배회하는 짐승에 의한 위험에 대처하는 것, 다른 한편으로는 인간의 생존에 필수적인 동맹관계에 있는 인간과의 협동과 협력을 증진하는 것이 그것이다. 진화심리학의 관점에서 인지추론체계는 주변 환경에 대해서 이용 가능한 정보가 제한된 상황에 대처하기 위한 뇌의 진화된 능력이라고 정의될지도 모른다(2001b, 98). 각각의 체계는 그러한 상황에 대한 아주 똑똑한 추론을 제공하는데, 이는 곧 뇌의 모든 체계가 추론체계라고 불리는 이유이다(2001b, 98).

보이어의 주요한 주장은 이후에도 계속된다. 유전적으로 선택된 우리의 인지적 구조는 정신적인 인지추론의 네트워크로서 특정한 제한된 수의 개념이나 표상이 문화적으로 선택될 가능성을 생물학적으로 높인다. 우리의 인지체계가 생존과 재생산을 목적으로 한 것에서 유래했다고 주장하는 보이어를 살펴보았는데, 이는 곧 인지체계가 어떠한 종교적 맥락에서도 비롯될 수 없음을 의미한다. 생물학적 진화심리학이 종교적 기원을 부정하는 반면, 보이어는 이 심리학이 그럼에도 불구하고 문화적으로 성공한 초자연이라는 개념의 작은 목록으로 분류될 준비가 되어 있다고 주장한다(2001a, 57; 2000, 195). 그는 모든 인류가 생물학적으로 특정 범위의 종교적 개념을 쉽게 습득할 수 있으며, 타인과 그런 개념을 소통할 수 있는 능력이 있다고 말한다(2001b, 3). 보이어의 내용을 요약하면, 생물학적 진화를 통해서 뇌가 문화적 진화를 형성하는 심리학적 성향을 지닐 수 있게 되었다는 것이다. 유전적 선택에 의한 인간 뇌의 진화는 특정 인지추론체계에 대한 설계에 반영되었으며, 이러한 체계는 초자연적 존재와 그들의 인간사에 대한 개입에 대한 특정한 종교 개념의 문화적 선택을 용이하게 한다(2001a, 71; 2001b, 133). 보이어의 진화심리학에 대한 현재의 논의에서 이후부터는 인지추론체계를 중심으로 한 생각을 다룰 것이다.

다윈주의자인 자연주의는 보이어가 제시하는 방식에 대해서 인간이든 신이든 어느 누구도 종교를 만들어 내지 않았다고 설명한다(1994). 어떤 인간도 관심을 들여서 종교를 꿈꾸고 발명해 낸 것도 아니고 높은 곳에서 장엄한 계시에 의해서 부여된 것도 아니라는 것이다. 보이어의 관점에 따르면, 인간 뇌의 유전적으로 결정된 인지추론체계를 기반으로 사람들이 다른 사람에게 환상적인 이야기를 전달하면서 생겨나는 수천 개의 일화를 통해서 문화적 정교화가 진행되는 과정, 즉 문화적 선택을 구성하는 반복적인 선택적 사건의 결과 종교적 개념과 실천이 나타난다(2001b, 310, 329). 인간의 뇌와 정신에 의해서 생산된 많은 변형의 대부분은 수정되거나 버려지는 데 비해, 오랜 세월동안 전해져 온 그러한 종교적 신념은 상대적으로 성공적이었다 (2001b, 32).

개인적 차원에서의 종교 개념 구성

보이어는 초자연적 존재라는 개념적인 습득의 시작점이 바로 다른 사람에게 말을 하고 행동하는 것이라고 주장했다(2001b, 237). 하지만 타인으로부터 전송된 정보는 종교적 개념 자체가 아니라 사람들이 그 개념을 형성하도록 이끄는 실마리를 구성한다(2001a, 76). 종교적 개념의 내용 대부분은 전혀 타인으로부터 직접적으로 전송된 것이 아니라 그 개념들을 받아들이는 과정에서 각 개인에 의해서 재구성된다(2001b, 159). 보이어의 이론에 중심이 되는 인지추론체계 활성화를 통해서 개인은 정령의 정신적 작동 방식을 추론한다. 즉, 정령은 과거를 기억하거나 현재에 무슨 일이 일어나는지를 본다. 사람들은 사실 우리가 약속한 것을 지키지 않아서 선조가 화가 난 것이다와 같은 말을 타인에게 듣는다(2001b, 159-160). 보이어는 그러한 불완전한 정보를 이해하는 것은 정령이 개입된 정신적 사건에 대해서 구조를 형성하고 자발적인 추론을 요구한다고 본다. 따라서 사람들은 선조가 협상을 하고, 무슨 일이 일어나는지 알고 있고, 기억하고, 화를 내는 등 자신과 같이 마음을 가진 사람이라고 가정하는 것이다. 보이어는 사람들은 신이나 정령을 창조해 내는 것이 아니라 그러한 개념을 형성하도록 하는 정보를 수용하는 것이라고 주장한다(2001b, 161). 정신추론체계(mental inference system)는 우리가 앞서 보았듯이 더 실용적인 이유로 도입되기는 했지만, 이미 요구되는 건설적인 활동을 실행할 준비가 되어 있다. 정신추론체계는 초자연적 행위자라는 종교적 개념과 더 완벽한 개념적 틀(frame)을 만들어 낸다(2001b, 40-42). 대체로 초자연적 존재라는 개념은 인간의 뇌에서 뇌로 직접적으로 전달되지 않는다. 그 개념은 오히려 마음에서 마음으로 직접적으로 다운로드되는 것으로 추론된다(2001a, 76). 뇌의 인지추론체계는 타인에 의해서 전달되는 정보를 재구성하고, 왜곡하며, 바꾸고 발전시키는 작업을 영원히 한다고 여겨진다(2001b, 33). 보이어는 수용된 정보를 처리하는 것, 추론을 생성하는 것, 새로운 정보를 만들어 내는 것은 종교적 개념의 다양화와 많은 변화로 이어짐을 논증한다(2001b, 39).

이어서 보이어는 실험 연구에서 우리 뇌의 인지추론체계가 자연스럽게 인간, 동물, 식물, 자연적 대상 또는 환경적 대상, 인공물을 분류하고 있음을 보여 준다고 주장한다(1996, 90; 2001a, 60-63). 뇌가 환경적 실마리를 토대로, 예컨대 동물을 알아본다고 할 때, 자연적이고 자발적으로 뇌는 동물이라는 활성화된 카테고리로 특정한 추론을 생산한다. 이 존재는 동물로 태어났고 생존할 음식을 필요로 하며, 숨을 쉰다는 등으로 추론한다(2001b, 95-96). 우리가 이와 같은 방식으로 선조를 사람으로 식별할 때 특정한 추론체계(직관적 심리체계)는 선택적으로 작동하고, 앞서 주장하였듯이 자연적으로 사람이 지니는 특성이 선조의 모든 속성에 적용된다(2001b, 46, 101, 161). 특성은 사람이라는 것 또는 동물이라는 것이 어떤 의미인지를 추론하는 인지추론체계에 속해 있는 직관적 원칙으로부터 자유롭게 추론된다. 따라서 환경에 관해 제한된 가용 정보를 완성하고 이를 풍부하게 만든다(2001a, 65, 76). 정령이 사람이라는 분류에 속해 있으며 인간과 같은 마음을 갖고 있다는 직관적인 심리체계가 만들어 내는 이러한 암묵적인 믿음 때문에 초자연적 행위자라는 개념은 쉽게 수용되고 저장되고 전달된다.

요약하면, 보이어에게 종교적 개념과 같은 문화적 현상은 항상, 어디에서나 일어나는 선택 과정의 결과이고, 그러한 선택의 과정은 주로 개인의 정신적 차원에서 해석적인 구성과 재구성(추론)의 과정을 통해서 그리고 그러한 과정에서 일어난다. 서로 다른 개인의 정신적 차원에서 형성되는 종교적 개념은 그럼에도 불구하고 서로 닮아 있다고 말할 수 있다. 보이어는 그 이유가 바로 유전적으로 진화한 추론체계로 구성된 근대 인간의 정신과 뇌가 언제 어디에서나 같으며, 어디에서나 항상 유사한 방식으로 종교적 개념을 구성하고 재구성하기 때문이라고 보았다(2001b, 40, 46-47). 놀랍게도, 유사한 종교적 개념의 재구성은 문화적 역사에서 예외가 아니라 하나의 규칙인 것이다. 인간의 뇌는 상당히 유사한 초자연적 행위자의 개념을 오랜 시간 반복해서 창조해 왔다. 인간의 행동을 사로잡은, 보이지 않는 초자연적 행위자의 개념은 모든 문화에서 발견된다.

무의식의 신념 형성

보이어의 종교적 개념에 대한 설명의 중심을 이루는 추론 과정은 정신적 지하실(mental basement)과 같은 곳에서 상당히 무의식적으로 작동한다. 초자연적 행위자를 구성하는 데 상당히 많은 것이 알려지지 않은 지하의 신념 형성이 작동한다. 보이어는 신념이 어떠한 뒷받침할 만한 증거도 없이 등장한다고 주장한다(2001b, 304-305). 외현적인, 즉 의식적으로 드러나는 신념은 암묵적인, 즉 무의식적인 뇌의 과정을 통해서 직관적으로 생성된다(2001b, 306). 사실 사람들은 정답, 즉 한 번도 의문을 품어보지 않은 명쾌한 신념을 갖고 있다. 예컨대, "선조는 존재하는가?" "그들이 우리 주변에 있는가?"와 같은 질문을 하지 않고도 즉각적으로, 그리고 분명하게 선조의 존재를 믿을 것이다. 그들은 단순히 그들의 존재를 가정한다. 이것이 추론적 과정이 작동하는 방식이다. 아무도 시간과 관심을 들여서 의식적으로 정령이나 선조의 존재가 무슨 의미를 갖는지 알아내려고 하지 않는다. 즉, 선조의 존재에 대한 명백한 신념은 당연하게, 그리고 암묵적으로 받아들여지는 것이다. 사람들은 물적 증거(물론 있지도 않지만)에 기초하지 않으며, 선조나 신이 존재하거나 주변에서 우리를 보고 있다고 믿는다. 그러나 그러한 신념은 사람들이 흉작과 같이 설명하기 어려운 사건을 선조가 우리를 벌한다는 식으로 완전히 이해하도록 돕는다.

대체로, 정신적 지하실에서 활동하는 암묵적 과정은 종교적 개념을 창조(추론)하며, 전달을 가능하게 하고 그에 대한 열정과 헌신을 발생시킨다(2001b, 50). 사람들에게 이러한 노골적인 믿음은 쉽게 일어난다. 보이어는 오직 인지과학의 도구만이 무의식적 과정, 즉 적극적으로 인지추론체계와 연관된 초자연적 존재에 대한 의식적인 신념에 책임이 있는 과정을 밝히는 데 도움을 준다고 말한다. '사당을 더럽히면 선조에게 벌을 받을 것이다.'와 같은 복잡하지 않은 신념에 대해서 복잡한 체계는 무의식적 작업에 많은 역할을 한다(2001b, 18-19). 보이어는 이와 같은 일상적으로 잘 알려지지 않은 활동이 종교를 설명하는 데 상당히 오래 지속된다고 말한다(2001b, 88-89). 요약하면, 보이어는 다양하고 특정한, 하지만 정교하게 조직화 된 인지체계, 무의식적으로 복잡하게 진행되는 작업이 종교적 개념을 설명하고 있음을 제시한다(2001b, 94-95).

주요 추론체계

마음(mind)/뇌(brain)는 인지추론체계, 즉 많은 특정한 설명적 장치로 구성되어 있다. 그리고 각각은 마음/뇌를 활성화하는 제한된 수신 정보에 대해서 아주 똑똑한 추론을 생산한다(2001b, 17, 96-100). 보이어의 관점에서 우리는 인지추론이 원래는 종교와 아무 관련이 없으며, 약탈자를 명확히 하는 것이나 성공적인 사회적 상호작용 같은 것과 관련이 있음에 대해 알아보았다. 그럼에도 불구하고 생물학적으로 진화한 이러한 체계는 종교의 문화적 진화에 거대한 역할을 해 왔고, 지금도 계속하고 있으며, 우리가 앞서 살펴보았듯이 생물학적으로 진화한 체계는 어떤 종교적 개념은 선택되고 살아남을, 또는 어떤 개념은 선택되지 않고 잊히거나 버려질 수 있는 개연성을 결정한다. 진화의 역사에서 중요한 역할을 하는 것에는 행위자-감지체계, 직관심리 추론체계, 개인파일 추론체계, 사회교환 추론체계, 도덕 추론체계가 있다.

행위자-감지체계와 직관심리 추론체계

행위자-감지체계와 직관심리 추론체계는 추론체계의 두 가지 핵심이다(1996;

2000; 2001b, 122-23). 행위자-감지체계는 인간과 동물 모두의 목적 지향적인 행동을 감시한다(2001b, 218). 보이어가 언급하기를, 의도적인 움직임을 감지하는 것은 주어진 궤적이 사냥감인지, 따라다니며 괴롭히는 적인지, 또는 바람에 날려 온 털인지를 결정할 수 있어야 했던 우리의 선조의 생존에 아주 중요했다(2001b, 97). 게다가, 우리의 선조는 먹을 식량을 찾아 나서야만 했고, 따라서 그들의 생존은 특정적인 움직임을 기반으로 적당한 먹잇감을 감지하는 능력에 달려 있었다. 이에 우리 선조들은 타인의 움직임을 통해서 목표, 즉 목적, 행위자, 마음을 감지할 수 있어야만 했다. 우리의 진화 유산은 포식자와 먹잇감 모두를 다뤄야만 했던 유기적 조직체의 유산이며, 보이어는 그래서 뇌가 행위자나 마음을 감지할 능력을 진화시켜 온 것은 놀랄 일이 아니라고 주장한다(2001b, 144-146). 사실, 행위자를 과잉 감지하는 것, 즉 있지도 않은 행위자를 찾아내는 것은 상당한 진화적 이점을 지닌 것이다. 행위자-감지체계는 과잉 감지에 편중된, 즉 결론으로의 비약이다(2001b, 145). 행위자를 과잉 감지함으로써 이 체계는 삶과 죽음의 문제에 관해서 모험을 하는 것이 아니라, 말하자면 일촉즉발의 상황에 있는 것이다. 즉, 나중에 후회하는 것보다 조심하는 것이 낫다.

직관심리 추론체계는 특정한 종류의 행위자나 마음을 감지한다(2001b, 122-123). 이 체계(개인적 행위자)는 다른 사람의 마음을 읽는 작업을 한다. 따라서 이것은 다른 사람이 무엇을 생각하고 계획하는지, 그들이 우리가 생각하는 것이 무엇이라고 생각하는지, 그들이 어떤 것을 느끼고 무엇을 하고 싶은지 등 성공적인 사회적 상호작용을 위해서 필수적인 생각들을 추론한다(2001b, 104-145). 먹잇감을 찾아다니고 적을 물리치는 것과 같은 일에서 인간의 협동과 협력이 없이 인간의 생존은 불가능했을 것이라고 보이어는 말한다. 게다가 우리의 적의 정신상태와 목적, 움직임을 추론하는 것은 생존에 상당한 기여를 한다. 보이어는 타인의 생각과 의도를 성공적으로 읽는 진화적 이점은 직관심리 추론체계의 비상한 발전을 촉발했다고 주장한다(2001b, 122-123).

행위자-감지체계와 직관심리 추론체계는 추론 역할을 하며, 보이어의 종교적 개념의 구성에 대한 문화적 진화의 설명에도 큰 역할을 한다(2001b, 146). 행위자-감지체계는 행위자를 과잉 감지함으로써 자발적으로 실제로는 존재하지 않는 초자연적 행위자를 찾아낸다. 이 체계의 논리에 따라, 인간은 자연적으로 행위자가 뒤에 있다는 성급한 결론을 내리게 되고, 이러한 결론은 자연적 사건의 뒤틀림, 예컨대 비의 신이 날씨를 조작한다거나 우리에게 슬픔을 안겨 주는 선조의 보복, 바다의 신, 태양의 신, 곡식의 신, 토양의 신, 망령을 포함한다. 사실, 보이어는 초자연적 행위자는 어디에서나 과잉 감지되며 모든 종류의 사건을 설명한다고 말한다. 따라서 초자연적 행위자의 개념이 많은 추론을 만들어 낸다는 사실은 진화적 성공에 기여한다.

포식자의 관점에서 고안된 행위자-감지체계는 존재하지 않는 초자연적 행위자를 발견하고, 인간의 의도를 읽어 내기 위해서 고안된 직관심리 추론체계는 이러한 행위자에 대해서 개개인이 분류하는 것에 의도를 부여한다. 신(gods), 정령, 선조와 같은 마음이 있는 행위자는 우리와 꼭 같다. 초자연적 행위자는 개인적 초자연의 행위자이다. 보이어는 사람과 같은 범주로 분류되는 모든 것은 이제 초자연적 행위자의 개념을 포함하고 있음을 짚어 낸다(2001b, 143-144, 148l 2001a, 74). 초자연적인 사람이라는 개념은 발생되는 추론에서 과도하게 풍부해지며, 다시 개념의 문화적 선택에 기여한다. 사람과 같은 신은 훨씬 더 범주가 클 뿐이고, 우리는 우리가 다른 사람의 생각을 읽는 것처럼 그들의 생각을 읽어 낸다. 우리는 신들이 복수심에 불타는, 친절한, 애정이 많은, 예쁜, 관대한, 용서하는, 변덕이 심한, 편파적인, 도덕적인, 배려심이 있는 등 우리가 아는 인간과 같다는 것을 발견한다. 우리 자신과 타인에게 부여하는 모든 특징을 부여함으로써, 개인적인 초자연적 행위자라는 개념은 타인이 우리에게 말해 주는 많은 일과 우리 주변에서 일어나고 있는 일, 그리고 마치 아무 곳에서도 유래하지 않는 것처럼 우리에게 들어오는 신념(추론)을 이해하게 해 준다. 보이어는 이러한 불완전하고 혼란스러운 정보를 해석하는 초자연적 행위자의 능력이 바로 사람들이 믿는 근본적인 이유라고 주장한다.

개인파일 추론체계

보이어는 개인파일 추론체계가 우리가 상호작용하는 모든 개인에 대한 파일을 보관하고, 따라서 우리가 만나는 사람을 친구인지 적인지, 아군인지 적군인지, 위협이 되는지 아닌지를 추적할 수 있도록 돕는다고 말한다(2001b, 219). 누가 누구인지를 아는 것은 성공적인 사회적 상호작용의 핵심이며, 따라서 보이어는 이 체계가 선택적 진화의 이점이라고 본다. 게다가 개인파일 추론체계는 얼굴을 인지하고 그들에게 어떤 일이 일어났고 무슨 일을 했는지를 예의주시하면서, 각 개인을 그들만의 특질과 그들만의 역사를 가진 별개의 존재로서 추적한다(2001b, 96-97). 다른 사람을 대하기 위해 고안된 개인파일 추론체계는 초자연적인 사람의 개념에 의해서 작동할 때도 다양한 신과 선조를 구분하고, 각각에 맞는 특질과 역할을 부여하며 그들과의 관계의 역사를 추적하는 등 비슷한 작업을 한다.

사회교환 추론체계

보이어는 원활한 사회적 상호작용에 중요한 사회교환 추론체계는 물품(goods)의 주인이 바뀌는 상황에서 활성화된다고 설명한다. 이는 모든 지불이 그에 상응하는 지불을 요구한다는 원칙에 의해 지배되는 직관력을 전달한다. 따라서 이 체계는 인간 간의 물품 교환에서 요구되는 공정함에 대한 직관을 안내한다(2001b, 200-202). 보이어는 마치 인간이 서로 협상을 하고 계약을 맺는 것과 마찬가지로 신과 선조들이 인간과 사회적 교류를 하고 있으며, 종교적 개념은 여기에 넘쳐 난다고 말한다. 활성화된 사회교환 추론체계는 초자연적 존재를 다른 인간과 마찬가지로 공정의 원칙에 따르는 교환의 파트너로 여긴다. 신(gods)은 따라서 우리가 의무를 잘 수행하면 우리를 잘 보살피지만 그렇지 않으면 불행을 가져다준다고 생각된다. 따라서 종교의 주요한 주제는 우리 동료 인간과 비슷한 초자연적 존재를 대하는 우리의 태도에 행운과 불운이 달려 있다는 것이다. 보이어는 신, 정령, 선조의 호의를 얻고 분노를 잠재우기 위해서 전 세계적으로 제물/공양이 바쳐짐을 강조한다. 보이어는 희생 뒤에는 만약 신과 인간이 상호 호혜적인 교환 관계가 될 수 있다면 불행을 피하고 행운을 보장받을 수 있다는 생각이 사실상 언제나 숨겨져 있다고 언급한다(2001b, 241).

도덕 추론체계

보이어는 도덕 추론체계를 윤리적 직관 기저에 있는 특정한 도덕적 관념이라고 설명한다(2001b, 179). 협력하는 종(species)으로서 인류의 진화는 이 체계에 의해서 인도되는 윤리적 직관력을 설명한다(2001b, 191). 보이어는 초자연적 행위자가 인간의 도덕적 선택에 아주 관심이 많으며 도덕적 행위의 목격자로 여겨진다는 점을 지적한다(2001b, 169-170, 173). 사람들은 왜 그런지는 알지 못하지만 초자연적 존재 또는 그런 존재들이 도덕적 규범을 형성했고, 신이나 선조가 우리의 행동 중 일부를 승인하지만 다른 행동은 승인하지 않는다고 가정한다는 것이다. 하지만 보이어는 초자연적 행위자가 우리의 도덕적 직관력 또는 그러한 감정 뒤에 있는 것이 아니라고 주장한다. 오히려 도덕 추론체계는 성공적인 사회적 상호작용에 필요한 것을 만들어 낸다. 즉, 순수하게 실용적인, 그리고 전적으로 일상적인 이유에서 우리의 도덕적 감각이 신으로부터 유래했다고 말하는 것보다 신이 우리의 도덕적 감각에서 유래했다고 말하는 것이 진실에 더 가깝다고 보이어는 말한다. 신과 선조라는 개념은 그들이 만들어 낸 감각과 그들 스스로 공표하고 우리와 직면하며 우리에게 지시하고 우리를 연결해 준다. 하지만 사실은 난데없이 불쑥 나타나는 도덕적 명령 때문에 문화적 선택에서 성공한 것으로 여겨진다. 도덕적 감각을 우리에게 설명해 주는, 만약 그렇지 않았더라면 설명이 불가능한 초자연적 존재들의 능력, 즉 도덕 추론체계를 활성화하는 것에 있어서 초자연적 존재들의 연관성은 신과 선조의 존재 개념에 선택적 이점을 제공한다. 보이어는 이에 초자연적 행위자가 다른 추론체계에도 그러한 것처럼 도덕 추론체계에 의존한다고 본다.

선조의 개념

보이어는 공동체에서의 죽음이 종교적 개념의 문화적 진화에 중요한 역할을 했다고 본다. 죽은 신체는 깊은 인상을 남기며 경외감과 두려움을 조장하고 다양한 정신적 체계의 풍부한 추론을 발생시키며, 따라서 이 추론은 위대한 문화적 관심과 정교함의 대상이 된다(2001b, 226-228). 시체는 양립할 수 없는 직관으로 이어지는 서로 다른 인지체계를 조장하는데, 이것은 혼란의 원천이 된다(2001b, 227). 한 체계는 죽은 신체를 위험한 것으로 여기고 질병과 전염병의 잠재적인 근원이 될 수 있다고 생각하는 한편, 다른 체계는 죽은 신체가 죽음 이전의 사람을 여전히 표상한다고 본다. 보이어는 개인파일 추론체계가 죽은 사람을 우리가 알고 있던 개인으로 알아보게 하고, 직관심리 추론체계는 여전히 상호 간의 소통에서 차단하지 못하고 활성화된 상태로 개인의 인간적 지위를 추론한다(2001b, 222-224). 이전의 경험을 토대로 우리는 죽은 자가 여전히 주변에 있는 것으로 유추한다(2001b, 223). 그 사람이 인지적으로는 가 버린 것이 아니기 때문에 위험한 위협을 주는 시신의 성격은 특별한 문제로 나타난다. 죽음에 대한 의식과 의례는 바로 이 문제를 받아들이려고 애쓰는 것이다. 이러한 의식은 그 기원이 죽음을 둘러싼 종교적 개념이나 어떠한 종교적 환경에 있지 않으며, 보이어의 관점에서 그 기원은 상충하는 추론체계에 있고 이러한 의식은 여기에 의존한다(2001b, 226-228).

보이어의 관점에서 체계 사이의 갈등에 대한 해결 방안은 바로 선조, 즉 우리의 추론체계로 가공되는 죽은 자, 다시 말해서 개인적인 초자연적 행위자로서의 죽은 자라는 초자연적 개념이다. 죽은 자는 사람으로서 인간의 마음을 지닌 개인적인 행위자로 계속 살아가는 것처럼 보인다. 그러나 그들은 이제 보이지 않는 곳에서 의식에 따라 공식적으로는 처리된 신체와 분리되어 살아간다. 사람들과 죽은 자는 실질적으로 여전히 함께 있으며, 우리의 운명과 여전히 적극적으로 연관되어 있다. 선조라는 개념은 가장 간단하기 때문에 그래서 초자연적 행위자라는 개념이 전달되는 가장 성공적인 방식이라고 보이어는 강조하고, 전 세계적으로도 가장 흔한 초자연적 행위자이다(2001b, 227).

초자연적 개념의 반직관적인 특성

앞서 살펴보았듯이, 우리와 같은 사람으로서 선조의 개념은 사람(person)이라는 범주가 함께 수반되는 모든 직관적인 기대감을 갖게 한다. 즉, 이와 같은 초자연적 개체들에 대한 종교적 사상은 직관적 풍부함을 갖는다. 즉, 많은 추론을 생성한다. 보이어가 주장하기를, 직관적으로 풍부한 개념은 복제되고 전승될 가능성이 더 많기 때문에 그렇지 않은 개념보다 아주 오랜 기간의 문화적 진화의 과정에서 더 나은 생존의 잠재성을 갖출 가능성이 많다(2001a, 73). 문화적 선택을 선호한다고 알려진 관련된 요인은 개념의 종합적 연관성이다. 만약 한 개념이 몇몇 다른 추론체계를 연대적으로 활성화한다면 그 개념은 종합적인 연관성을 가지며, 그 개념을 표상하기 쉽게 만든다(2001b, 190). 보이어는 고고학적 증거가 초자연적 개념의 성공적인 진화적 역사에 훨씬 더 중요한 요소를 뒷받침한다고 주장한다. 반직관적인 것에 주의를 기울이는 인간 뇌의 성향(2001b, 324)이 여기에 포함된다. 개념(concept)은 만약 그것이 말하자면 동물이나 사람 또는 식물과 같은 존재의 범주적 정체성을 나타내는 직관적인 기대를 위반하면 반직관적이게 된다(2001a, 59-61). 보이어가 주장하기를, 종교적 개념(religious concept)은 항상 반직관적인 정보를 포함한다(2001b, 64-65). 정령은 사람이지만, 보이지 않는다고 한다. 우리는 눈으로 사람을 볼 수 있다는 직관적 기대의 위반으로 정령의 개념은 반직관적이다. 이와 비슷하게, 나무가 대화를 엿듣는다는 것 역시 다시 말해 나무가 된다는 것이 의미하는 것을 위반하는 것이다. 보이지 않는 반직관적인 사람과 같이 청각적 감각을 가진 반직관적 나무는 주의 기울일 것을 요구하며 오래도록 회자되고 좋은 이야기를 만든다(2001b, 72-73, 129-130). 반직관적인 개념은 특별하고 독특하고 놀랍고 대단히 흥미로우며 주의를 끌고, 따라서 이러한 반직관적 개념은 문화적 진화가 습득, 회자, 전달되는 것에 선택적 우위를 점한다.

개념이 반직관적일 수는 있다. 하지만 보이어에 따르면, 이는 오직 이와 유관한 범주가 계속 작동하고, 다른 추론이 자동적으로(for free) 수반될 때만 그러하다. 보이지 않는 사람도 여전히 사람이고, 마음에서만 존재하는 나무도 여전히 나무이며, 이는 사람인 것과 나무인 것에 대한 추론이 수반된다(1996, 91). 따라서 좋은(good) 초자연적 개념은 개념의 특정한 위반에 의해 배제되는 것을 제외하고는 모든 관련된 추론, 즉 모든 직관적 기대를 계속해서 허락한다(2001a, 87). 대체로 비가시적인 사람이나 주의를 기울이는 나무와 같은, 좋은 초자연적 개념은 문화적 진화에 세 가지 이점이 있다. (1) 표준적인 단정적 추론을 제거함으로써 이런 개념에 대한 추론을 풍부하게 한다. (2) 표준적인 단정적 속성을 위반함으로써 반직관적 추론이 가능하고, (3) 다양한 추론체계를 활성화시킴으로써 체계가 앞으로 살펴볼 종합적 연관성을 갖게 한다(1996, 91).

종합적 연관성

   보이어는 앞선 논의에서 상당히 많이 포함되었던 종합적 연관성이 종교적 개념의 문화적 전승을 촉발하며 왜 사람들이 이를 믿는지 대략적으로 설명한다고 주장한다 (2001b, 314). 개념이 종합적 연관성을 갖는 것으로 여겨지기 때문에, 개념이 다양한 인지추론체계를 연대적으로 활성화시키기만 한다면 표상이 용이해진다(2001b, 319). 오직 선택된 종교적 개념만이 행위자, 포식, 죽음, 도덕, 사회 교환 등을 위한 추론체계를 연대적으로 활성화시키는 종합적 연관성에 이를 수 있다(2001b, 324-325). 종교는 어디에서나 공통적인 어떤 특성을 공유하지만, 어떤 특성은 그렇지 않다. 개인적으로 우리에게 관심이 있으며 활발하게 우리의 일에 관여하는 독특한 초자연적 행위자에 대한 개념, 즉 신, 선조, 정령은 다양한 인지적 경향을 자극하고 따라서 종합적 연관성을 지니게 되어 어디에서나 나타난다(2001b, 164). 모든 문화에는 유사한 초자연적 존재가 있다. 초자연적 존재에 대해서 기도를 하는 것은 언어적 소통 및 사회 교환과 관련한 인지추론체계를 활성화한다. 행위자에게 이제부터 선하게 살겠다고 약속하는 것은 사람들의 사회교환 및 도덕 추론체계와 연관되어 있다. 행위자가 적극적으로 그리고 개인적으로 인간사에 관여하고 특정 의도나 상황을 파악하고 있다는 것을 아는 것은 직관심리 추론체계를 활성화한다. 비도덕적인 행동을 초자연적 행위자에 대한 공격적 행위로 간주하는 것은 도덕 추론체계를 활성화한다. 특정한 초자연적 행위자가 제물에 대해서 불쾌하다는 것을 인지하는 것은 직관심리, 사회 교환, 그리고 개인파일 추론체계의 연대적 활성화를 불러일으킨다. 따라서 사람들은 신과 선조와 같은 개인적인 초자연적 행위자를 다양하게 다룬다(2001b, 312-313).

   요약하면, 초자연적인 사람(supernatural person)이라는 개념은 다양한 추론체계 사이에 분포되어 있고, 이러한 체계를 활성화시키며 종합적 연관성을 갖는다(2001b, 312). 활성화된 추론체계에 의해서 발생되는 많은 추론, 즉 해석적 구조는 우리 세계의 혼란스럽고 골치 아픈 사건이나 이야기를 이해하게 해 준다(2001b, 227). 따라서 개념은 직관적으로 이치에 맞는 것이며 다른 사람에게 반복되고 전달될 가능성이 있기 때문에 인간의 마음에 자리 잡게 된다(2001b, 298).

종교는 단연 뛰어난 것이 아니다

우리가 앞서 살펴보았듯, 추론체계는 인간이 반복되는 환경적 요구와 타협하게 될 때 인간 뇌의 신체적 성향에 대한 유전적 선택을 통해서 발생되는 순수한 자연적인 결과이다. 보이어는 이런 생물학적 체계가 종교적 개념에 대한 문화적 선택에 책임이 있으며, 정확히 말하자면 이는 그런 생물학적 체계가 삶의 다른 영역에서 개념의 문화적 선택 속에 들어와 있기 때문이라고 말한다. 종교적 개념은 다른 개념과 다르지 않다(2001b, 311). 종교는 특별한 경우가 아니다. 종교는 다른 것에 비해서 단연 뛰어난 것은 아니다. 뇌의 진화한 경향은 종교의 원인이 아니며, 이는 단순히 뇌를 가진 것에 대한 결과이자 그에 따른 필연적 귀결이다(2001b, 2). 종교는 인간의 정신/뇌에 대한 자연스러운 사건이며 자연스럽게 오랜 시간에 걸쳐서 일어나는 것이다(2001b, 322).

다니엘 데넷: 주문을 깨다

종교에 대한 자연주의적 질문

『Breaking the Spell: Religion as a Natural Phenomenon』(2006)의 저자 다니엘 데넷(Daniel C. Dennett)은 철학교수이자 터프츠 대학교의 인지과학자이며, 종교현상에 의문을 갖는 학자이다. 그는 종교를 잠정적으로 초자연적 행위자에 대한 믿음을 맹세하고, 그의 승인을 구하는 사회체계라고 정의한다(2006, 9). 이 정의에 따르면, 초자연적 행위자가 없는 종교는 없지만, 불교 같은 경우는 제외된다. 제임스와 융과 같은 심리학자에 의해서 아주 높게 평가받는 사적 또는 개인적 종교는 결코 사회적 체계가 아니기 때문에 데넷의 정의에서 제외된다. 데넷의 정의에서 보면, 종교는 실제 사실적인 신(gods)에 대한 기도에 초점을 맞추고, 행위자는 인간사나 인간의 도덕성에 적극적으로 관여한다(2006, 11-12).

데넷은 그 자신과 같이 무신론적이라고 말할 수 있는 고상한 비결합자를 고려하는데, 그는 이것을 종교적(religious)이라기보다는 영적(spiritual)이라고 부른다. 데넷은 밝고 현명한 사람(brights), 즉 초자연주의적이지 않은 자연주의적인 세계관을 가진 사람들 사이에 자신을 위치시켰다. "우리 브라이트(brights)[1]는 내가 브라이트라는 것에 대해 자랑하는 것이 아니라 호기심 많은 세계에 대한 자랑스러운 공언이다."라고 말한다(2003, 14). 데넷은 종교적인 사람들이 그들의 사상에 질문을 던질 때 분개하고 분노하는 경향이 있음을 발견한다. 그는 이러한 사람들이 두 가지 주문의 영향을 받고 있다고 생각한다. 첫 번째 주문은 종교에 대한 면밀한 연구 또는 조사를 하는 것에 대한 금기이다. 두 번째는 삶을 풍요롭게 하는 종교라는 마법에 대한 믿음이다(2006, 17-18). 데넷은 그의 책에서 몹시 원했던 것처럼 만약 첫 번째 주문이 깨진다면, 그리고 종교가 빛에 노출되어 주의 깊게 연구된다면, 두 번째 주문인 믿음에 대한 믿음 또한 깨질 확률이 아주 높다고 말한다. 첫 번째 주문은 두 번째 주문을 보호하고 있다. 따라서 이 둘은 종교 행위에 상당히 중요하다.

데넷은 종교를 완벽하게 자연적이며 과학적으로 검증 가능한 일련의 현상이라고 본다. 예외나 기적은 없다(2006, 25). 다른 자연 현상과 비교함으로써, 종교가 인간의 삶에 아주 큰 영향력이 있음을 알 수 있다. 데넷은 왜 종교가 사람들을 통제할 수 있는 힘이 있고, 왜 종교가 그들에게 그만큼 의미가 있는지를 알고 싶어 했다. 데넷은 종교가 연구되지 않기에는 매우 중요하며, 신자들이 아무리 소리 높여서 항의하고 반대해도 그는 연구를 멈추지 않을 것이라고 분명하게 밝혔다. 그는 그의 저서에서 현재 구할 수 있는 종교에 대한 연구 중 그가 보기에 가장 훌륭한 과학적 분석을 검토하고, 수용하며, 이따금씩 수정한다. 그는 검증할 수 있으며 그럴 가치가 있는 사례를 포착하기를 소망하며 종교에 대한 이야기 전체를 서술하고자 한다(2006, 103-104). 그는 자신이 실수하는지를 검토하면서도 자신감 넘치게 진행한다.

데넷은 보이어와 같이 종교에 대한 다원주의적 설명을 선호한다. 그는 지구의 가장 경이롭고 소중한 모든 것은 지구의 진화사에 대한 이성적 고찰을 통하여 빛을 보

---

1) 역자 주: 다니엘 데넷, 리처드 도킨스, 어메이징 랜디 등이 주축이 된 새로운 지적 운동연합을 말한다.

게 되었음을 언급한다(2006, 53). 그는 종교적 의식의 화려함 역시 진화생물학적 용어로 설명해 낼 수 있다고 한다(2006, 93). 사람들은 자신의 종교에 많은 헌금을 지불하며, 봉사하고, 행동을 제약하고, 거대하고 비싼 건축물을 짓고, 값이 나가는 재물을 포기하고, 자신의 일생을 바치는 등 일반적으로 종교적 의식을 위하여 엄청나게 많은 힘과 시간을 들인다. 데닛은 이에 대하여 진화생물학은 이 정도로 대가를 많이 치루는 일들은 단순히 그냥 발생하지 않음을 보여 준다고 말한다. 이렇게 정교하게 고안된 종교적 의식에서 누군가 또는 어떤 것은 분명 이득을 본다. 그는 사용되는 모든 시간과 힘은 무언가 가치 있는 것을 통한 보상으로 균형이 맞춰져야 하는데, 진화론의 가치 중 궁극의 가치는 적합성, 즉 경쟁자보다 성공적으로 그리고 더 많이 복제(스스로를 재생산 또는 반복하는 것)하는 능력이다(2006, 63, 69). 그렇다면 질문은 종교에서 이익을 얻는 것은 누구 또는 무엇인가로 이어질 수 있느냐이다. 과연 이 과정에서 누구의 생존 적합성이 신장되는 것인가? 여기에서 중요한 점으로 수혜자는 종교의 신자가 아닌, 종교적 신념과 의식 그 자체임을 데닛은 주장한다. 데닛은 이에 더하여 무언가가 경쟁하고 생존하기 위해서, 즉 자연선택을 받기 위해서 전체적인 과정을 조망하고 관리하는 누군가가 반드시 있을 필요는 없음을 지적한다. 비록 다시 회상해 보았을 때 결과는 마치 누군가가 의도적으로 고안한 결과물로 보일 수는 있지만 말이다. 실제로, 자유롭게 부유하는 신념이라 불리는 것에서 맹목성, 무방향적 진화 과정은 그 스스로 온전히 작동하는 구조를 발견해 낸다(2006, 59-60). 데닛은 종교가 자연선택 과정을 바탕으로 하는 자유로운 신념체계로 이루어진 민속종교가 그 근원이라고 주장한다.

민속종교와 제도화된 형태의 종교

데닛은 위계적 관리자 또는 신학자에 의해 명문화된 계율이 구비되지 않은 종교를 민속종교로 정의한다. 민속종교의 단계에서 사람들이 지니는 확신은 매우 모호하며 조잡하다. 데닛에 따르면, 이 단계에서 사람들은 신을 믿지만, 아무도 이들의 신념에 대한 세부사항을 발전시키지는 않는다(2006, 161). 민속종교에 대한 구체적인 저자가 없다(특정 종교에 대한 의식적·의도적 저자는 제도화된 종교 이후에야 등장한다). 대신 생물학적 진화와 문화적 진화의 상호의존적 과정의 결과, 즉 서로 다른 판본 중 일부만이 선택되며 나머지는 폐기된 결과이다(2006, 114, 140). 따라서 민속종교에서는 막연한 신념이 작용한다고 말할 수 있다.

데넷에 따르면, 민속종교는 제도화된 종교가 등장할 수 있는 문화적 환경을 조성한다(2006, 14). 제도화된 형태의 종교는 정형화된 신념체계와 구조, 신학자, 종교를 위하여 봉헌된 건물, 그리고 위계적으로 구성된 관리자로 구성된다. 찰스 다윈이 무의식적(unconsious) 종교라 칭했던 민속종교는 문화가 발달하고 사람들이 더욱 사색하게 됨에 따라 다윈이 체계적(methodical) 종교라고 칭하는 제도화된 종교로 변형되었다(2006, 151). 막연했던 민속종교의 신념은 의식적으로 발달된 이성에 의하여 보강 또는 대체되었다(2006, 169). 따라서 종교는 더욱 섬세해지고, 정교해졌으며 하나의 구성체로 거듭나게 되었다(2006, 151).

밈

데넷은 밈(meme) 개념을 설명할 때, 세대를 걸쳐 문화적으로 전수된 디자인을 아무 생각 없이 모방하여 배를 짓는 함선 건조자의 예시를 든다. 디자인 자체에는 매번 조금씩의 변화가 가해질 것이고, 그러한 변화 중 한두 가지는 획기적인 향상과 혁신을 보여 주며 새로운 계통(lineage)을 열기도 할 것이다(2006, 77-78). 데넷은 이러한 생각 없는 과정, 즉 자기 스스로에 대한 주의나 의도가 없이 진행되는 이러한 과정이 긴 시간의 단위에서 문화적 지형으로 발달한다고 주장한다. 배를 건조하는 함선 건조자의 예시에서 상징적으로 제시하듯, 문화적으로 전승되는 디자인은 유전적으로 전승되는 것과 꼭 마찬가지로 맹목성과 방향성이 없는 막연한 신념을 포함할 수 있다. 이 두 경우, 즉 문화적/유전적 전수에서 데넷은 이를 고안자 없는 고안물이라 칭한다. 차별적 복제에 의해 진행되는 유전적 전승과 마찬가지로, 문화적 전승 과정에서 역시 원본의 일부 요소는 복제되고 나머지는 변용된다. 데넷은 이에 대하여 생각이나 의도없이 진행되는 문화적 전수는 매우 흥미롭게도 다른 전수 매개인 유전자와 유사하다고 결론 내린다(2006, 77). 그에 따르면, 문화적 복제인자의 개념, 즉 반복적으로 모방되는 대상은 진화생물학자인 리처드 도킨스(Richard Dawkins)에 의하여 밈이라는 개념으로 정립되었다(1976). 밈은 유전자와 같은 방법으로 경쟁하고 모방하는 문화의 단편들이다. 이때, 문화적으로 모방되는 모든 대상을 밈이라 할 수 있다. 단어, 함선 디자인, 조리법, 신호, 놀이, 건물, 사냥 방법, 노래, 춤, 악수, 도로 우측통행, 모욕적 제스처 등 모두가 여기에 포함된다(2006, 345). 밈과 유전자에서 복사되는 것은 바로 정보이며, 데넷은 밈을 정보의 세트라고도 부른다. 이러한 문화적 전수 과정에서 탁월한 고안물이 탄생하지만, 이는 생물학적 유기체들이 등장할 수 있었던 방식과 동일한 맹목적이고 기계적이며, 방향성이라고는 없는 자연적 선택의 과정을 통하여 탄생하는 것이다(2006, 79-80).

　이러한 맥락에서, 계율(신념)이나 의례(실천)와 같은 종교현상도 밈의 일종이다. 밈은 부모에서 자녀로 이어지는 문화적 전수와 문화적 진화의 과정에서 설계되며, 아이는 보통 부모의 종교를 받아들인다. 따라서 데넷에게 종교는 일련의 밈 구성체이며, 이때 밈은 엄격한 진화론적 원칙에 따르는 문화적 진화의 과정에 따라 획득되고, 모방되며 전수되는 구성 단위이다. 그에게 있어서 종교의 진정한 강점은 종교적 신념의 통일성(이는 오늘날 특히나 점점 더 힘을 잃어 가는 추세이다)이 아닌, 신앙의 통일성이다. 신앙고백(profession)은 언제나 신념의 문화적 모방이며, 이러한 밈 복제방식의 통일성이 문화적 진화를 선도한다. 데넷의 말을 빌리면, 밈 생성 공식이 계속해서 전달되는 한 해당 밈은 언제나 생존할 것이다(2006, 224-225). 중요한 것은 사람들이 실제 갖고 있는 믿음이 아닌 그들이 반복하고, 모방하는 것, 그들이 고백하는 것이다. 집단 기도, 찬송 또는 춤과 같은 종교적 의례에서 공식(율법)과 실천은 모두 공공적으로 시연된다. 이때 밈은 복제된다. 종교적 예언 역시 일종의 복제이다. 신적인 힘에 의존하여 답을 구하는 것은 사람들이 다음에 무엇을 해야 할지, 즉 문제를 해결하는 방법을 결정하는 데 도움을 준다. 매우 열정적인 샤머니즘적 의례 또한 복제되고 선택될 가능성이 더 높은데, 이는 샤머니즘적 힘을 통한 치유적 효과 때문이다.

제도화된 종교에서 밈의 관리

데넷은 밈의 차별적 복제에 대하여 종교를 탄생시킨 진화적 디자인 과정은 그 자체가 종교를 구성한다고 주장한다(2006, 156, 184). 각 종교는 자연선택의 과정에서 살아남은 상호 교체가 가능한 밈으로 구축된 구성체이다. 도킨스는 종교적 밈을 바이러스에 비유하면서 밈이 인간에 미치는 해로움과는 상관없이 지속적으로 번창할 수 있다고 주장했다. 도킨스는 그의 저서 『The God Delusion』(2006)[2]에서 종교가 인간의 생존에 어떤 도움도 주지 않는다는 의구심을 표현한다. 그의 결론은 종교가 인간이 지니는 유용한 특성, 즉 부모를 따르고자 하는 진화론적 경향성이 잘못 모방된 사례에 불과함을 주장한다. 도킨스에 따르면, 종교적 관념은 순진한 아이들의 뇌를 감염시킴으로써 자아 증식, 즉 복제하는 바이러스와 같은 특징을 지닌다(Dawkins, 1993, 34). 데넷은 이에 대하여 "누구의 이익을 위해서?"라고 묻는다. 물론, 밈에 감염된 아동이나 성인은 아닐 것이다. 그에 따르면, 이 과정에서 이익을 얻는 것은 밈 그 자체이다. 데넷에 따르면, 밈이 번창하기 위해서는 우선 숙주들을 끌어모으기 위해 다른 밈과 경쟁을 해야 한다. 밈 이론에 따르면, 종교는 한 인간에게서 다른 인간으로 옮겨가며 생존하고 번창한다. 이때, 특정 밈에 사로잡힌 인간 숙주는, 단순하게 표현하자면 밈의 하인이 된다(2006, 186). 데넷은 마치 물고기를 감염시켜 심지어 자살까지 하도록 만드는 기생충과 같이, 인간 역시 특정한 밈 또는 정신적 바이러스(Dawkins)에 감염되어 모든 것을 내어 줄 수 있다고 말한다(2006, 4). 데넷은 신(God)의 말씀은 기생충과 같이 사람들의 정신을 감염시켜 이를 멀리, 그리고 널리 퍼트리게 유도한다고 적었다(2006, 6). 이제는 최고의 신이 된 신(God)의 말씀, 밈에 의한 인간 관리는 말씀을 퍼뜨리기 위해서 무엇이든 내줄 것이다(2006, 187). 말씀은 인간 숙주의 언어가 아니라 최고의 말씀이 된다. 이러한 관념은 자연적(진화론적) 방법을 통하여 탄생하고 인간의 정신을 매개로 퍼진다. 이 과정에서 밈은 사람들이 복종하게 유도하며, 발달을 거듭하면서 새로운 힘과 요소를 축적한다(2006, 6). 그렇다면, 종교는 인간의 적합성을 적어도 반드시 증진시키지는 않는다. 종교의 자기재생산적 특성

---

2) 역자 주: 한국어 번역본의 제목은 '만들어진 신'이다.

인 종교적 밈은 종교의 구성적 특성의 최대 수혜자이다(2006, 84-85). 실제로, 특정 종교가 모든 좋은 것으로 향하는 유일한 통로라는 확신은 그것이 사람에게 요구하는 대가와 가져오는 이익과는 상관없이 이러한 제도를 확장시키기 위한 무조건적인 헌신으로 이어진다(2006, 176).

일단 사람들이 그들이 가장 선호하는 밈의 관리자가 되기만 하면, 종교적 밈에 대한 의도적 개선작업에 박차가 가해진다(2006, 187). 이제 종교적 구상은 더 이상 의도되지 않은, 무의지적인, 모호한 신념(민속종교)을 통해서 일어나는 것이 아니라 해당 종교를 위하여 가장 좋은 수단과 방법이 무엇인지에 대한 개인들의 의식적이며 잘 계산된 논의를 바탕으로 발전, 즉 제도화된 종교로 이어진다. 따라서 데닛은 도킨스와 마찬가지로, 문화적으로 복제된 밈이 민속종교나 제도화된 종교 양자에서 모두 중심적인 역할을 수행하고 있음을 주장한다. 정리하면, 데닛은 제도화된 종교의 단계에서 사람들은 민속종교의 야생적인 또는 자급자족적인 밈에 완전히 길들여져 밈에게 헌신하고, 종교를 위협하는 적에 대적하며 밈의 생존을 확신할 수 있도록 하는 모든 노력을 다하도록 요구한다고 주장한다(2006, 170). 데닛에 따르면, 민속종교의 자기충족적 밈이 우리(인간 숙주)와 종교의 관계를 염두에 두지 않고 착취한다면, 제도화된 종교의 길들여진 밈은 그들의 증식을 위한 인간 관리자의 의도적인 지원과 공조에 의존한다(2006, 170). 앞에서 언급하였듯이, 그러므로 제도화된 종교는 더욱 구성물과 같은 성격을 지닌다. 맹목적으로 형성되고 자유롭게 부유하는 신념은 인간 숙주들에 의하여 조심스럽게 고안되고, 논의와 조율을 거쳐 탄생한 신앙에 의하여 보충되거나 교체된다(2006, 177).

데닛은 종교의 문화적 전파 과정에서 수많은 수정이 일어났음을 언급한다. 종교는 수천 년 동안 셀 수 없는 숫자의 판본들이 도태되고 폐기되는 과정에 투입된 엄청난 작업과 조율의 진화적 결과물이다(2006, 292, 309). 그에 따르면, 종교의 생존은 그렇게 놀라운 일은 아니다. 종교는 많은 매혹적인 요소와 경쟁에서 이기고 충성심을 보장함으로써 이러한 매혹적인 요소를 온전하게 유지하는 기능을 하는 방어적인 요소들로 구성된다(2006, 309). 데닛에 따르면, 밈은 일차적으로 가장 중요하게 자기 자신의 생존을 지향한다. 그럼에도 불구하고 그는 종교의 밈이 종종 이차적으로는 밈과 종교의 생존을 책임지는 인간 숙주 집단의 결집력을 보전하고자 한다고 지적한다

(2006, 184). 그는 또한 종교적 밈이 추종자들에게 인생의 의미를 부여해 주거나, 선행을 보상함으로써 이를 장려하는 등 부수적인 이익을 제공한다는 점을 인지한다. 하지만 종교적 밈은 인간 심리의 약점을 간파하고 이를 악용한다는 점에서 사람들에게 유해하다(2006, 310).

데넷과 보이어: 문화와 심리학

밈에 대한 보이어의 회의주의

데넷은 보이어가 밈의 유용성에 대하여 회의주의적 견해를 피력했음을 지적한다(2006, 379). 보이어는 밈 개념에 대한 통상적인 이해에 반대하며, 한 개념이 단순히 복제되거나 모방되지 않으며, 한 사람의 관념에서 다른 사람의 관념으로 다운로드되지도 않으며, 부모에서 자녀에게 이전되지도 않는다는 의견을 고수한다. 오히려 한 개념의 제시는 그것과 유사한 다른 개념을 생성하도록 하는 신호와 같은 역할을 수행하는 것으로 알려져 있다. 보이어는 들었던 것의 모방이 아니라 개념의 구성 또는 재구성에 대한 이야기를 하는 것이다. 데넷은 보이어가 분명 문화를 진화하는 것으로 간주하였으나, 엄격히 계보학적이지는 않은 방식으로 변화와 함께, 직접적이지 않은 것으로 보았다. 즉, 데넷과는 이견을 갖고 있다. 보이어는 종교적 개념이 이미 청자의 심리학적 추론체계에서 근본적으로 암묵적인 개념이라고 설명한다. 데넷은 이에 대하여 보이어가 문화적 단위인 밈보다 사람들이 공유하는 심리적 메커니즘에서 식별 가능한 제약과 편견인 인지추론체계에 집중하는 것을 선호하고 있다고 지적한다(2006, 379-380). 따라서 데넷에 따르면, 보이어는 선별적인 문화적 힘보다 생물학적(유전적) 기원을 지니는 선별적인 심리학적 힘에, 즉 밈보다 인지적 모듈에 더욱 관심을 보인다(2006, 383). 하지만 데넷은 이 두 힘을 모두 포함시키고 싶어 한다. 그는 문화적 진화에 대한 문화적 설명(밈을 통하여)을 문화적 진화에 대한 심리학적 설명(인지추론체계를 통하여)과 통합하여 문화적 진화를 밈의 관점과 심리학의 통제 관점을 통하여 설명하고, 양자의 상호작용을 기술하고자 했다(2006, 381). 요약하면, 데넷은 종교적 개념의 문화적 전승의 설명에 있어서 밈이 중요하지만, 동시에 배타적이지는 않은 역할을 배정하고자 했다. 그는 유대교와 그리스도교의 경우 이들이 동일한 아브라함 계열에서 파생되었기 때문에 유사한 개념이 밈을 통하여 개인에서 개인에게, 세대에서 세대로 직접적인 문화적 전수가 이루어졌다고 주장한다. 다른 한편으로 인지추론체계를 사용한 접근은 왜 특정한 종교적 신념이 다른 신념을 제치고 선택되었으며, 왜 이러한 최초에 선택된 신념이 너무나도 쉽게 교류되고 전파되는가를 설명할 수 있다. 이러한 체계는 특정한 종교 개념을 위한 마음/뇌의 자연적 적성을 구성한다. 데넷은 보이어가 추론체계의 구성/재구성적 특성에 부여하는 엄청난 중요성에 동의하지 않는다.

보이어의 심리적 허구-생성적 장치에 대한 지지

보이어와 마찬가지로, 데넷은 가상의 인격(사망했지만 아직 우리 곁에 있는)으로서의 선조라는 중요한 종교적 개념을 추적하며 상충하는 추론체계 중 하나에 도달한다. 이를 데넷은 의도적 태도(intentional stance)라고 부른다(2006, 113). 의도적 태도는 본질적으로 보이어의 직관심리 추론체계, 즉 사람들이 선조를 현존하는 사람과 같이 취급하도록 유도하는 추론체계이다(2006, 108-112). 데넷은 이러한 의도적 태도를 삶에서 다양한 방식으로 너무나도 유용하여 수많은 종에서 발달되고 또 발달되는 진화론적 혁신이자 훌륭한 마술(trick)이라 칭한다(2006, 109). 보이어와 마찬가지로, 데넷은 관련된 과잉 활동적 행위자 감지 장치(보이어는 행위자의 과잉감지라는 용어로 설명)가 초자연적 개념의 근원과 지속 그리고 자연의 신비로운 사건 이면에 있는 신(gods)과 정령에 대한 발견과 직접적으로 연결되어 있다고 본다(2006, 116). 데넷은 또한 종교의 문화적 성공에 있어서 반직관적 개념이 지니는 역할에 보이어가 부과하는 중요성을 수용한다(2006, 119). 데넷은 만약 우리가 이 두 심리학적 요인인 과잉 활동적 요인 감지 장치와 반직관적 개념에 대한 경향을 합하면, 우리는 데넷이 이야기했던 허구-생성적 장치라는 것을 얻게 된다(2006, 120). 데넷에 따르면, 이러한 장치는 인간의 상상력에서 등장하여 세계를 가득 채운 무수한 신화적 생물, 즉 악마, 요정, 난쟁이 등의 기원을 설명할 수 있다. 따라서 데넷은 종교의 문화적 진화의 규명에 있어서 자신의 문화적 접근과 더불어 보이어의 심리학적 접근에 의존한다.

보이어와 데넷은 둘 다 원칙적으로 진화과학이 종교에 대한 온전한 자연주의적 설명을 제공할 수 있다고 믿었다. 이 두 접근법은 모두 외부로부터 온 신자들, 즉 그들의 행동에 대한 객관적이며 3인칭적인 시각을 통하여 접근한다(11장 '포괄적인 인지신경과학을 향하여' 참조). 신자들이 자신의 주관적 경험을 서술하는 1인칭 접근법에 내재하는 심각한 선입견의 문제를 배제함으로써, 이 둘은 종교적 탐구의 장을 좁힌다. 예컨대, 데닛은 밈의 복제, 신앙고백 및 행동적 종교를 강조한다. 일부 신자는 행동의 차원으로 넘어가기보다 자신의 신앙을 구술하는 수준에서 그칠지도 모르나, 고든 올포트가 지적하였듯이(4장 '믿음' 참조), 다른 신자는 자신의 신앙에 대하여 의문을 제기하고 의심하며, 모호성과 일정한 타협을 하는 과정을 통하여 성숙하고 개인적이며 내면화된 종교에 도달하기도 한다. 이러한 신자는 종교에 대한 배타적으로 외부적인 탐구에서는 종종 포착되지 않는 경우가 있다.

믿음에 대한 믿음의 마법

강력한 믿음에 대한 믿음, 즉 종교적 신념은 필연적으로 좋은 것이라는 믿음, 수단과 방법을 가리지 않고 보호되며 증진되어야 하는 것이라는 믿음은 제도화된 종교가 그들의 종교적 이념을 관리하는 수단으로 보인다(2006, 196). 데닛은 사람들이 신의 존재에 기뻐하는 이유가 그들이 신이 세상에서 가장 경이로운 존재라고 믿기 때문임을 지적한다(2006, 221). 이렇듯 강한 신념을 가진 신자에 대하여 데닛은 이들이 그들의 종교와 낭만적 사랑의 관계에 있는 것으로 보았다(2006, 251). 이들은 종교가 세상에서 없어지면 세상의 도덕 가치가 무너지고 혼돈과 무의미함이 세계를 뒤덮을 것을 두려워한다. 또한 많은 사람들은 신에 대한 믿음이 사후세계에 찾아올 영원한 고통을 피할 수 있는 유일한 길이라 믿으며, 이를 가능한 한 많은 사람들에게 전파하는 것에 매우 큰 중요성을 둔다. 신실한 신자는 모든 사람들이 신자가 되기를 바란다. 이에 대하여 데닛은 이러한 신을 향한 믿음에 대한 믿음 때문에 사람들이 너무나도 자명한 사실, 즉 그들이 믿는 신에 대한 전통적인 서사는 산타클로스나 원더우먼이 실존한다는 믿음만큼이나 믿음을 가질 가치가 없다(2006, 210)는 사실을 인정하지 못한다고 주장한다. 그는 한 종교의 신실한 신자에게 다른 종교의 모든 신성한 존재는 단지 구성물, 인위적인 우상(idol)에 지나지 않는다는 것이 자명하다고 지적한다. 이 지점에서, 데넷은 도킨스를 인용하며 우리 모두는 스스로가 믿는 신 이외에 대해서는 철저한 무신론자임을 주장한다.

종교에 대한 비판적 연구에 대한 금기

데넷은 천우신조(天佑神助)와 같은 신에 대한 믿음은 믿을 만한 가치가 심각하게 도전받을 때 붕괴의 위험에 처할 수 있다고 주장한다(2006, 282). 그러므로 이러한 일은 어떠한 경우에도 일어나선 안 되며, 그 누구도 이러한 믿음에 대한 질문을 던져서도 안 된다. 하지만 데넷은 만일 종교적 믿음에 대하여 질문할 수 없다면, 이는 애시당초 이성적으로 이해할 수 없는 것이라 말한다(2006, 229). 이는 신자 역시 자신의 믿음을 이해하지 않으며, 이해하지 못함을 암시하게 된다. 그들은 그들 스스로가 무엇을 설교하는지를 모른다(2006, 246). 데넷은 이러한 불가해성을 적합성을 향상시키는 밈의 적응이라고 보았다. 이러한 불가해한 믿음은 놀라움을 낳는다. 이는 다시 이 믿음이 더욱 주목받게 만들고, 더욱 자주 반복(복제)되도록 한다(2006, 230). 데넷에 따르면, 믿음이 신실한 자에게 신비함은 경외의 대상이지 해결할 대상이 아니다. 신비함은 신비함 그 자체로 인하여 그 생명력을 이어간다. 더 나아가, 데넷은 평범하고 이해 가능한 명제들은 매우 쉽게 도전에 직면하는 반면, 고전적·종교적 신념은 진실의 심판대에 서지 않음을 지적한다(2006, 238). 데넷은 이러한 종교적 신념의 검증 불가능성이 종교적 계율의 결정적 특징임을 주장한다(2006, 238). 신비주의는 신념에 기반한다. 신자들은 이렇게나 신성한 대상에 대하여 질문을 던지는 것 자체를 모욕이자 비하로 받아들인다(2006, 206-207). 가끔은 실패하지만, 이때마다 더욱 강한 대응책이 발동된다. 의심은 곧 사탄이 나의 믿음을 시험하는 것이다!

대자연의 지능

신(God)에 대한 믿음은 그것이 의문의 여지가 없을 때 비로소 완전하며, 데닛의 작업은 바로 종교에 대한 면밀한 탐구를 통하여 이러한 금기를 깨는 것이었다. 그는 종교를 이해할 수 있는 대상으로 만들어, 그것이 어떻게 작동하는가에 대한 답변을 찾고자 했다. 그에 따르면, 과학은 종교적 개념에 대한 엄밀한 이해를 얻을 수 있다 (2006, 261). 그는 종교의 특정 요소에 대한 자기 자신의 이론을 예비적 이론으로 간주하며, 이를 추가적인 이론적 작업을 필요로 하는 일련의 원형이론이라고 불렀다 (2006, 309). 종교적 관념에 대한 데닛의 연구는 민속종교의 맹목적이고 기계적이며 로봇과도 같은 속성부터 제도화된 종교의 인간에게 알려진 가장 고귀한 이념에 대한 열정적인 수호와 정교화에 이르기까지 폭이 매우 넓다(2006, 188). 데닛에 따르면, 진화론자들은 다른 학자들이 주장하는 창의 지능의 업적에 해당하는 대상을 자연선택 이론을 통하여 설명하고자 한다(2006, 243). 그는 다윈이 우리가 대자연의 지능을 자기창조적인 특성이 기적적이지 않고 신비롭지 않은 것이기 때문에 더욱 놀라운 것으로 보게 했다고 말한다(1995, 185). 데닛은 그가 기도하거나 감사를 표하는 사람이 아닌, 세상 자체에서 신성함을 접한다(2006, 245). 그는 진화의 발자취의 영광 앞에서는 언제나 겸허함, 경외감과 순수한 즐거움이 있다고 전한다(2006, 268).

참고문헌

Boyer, P. *The Naturalness of Religious Ideas: A Cognitive Theory of Religion*. Berkeley: University of California Press, 1994.

Boyer, P. "What Makes Anthropomorphism Natural: Intuitive Ontology and Cultural Representations." *Journal of the Royal Anthropological Institute* 2 (1996): 83-97.

Boyer, P. "Functional Origins of Religious Concepts: Ontological and Strategic Selection in Evolved Minds." *Journal of the Royal Anthropological Institute* 6 (2000): 195-214.

Boyer, P. "Cultural Inheritance Tracks and Cognitive Predispositions: The Example of Religious Concepts." In *The Debated Mind: Evolutionary Psychology versus Ethnography*, ed.

H. Whitehouse, 57-82. New York: Berg, 2001a.

Boyer, P. *Religion Explained: The Evolutionary Origins of Religious Thought*. New York: Basic Books, 2001b.

Dawkins, R. *The Selfish Gene*. Oxford: Oxford University Press, 1976.

Dawkins, R. "Viruses of the Mind." *Free Inquiry* 13 (1993): 34-46.

Dawkins, R. *The God Delusion*. Boston: Houghton-Mifflin, 2006.

Dennett, D. C. *Darwins Dangerous Idea: Evolution and the Meanings of Life*. New York: Simon and Schuster, 1995.

Dennett, D. C. "The Bright Stuff." *Free Inquiry* 23 (2003): 14-16.

Dennett, D. C. *Breaking the Spell: Religion as a Natural Phenomenon*. New York: Viking, 2006.

찾아보기

〈인 명〉

Adler, A. 304
Allen, R. O. 341
Allport, G. W. 143
Austin, J. H. 389, 407

Beers, W. 363
Benson, L. 341
Boyer, P. 419

Crumbaugh, J. C. 301

Darwin 68
Daukins, R. 437
Davidson, R. 389, 403
Dennett, D. 419, 433
Descart, R. 90
Donahue, M. J. 345

Eckhart, M. 136, 272
Ellison, K. 401, 405
Erdmann, E. 392

Feuerbach, L. 54, 269
Frankl, V. E. 216, 293
Franzmann, M. 367

Freud, S. 53
Fromm, E. 257, 261

Geller, J. 361
Gilligan, C. 360, 370
Goethe, J. 70, 302
Goldenberg, N. 362, 375
Goldstein, K. 172
Grof, S. 327

Heidegger, M. 323
Hood, R. W. 345

James, W. 17
Jonte-Pace, D. 359
Jung, C. G. 95

Kabat-Zinn, J. 406
Kohlberg. L. 371
Köhler, W. 180
Kojetin, B. A. 345
Kristeva, J. 360

Loke 144
Luther, M. 268

〈내 용〉

앤드루 풀러(Andrew R. Fuller)는 뉴욕 나이아가라 대학교(Niagara University, New York)에서 고전어 학사학위를 받았다. 그리고 벨기에 루뱅 가톨릭 대학교(Catholic University of Louvain, Belgium)에서 더 공부하여 신학 학사(STB)와 종교교육 석사 학위를 취득했으며, 뉴욕시에 있는 뉴 스쿨(New School for Social Research)에서 심리학 박사학위를 취득했다. 풀러 박사는 1981년부터 1995년 은퇴할 때까지 심리학, 사회학, 인류학 학과장을 역임한 뉴욕 시립대학교 스태튼 아일랜드 대학(College of Staten Island of the City University of New York)의 심리학 명예 교수이다. 해석심리학에 대한 그의 관심은 1990년 발표한 그의 저서 『Insight into Value: An Exploration of the Premises of the Phenomenological Psychology』에 반영되어 있다. 그는 현재 교토 선종 철학과 자아 초월의 여러 감각의 통합에 대해 학문적 관심을 갖고 있다.

Psychology and
Religion

역자 소개

박준성(Junseong Park)
중앙대학교 대학원 심리학과, 사회및문화심리학 전공, 박사
중앙대학교 대학원 심리학과, 비교문화심리학 전공, 석사
현 중앙대학교 미래교육원 상담심리과정 주임교수

〈저서 및 역서〉
내 생애 첫 심리학(메이트북스, 2021)
우리는 변화를 원한다(공저, 휴먼북스, 2021)
현대심리학개론(공저, 솔과학, 2019)
사회과학 연구를 위한 통계분석의 개념과 실제 SPSS 23.0(공저, 학지사, 2017)
용어로 읽는 심리학(2판, 공저, 교육과학사, 2017)
사회심리학(공저, 학지사, 2016)
설득 커뮤니케이션(10판, 공역, 학지사, 2021)
행동과학을 위한 통계의 핵심(공역, 박학사, 2020)

〈종교심리학 관련 논문〉
박준성, 정태연(2011). 한국인의 종교성이 행복, 봉사활동 그리고 삶의 의미에 미치는 영
　　향. 종교연구, 64, 109-135.
박준성, 정태연(2011). 한국인의 종교성에 대한 척도개발 및 타당화 검증. 종교연구, 62,
　　41-69.
박준성, 정태연(2010). 참조효과에 따른 종교생활에 대한 인식: 내재적 · 외재적 종교생활
　　의 비교. 종교문화연구, 15, 199-226.
박준성, 전미연, 정태연(2010). 개신교와 천주교에 대한 신뢰와 불신: 종교인과 세대 간의
　　차이. 종교연구, 58, 101-126.
박준성, 박은미, 정태연(2009). 종교성이 일반적 신뢰, 자기-효능감 그리고 생활만족도에
　　미치는 영향: 개신교인과 비종교인의 생활양식 비교. 종교연구, 55, 159-190.
박준성, 김의철, 정태연(2007). 한국사회의 종교에 대한 신뢰와 불신: 토착문화심리학적 접
　　근. 종교연구, 49, 89-113.

안정민(Jungmin Ahn)
중앙대학교 대학원 심리학과, 사회및문화심리학 전공, 박사수료
중앙대학교 대학원 심리학과, 사회및문화심리학 전공, 석사
현 중앙대학교 미래교육원 상담심리과정 강사

〈논문〉
양혜진, 안정민, 이태헌(2021). 텍스트 빅데이터 분석을 통한 한국인의 불공정 경험 분석: 국민청원 게시판 데이터 분석 결과를 중심으로. 조사연구, 22(1), 25-59.
박준성, 안정민, 정태연(2019). 부모의 학대가 아동의 우울과 신체화 증상에 미치는 영향. 사회과학연구, 31(2), 107-134.
안혜정, 안정민, 서예지, 정태연(2017). 한국 청년세대의 체제정당화: 의미불일치 경험과 그 심리적 결과를 중심으로. 한국심리학회지: 사회 및 성격, 31(4), 247-275.

종교심리학: 전통적 이론과 현대적 전개

Psychology and Religion:
Classical Theorists and Contemporary Developments (Fourth Edition)

2022년 5월 25일 1판 1쇄 인쇄
2022년 5월 30일 1판 1쇄 발행

지은이 • Andrew R. Fuller
옮긴이 • 박준성 · 안정민
펴낸이 • 김진환
펴낸곳 • (주) **학지사**

04031 서울특별시 마포구 양화로 15길 20 마인드월드빌딩
대표전화 • 02)330-5114   팩스 • 02)324-2345
등록번호 • 제313-2006-000265호

홈페이지 • http://www.hakjisa.co.kr
페이스북 • https://www.facebook.com/hakjisabook

ISBN 978-89-997-2695-8 93180

정가 25,000원

출판미디어기업 **학지사**

간호보건의학출판 **학지사메디컬** www.hakjisamd.co.kr
심리검사연구소 **인싸이트** www.inpsyt.co.kr
학술논문서비스 **뉴논문** www.newnonmun.com
교육연수원 **카운피아** www.counpia.com